야외고고학

야외고고학

(사)한국문화재조사연구기관협회 편

사회평론아카데미

(사)한국문화재조사연구기관협회 고고교육총서 3

야외고고학

2014년 6월 27일 초판 1쇄 발행
2021년 1월 20일 초판 2쇄 발행

엮은이 (사)한국문화재조사연구기관협회

펴낸이 윤철호
편집 이소영 · 정용준
디자인 김진운
본문조판 아바 프레이즈
마케팅 김현주

펴낸곳 (주)사회평론아카데미
등록번호 2013-000247(2013년 8월 23일)
전화 02-326-1545
팩스 02-326-1626
주소 03993 서울특별시 마포구 월드컵북로6길 56
이메일 academy@sapyoung.com
홈페이지 www.sapyoung.com

ⓒ (사)한국문화재조사연구기관협회, 2014

ISBN 979-11-85617-07-7 93910

발간사

    우리 협회가 유적 조사기법 수준의 향상을 위해 발간한 고고교육총서 제1권 『고고학에서의 층』과 제2권 『성곽 조사방법론』은 국내외 연구자들에게는 고고학조사의 실무 지침서로서, 일반인들에게는 고고학조사를 이해할 수 있는 교양서로서 큰 호평을 받고 있으며, 두 권 모두 대한민국학술원 우수학술도서로 선정되는 영예를 얻었습니다.

    이번에 발간하는 고고교육총서 제3권 『야외고고학』은 고고학 전공자와 일반인들에게 고고학조사가 어떤 과정을 거쳐 이루어지고, 각 과정에서 무엇을 어떻게 해야 하는지에 대한 이해를 돕기 위해 기획하였습니다.

    『야외고고학』은 총 4장으로 구성되어 있습니다. 1장과 2장은 지표조사 및 발굴조사에 대한 개념, 조사단계별 진행절차 및 방법에 대해 체계적으로 쉽게 이해할 수 있도록 정리하였습니다. 3장은 발굴조사 결과에 대한 자료정리와 분석, 보고서가 어떤 과정과 방법을 통해 완성되는지를 설명하였습니다. 마지막 4장은 매장문화재와 관련된 법령과 제도의 변천 과정을 살펴보고, 앞으로의 개선방향을 제시하였습니다.

    아무쪼록 이 책이 고고학 전공자와 고고학에 관심이 있는 학생과 일반인들에게 작으나마 보탬이 되기를 기대합니다.

    끝으로 옥고를 집필하여 주신 모든 집필진께 감사의 말씀을 드리며, 이 책이 발간되기까지 많이 애써 준 협회 직원 여러분께 감사드립니다. 또한, 이번 고고교육총서의 발간을 맡아 주신 사회평론아카데미의 윤철호 대표님을 비롯한 관계자 여러분께도 깊은 감사의 말씀을 드립니다.

2014년 6월

한국문화재조사연구기관협회장 조 상 기

책을 내며

    고고학이 어떤 학문인가 설명하는 것은 나라에 따라 조금씩 다르며 심지어 동시기의 고고학자들 사이에서도 약간의 차이는 있다. 이것을 통합하여 고고학의 정의나 개념을 하나의 문장으로 줄여서 표현하기는 어렵다. 그것은 고고학이 발생해서 학문으로 성장하는 과정과 이를 받아들여 정착시키는 과정이 시대나 나라마다 각각 상이했던 사정과 관련이 있다. 현대에 들어와서 고고학의 학문적 범위는 확대되어 왔고 그 응용의 폭도 넓어지고 있다. 고고학의 순수한 학문적 의미뿐만 아니라 구제발굴의 증가로 인한 법과 제도적인 측면까지도 고고학의 개념이 확대되면서 그 정의와 개념이 점차 다양화되고 있다. 하지만 일반적으로 고고학의 정의에는 "물질적 유산(material remains: 유적, 유구, 유물 등)을 통하여 과거의 사람이나 문화를 연구하는 학문"이라는 것이 공통적으로 언급되고 있다. 하지만 미술사나 인류학 역시 일부 물질적 유산을 가지고 과거나 현재의 사람과 문화를 연구하기도 한다. 이러한 학문들과 고고학의 차이를 말할 수 있는 특징적인 요소는 "고고학은 고고학만의 독특한 방법을 활용하여 연구한다"는 점이다. 고고학만의 독특한 방법을 일반적으로 발굴(excavation)이라 한다. 과거 인류의 물질적 유산은 지금까지 계속 이어져 활용되는 것도 있지만 대부분은 전부 또는 일부가 유실(lost)되었거나 땅속에 묻혀 있는 상태로 존재한다. 때로는 자연적 또는 인위적으로 물속에 수몰되어 있는 경우도 있다. 이러한 것들을 매장문화재라고 부르기도 한다. 발굴은 바로 땅속이나 물속에 묻혀 있는 인류의 물질적 유산을 노출시키고 확인하는 작업이다. 따라서 고고학을 구체적으로 표현한다면, 바로 땅속이나 물속에 매장된 문화재의 발굴조사를 통해서 얻은 정보를 활용하여 과거의 역사와 문화를 연구하는 학문이라 할 수 있다.

결국 고고학의 가장 기초가 되는 것은 발굴조사이다. 발굴조사는 고고학 연구의 과정 중 하나로 고고학 자료를 수집하는 일이다. 발굴조사는 과거의 문화유산이 지하나 수중에 매장된 야외에서 이루어지게 된다. 따라서 발굴조사는 대부분 야외조사가 된다. 고고학 연구과정 중 야외에서 이루어지는 것이기 때문에 이를 좁은 의미에서 '야외고고학(Field Archaeology)'이라 부를 수 있을 것이다. 하지만 일반적으로 야외에서 행해지는 발굴조사 그 자체만을 야외고고학이라 하지는 않는다. 야외고고학은 이보다 더 넓은 범위에서 이루어지기 때문이다.

발굴조사가 이루어지기 위해서는 유적의 존재와 범위를 확인하기 위해서 매장문화재가 존재할 것으로 예상되는 지역에 대한 사전조사가 필요하다. 사전조사는 크게 문헌조사와 현지조사로 나누어진다. 문헌조사는 유적과 관련된 과거와 현재의 기록들을 찾아서 정리하는 작업이다. 현지조사는 문헌조사를 바탕으로 현지를 직접 방문하여 육안이나 장비(비파괴 장비)를 사용해 유적이 매장된 것으로 추정되는 지역의 지표를 조사하는 작업이다. 이러한 사전조사를 통해 매장된 유적이 분포하는 범위와 발굴조사 계획을 수립할 수 있다. 이를 일반적으로 '지표조사'라고 부른다.

한편, 발굴조사에서 출토된 유구나 유물은 대부분 온전한 상태가 아니다. 조각나거나 유실된 상태로 존재하는 경우가 많다. 현장에서 출토된 유구는 출토 당시의 모습을 기술하고 도면을 작성하며 사진(동영상)을 촬영하여 기록해야 한다. 조사가 완료된 이후에는 이에 대한 처리 방법도 결정해야 한다. 가능하다면 출토된 상태 그대로 보존처리를 한 후 매몰하여 보존하거나 일단 응급처치 후 매몰한 다음 향후 활용방법을 찾는 것이 바람직하다. 하지만 개발 과정에서 이루어지는 구제발굴에서는 이것이 불가능한 경우가 대부분이다. 일반적으로는 유적의 가치를 판단하는 절차를 거쳐서 기록(도면, 사진, 영상 등을 포함)을 남긴 후 유구는 사라지게 되거나 활용이나 관리가 보다 용이한 곳으로 이전하여 복원하는 방식으로 활용된다. 따라서 출토된 유구에 대한 현장의 기록 정리가 발굴조사에서는 핵심적인 사항이 된다.

반면에 출토된 유물은 세척, 수리, 복원, 실측, 촬영, 탁본, 기술 등의 과정을 거치면서 정리되는데 이후 유물을 분류하고 평가하여 중요 유물은 국고에 귀속시키고 나머지는 연구를 위한 학술자료로 삼는다. 현장조사에서 행해지는 유구 도면 작성과 사진 촬영을 제외하고 현장조사 완료 후 수행되는 모든 정리작업을 일반적으로 실내작업이라 부른다. 현장조사와 실내작업의 결과가 합쳐져서 최종적으로 발굴조사 보고서의 작성과 발간이 이루어지면 하나의 유적에 대한 발굴조사가 완료되는 것이다.

이상과 같은 지표조사 – 발굴조사 – 실내작업 – 보고서 작성 등 일련의 연속적인 작업과 조사 과정을 종합하여 야외고고학이라고 부를 수 있다. 중국에서는 '전야고고학(田野考古學)'이라고 부르기도 한다. 즉, 넓은 의미에서 야외고고학은 좁은 의미의 고고학적인 야외조사, 즉 발굴만을 지칭하는 것이 아니라 사전조사(pre-field element)와 실내조사

(post-field element) 등의 과정까지 모두 포괄하는 개념이다. 이는 고고학 연구과정에서 자료의 수집과 정리 및 보고서 작성 등을 의미하는데, 연구실에서 이루어지는 후속적인 연구와 구별해서 부르는 용어이다. 따라서 야외고고학은 고고학에서 가장 기초적인 과정이라고 할 수 있다. 하지만 이것은 고고학만의 독특한 방법으로 이루어져 다른 학문과 고고학을 구분하는 가장 중요한 단서가 되기도 한다. 이를 문헌사 연구에 비교한다면 야외고고학은 일차 사료를 편찬하는 것에 비유할 수 있다. 따라서 야외고고학에서는 주관적인 판단을 가급적 배제하고 있는 그대로 보이는 것을 충실하게 기록하여 남기는 것이 무엇보다 중요하다.

고고학 발달사에서 야외고고학은 고고학의 한 과정이며 기초적인 부분에 속해 왔다. 과거부터 모든 고고학자는 야외고고학자이기도 했다. 고고학 발굴은 대부분 학술적 목적을 달성하기 위한 학술발굴이 주류를 이루어 왔다. 그러나 현대에 들어와서 개발로 인한 매장문화재의 파괴와 훼손이 증가하면서 이를 최소화하기 위한 방편으로써 구제발굴도 증가하게 되었다. 한국에서도 이러한 현상이 심화되면서 고고학은 학술적 영역에서 사회적 영역으로 점차 그 기능이 확대되어 갔다. 그 결과 고고학의 사회·경제적인 영향력이 무시할 수 없을 정도로 커지게 되었다. 이와 관련된 법과 제도적인 정비도 점차 구체화되었다.

그러나 오히려 구제발굴에서 사회적인 관심은 야외고고학의 전 과정이 아니라 오로지 현장조사로 국한되는 부작용도 나타나게 되었다. 개발사업자에게는 고고학의 학술적 측면에 대한 관심의 필요성이 거의 없다. 다만 개발 과정에서 필요한 고고학의 야외조사만 법과 절차에 따라서 수행하면 그뿐이라는 인식이 일반적이다. 이것이 고고학에서 야외고고학 분야가 비정상적으로 성장하는 배경이 되었다. 어쩌면 야외고고학에 대한 사회경제적 욕구가 고고학에서 야외고고학 분야가 독립해서 성장하는 현상을 가속시켰다고 할 수 있다. 더구나 구제발굴을 전담하기 위한 발굴전문법인이 등장하고 그들이 대부분의 구제발굴을 수행하기 시작하면서 이러한 경향이 더 심화되고 있다.

이와 더불어 야외고고학을 점차 일종의 고도의 기술적인 작업으로 인식하는 경향도 생겨나게 되었다. 사실 야외고고학 작업을 수행하기 위해서는 발굴조사 방법을 중심으로 층위 파악과 분석, 도면 작성, 촬영, 자료 정리 등 정형화된 기술적 작업 능력이 요구되는 것이 사실이다. 이러한 작업은 현장에서 상당한 훈련과 경험이 축적되어야 습득이 가능하다. 또한 야외고고학자에게는 조사단의 운영, 현장 관리, 조사비용의 집행과 관리, 언론홍보 등 현장 운영능력도 필요하다. 구제조사의 규모가 커지고 양적으로 증가하게 되면 당연히 발굴조사자의 현장 운영능력이 야외고고학자의 영역에 포함될 수밖에 없다. 야외고고학자가 되기 위해 필요한 능력들은 과거처럼 강의실과 약간의 현장 실습만으로는 습득할 수 없게 된 것이다. 일단 강의실에서 기초적인 이론을 습득하고 이와 병행하여 현장 실습을 상당 기간 수행해야 얻을 수 있는 능력이 되었다. 따라서 어떤 의미에서는 야외고고학이 고고학에서 하나의 분야로 독립하는 것이 고고학의 발전과 영역 확대에 불가피한 과정이라고 할 수 있다. 최근 각 대학의 고고학과 교과과정에 야외고고학이 독립적인 과목으로 편성되는 사례가 늘어나고 있다. 이것은 야외고고학의 중요성이 증대되는 학문적·사회적 요구에서 볼 때, 한편으로는 바람직한 현상이라고 할 수 있다.

하지만 야외고고학이 고고학과 분리되어 기술적인 작업으로만 되어서는 곤란하다. 야외고고학은 분명히 고고학의 학술적인 연구과정의 하나이기 때문이다. 따라서 야외고고학자가 야외고고학의 조사 작업의 기술적인 능력을 갖추는 데서 만족하면 곤란하다. 조사에 대한 기술적이고 전문적인 능력과 함께 고고학자로서의 학술적인 능력도 반드시 갖추어야 한다. 야외고고학자 역시 고고학자이며 연구자이다. 고고학 연구자로서 학술적인 능력을 갖추는 것은 학자로서의 기초적인 소양을 갖추는 일이다. 야외고고학의 학술적인 의미와 조사자의 학술능력을 배제하고 충실한 발굴조사와 보고서 작성이 이루어진다는 것은 상상할 수 없는 일이다.

한국에서는 2011년 「매장문화재 보호 및 조사에 관한 법률」이 공포된 이후 야외고고학에 대한 학술적 개념에서 제도(행정)적인 개념이 분리되어 명문화되었다. 이전에 구제조사는 학술적 개념과 의미에서 문화재청의 법령이 아닌 일종의 '행정지침'으로 제도적인 미비점이 보완되며 시행되어 왔다. 이러한 조치는 학술발굴에는 적절할 수 있었을지 모르나 구제발굴이 전체 발굴조사의 대부분을 차지하는 현실을 담아내기에는 부족했다. 실제로 2000년대 중반 이후 야외고고학의 학술적 개념과 사회·경제적인 개념(제도와 행정 절차)이 충돌하면서 매장문화재 조사를 둘러싼 사회적 갈등이 나타나기도 했다. 그 해결책으로 매장문화재의 조사와 보존과 관련된 법과 제도가 정비되면서 야외고고학에서 제도적인 개념이 법령으로 규정되게 된 것이다. 이는 매장문화재와 관련된 관계기관과 고고학자 및 발굴법인 종사자들의 고민과 노력의 결실이기도 했다. 부족하나마 매장문화재의 보존과 보호에 대한 국민적 합의를 이끌어 내었다는 점에서는 제도적 정비의 의미를 결코 낮게 평가할 수 없다.

하지만 법과 제도의 정비 과정에서 아쉬운 점도 있었다. 법령이 정비되면서 야외고고학의 과정이 일련의 행정적인 절차로 인식되는 경향이 점차 강해졌다. 이로 인해 야외고고학의 학술적 의미는 점차 약화되는 현상이 나타나게 되었다. 이대로 가다가는 향후 구제조사는 일종의 민원 처리 절차로 인식될 우려가 커지게 되었다. 이는 야외고고학에서 학술적인 영역이 쇠퇴할 수 있다는 것을 의미한다. 따라서 현재의 매장문화재와 관련된 법과 제도가 야외고고학의 학술적 의미보다 행정절차를 위한 제도적 의미에 치우쳤다는 고고학계의 비판은 충분한 근거가 있다. 이에 대해서는 향후에도 충분한 토론이 이루어져야 하며 법령의 개정 과정에서도 반영되어야 할 필요가 있다.

이 책은 '야외고고학이 어떤 과정을 거쳐서 이루어지고, 각각의 과정에서 무엇을 어떻게 해야 하는가'라는 물음에 답하기 위해 기획되었다. 현장 경험이 풍부한 집필자들이 야외고고학 분야의 전 과정에서 현장조사와 실내작업에 필요한 핵심사항을 중심으로 독자들이 쉽게 이해할 수 있도록 정리하려고 노력했다. 아울러 그러한 작업의 학술적인 의미도 서술하여 독자들이 스스로 체계적인 작업 과정을 이해할 수 있도록 서술하고자 했다. 또한 현업에 종사하고 있는 야외고고학자는 물론이고, 야외고고학에 입문하고자 하는 학생들이 야외고고학의 전반적인 과정을 이해하고 관련 지식을 습득하는 데 필요한 핵심사항을 전달하고자 했다. 이를 위해 야외고고학의 각 진행 과정을 구별해 설명하고 관련 도면과 사진을 많이 제공하여 독자들이 쉽게 이해할 수 있도록 편집했다. 이 밖에도 매장문화재와 관련된 법과 제도의 변천이 어떻게 이루어졌는지 이해할 수 있도록 별도의 항목을 마련하여 서술했다.

이상과 같이 이 책의 목표는 단순히 야외조사의 작업 과정을 설명하고 기술하는 것이 아니다. 그러한 과정이 왜 필요한지에 대한 학술적 배경과 제도적 배경을 함께 소개하여 독자가 야외조사 과정에서 스스로 응용하고 그 결과 학술적 능력도 향상시킬 수 있도록 한 것이다. 아울러 고고학 종사자가 아닌 일반인들의 야외고고학에 대한 이해와 관심을 증대시킨다는 목적도 갖고 있다. 아직 이러한 개설서가 처음이라 부족한 부분도 많다. 미진한 부분은 앞으로 지속적으로 보완이 이루어져야 할 것이다. 다만 이 책을 야외고고학의 개념과 이론을 정착시키고 향후의 발전을 모색하기 위한 노력으로 이해해 주기를 바란다.

2014년 6월
집필진을 대표하여 서 영 일

차례

발간사　　5

책을 내며　　6

I. 지표조사

1. 육상 지표조사 김현식　21

1) 종류와 개념　21

2) 대상　24

3) 절차 및 방법　26

4) 보고서 작성　38

2. 수중 지표조사 신종국, 양순석, 홍광희　45

1) 개념　45

2) 지구물리탐사(기기탐사)　53

3) 조사방법　66

4) 잠수조사 시의 안전문제　74

II. 발굴조사

1. 고고학과 발굴조사 하진호　81

1) 고고학 연구체계　81

2) 고고학의 기본 틀과 다양성　82

3) 발굴조사의 정의 및 목적　85

4) 발굴조사의 철칙과 관점　85

5) 발굴조사 방법론의 기초 인식 및 자료의 해석　88

2. 시굴조사 유병록　91

　　1) 개념과 목적　91

　　2) 시굴조사 진행 과정　92

　　3) 조사방법　97

　　4) 자료 정리와 제시　110

3. 정밀조사 하진호　115

　　1) 정밀조사 진행 과정　115

　　2) 조사방법　122

　　3) 토층 조사와 층의 해석　132

　　4) 유적 종류별 기본 조사 항목　136

4. 유구 실측도면 작성방법 김동숙　145

　　1) 개념과 목적　145

　　2) 도면의 종류　148

　　3) 실측도면 작성 과정　159

　　4) 유구 종류별 도면 작성 항목　167

5. 야외 촬영 방법 윤호필　172

　　1) 촬영 장비　173

　　2) 촬영 방법　177

　　3) 응용 촬영 방법　190

6. 수중 발굴조사 신종국, 양순석, 홍광희　198

　　1) 수중 시굴조사　199

　　2) 수중 발굴조사　207

III. 발굴조사 자료 정리 및 보고서 작성

1. 출토유물 정리 김영화   261
    1) 발굴조사와 유물   261
    2) 발굴조사 시의 유물 수습   263
    3) 출토유물의 정리 과정   278
    4) 발굴문화재의 신고 및 국가귀속   291
    5) 발굴문화재의 보관과 관리 및 이관   295

2. 출토유물의 실측과 편집 김미경   303
    1) 실측 목적   303
    2) 실측 도구   305
    3) 실측 순서   308
    4) 도면 편집   317
    5) 탁본   319
    6) 제도   321
    7) 디지털 실측   323

3. 출토유물 촬영 방법 조태희   326
    1) 촬영 장비   326
    2) 촬영 방법   338

4. 보고서 작성 배성혁   355
    1) 고고학과 발굴조사 보고서   355
    2) 작성 과정   360
    3) 작성 방법   363

IV. 매장문화재 법령의 변천 과정과 특징 서영일

1) 1기: 1962년~1989년   405

2) 2기: 1990년~1999년   408

3) 3기: 2000년~2007년   413

4) 4기: 2008년~2011년   421

5) 회고와 전망   427

참고문헌   439

그림출전   447

찾아보기   451

I

지표조사

지표조사란 원래 고고학적 조사방법, 즉 매장문화재를 조사하는 한 방법이다. 매장문화재 조사는 조사방법에 따라 '발굴조사'와 '지표조사'로 구분된다. 발굴조사는 조사하는 과정에서 지면을 '굴착'하지만, 지표조사는 지면을 '굴착'하지 않는 조사이다. 또한 발굴조사는 조사하는 과정에서 불가피하게 문화재를 해체하거나 절개하는 등의 행위가 수반되는 '파괴 조사'이지만, 지표조사는 문화재를 손상 없이 조사하는 '비파괴 조사'이다.

　　지표조사에는 다음과 같은 특징이 있다. 우선 특별한 장비 없이 조사자의 지식과 경험에 절대적으로 의존하는 조사이다. 그리고 문화재에 대한 조사뿐만 아니라, 문화재의 가치를 판단하고 그에 따른 보존·보호 대책을 제시해야 하는 조사이기도 하다. 이러한 특징들 때문에 동일한 대상을 조사하더라도 조사자의 전문성(경험이나 지식)에 따라 조사결과나 보존·보호 대책이 다르게 나오는 경우가 있을 수 있다. 이러한 조사 결과의 간극은 문화재의 보존·보호에 직접적인 영향을 줄 수밖에 없으며, 이를 줄이기 위해서는 조사자에게 일정 수준 이상의 전문성이 있어야 한다.

　　1970년 초반까지만 해도 우리나라의 모든 문화재 조사는 육상에서만 이루어졌으나, 1976년 우리나라 최초의 수중발굴인 신안해저발굴조사(문화재관리국)가 이루어지면서 (매장)문화재 조사의 대상 영역이 수중까지 확대되는 계기가 마련된다. 현재 문화재 수중조사는 해마다 사례가 증가하고 있으며, 수중 문화재 조사도 육상 문화재 조사와 마찬가지로 지표조사와 발굴조사로 구분된다.

　　육상 지표조사와 수중 지표조사는 지면을 굴착하지 않는다는 점과 비파괴 조사라는 점에서 공통점이 있지만, 지표조사의 개념과 구체적인 조사방법에서 적지 않은 차이가 있다. 따라서 여기서는 지표조사를 육상 지표조사와 수중 지표조사로 나누어 살펴보았다.

1

육상 지표조사

1) 종류와 개념

지표조사란 한마디로 '지형·지물의 훼손 없이 문화재를 찾고 조사하는 행위'로 간단히 정의할 수 있지만, 구체적인 개념은 지표조사의 종류에 따라 약간의 차이가 있다. 현재 우리나라에서 실시되고 있는 지표조사는 그 목적에 따라 학술적 목적의 지표조사와 건설공사 사전 지표조사로 구분할 수 있다.

(1) 학술적 목적의 지표조사

'학술적 목적의 지표조사'는 말 그대로 고고·역사·민속학 등의 분야를 연구하기 위한 목적으로 실시하는 지표조사인데, 기존의 개설서들에서는 다음과 같이 정의하고 있다.

- 지표조사란 땅 위에 드러난 증거들을 발견하여 한 지점이나 지역에서 인간이 자연에 가한 변형의 증거, 즉 문화적 활동의 증거를

체계적으로 수집하고 기록하며 분석하는 작업이다(이선복 1988).
- 지상에 나타나는 고고학적 자료를 체계적으로 수집하는 방법이다. 지표조사는 지표에서 발견되는 고고학적 정보를 통해 지하에 있는 유적의 성격을 파악하고자 하는 것이다. 따라서 세밀한 지표조사를 통해 유적의 성격을 알 수 있다. 즉 지표에서 발견되는 유물을 통해 그 유적이 어떤 시대에 속하고 어떤 성격의 유적인지 파악할 수 있다. 그리고 지표조사를 통해 그 유적의 입지조건에 관한 정보를 알 수 있고, 유적의 밀집도나 분포에 대한 정보도 알 수 있다(국립문화재연구소 2001).
- 문화재 지표조사는 조사 대상지역 안에 있는 문화재로서 가치가 있는 것들을 지표상에 드러난 대로 조사하는 것을 말한다(한국고고학회 2006).

위의 정의들에서 알 수 있듯이 학술적 목적의 지표조사는 기본적으로 조사대상 문화재에 대한 학술적 자료를 수집하고 분석하는 것이 1차 목표이다. 학술적 목적의 지표조사는 조사대상 문화재의 범위에 따라 다시 '특정 문화재를 대상'으로 하는 지표조사와 '특정 지역을 대상'으로 하는 지표조사로 구분된다.

특정 문화재를 대상으로 하는 지표조사는 고분군, 고인돌, 폐사지, 성지(城地), 봉수대, 민속자료 등과 같은 특정한 문화재를 대상으로 실시하는 지표조사로 『한국고인돌종합조사』(문화재청 2000) 등과 같은 조사가 대표적인 예이다.

특정지역을 대상으로 하는 지표조사는 특정한 지역의 문화재를 조사하기 위한 지표조사로, 각 지방자치단체별로 실시한 『○○시(군) 문화유적분포지도』가 대표적인 예이다.

(2) 건설공사 사전 지표조사

어떤 지역에서 건설공사 등의 형질 변경행위를 하게 되면, 해당 지역 내에 분포하는 문화재는 파괴될 수밖에 없다. 건설공사 사전 지표조사란 이렇게 건설공사 시행으로 파괴될 위험에 있는 문화재를 건설공사 시행 이전에 파악하고 조사하는 지표조사이다. 따라서 그 목적이 연구 등의 학술활동에 있는 것이 아니라 개발행위로 훼손될 문화재를 보존·보호하는 데 있다. 이런 특징 때문에 건설공사 사전 지표조사는 사실상 학술조사보다는 개발행위 이전의 행정절차로 인식되고 있으며, 국가에서 그 개념을 다음과 같이 법제화했다.

- "문화재 지표조사"라 함은 「문화재보호법」 제62조 및 제91조에 따라 특정지역 안에서의 건설공사의 시행에 앞서 지표 또는 수중에 노출된 유물이나 유적의 분포 여부를 있는 그대로 조사하는 것을 말하며, 역사, 민속, 지질 및 자연환경에 관한 문헌조사와 현장조사 내용을 포함한다(문화재청 2008).
- "매장문화재 지표조사"(이하 "지표조사"라 한다)라 함은 법 제6조 제1항에 따라 건설공사의 시행자가 해당 건설공사 지역에 문화재가 매장·분포되어 있는지를 확인하기 위하여 사전에 실시하는 것을 말한다(문화재청 2011).

위의 정의에서도 알 수 있듯이 건설공사 사전 지표조사의 개념은 기본적으로 학술적 목적의 지표조사와 큰 차이가 없지만, 조사의 이유와 시점을 '건설공사 시행 이전'으로 한정한다는 점에서 큰 차이가 있다. 따라서 건설공사 계획에 따라 지표조사의 조사대상 범위가 정해지게 되며, 건설공사의 계획이 수립되기 전에는 조사가 이루어질 수 없다.

즉 어떤 건설공사 예정 지역이 이미 예전에 학술적 목적으로 지표조사가 이루어진 지역이라 할지라도 그 지표조사는 건설공사 사전 지표조사의 효력을 가지지 못한다. 왜냐하면 학술적 목적의 지표조사에는 해당 문화재에 대한 보존·보호 대책이 포함되어 있지 않기 때문이다.

물론 건설공사 사전 지표조사도 당연히 본질적으로는 학술적인 조사이기 때문에 조사대상 문화재에 대한 조사내용은 학술적 목적의 지표조사와 동일하다. 그러나 건설공사 사전 지표조사는 문화재만 조사하는 데 그치는 게 아니라, 건설공사로 훼손될 문화재에 대한 보존·보호 대책도 함께 강구해야 한다는 점에서 학술적 목적의 지표조사와 차이가 있다.

2) 대상

지표조사의 대상은 당연히 문화재이다. 그러므로 지표조사의 대상을 알기 위해서는 문화재의 개념과 종류를 알아야 한다. 문화재의 사전적 의미는 '인류의 문화유산으로서 그 가치가 큰 것'이다. 그리고 우리나라의 문화재보호법에서는 "문화재란 인위적이거나 자연적으로 형성된 국가적·민족적 또는 세계적 유산으로서 역사적·예술적·학술적 또는 경관적 가치가 큰 것"이라고 정의하고 있다.

문화재는 그 개념상 인간 활동의 산물이지만, 우리나라에서는 문화재로서 보호해야 할 대상에 동물, 식물, 경관 등 자연 활동의 산물까지도 포함시키고 있다. 따라서 이 문화재들도 당연히 지표조사의 조사대상 범주에 포함된다. 또한 유형문화재뿐 아니라, 춤, 노래, 연례행사 등의 무형문화재도 조사대상 범주에 포함되는 문화재이다.

문화재보호법에서는 문화재의 종류를 '① 유형문화재, ② 무형문화재, ③ 기념물, ④ 민속 문화재' 네 가지로 구분하고 있지만, 이러한 구분은 법적으로 문화재를 지정할 때 편의성을 감안한 구분이며, 지표조사에서는 그다지 실용적이지 못한 구분법이다. 실제 지표조사에서의 효율적인 문화재의 구분은 '(1) 고고·역사 문화재, (2) 건축 문화재, (3) 사회·민속 문화재, (4) 자연 문화재'의 네 가지이다.

(1) 고고·역사 문화재

고고·역사 문화재(考古·歷史 文化財)는 말 그대로 '고고·역사와 관련된 물질적 흔적'을 말하며, 작게는 토기 파편에서 크게는 고총고분까지 포함된다. 문화재 중 가장 종류가 많고 포괄적인 문화재이다. 흔히 '유물(遺物)', '유구(遺構)', '유적(遺蹟)'이라고 불리는 문화재들이 여기에 해당된다. 일반적으로 유물, 유구, 유적은 다음과 같이 정의한다.

유물: 인간의 활동에 의해 만들어진 움직일 수 있는 잔존물로 토기, 석기, 골각기, 목기, 청동기, 철기 등이 여기에 해당된다.

유구: 인간의 활동에 의해 만들어진 움직일 수 없는 잔존물로 집터, 무덤, 건물지, 가마 등이 여기에 해당된다.

유적: 유물이나 유구들이 복합적인 단위로 모여 있는 장소를 말한다.

지석묘나 봉토분같이 지상에 드러나 있는 경우도 있지만, 대부분 지하에 매장되어 있어 지표면에서 확인되는 유물이나 유구의 흔적 등으로 알 수 있다. 일반적으로 문화유적분포지도에 '○○고분군', '○○지석묘군', '○○생활유적', '○○유물산포지', '○○가마터' 등으로 표기되는 문화재가 고고·역사 문화재에 해당된다.

(2) 건축 문화재

건축 문화재(建築 文化財)는 개념상 고고·역사 문화재와 중복되기도 하지만, 일반적으로 지상에 드러나 있는 건조물(建造物)을 말한다. 구체적으로는 성곽, 성터, 봉수대, 절의 부속건물 또는 탑, 사당(祠堂), 고택(古宅), 비석, 구한말~1950년대에 지어진 서양 건축양식의 건축물 등이 이에 해당된다. 건축 문화재를 조사하기 위해서는 관련 건축학 전공자의 전문적인 지식이 요구되기도 한다.

(3) 민속 문화재

문화재보호법에서는 민속 문화재(民俗 文化財)를 "의식주, 생업, 신앙, 연중행사 등에 관한 풍속이나 관습과 이에 사용되는 의복, 기구, 가옥 등으로서 국민생활의 변화를 이해하는 데 반드시 필요한 것"이라고 규정한다. 간단히 말해 '과거부터 있었던 것으로 현재까지 민간에 남아있는 유·무형적인 문화적 산물'이다. 민가(民家)나 마을의 제당 등의 유형문화재를 비롯하여 전통시장, 연례행사, 축제, 토속신앙 등의 무형문화재가 여기에 해당된다. 민속 문화재를 조사하기 위해서는 관련 분야 전공자의 전문적인 지식이 요구된다.

(4) 자연 문화재

동물(그 서식지, 번식지, 도래지를 포함한다), 식물(그 자생지를 포함한다), 지형, 지질, 광물, 동굴, 생물학적 생성물 또는 특별한 자연현상으로 형성된 문화재이다. 자연 문화재를 조사하는 데도 해당 분야 전공자의 전문적인 지식이 필요하다.

3) 절차 및 방법

지표조사의 방법은 '지형·지물의 훼손 없이 문화재를 조사'한다는 기본적인 원칙을 근간으로 하지만, 구체적인 절차 및 방법은 지표조사의 목적에 따라 약간의 차이가 있다. 학술 지표조사의 경우는 기본적으로 연구자의 학술행위에 해당되기 때문에 사실 조사방법이나 절차 등이 특별히 매뉴얼화되어 있지 않으며, 조사대상에 따라서도 약간씩 차이가 있을 수밖에 없다. 반면 건설공사 사전 지표조사는 학술행위이기도 하지만, 행정행위에도 해당되기 때문에 조사자의 자격은 물론 조사절차나 방법 등을 국가에서 법제화하고 매뉴얼화했다.

결과적으로 건설공사 사전 지표조사는 학술적 목적의 지표조사에 문화재의 보존·보호 대책이 추가된 것으로 볼 수 있다. 따라서 학술 지표조사의 절차 및 방법은 생략하고 이미 매뉴얼화되어 있는 건설공사 사전 지표조사의 절차 및 방법에 대해 살펴보기로 한다. 건설공사 사전 지표조사는 통상 (1) 조사준비 → (2) 사전조사 → (3) 현장조사 → (4) 탐문 및 설문조사 → (5) 보완조사 → (6) 분석 및 결론도출 순으로 이루어진다(그림 1).

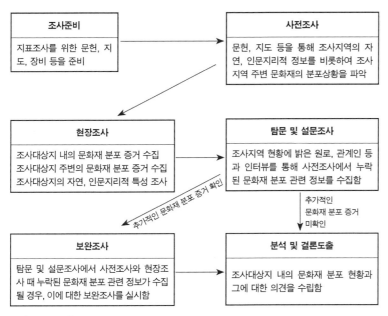

그림 1 지표조사 흐름도

(1) 조사준비

지표조사를 위한 조사단을 구성하고 문헌, 지도, 장비 등을 준비하는 단계이다. 조사단에는 원칙적으로 고고·역사, 건축, 민속, 자연 문화재 등의 전문가 모두가 포함되어야 하지만, 사실 지표조사의 대상 중 가장 큰 비중을 차지하는 것은 고고·역사 문화재이기 때문에 통상 조사단은 고고·역사 분야 전문가로 구성된다. 만약 조사 예정지에 건축, 민속, 자연 문화재와 관련된 요소가 있다고 판단되면, 반드시 관련 전문가를 조사단에 포함시켜야 한다.

문헌으로는 해당 지역의 문화유적분포지도, 해당 지역의 지명사와 관련된 문헌, 민속조사와 관련된 문헌, 해당 지역과 관련된 고문헌, 해당 지역 자연환경과 관련된 문헌, 조사대상 지역 주변에서 실시된 지표조사 및 발굴조사의 보고서, 기타 필요하다고 생각되는 문헌 등을 확보해야 한다.

지도는 기본적으로 해당 지역의 1/25,000 및 1/5,000 이상의 정밀한 수치지형도를[1] 준비해야 하며, 필요할 경우 지적도, 지질도(토양도), 고지도, 기타 필요한 주제도 등도 확보해 두어야 한다(그림 2).

장비로는 기본적으로 사진기, 나침반, 유물봉투, 필기구, GPS단말기, 기록지, 응급처리용 약품, 유물수습장비, 줄자 등이 있어야 하며, 필요에 따라 탐침봉, 풀·낙엽 등을 제거하기 위한 갈퀴, 낫 등도 준비해야 한다. 그리고 해당 지역이 넓을 경우에는 항공촬영 등을 위탁해야 하며, 필요에 따라 탁본도구, 비디오촬영기, 녹음기 등을 준비한다(그림 3).

이 밖에도 정밀한 조사를 위해 첨단기계를 이용한 지구물리탐사를 지표조사에 이용하기도 하지만, 일반적으로 비용과 시간의 문제 때문에 건설공사 사전 지표조사에서는 거의 사용하지 않고 주로 학술적 목적의 지표조사에서만 이용한다.

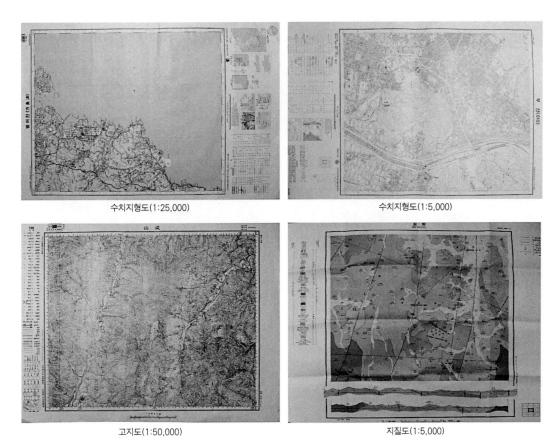

수치지형도(1:25,000)   수치지형도(1:5,000)

고지도(1:50,000)   지질도(1:5,000)

그림 2 지표조사에 필요한 각종 지도

(2) 사전조사

　사전조사는 주로 실내에서 이루어지는 조사로 문헌, 지도, 웹사이트[2] 등을 통해 조사지역의 자연·인문지리적 정보를 비롯하여 조사지역 주변 문화재의 분포상황을 파악하는 조사이다. 사전조사는 통상 다음과 같은 순서로 이루어진다.

나침반

카메라

GPS단말기

줄자

유물봉투

구급약

돋보기

갈퀴

낫

탐침봉

꽃삽

솔

그림 3 지표조사에 필요한 장비

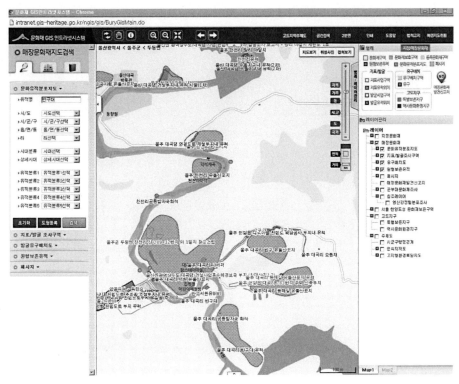

그림 4 문화재GIS통합인트라넷시스템

　첫째, 지형도에 조사지역의 범위와 주변 문화재(조사대상지 반경 500m² 내의 지정문화재, 조사대상지 조망권 내의 비지정문화재)의 위치를 파악한다. 주변 문화재에는 지정문화재와 매장문화재는 물론 자연문화재, 민속자료, 무형문화재 등도 포함시킨다. 그리고 각 문화재의 정보와 조사대상지와의 상관관계를 파악해 놓는다. 주변 문화재 및 조사이력을 검색할 때에는 문화재청에서 제공하는 문화재GIS통합인트라넷시스템(그림 4)을 이용하면 편리하다.

　둘째, 지질도 등을 통해 조사대상지 및 주변의 지질적 특성과 고지도와 현재 지형도, 현황측량도 등을 비교하여 조사대상지 및 주변의 지형변화 정보를 파악한다.

　셋째, 문헌자료를 통해 조사대상 지역의 지명 정보(지명 변천 과정, 지명 유래), 연혁 등을 파악한다.

(3) 현장조사

　사전조사가 완료되면 현장조사를 진행한다. 현장조사는 지표조사에서 가장 전문성이 요구되는 절차이기 때문에 조사자의 경험이나 지식 등에 따라 현장조사 결과가 전혀 다르게 나올 수 있다. 특히 매장문화재는 거의 대부분 지하에 매장되어 있어 육안으로 직접적인 증거를 확인하는 것이 쉬운 일은 아니다. 따라서 조사자의 전문성과 경험이 매우 중요하다.

　또한 육안으로 확인되는 유물이나 유구 등의 직접적인 정보만 수집해서는 안 되며 지리적·지형적 조건도 감안하여 현장조사를 실시해야 한다. 현장조사는 통상 다음과 같은 순서로 이루어진다.

　① 조사대상지의 경계 확인
　먼저 조사대상지(사업예정지역)의 경계를 답사하여 경계 부분의 GPS 좌푯값을 기록하고, 조사대상지의 전경을 다양한 방향에서 사진 촬영한다. 조사대상지가 넓을 경우 전경은 항공촬영을 실시한다. 조사대상지의 지형 구성이 다양할 경우에는 지형에 따라 지구를 구분하고 이를 지도에 표시하고 지구별로 전경을 사진 촬영한다.

　② 조사대상지 내 사전조사에서 확인된 문화재에 대한 조사
　사전조사에서 파악한 문화재 중에서 조사대상지 내에 분포하거나 조사대상지와 연결·중첩하는 문화재를 먼저 조사한다.

그림 5 지표조사에서 채집된 유물(울주 차리 고분군)

③ 조사대상지 내 현장조사

구분된 지구별로 면밀한 현장조사를
실시한다. 조사대상지에 풀이나 낙엽 등
이 많을 경우 갈퀴나 낫 등을 이용하여 지
표면을 조사한다. 조사대상에 임목이나
낙엽, 풀 등이 과도하게 덮여 있을 경우에
는 먼저 경작지, 단애부 등을 조사한 후,
차츰 나머지 지역으로 확대하는 방법으로
진행하면 효율적이다.

그림 6 지표조사에서 확인된 석곽묘 흔적(울주 차리 고분군)

현장조사에서는 문화재 분포 증거(유물, 유구 등의 흔적 및 지형조
건)를 탐색한다. 문화재 분포 증거가 탐색될 경우, 탐색된 지역의 위치
를 지도에 표시하고 좌푯값, 탐색된 증거의 성격 및 수량 등을 기록한다
(그림 7). 그리고 탐색된 문화재 분포 증거와 지형적인 조건, 사전조사를
통해 얻어진 정보 등을 종합하여 대상지 내에 분포하는 문화재의 종류를
파악한다. 그리고 파악한 문화재의 분포범위를 정하는데, 유구나 유물
등의 분포범위와 지형의 연속성 등을 감안하여 분포범위를 설정한다.

한편, 조사대상지 내 문화재 중에 건축 문화재나 민속·자연 문화재
는 일반적으로 사전조사를 통해 파악되었을 가능성이 높고 육안으로도
식별이 가능하지만, 매장문화재의 경우에는 현장에서 수집된 정보와 지

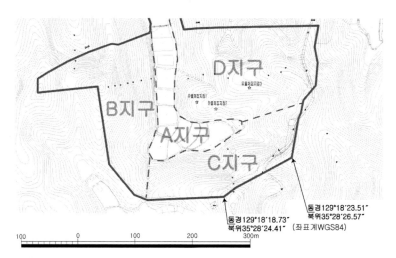

동경 129°18′23.51″
북위 35°28′26.57″
(좌표계 WGS84)

동경 129°18′18.73″
북위 35°28′24.41″

그림 7 유물 채집 지점의 표시

형조건, 사전조사 등을 종합하여 판단해야 한다. 〈표 1〉은 매장문화재의 종류에 따른 분포 증거와 지형조건을 나타낸 것이다.

표 1 매장문화재의 종류에 따른 분포 증거와 지형조건

매장문화재의 종류	직접적인 분포 증거	지형적인 조건
고분	마운드, 부장유물(토기 등)의 파편, 묘의 석재, 도굴갱 등	능선, 구릉사면, 평지
지석묘	상석, 지석, 묘의 석재	평지, 완경사면
패총	조개, 유물편 등	해안가
건물지	돌, 석재, 기와편 등	다양한 지형
생활유적, 취락	일상토기, 도구류 등의 유물 등	다양한 지형
생산유적(가마)	소토, 가마의 벽체, 기와편, 토기편 등	계곡부, 경사면과 평지가 만나는 곳
생산유적(야철지)	소토, 노의 벽체, 슬러그 등	평지, 구릉의 평탄면
경작유적(밭)	관련 유물편	충적지
경작유적(논)	관련 유물편	배후습지, 계곡부, 충적지

④ 조사대상지 주변 현장조사

사전조사에서 파악한 조사대상지 주변 문화재에 대한 현장조사를 실시하고 조사대상지와의 상관관계를 파악한다.

(4) 탐문 및 설문조사

현장조사가 완료된 다음에는 사전조사와 현장조사에서 드러나지 않은 문화재 분포 증거를 수집하기 위해 탐문 및 설문조사를 실시한다. 탐문 및 설문조사의 대상자는 조사지역 현황에 밝은 원로 또는 관계인 등으로 한다. 탐문 및 설문조사에서 사전조사나 현장조사에서 나타나지 않았던 문화재 분포 관련 정보가 수집될 경우 이를 기록하며 필요에 따라 녹음기나 비디오촬영기 등을 이용한다.

(5) 보완조사

탐문 및 설문조사에서 사전조사와 현장조사 때 누락된 문화재 분포 관련 정보가 수집될 경우, 이에 대한 보완조사를 실시한다.

(6) 분석 및 결론도출

① 자료 및 정보 분석

현장조사가 완료된 다음에는 사전조사와 현장조사에서 수집된 자료와 정보를 분석하여 조사대상지 내의 문화재 분포 현황을 종합적으로 고찰한다.

② 신규 문화재의 성격 및 명칭 부여

지표조사를 통해 새로운 문화재가 확인될 경우 적절한 명칭을 부여하고 문화재의 성격, 분포범위 등을 결정한다. 문화재의 성격, 분포범위는 문화재의 직접적인 분포 증거(유물, 유구 등의 흔적)와 지형적·지리적 조건, 그리고 인접한 지역의 문화재 분포 정보 등을 종합적으로 고찰해서 정해야 한다.

신규 유적의 명칭은 '행정구역명＋고유지명＋유적의 성격'으로 정한다. 예컨대 '울주 용리 범골 유물산포지'의 경우 '울주 용리'는 행정구역명, '범골'은 고유지명, '유물산포지'는 유적의 성격을 말해 준다.

신규 유적의 성격은 채집된 증거(유물, 유구 흔적 등), 지형, 주변 유적 등을 종합하여 결정한다. 유물산포지, 고분군, 생활유적, 취락지 등을 말한다.

③ 조사대상지 및 주변 문화재에 대한 보존대책 의견 수립

지표조사에서 가장 중요하고 어려운 단계라고 할 수 있다. 건설공사 예정부지의 지표조사는 사실상 그 결과가 중요한 '행정행위'에 해당되기 때문에 매우 신중을 기해야 한다.

법률로 정해진 보존 조치는 원형보존, 이전복원, 건설공사 시 관련 전문가의 입회조사, 매장문화재 발굴조사(표본조사, 시굴조사, 정밀발굴조사), 매장문화재 발견 시 신고(공사시행)로, 이 중에서 선택하여 의견을 제시해야 하며, 필요할 경우 지역을 구분하여 복합적인 의견을 제

그림 8 유적의 범위 표시

표 2 지표조사 이후의 보존대책 구분(시행규칙 5조)

정밀발굴조사	건설공사 사업 면적 중 매장문화재 유존지역 면적 전체에 대해 매장문화재를 발굴하여 조사하는 것	문화재청의 허가를 받아야 함
시굴조사	건설공사 사업 면적 중 매장문화재 유존지역 면적의 10퍼센트 이하의 범위에서 매장문화재를 발굴하여 조사하는 것	
매장문화재 표본조사	건설공사 사업 면적 중 매장문화재 유존지역 면적의 2퍼센트 이하의 범위에서 발굴허가를 받지 아니하고 매장문화재의 종류 및 분포 등을 표본적으로 조사하는 것	문화재청의 허가를 받지 않아도 됨
입회조사	공사 시행 시에 매장문화재 전문가가 입회하는 조사	

시한다. 그리고 각 조치에 필요한 면적을 정확하게 계산하여 제시해야 한다. 다음은 각 조치에 대한 설명이다.

㉠ 원형보존: 문화재의 전부 또는 일부를 현지에 원형대로 보존하는 것으로 지정문화재 또는 이에 상응하는 가치가 있는 문화재가 확인될 경우나 학술적으로 보존 가치가 있는 문화재가 매장되어 있을 가능성이 높다고 판단될 경우에 제시할 수 있는 의견이다.

㉡ 이전(移轉)복원: 문화재의 전부 또는 일부를 전시관이나 인근 장소 등으로 이전하여 복원(모형으로 복원하는 것을 포함함)하는 것으로 원형보존보다 상대적으로 보존 가치가 낮을 경우 제시한다.

㉢ 정밀발굴조사: 지하에 매장문화재가 확실히 분포하고 있다고 판단되고 그 성격이나 범위가 비교적 확정적일 때 제시할 수 있는 의견이다. 발굴조사가 필요한 객관적이고 구체적인 증거가 동반되어야 한다. 필요한 면적을 정확하게 계산해야 하며, 도면에도 정확하게 표시해야 한다.

㉣ 시굴조사: 매장문화재의 분포 가능성이 높을 경우 제시할 수 있는 의견이다. 문화재가 분포한다는 객관적이고 구체적인 증거가 동반되어야 하며, 시굴조사가 필요한 범위 면적 등이 구체적이어야 한다.

㉤ 매장문화재 표본조사: 구체적인 문화재 분포 증거는 확인되지

않으나, 지형적 조건 등을 감안할 때 유적의 존재 가능성이 있을 경우에는 표본시굴조사 의견을 제시할 수 있다. 필요한 면적을 구체적으로 표시해야 한다.

ⓑ 입회조사: 표본조사가 필요한 경우보다 문화재의 분포 가능성이 낮을 경우 제시할 수 있는 의견이다. 필요한 범위 면적 등이 구체적이어야 한다.

ⓐ 매장문화재 발견 시 신고(사업시행): 문화재의 분포 가능성이 희박할 경우 제시할 수 있는 의견이다. 범위, 면적 등이 구체적이어야 한다.

4) 보고서 작성

지표조사 보고서는 학술조사 보고서이기도 하지만, 그 자체가 행정서류에 해당된다. 따라서 보고서는 반드시 객관적이고 구체적으로 써야 한다. 또한 일차적으로 비문화재 전문가가 보기 때문에 가급적 일반인도 알 수 있는 용어, 단어, 문장으로 작성해야 한다.

지표조사 보고서의 작성 방법도 조사 목적에 따라 차이가 있는데, 학술적 목적의 지표조사는 특별히 정해진 작성 매뉴얼은 없으며, 연구 목적과 연구자에 따라 다르다. 그러나 건설공사 사전 지표조사는 문화재청에서 매뉴얼화했다.

불과 수년 전만 해도 학술적 목적의 지표조사든 건설공사 사전 지표조사든 지표조사 작성법에 대한 구체적인 매뉴얼이 없었기 때문에 연구기관이나 연구자에 따라 지표조사 결과보고서가 천차만별이었다. 이러한 폐단을 없애기 위해 문화재청에서는 「지표조사 방법 및 절차 등에 관한 규정」을 신설하여 이를 제도화해 놓은 상태이다.

현재 모든 지표조사 기관이 이 규정에 따라 지표조사 보고서를 작성하고 있기 때문에 여기에 제시된 것을 중심으로 살펴보도록 하겠다.

「지표조사 방법 및 절차 등에 관한 규정」에 따른 지표조사 보고서의 구성은 다음과 같다.

(1) 조사 개요

조사 개요에 들어가야 하는 내용은 다음과 같다.

- 조사명
  - 사업명칭을 포함하여 작성한다. 예) ○○ 사업 구간 내 문화재 지표조사
- 조사경위
  - 조사를 실시하게 된 배경과 목적 등을 간략하게 서술한다.
- 조사지역 및 범위
  - 조사대상지의 조사면적과 주소를 기재한다.
- 조사기간
  - 조사에 걸린 총 기간을 명시하되, 문헌조사 등 사전조사와 현장조사, 보고서 작성기간으로 구분하여 작성한다.
- 조사단 구성
  - 등급별·분야별 조사 참여자를 실명으로 명시한다.
- 조사의뢰기관
  - 사업시행기관 또는 사업자를 기재하되, 계약자가 원발주처가 아닌 경우 원발주처를 병기한다.

(2) 조사지역과 그 주변환경

조사지역과 그 주변환경에 들어가야 하는 내용은 다음과 같다.

- 사업 대상지역 및 주변의 자연·지리적 환경, 고고·역사적 환경 등에 관한 정보를 파악, 각각 구분하여 서술한다.

- 지도의 활용 및 작성
  - 수치지형도, 정밀 토양도, 산림이용기본도, 녹지자연도, 식생도, 수치고도자료 등 용도에 따라 사용한다.
  - 최근 대규모 현상변경이 일어난 경우가 많으므로 1950년대 이전에 제작된 지도 등을 통해 현 지형과 비교한다.
  - 주변유적과 사업대상지를 확인할 수 있는 도면을 보고서에 수록하고, 300m, 500m, 1km 반경호를 표시한다.

(3) 조사내용

조사내용에 들어가야 하는 것들은 다음과 같다.
- 문헌조사 내용
- 사업구역(수역) 및 주변 문화재 현황
- 고고, 민속(탐문조사 포함), 자연 문화재, 고유지명, 고건축, 성곽 등 각 분야별 조사 내용
- 조사에서 확인된 유물산포지 등 문화유적과 사업목적물과의 관계
  - 이격거리, 사업시행으로 인해 예상되는 영향 등을 객관적으로 상세히 서술
- 조사지역 현황 및 유구, 유물의 사진(컬러 3×5cm 크기 기준)
- 조사범위(지역) 및 유물산포지 등이 표시된 도면
  - 축척 1/5,000~1/10,000 내외의 수치지형도 또는 지적도에 조사지역을 비롯한 주변의 유물산포지 등 문화재 분포범위와 위치를 정확히 표시한다. 보고서에 수록된 수치지도에는 도엽번호를 반드시 기재한다(그림 9).
  - 조사범위 내에서 확인된 유물산포지가 이미 알려진 것일 경우, 관련 문헌을 반드시 기재토록 하고, 기존 범위 및 위치의 변경이 필요할 경우 그 사유와 변경사항을 정확히 표기한다.

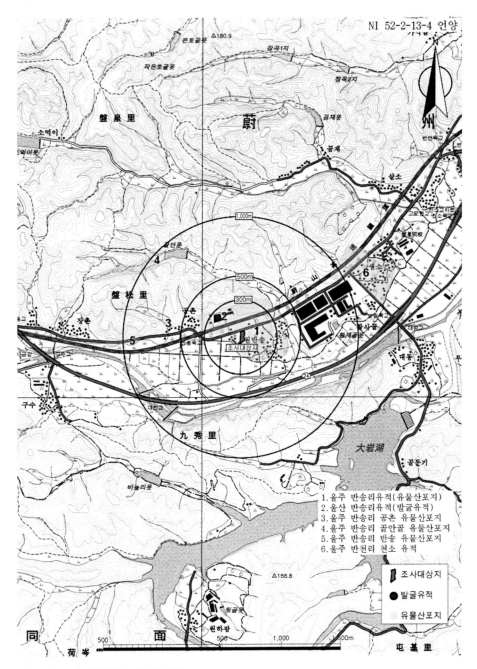

그림 9 지표조사 도면 작성의 예(1/25,000)

1.울주 반송리유적(유물산포지)
2.울산 반송리유적(발굴유적)
3.울주 반송리 공촌 유물산포지
4.울주 반송리 골안골 유물산포지
5.울주 반송리 반송 유물산포지
6.울주 반천리 천소 유적

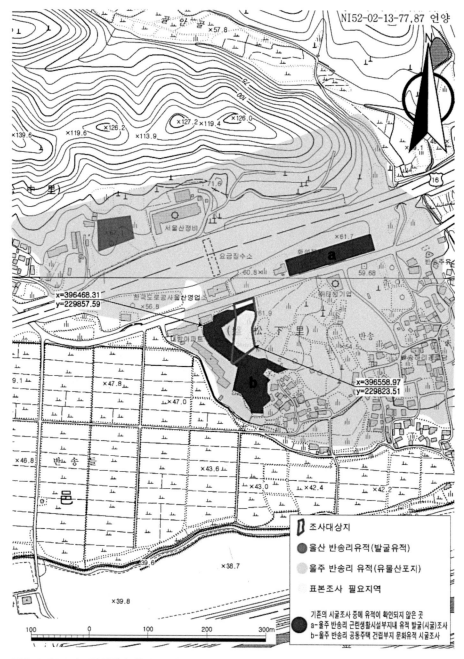

그림 10 지표조사 도면 작성의 예(1/5,000)

- 조사지역 범위는 점, 원형, 사각형, 삼각형 등 추상적으로 표시하지 않도록 하며, 반드시 정확한 구역범위를 표시한다.
- 유물산포지, 지석묘군, 고분군 등 유적의 분포범위를 한 면으로 표시 가능한 유적은 반드시 1:5,000 축척 수치지형도에 정확한 유적 분포범위를 곡선으로 표시한다(그림 10).
- 지석묘, 탑, 사당 등 유적 범위를 표시하기 어려운 문화재의 위치는 반드시 1:5,000 축척의 수치지형도에 점으로 표시한다. 점의 크기는 유적이 위치하는 중심점을 기준으로 반경 5m를 초과하지 않도록 한다.
- 국가기본도(수치지도, 지적도, 해도, 연안정보도)를 사용하지 않고, 자체 제작한 지도를 이용하여 조사범위를 표시할 경우, DGPS 또는 RTK 등 고정밀GPS를 사용하여 조사범위 경계를 기준으로 2개 이상의 GPS 좌푯값을 기재한다.
- 경주, 부여, 공주, 익산 등 고도 지역에서 실시하는 조사는 GPS 좌푯값을 반드시 기재토록 하고, GPS 좌푯값 기재 시, 측지 기준계, 사용타원회전체 및 투영법 등의 정보를 반드시 기재한다.
• 확인된 유구나 유적을 도면으로 표현할 경우 대축척 지도에 표현(방향과 축척을 반드시 표시)하고, 구적계로 면적을 산출하여 제시한다.

(4) 종합 고찰 및 조사단 의견

이 항목에 들어가야 하는 내용은 다음과 같다.
• 사업대상지역 내의 유물 또는 유구의 분포 여부와 사업시행으로 인해 문화재의 보존환경에 변화를 가져올 수 있는 영향요소 등을 종합적으로 분석·고찰하고, 조사기관 의견(원형보존, 이전복원,

발굴조사 등)을 기술한다.

- 발굴조사가 필요한 경우에는 조사범위와 면적을 도면에 명확하게 표시하고, 이를 계량화 또는 수치화하여 제시한다.
- 사업부지 내 문화재, 주변 500m 이내 지정문화재, 기타 사업의 영향권 내 문화재는 반드시 포함한다.
- 발굴조사가 필요한 경우 조사기관은 아래 사항에 유의하여 의견을 제시한다.
  - 발굴조사 범위와 면적을 도면에 명확하게 표시하고, 면적을 산정한다.
  - 특히, 사업부지 내에서 유구, 유물을 미확인한 상태에서 발굴조사 의견을 제시할 경우 지질환경, 주변지역에 대한 발굴조사 결과, 관련 문헌자료 등을 면밀하게 분석하여 수록한다.
- 문화재 지표조사 결과서를 작성하여 초록으로 첨부한다.

2

수중 지표조사

1) 개념

(1) 의미

수중(바다·호수·하천 등을 포함)에 매장되어 있는 유형의 문화재 및 천연동굴·화석 등의 유구를 발견하기 위해 인위적으로 행하는 것들을 수중 지표조사라 한다. 이러한 조사는 수중이라는 환경에서 이루어지기 때문에 육상의 지표조사와는 다소 차이가 있을 수밖에 없다. 수중 지표조사는 크게 사람이 직접 조사하는 육안조사와 장비를 이용하는 장비조사로 나눌 수 있다. 매장문화재 보호 및 조사에 관한 법률에는 이런 수중 지표조사를 실시하기 위한 최소한의 조건과 장비 및 절차를 규정해 놓았다.

(2) 관련 법령

수중문화재 조사는 매장문화재 보호 및 조사에 관한 법령에 따라 실시되며 다음과 같다.

① 매장문화재 보호 및 조사에 관한 법률 제2장 6조 매장문화재 지표조사

㉠ 건설공사의 규모에 따라 대통령령으로 정하는 건설공사의 시행자는 해당 건설공사 지역에 문화재가 매장·분포되어 있는지를 확인하기 위하여 사전에 매장문화재 지표조사(이하 "지표조사"라 한다)를 하여야 한다.

㉡ 지표조사의 실시시기에 관하여는 문화체육관광부령으로 정한다.

② 매장문화재 보호 및 조사에 관한 법률 시행령 제4조 지표조사의 대상 사업

㉠ 토지에서 시행하는 건설공사로서 사업 면적(매장문화재 유존지역, 제2항 제1호 및 같은 항 제2호에 따른 지역의 면적은 제외한다. 이하 이 조에서 같다)이 3만 제곱미터 이상인 경우.

㉡ 「내수면어업법」 제2조 제1호에 따른 내수면에서 시행하는 건설공사로서 사업 면적이 3만 제곱미터 이상인 경우. 다만, 내수면에서 이루어지는 골재 채취 사업의 경우에는 사업 면적이 15만 제곱미터 이상인 경우로 한다.

㉢ 「연안관리법」 제2조 제1호에 따른 연안에서 시행하는 건설공사로서 사업 면적이 3만 제곱미터 이상인 경우. 다만, 연안에서 이루어지는 골재 채취 사업의 경우에는 사업 면적이 15만 제곱미터 이상인 경우로 한다.

㉣ 제1호부터 제3호까지의 규정에서 정한 사업 면적 미만이면서 다음 각 목의 어느 하나에 해당하는 건설공사로서 지방자치단체의 장이 법 제6조 제1항에 따른 매장문화재 지표조사(이하 "지표조사"라 한다)가 필요하다고 인정하는 경우.

가. 과거에 매장문화재가 출토된 지역에서 시행되는 건설공사.

나. 법 제17조에 따라 매장문화재가 발견된 곳으로 신고된 지역에

서 시행되는 건설공사.

다. 「고도 보존 및 육성에 관한 특별법」 제10조 제1항에 따라 지정된 역사문화환경 보존육성지구 및 역사문화환경 특별보존지구에서 시행되는 건설공사.

라. 서울특별시의 퇴계로·다산로·왕산로·율곡로·사직로·의주로 및 그 주변 지역으로서 서울특별시의 조례로 정하는 구역에서 시행되는 건설공사.

마. 그 밖에 문화재가 매장되어 있을 가능성이 큰 지역에서 시행되는 건설공사.

③ 조사 기관의 조건

㉠ 조사인원: 조사단장, 책임조사원, 조사원(문화재), 조사원(수중), 준조사원 이상 5명.

㉡ 조사장비: 실측·측량·촬영 기자재, 정밀해상위치측정기, 음향측심기, 수중저지탐사기, 측면주사음향영상탐사기, 지자기탐사기, 스쿠버 장비(2조 이상), 보존처리 기자재.

㉢ 시설: 항온·항습 수장시설(100제곱미터 이상), 보존처리시설(33제곱미터 이상), 연구시설(33제곱미터 이상), 정리시설(33제곱미터 이상), 도난 예방 및 방재시설.

④ 지표조사의 방법 및 절차 등에 관한 규정

㉠ 사전조사

• 기존 문화재분포도와 비교하여 유적(물)의 부존 가능성 예측.

• 각종 문헌, 전래자료를 수집·분석하여 조사대상 수역과 주변 지역 수장문화재의 분포 여부를 확인.

• 수중문화재 발견신고지역 여부 확인(관할 지방자치단체 또는 문화재청).

ⓛ 현장조사

• 위치 측정 및 조사선 운행

 - 조사 전 계획된 조사수역 내 항적과 조사정점 수면 위치를 고정
   밀의 DGPS로 확인함.

 - 조사선은 계획된 조사측선을 컴퓨터 모니터 상에 투영하여 이
   를 따라 운행함과 동시에 실제 항적과 정점의 위치좌표를 초
   단위로 수신하여 전용 컴퓨터에 입력함.

 - 조사선은 조사장비에 대한 소음효과를 최소화하여 양질의 자
   료를 획득하기 위해 시속 2~3노트(4~5km/h)로 운행함.

• 수중지형조사

 - 조사수역 내 계획된 항적을 따라 위치 측정과 동시에 연속 수심
   측량으로 수중저 지형도면을 작성하여 지형의 형성기작을 파
   악함.

 - 음파탐사장비의 수중 음속보정을 위한 Bar Check 또는 음속 측
   정을 1일 2회 이상 실시하여 보정함.

 - 최종 지형(수심)도는 조사수역에 최대 근접한 지점의 기준항
   조사자료를 참조하여 일반 해도작성방법에 따라 작성함. 다만,
   사업시행자 제공의 수심도가 조사에 적절히 이용될 수 있을 경
   우에는 수중지형조사는 이로 대체할 수 있음.

• 수중저면조사

 - 200KHz 이상을 기본 주파수로 하는 측면주사음향영상탐사기
   (Side-Scan Sonar)를 사용함.

 - 측선간격은 25~50m 사이를 유지하며 수심에 따라 범위를 조
   절할 수 있음.

 - 측면주사음향영상탐사기는 수중저면으로부터 최적 높이를 유
   지하고 조사선 소음의 영향을 최소화할 수 있도록 선미(또는 선
   수)에서 일정 간격을 두고 예인케이블로 예인하여 수치 및 화상

자료를 저장매체에 입력·저장하여 재처리할 수 있도록 함.

- 조사수역의 전 수중저면을 주사할 수 있도록 수심에 따라 예인
수심과 주사 범위를 조절하고 항적을 교차하여 중첩된 수중저
면 음향영상도면을 획득하도록 함.

- 현장에서 영상자료를 분석한 후 이상 물체 분포지역에 대해서
는 수치자료를 재처리하여 정밀 분석함.

• 지층조사

- 지층조사는 주 주파수대가 3.5KHz 이상인 천부용 고해상의 탄
성파 지층탐사기(Sub-Bottom Profiler)를 사용함.

- 조사간격은 20m를 원칙으로 하되, 사전 조사된 문헌이나 전래
설화에 근거하여 수중유물의 매몰 가능성이 높고 조사수역의
퇴적률이 빠른 경우에는 매몰 가능 유적의 특성에 따라 탐사간
격을 변경할 수 있음.

- 지층조사 시에는 수치자료와 화상자료를 동시에 획득하여 화
상자료는 현장조사 시에, 수치자료는 전산처리를 통해 정밀분
석에 활용할 수 있어야 함.

- 지층조사는 사업시행자가 사업설계를 위해 최근 획득한 자료
가 이용 가능할 경우 이를 활용하고 지표조사 목적에 부족한
부분을 보완하여 실시할 수 있음.

• 지층지자기조사

- 지자기조사(Sub-Bottom Magnetic Profiling)는 원칙적으로 조
사 간격을 50m로 하되, 사전 조사된 문헌이나, 전래설화에 근
거하여 금속성 유물의 매몰 가능성이 높은 지역은 탐사간격을
변경할 수 있음.

- 지자기조사는 수치자료의 전산처리를 통해 정밀분석에 활용할
수 있어야 하며, 다만 사전조사를 통해 철을 함유하는 금속은
없다고 판단될 경우 이를 실시하지 않을 수 있음.

- 퇴적물조사
  - 문화재의 매몰 가능성을 예측할 수 있도록 정점을 정해 선상에서 채니기를 사용하여 시료를 채취하고 정점의 위치는 DGPS를 사용하여 확인함.
  - 퇴적물 일반 분석방법에 따라 다음 항목을 분석함.
- 잠수조사
  - 탐사(측심, 지층탐사, 수중저면음향영상)자료를 대조 분석하여 유물과 유사한 물체 또는 이상 물체가 존재할 경우, 잠수조사자를 투입하여 유물의 존재 여부를 확인해야 함.
  - 잠수조사자는 안전과 조사의 효율성을 위해 2인 이상을 1개조로 하여 조사를 수행함(안전을 위해 대기 1개조를 편성함).
  - 잠수조사 시에는 유사 또는 이상 물체를 반드시 확인하고 TV가 부착된 수중 카메라로 사진자료를 획득하여 수중유물의 부존 여부를 판단할 수 있도록 이들의 특성과 부존현황을 기술함.
  - 잠수조사원에 대해서는 산업재해보험 이상의 보험에 필히 가입시켜야 함.
  - 잠수조사가 불가능한 경우에는 TV가 장착된 예인용 카메라를 사용하여 필히 사진자료를 획득해야 하며, 불가피한 경우에는 AUV(Automous Under Vehicle), ROV(Remotely Operated Vehicle) 또는 잠수정을 이용하여 간접조사를 수행할 수 있음.

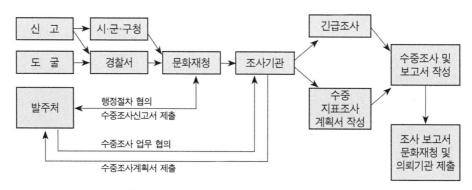

그림 11 수중 문화재 조사 흐름도

ⓒ 정밀수중조사: 지표조사 결과 문화재의 존재가 확인되었을 경우, 문화재의 분포범위를 파악하고 다음 단계인 발굴조사의 정확한 범위를 설정하기 위해 다음 사항을 조사한다.

- 수중저면 음향영상조사 및 퇴적지층조사
  - 문화재와 유사(이상)물체가 분포하는 수역 내에서 조사측선 간격을 10m로 설정하여 자료의 중첩률(100% 이상)을 높여 문화재와 유사(이상)물체의 정확한 위치와 영상정보를 획득함.
- 수리물리적 환경조사
  - 발굴과 인양을 위해 수류의 세기, 방향, 수온 탁도, 염분을 최소한 3개의 수층에서 조사하고, 조석의 변화를 기재함.
- 퇴적물 특성조사

〈표층 퇴적물 조사〉
  - 문화재 분포지역의 표층의 퇴적현상을 규명할 수 있을 정도의 정점 수를 정하여 채니기를 이용하여 표층 퇴적물을 채취하여 퇴적물의 특성(입도, 구성성분)을 분석함.

〈주상(Core) 퇴적물 특성〉
  - 조사지역의 퇴적물 변화를 대표할 수 있는, 가능하면 문화재 부존 부근의 정점을 선택하여 선상에서 Corer를 이용하여 주상 퇴적물 시료를 채취하고 정점의 위치는 DGPS를 사용하여 확인함.
  - 주상 퇴적물 시료는 퇴적물의 일반분석방법에 따라 다음 항목을 분석함.
    · 퇴적물 특성(표층 퇴적물과 동일)
    · 퇴적물의 전단응력(剪斷應力, Shear Strength)
    · 함수율과 전밀도
    · 퇴적률: 방사성동위원소 210Pb와 C14, 핵실험시기 지시자 137Cs 중 퇴적물 특성과 문화재의 추정연대에 따라 선택하여

표 3 주상 퇴적물 시료 분석

항 목	관련사항	비 고
퇴적물 특성	조사지역의 전반적인 퇴적물의 정량적인 함량분석	유물분포지역의 퇴적물 유형분석 및 입도별 함량비 산출
퇴적물의 전단응력	퇴적층의 굳기에 대한 정보	매장유물의 보존 가능성 평가 및 추정(특히 고선박의 보전 가능성)
함수율, 전밀도, 공극률	목선의 부존 가능성에 대한 기본정보	매몰되어 있는 선체의 부식 정도 및 보존 가능성 추정(발굴 및 인양에 대한 기본 자료 제시)
퇴적률	유물 매몰깊이 추정	유물 매몰 깊이 계산 → 주변해역 매장유물 부존 가능성 제시

분석함. 퇴적률 조사는 수중유물의 매몰 가능성이 높은 지역에서 조사자의 판단에 따라 선택적으로 조사함.

(3) 목적에 따른 조사의 종류(학술, 구제, 신고)

수중 지표조사는 크게 세 가지 상황에 의해 실시된다. 첫 번째로 어로 활동이나 스킨스쿠버 활동에 의해 발견·신고된 해역에 대한 조사이다. 신고자가 우연히 발견하여 신고가 이루어진 곳이 1970년부터 현재(2013년 10월)까지 255곳에 이른다. 이 중 60여 곳에서 수중 지표조사를 실시했으며, 10여 곳에서는 발굴까지 이루어졌다. 대부분의 수중발굴은 신고에 의해 발견된 해역에서 이루어졌으며, 우리나라 최초의 수중발굴인 신안해저발굴 역시 신고에 의해 이루어진 발굴이다.

두 번째로는 건설해역에 대한 구제 지표조사로 해양 개발이 본격화되면서 이루어지고 있다. 해양에서의 방조제 공사, 골재·모래채취 등 해저면의 변화가 예상되는 해역을 대상으로 수중에 문화재가 분포하는지 확인하기 위한 조사이다.

마지막으로 학술적인 목적(해전해역 등)으로 이루어지는 조사로

그림 12 소소승자총통(진도 오류리)　　　**그림 13** 신안선 발굴(용골 인양)

가장 대표적인 것이 이충무공 전적지에 대한 조사이다. 수십 년에 걸쳐 이충무공과 관련된 문화재를 찾기 위해 해군의 이충무공탐사단, 경상남도, 국립해양문화재연구소 등에서 수중 지표조사를 실시했다. 그 결과 유물(총통 등)은 몇 곳에서 확인되었지만, 유구(선박)는 아직 확인되지 않았다.

2) 지구물리탐사(기기탐사)

수중탐사는 탐사 구획, 위치 설정 등이 먼저 이루어지고 난 다음 조사장비의 특성을 고려하여 선박이 운행할 측선을 설정한다. 수중탐사 장비에는 음향측심기(수심측정기), 측면주사음파탐지기, 지층탐사기, 다중빔음향측심기, 자력기, 조류계, 탁도계 등이 있다. 이러한 첨단장비들은 수중에 매몰되어 있는 유적지를 찾아내기 위해 음파를 사용한다. 해저면의 직하방 수심만을 관측하는 음향측심시스템이 주요한 탐사도구로 사용되어 왔으나, 트렌스듀서(음향센서)의 발달로 측면주사음파탐지기, 다중빔음향측심기, 지층탐사기 등 다양한 장비가 개발되어 해양문화재 탐사에 활용되고 있다.

(1) 정밀위치측정시스템(DGPS, Differential Global Positioning System)

모든 탐사에서 가장 먼저 실시하는 것이 위치 측정 또는 고정이다. 육상조사에서는 기준점(국토지리원에서 미리 위치정보를 설정해 놓은 곳)에서 육안으로 보이는 거리를 광파기라는 기구를 이용하여 조사범위 설정 및 발굴유물의 위치 등을 측정할 수 있다. 그러나 수중 발굴조사에서는 육상에서 이용되는 방법으로 측정을 할 경우 한계가 있을 수밖에 없다. 기준점에서 광파기를 이용하여 볼 수 있는 위치까지만 측정이 가능하다. 그렇기 때문에 수중 발굴조사에서 광파기 사용은 육지에서 가까운 연안지역에서만 가능하며, 연안이라 하더라도 광파기의 반사경(위치측정 지점에 설치하는 기구)을 설치할 수 있는 지역(위치)이어야 한다. 그러나 대부분의 수중 발굴 지역은 선박이 항해하다가 침몰된 후 해저에 매몰된 곳이며, 이러한 재난사고에 가장 큰 영향을 미치는 것이 빠르게 흐르는 조류, 수중암초(여), 안개 등이다. 따라서 이러한 지역에서의 광파기 및 반사경 설치는 제한될 수밖에 없다.

이러한 위치측정법을 대체할 수 있는 장비가 위성항법장치(Global Positioning System, GPS)이다. 이 장비는 미군이 개발하여 소유하고 운영하는 위치추적시스템으로서 해상과 육지에서 위치 추적의 혁신을 가져왔으며, 전 세계적으로 상업용, 레저용으로 이용되고 있다. 위성항법장치는 기본적으로 위성에서 위치측정 데이터를 받아 운용하는 장비다. 위성항법장치의 정밀도를 높이기 위해 개발한 장비가 정밀위치측정시스템(Differential GPS)이다. 이는 위성에서 받은 위치 데이터에 육상에 설치된 제일 가까운 기지국(그림 14)에서 보낸 보정 데이터를 받아들여 종합함으로써 수 센티미터의 오차범위를 유지하는 장비다. 이 정밀 위치측정시스템은 단독으로 사용될 뿐만 아니라 수중조사에 이용되는 다른 장비와 함께 구동되어 정확한 위치정보를 제공한다.

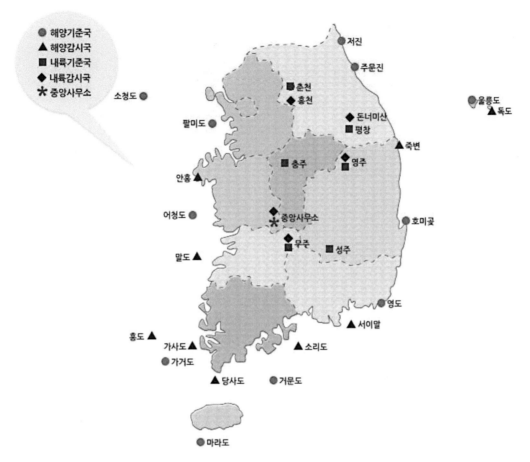

그림 14 DGPS 기준국(위성항법중앙사무소)

(2) 음향측심기(Echo Sounder)

음향측심기는 해저면의 깊이 변화를 측정하기 위한 장비이다. 해저면의 깊이는 수중조사에서 가장 기본적인 데이터로, 기타 조사장비의 측선 설정 등에 이용되기 때문에 가장 먼저 확보해야 하는 정보이다. 싱글로 되어 있는 음향측심기는 선체에 기본적으로 부착되어 있다. 이 시

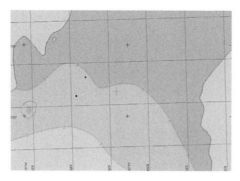

그림 15 전자해도

그림 16 DGPS 및 전자해도

표 4 음파속도 변화표

염분(‰) T(℃)	음파속도(m/s)							
	0	5	10	15	20	25	30	35
0	1,403	1,410	1,417	1,423	1,430	1,437	1,443	1,450
10	1,447	1,454	1,460	1,466	1,472	1,478	1,485	1,491
20	1,482	1,488	1,494	1,500	1,505	1,511	1,517	1,522

스템은 보통 100~300KHz, 5~45° 범위로 음파가 해저면에 도달한 후 되돌아오는 시간을 계산하여 수직으로 나타낸다. 수중 음파속도는 수온과 염분에 의해 영향을 받으며 일반적으로 1,400~1,600m/s 사이의 값을 가진다.

음파의 전달속도는 해수의 온도(1℃, 4m/s), 염분(1‰, 1m/s), 수압 등의 요인에 의해 변화하므로 음속측정기(S.V.P, Sound Velocity Profiler) 또는 바체크(Bar Check)를 통해 관측해역의 음속을 측정한 후 얻어진 수심에 대해 음속을 보정해야 한다. 조석에 의해 변화되는 수심은 근처의 조수를 측정하는 장비를 이용하면 정확한 변화를 알 수 있으나 거리가 멀어질수록 변차가 커진다. 기본적으로는 국립해양조사원에서 나오는 전자해도, 수치지도, 조석표를 이용할 수 있다.

(3) 다중빔음향측심기(Multi-Beam Echo Sounder)

현재 해양조사에 가장 많이 쓰이는 장비로 해저지형 조사에 주로 사용된다. 음향측심기가 한 단계 발전한 것으로, 선박의 중심이나 측면 또는 선체 하저 중앙에 부착해 사용한다. 음향발생기에서 250여 개 (Seabat7125 모델)의 음파를 넓은 범위로 초당 50회까지 발생시킨 후 해저면에 반사되어 돌아온 데이터를 처리하는 방식이다. 음파발생기는 위상의 차를 조절하여 지향각을 가지는 음파를 발생시킬 수 있다. 음파를 발생할 때에는 배의 현 방향과 선수 방향에 좁은 부채꼴 모양으로 생성

그림 17 다중빔음향측심기 주사방법

그림 18 다중빔음향측심기 운용

그림 19 태안 마도 인근해역 발굴조사구역 다중빔음향측심기 조사

하여 발사하고 수신할 때에는 직교 방향으로 여러 개의 음파를 받아들여 두 빔이 직교되는 시점을 측정하여 경사각을 측정한다. 이러한 측정으로 얻어지는 데이터는 측면주사음파탐지기와 달리 3차원의 영상을 띠고 있으며, 장비의 특성에 따라 다소 차이는 있지만 한 번의 음파를 발사하여 횡 방향으로 수심의 7배가 되는 지역에 대한 정보를 얻을 수 있다는 장점이 있다.

이와 같이 다중빔음향측심기의 측정 원리는 비교적 간단하지만 자료 취득 당시의 해저 상황이나 해수의 불균질성 때문에 잘못된 정보가 기록되어 자료 해석에 오류를 초래할 수도 있다. 따라서 롤(roll), 피치 (pich), 헤딩(heading) 등에 대한 패치 테스트를 선행하여 보정해 주어야 한다. 이러한 매개변수(위치보정, 음파속도 등)들을 자료 취득 전이나 자료 취득을 하면서 보정을 하면 올바른 정보를 얻을 수 있다

측정 데이터는 현장에서 실시간으로 확인이 가능하며 정밀한 3차원 이미지로 볼 수도 있으며, 조사 후 파도 및 버블의 영향으로 오류가 생긴 데이터를 후처리하여 볼 수도 있다. 다중빔음향측심기를 통한 조사의 장점은 매우 정밀한 데이터를 얻을 수 있다는 점과 잠수조사가 불가능한 지점도 조사할 수 있으며 게다가 잠수조사보다 10만 배 빠르게 조사할 수 있다는 점이다. 그러나 사람이 직접 수중에 들어가 조사하는 것보다는 정밀성이 떨어지며, 잠수조사 이전 이상체 지점과 지형을 살펴보는 보완장비로 활용할 수 있다.

(4) 측면주사음파탐지기(Side-Scan Sonar)

측면주사음파탐지기는 다중빔음향측심기와 유사하게 해저면 광역 조사를 수행하는 데 사용되며, 해저면을 광학사진처럼 수평 촬영하여 음영상화를 만드는 시스템이다. 해저면에 반사되어 되돌아오는 음파의 시간을 이용하는 음향측심기와 달리, 해저면에 있는 물체나 침전물에

그림 20 토우피시 조사 1

그림 21 측면주사음파탐지기

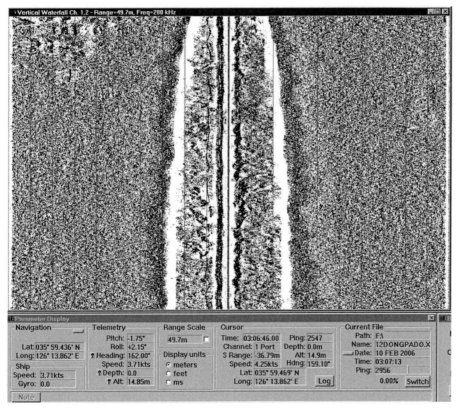

그림 22 측면주사음파탐지기 영상

반사되어 오는 음파의 감도를 측정하여 음영으로 보여 준다. 통상 저주파수인 25, 27, 50KHz를 사용하는 측면주사음파탐지기는 측선에서부터 멀리까지 음파를 보내 받아들일 수 있는 장비로 넓은 범위를 조사하는 데 적합하다. 반대로 200, 400, 1250KHz의 고주파수를 사용하는 측면주사음파탐지기는 좁은 범위를 조사하지만, 고해상도의 데이터를 얻어 낼 수 있어 수십 센티미터의 목표물까지도 잡아낼 수 있다.

이 같은 고해상도 시스템은 음파의 폭이 단지 수백 미터에서 수십 미터에 불과하기 때문에 침몰선이나 심하게 부식된 목표물 탐색에 적용되고 있으며, 일반적으로는 200~400KHz 정도의 중주파수대와 넓은 범위의 측정과 정밀 측정이 우선되는 1,250KHz의 고주파대 장비가 같이 사용된다. 먼저 조금 넓은 범위를 약 200~400KHz의 중주파수로 탐사를 실시한 다음 더욱 정밀한 데이터를 취득하기 위해 고주파(1,250KHz)를 이용하여 탐사를 한다.

조사의 폭은 주파수의 크기에 따라 달라지며, 음파의 폭은 조사 해역보다 좁고 조사 데이터들은 서로 겹쳐져서 보여야 한다. 이러한 데이터를 전자해도나 위성사진 위에 맵핑하여 볼 수도 있다.

(5) 지층탐사기

해저면에 노출된 물체를 조사하는 측면주사음파탐지기나 다중빔음향측심기와 달리 지층탐사기는 해저에 매몰된 물체를 찾는 데 사용되는 장비이다. 대부분의 유물은 해저에 매몰되어 있으며 그중 일부분이 노출되어 있다. 유물이 발견되는 지역은 대체로 퇴적물이 침식되거나 반대로 퇴적이 진행되는 곳이다. 이러한 현상이 잘 나타난 발굴해역이 군산 야미도 해저발굴 해역이다. 이 지역은 방조제 공사가 이루어지는 과정에서는 퇴적물이 침식되었다가 방조제 공사가 완료되면서 퇴적물이 1년에 50cm씩 퇴적되었다. 이러한 지역의 유물들은 지층탐사기를 이용

그림 23 지층탐사기 운영

그림 24 토우피시 조사 2

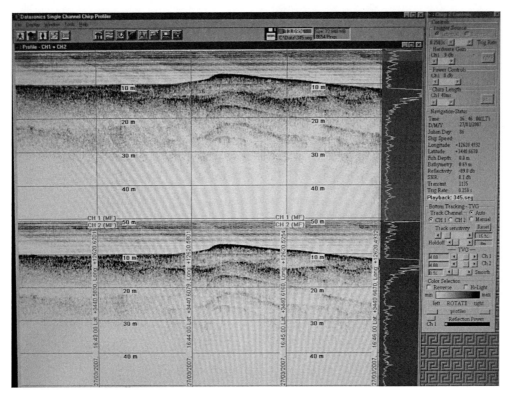

그림 25 지층탐사기 영상자료

하여 조사해야 한다.

해저지층탐사시스템은 음파를 발생하는 음원, 해저층에서 반사되어 오는 음파를 수신하는 수신기, 그리고 이 음파를 디지털 신호로 바꾸어 처리하는 컴퓨터 시스템으로 구성된다. 디지털 신호는 진폭 및 펄스에 대한 필터링 과정을 거쳐 프로세스 컴퓨터에 저장된다.

지층탐사기는 음원을 발생시키는 원리에 따라 여러 가지 종류가 있다. 일반적으로 전기충격을 이용한 스파커시스템(Sparker System)과 압축공기를 이용한 에어건시스템(Air-Gun System)은 비교적 저주파를 발생하기 때문에 심부 지질구조를 알고자 할 때 사용하며, 지층탐사기(Sub-Bottom Profiler)는 천부 지질구조를 연구할 때 이용한다. 이러한 장비로 취득한 자료는 음원에서 수신기까지의 거리 차이 및 다양한 잡음에 의해 왜곡된 이미지를 보여 주게 되는데, 이의 보정은 필수적이다.

토우피시는 선박의 후미에 예인하거나 선박 측면에 부착하여 사용한다. 파도나 공기방울의 영향을 감소시키기 위해 후미에 예인하면서 조사하는 방법이 일반적이다. 송수파기로부터 발사된 음파는 음원의 강도에 따라 투과심도가 달라진다. 지층탐사는 음원이 저주파일수록 지층을 판별할 수 있는 투과심도는 깊어지나 세부 층이나 이상체를 구분할 수 있는 해상도는 떨어진다. 지층의 특성에 따른 음파 특성은 퇴적물이 조립(자갈 또는 모래)일 경우 에너지 감쇄가 급격하게 일어나며, 지층을 투과함에 따라 일반적으로 고결도가 증가하므로 음속은 점점 빨라지게 된다. 지층탐사 자료는 실시간으로 디지털 자료로 취득되며, 이상체, 음향상 및 퇴적상 분포 파악을 위해 지구물리탐사 전문가들에 의해 해석된다. 이런 과정을 통해 이상체, 음향상 분포도에 대한 최종 정보를 도출하게 된다. 디지털 파일로 저장된 자료는 각 측선별로 정리하여 해저정보자료 구축을 위해 별도로 저장해야 한다.

(6) 자력탐사기

자력탐사기는 지구 자기장의 강도를 측정하고 자력 성분을 함유한 지질학적 형성물이나 사람이 제작한 철제 등을 발견하는 데 사용된다. 자력은 철제 솥, 도자기 등 목재선박의 화물이나 선원들의 생활도구로 활용되었던 것을 찾아내는 데 활용된다. 수중고고학에서는 두 가지 종류의 자력계를 사용한다. 과거에는 양성자(proton precession) 자력계가 가장 많이 사용되었으나, 최근에는 이보다 더 민감하게 반응하여 더 작은 물건을 넓은 해역에서 찾을 수 있는 세슘 자력계와 오버바우저 자력계가 많이 사용된다.

지구의 표면 자기장은 북극(61,000nT, 1nT = 1gamma)이 높으

그림 26 자력계 데이터

그림 27 토우피시 운영

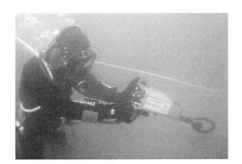

그림 28 수중금속탐지기 조사

그림 29 금속탐지기 반응

며, 적도(24,000nT)에서는 낮다. 우리나라의 지구 자기장은 48,000~54,000nT 정도의 세기를 가지며, 복각은 50~55°, 편각은 6~7°W이다. 실제로 측정되는 지자기 값은 지구 내적 및 외적 원인에 의한 지자기장의 일변화가 합해진 것으로서 측정치에서 측정 목적에 맞지 않는 성분을 제거해야 한다. 이것을 자기보정이라고 한다. 자기보정 후 주위 물질과 자성체의 자성 차이를 자기이상이라 한다. 자기이상을 좌우하는 요인은 물질의 형태, 물질의 자화방향, 조사 지역의 자기위도에 따른 자기장의 방향 등이며, 이들은 서로 중첩되어 자기이상을 일으킨다. 따라서 측정된 자기이상을 해석할 때 주의를 기울여야 한다.

해양에서 조사할 때 선박의 엔진 등이 자력계에 영향을 주기 때문에 자력의 영향을 받지 않는 정도의 줄을 달아 장비를 예인하는 방법을 사용한다. 자력의 측정은 숫자와 그래프로 기록되며 컴퓨터로 저장된다.

양성자 자력계는 일반적으로 0.5~2.0초의 기록속도와 0.2~1.0nT의 강도를 가지고 있으나 세슘과 오버바우저 자력계는 0.1초, 0.01nT의 감도를 가지고 있다. 감도가 높은 장비는 보다 빠르게 예인할 수 있다. 이러한 자력계는 해상에서 사용되는 철제 앵커, 체인, 해저공사에 사용되는 철제구조물 등에 반응을 하여 탐사에 악영향을 준다.

이러한 자력을 가지는 물체를 조사하면서 추가적으로 사용하는 것이 금속탐지기이다. 금속탐지기는 일반적으로 예인장비와 잠수사가 직접 가지고 입수하여 조사하는 장비를 사용한다. 금속탐지기 또한 일정 거리 안에서만 측정이 가능하다.

(7) 무인잠수정(ROV, Remotely Operated Vehicle)

무인잠수정은 조사원이 들어갈 수 없는 심해지역이나 탐사시간의 제한을 받지 않고 조사를 실시하는 곳에 사용한다. 무인잠수정에는 선상의 위성기준좌표에서 움직이는 방향과 거리를 측정하는 장치가 장착

그림 30 무인잠수정 운영

그림 31 수중의 무인잠수정 1

그림 32 수중의 무인잠수정 2

되어 무인잠수정의 움직임을 알 수 있다. 무인잠수정은 구동방법과 크기에 따라 다양한 제품이 생산되고 있다. 일반적으로 수중탐사에 사용되는 무인잠수정은 프로펠러 방식으로 구동되는데 케이블에 연결된 선상에서 동력을 공급받는다. 그런데 프로펠러의 동작으로 해저면에서 생성된 부유물에 의해 시야가 확보되지 않을 수 있다. 또한 조류가 빠르게 흐르는 지역에서는 움직이고자 하는 방향으로 움직이지 못할 수도 있다. 이런 문제점을 해결하기 위해서는 무인잠수정의 부력을 적절히 맞추어 프로펠러의 움직임을 최소화해야 한다. 무인잠수정의 크기와 이동 동력방식 등에 따라 조사의 방법이 달라질 수 있다.

3) 조사방법

(1) 위치 표시 및 방법

위치 측정은 조사지역의 위치정보 취득과 지구물리조사에서 위치 데이터를 제공받는 것을 주목적으로 한다. 위치는 일반적으로 지도 또는 도면 상에 그려지는 좌표에 의해 표현된다. 수중이나 수면의 위치 확인 방법도 육상의 방법과 동일하다. 하지만 수중의 위치 측정은 수중(물)이라는 변화가 다양한 공간을 고려해야 하기 때문에 좀 더 구체적인 방법을 필요로 한다. 특히 수면은 육상과 다르게 위치 측정에 참고할 만한 지형적 특징이 없는 곳이 대부분이므로 정확한 위치정보가 없으면 다시 찾기 위해 많은 시간과 노력이 필요할지 모르며 상황에 따라서는 다

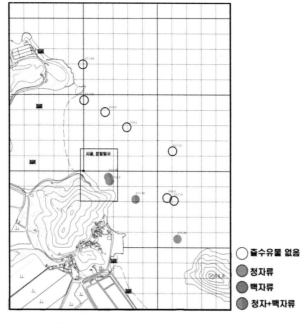

그림 33 도식화된 위치정보

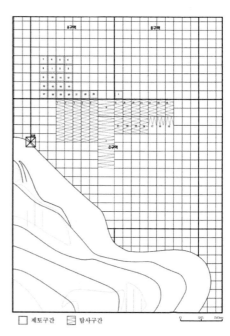

그림 34 위치정보를 이용한 조사현황도

그림 35 부표를 이용한 위치 측정 | **그림 36** GPS를 이용해 위치좌표를 기록 중인 조사원

시 찾지 못할 수도 있다. 특히 넓은 범위의 해양을 조사할 때 정확한 조사 위치를 파악하지 못하면 조사범위의 중복 또는 누락으로 정확하고 효율적인 조사가 이뤄질 수 없다.

취득된 위치정보들을 모두 종합해 조사범위를 전체적으로 알아볼 수 있게 도식화해야 한다. 이런 도면이나 지도는 넓은 조사범위를 단계적으로 조사할 때 조사구간과 계획을 설정하는 데 매우 중요한 척도가 된다.

이러한 도식(圖式)은 좌표정보를 담고 있는 수치해도에 CAD 등의 프로그램을 이용해 직접 입력해 만들거나 위성지도를 서비스하는 프로그램을 통해 위치를 표기하고 다시 수치지도에 옮기는 방법으로 만들 수 있다.

현재 수중위치 측정은 주로 DGPS를 이용해 측정한다. 하지만 DGPS 기기를 직접 물속으로 가지고 들어가 측정할 수는 없으므로(수중에서 전파사용 등의 문제로) 어떻게든 수중의 위치정보를 수면으로 전달해 그것을 DGPS 등을 이용해 좌표로 기록하는 방법이 필요하다.

이때 주로 사용하는 방법은 조사원이 수중의 표시위치에 줄을 고정하고 그 끝에 부표를 설치해 수면으로 부상시킨 후 그 위치를 DGPS를 이용해 측정하는 방법이다. 단순해 보이지만 쉽고 효과적인 결과를 얻

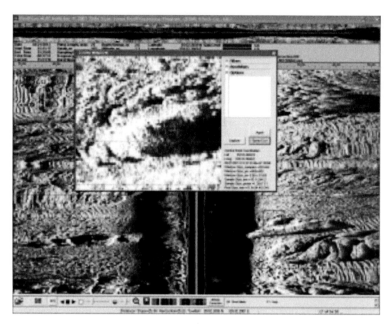

그림 37 측면주사파탐지기를 통해 표시되는 위치정보

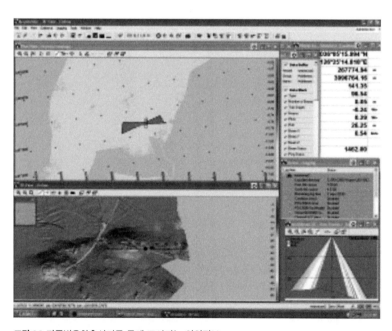

그림 38 다중빔음향측심기를 통해 표시되는 위치정보

을 수 있는 방법이다. 조류가 약한 정조(停潮) 때 최대한 수면과 줄을 수직 상태로 만들어 측정하면 좀 더 정확한 측정값을 얻을 수 있다. 고무보트 등 소형 선박을 이용해 부표 줄을 수직으로 당겨 그 위치를 측정해야 정확한 값을 얻을 수 있는데, 이 때문에 부표 줄은 이를 버틸 수 있을 만큼 단단히 고정되어야 한다.

이 방법은 일단 부표가 설치되면 상황에 따라 언제라도 위치의 측정 또는 재측정이 가능하며 GPS, 줄, 부표 정도의 간단한 장비로도 측정할 수 있다. 하지만 위치를 측정할 때 조류가 세지거나 수심이 깊어질수록 적게는 수 센티미터에서 많게는 수 미터까지 오차가 발생할 수 있다는 것을 고려해야 한다.

조사기기(음파탐지기 또는 자력계 등)와 연동된 DGPS를 통해 취득한 자료를 이용하는 방법도 있다. 위의 부표를 이용한 측정방법이 이미 수중에서 무엇인가(유물이나 유구)를 확인하고 그 위치를 기록하는 방법이라면, 조사기기를 이용하는 방법은 취득한 위치정보를 통해 정밀조사가 필요한 지역을 선정할 때 사용하는 경우가 많다.

수중조사 기기들은 수중이나 해저면 하부에 매몰돼 있거나 돌출된 이상체들을 확인하고 그 위치정보를 DGPS를 통한 데이터 값으로 계산해 알려 준다. 이렇게 취득한 이상체의 위치정보들을 활용해 잠수를 통한 육안조사 및 그 주변에 대한 정밀조사를 실시하게 된다.

이 같은 방법은 사람이 직접 수중에 들어갈 수 없는 깊이나 환경에서도 수면에서의 위치 측정을 가능하게 하며, 기기들의 기술적 발전으로 높은 정확도를 보여 준다. 하지만 해양에서 사용하는 기기들은 대부분 고가이며 운용을 위해서는 선박 등 부수적인 장비와 전문운용인력들이 투입되어야 하는 단점이 있다.

원격조정무인탐사기(ROV)나 자율무인잠수정(AUV)과 연동해 USBL(Ultra Short Base Line) 장비를 많이 사용하기도 하는데, 이 장비를 통해 주로 음파를 사용하는 송신기를 수중의 기록할 곳에 위치시키고

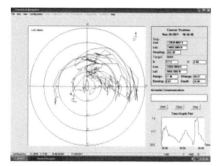

그림 39 USBL 송신장치(정면의 원통)가 장착된 ROV

그림 40 USBL에 의해 나타나는 위치정보들

수면에서 수신기로 그 음파를 받아 계산해 위치를 파악한다. 이 방법은 DGPS와 연결돼 있어 센티미터 단위의 오차 범위로 정확한 위치를 파악할 수 있다. 하지만 이 방법을 사용하기 위해서는 고가의 USBL 장비가 필요하고, 잠수사 또는 ROV 같은 잠수정을 이용해 기록위치에 송신기를 설치해야만 한다.

위의 방법들처럼 위치정보를 현장에서 좌표로 바로 취득하는 방법 외에도 연안에 있는 지형지물의 거리와 각도를 통해 위치를 지도나 도면에 표시하는 방법이 있다(Amanda Bowens, eds. 2009 : 120). 2개의 대상체(지형지물)를 시각적으로 정렬해 지도나 도면에서 위치를 도출하는 방법이 대표적이다. 하지만 대상체가 자연물(해변의 암반이나 섬 등)일 경우 자연환경이나 기후, 생태적 변화에 따라 변형이 될 수 있다. 또 대상체가 되는 자연물이 부족해 지도나 도면에 도식화되지 않은 대상체가 사용될 수도 있다. 이럴 경우 정확한 위치 도출이 어려워져 정확도가 떨어지게 된다. 하지만 기록장비 없이 갑작스럽게 위치를 파악해야 할 상황이 발생하면 매우 효과적인 결과를 얻을 수 있는 방법이다.

이 밖에도 선박의 위치를 확인하는 측량도구인 육분의(六分儀)를 사용하는 방법, 트랜싯 측량을 하는 방법, 데오드라이트나 토탈스테이션을 사용하는 방법 등이 있다. 하지만 간편하면서도 정확하고 저렴한

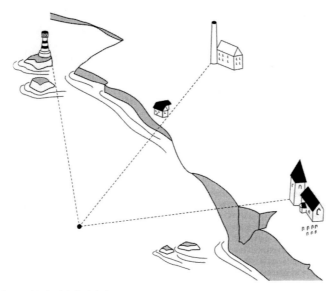

그림 41 지형지물을 이용한 위치 측정방법

비용으로 위치정보를 제공받을 수 있는 GPS를 대부분 사용한다.

(2) 잠수에 의한 수중 지표조사 방법

잠수에 의한 지표조사 방법은 여러 가지지만 두 가지 방법을 가장 많이 사용한다. 잠수사가 기준점의 중심에서 밖으로 조금씩 원형을 넓혀 가며 조사하는 원형 탐색법과 일정한 길이의 고정된 기준선을 설치하고 잠수사가 기준선과 직각 방향으로 탐색선을 조사하면서 양쪽을 조금씩 이동시켜 나가는 지그재그 탐색법이 그것이다. 이 외에도 다양한 방법이 있다.

① 원형 탐색법(Circling search)
매우 단순한 방법이지만 서해안처럼 수중시계가 탁한 곳에서 유용

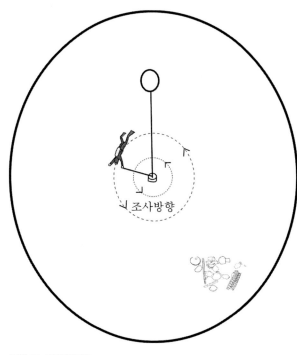

그림 42 원형 탐색법

한 방법이다. 이 방법을 실시하기 위해서는 먼저 조사범위의 기준점(중심)을 정하고 위치를 기록한다. 주로 조사선의 닻을 이용하거나 추를 떨어트려 조사위치의 중심을 정한다. 이 중심에 거리가 표시된 로프나 줄자를 묶고 일정한 거리를 유지한 채 원형으로 회전하며 조사를 한다. 한 원의 조사가 끝나면 중심으로부터 바깥쪽으로 로프의 거리를 조금 증가시켜 다시 회전하며 조사하는데, 이러한 과정을 반복한다. 조사하는 원의 크기는 수중시야와 조사대상의 크기 등에 따라 적절하게 증가시킬 수 있다.

이 방법은 기준점의 위치, 회전하는 원의 지름과 나침반을 이용해 유물이나 유구의 위치를 정확하게 파악할 수 있는 방법이며 좁은 범위의 조사에서는 효율적이다. 또 기기조사를 통해 얻은 이상체의 위치 확인이나 과거에 확인된 유구나 유물의 위치를 다시 찾을 때 효과적으로 이용된다.

하지만 넓은 범위를 조사해야 할 경우 조사범위(탐색원)들 사이가 겹쳐지거나 누락될 수 있으므로 기준점 선정에 주의를 기울여야 한다. 또 지형이 돌출된 암반이나 로프, 그물 등의 장애물이 조사범위 사이에 있으면 이 방법은 어렵거나 불가능할 수도 있다.

② 지그재그 탐색법(Jackstay search)

수중의 넓은 범위를 조사할 때 유용한 방법이다. 먼저 두 개의 기준선을 해저면에 평행하게 설치하는데, 그 간격은 조사자가 왕복하며 조사

를 실시하는 구간이다. 이 조사구간의 거
리는 수중시야와 수심 등 상황에 맞게 정
할 수 있다. 두 개의 기준선들과 직각으로
탐색선을 연결하는데 한 줄을 설치해도 무
방하지만 두 줄을 설치하면 더욱 효과적으
로 조사할 수 있다.

한 개의 탐색선을 사용할 때는 탐색
선을 따라 기준선 사이를 조사하고 반대
쪽 기준선에 도달하게 되면 탐색선을 수
중시계에 따라 1~2m 가량 이동시킨 후
다시 반대쪽 기준선까지 조사한다. 두 개
의 탐색선을 사용할 때는 탐색선 사이를
약 2m 가량의 폭으로 설치하고(폭은 조사

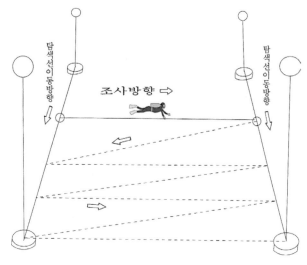

그림 43 지그재그 탐색법

원의 수나 상황에 따라 유동적으로 설정할 수 있다) 그 사이를 구간단위
로 조사하게 된다. 그 구간의 조사가 끝나면 조사 진행방향의 반대에 놓
인 탐색선을 조사 방향으로 넘겨 새로운 구간을 구획한다. 일종의 이동
식 그리드를 구획하며 조사하는 방법이다.

지그재그 탐색법을 효과적으로 사용하기 위해서는 조류나 부족한
로프의 장력 등으로 기준선이 휘거나 이동하지 않게 해저면에 잘 고정해
야 한다. 예를 들면 100m 기준선을 설치할 때 5m나 10m 간격으로 사이
사이 고정말뚝을 설치하거나 조류의 방향을 고려해 기준선의 방향을 설
정하는 것이 좋은 방법이다.

③ 보조자 탐색법(Tended search)

해변에서 가까운 곳이나 강가에서 주로 사용하는 방법이며 조류
가 강하고 조사범위가 넓은 곳에서 사용하기에 적합하다. 보조자가 육
상에서 수중조사원과 연결된 로프를 통해 조사범위와 위치를 조절해 주

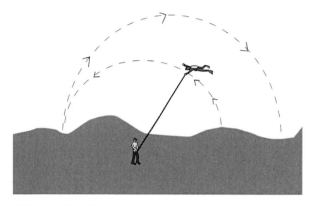

그림 44 보조자 탐색법

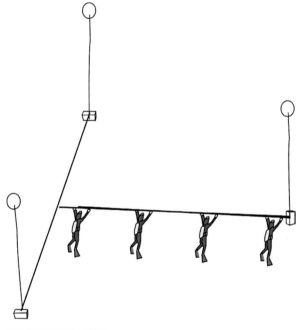

그림 45 프리라인 탐색법

는 방법이다. 안전한 조사를 위해 보조자와 조사자는 로프를 통한 신호를 숙지하고 있어야 하며 서로 신호에 즉각 응답해야 한다. 효과적인 조사를 위해서 탐색줄은 충분히 길어야 하며, 조사 시에는 항상 팽팽한 상태를 유지해야 한다.

④ 프리라인 탐색법(Freeline search)

해저면에 기준선을 설치하고 그 선과 직각으로 탐색선을 설치한다. 탐색선에 여러 명의 조사자가 일정간격을 유지한 채 기준선 끝까지 조사를 하는 방법이다. 이 방법은 넓은 범위를 조사하기에 효과적이지만 여러 명의 조사자가 같은 속도로 이동해야 하고 조사자 중 한 명이라도 문제가 생기면 조사를 중지해야 한다. 또 통신장비가 없다면 수중에서 줄신호를 통해 모두 함께 조사를 정지 혹은 진행할 수 있도록 철저하게 준비해야 한다.

4) 잠수조사 시의 안전문제

수중조사 과정에는 많은 위험요소들이 있다. 수중에서는 조그만 실수도 바로 생명과 직결되는 사고로 이어질 수 있다. 이런 문제들을 미리 숙지하고 대비하는 것이 최선이다.

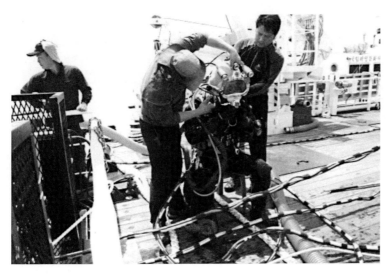

그림 46 잠수 전 수중조사원의 상태 점검

잠수계획 단계에서는 어떤 규정을 적용해 안전하게 조사할 것인지 명확히 정해야 한다. 또한 잠수계획은 조사장소에 어떤 위험요소가 내포되어 있는지, 또 어떻게 발생할 수 있는 위험에 대비하고 있는지에 대한 내용을 포함하고 있어야 한다.

또 조사원들이 고고학적 작업을 안전하게 수행할 수 있는 잠수시스템을 갖춰야 한다. 적합한 잠수시스템을 갖추고 조사원들이 사용함으로써 안전뿐만 아니라 좋은 조사결과를 만들어 낼 수 있다.

계획 수립 시 안전에 영향을 끼치는 여러 가지 문제들을 고려해야 한다. 예를 들면 추위에 의한 저체온증이나 더위에 의한 탈수 증세, 그리고 잠수와 관련한 물의 흐름과 시야, 수온, 질소마취, 감압병 등의 물리적 문제는 조사원들의 건강에 영향을 끼칠 수 있다. 이 밖에도 나쁜 기상상태, 피로 그리고 장비 불량 등 여러 가지 요소가 있다. 이러한 발생 가능한 물리적 문제에 대한 대처방안을 마련해 놓아야 한다. 관리자는 만약 조사원의 신체에 이상이 생기면 조사 참여를 중지시키고 문제가 해결

그림 47 조사원의 움직임을 CCTV로 주시 중인 감독관 **그림 48** 항시 사용이 가능하도록 준비해야 하는 감압챔버

될 때까지 휴식을 취하도록 해야 한다.

또 걱정, 두려움, 스트레스, 술이나 약 등에 의해 판단능력이 흐려지는 정신적인 문제가 잠수 중에 발생하면 심각한 문제를 일으킬 수도 있다. 안전수칙을 무시하고 잠수할 경우 감압병이나 공기색전증 등이 발병할 수도 있으며 발굴업무 진행에도 피해를 줄 수 있다. 이런 문제가 발생하거나 발생의 여지가 보인다면 해결될 때까지 조사 참여를 중단시켜야 한다.

잠수조사 시에는 항상 정해 놓은 안전수칙을 지켜야 하는데 기본적으로 조사장비 점검과 몸 상태 파악부터 시작이 된다. 특히 잠수장비는 수중에서 문제가 생기지 않도록 항상 점검해야 하며 비상시 사용되는 보조호흡장치, 칼, 에어얼럿, 부이 등의 장비들도 꼼꼼히 챙겨야 한다. 수중조사원은 항상 몸의 컨디션을 잠수에 적합하도록 유지할 필요가 있고 혹시 몸에 문제가 있으면 관리자에게 보고하고 치료 등의 조치를 취해야 한다.

잠수조사가 시작되면 조사자는 천천히 수면과 연결된 하강(상승) 줄을 이용해 입수를 하는데 먼저 약 1m 정도 입수해 잠수장비 및 통신장비 등을 한 번 더 점검한다. 점검을 마치면 해저면으로 이동하는데 이때 수중시야가 탁할 경우 해저면에 있을지 모르는 위험물에 대비해 천천히 발을 먼저 입수해 내려간 후 조사지점으로 이동한다.

선상이나 육지의 잠수보조원(텐더)은 수중조사 중인 조사원의 움직임을 수면으로 떠오르는 공기방울을 통해 지속적으로 관찰한다. 움직임이 멈추거나 떠오르는 공기방울에 이상 징후가 보이면 통신을 시도해 조사원의 상태를 확인한다(통신장비가 없을 경우 미리 정해 놓은 줄신호를 통해).

잠수조사를 마친 조사자는 다시 하강(상승)줄로 이동해 상승하게 되는데 이때 감압병 예방을 위해 분당 9m 이하의 속도로 천천히 상승한다. 상승은 잠수에서 매우 중요한 과정인데 상승하는 짧은 시간 동안 부주의나 상황에 따라 급상승하게 되면 잠수병에 걸리기 때문이다. 선상에 감압챔버가 있다면 긴급 상황이 발생했을 때 바로 사용할 수 있도록 항상 준비를 해 둔다. 조사 현장에 감압챔버가 없다면 보유하고 있는 가장 가까운 시설이나 병원을 미리 파악해 두어야 한다.

수면으로 올라온 조사원은 착용한 장비를 벗고 조사 내용을 수면 위의 조사원들에게 전달한 후 다음 조사까지 충분한 휴식을 취하도록 한다.

이 외에도 잠수 중 안전을 위해 지켜야 할 사항들은 매우 많으며 사소하게 생각되는 것이라도 주의 깊게 확인하고 지켜야 한다.

주

1) 수치지형도는 http://www.nsic.go.kr/ndsi/main.do에서 다운로드를 통해 구입이 가능하다.
2) 사전조사에 유용한 웹사이트다.

    문화재GIS통합인트라넷시스템 http://intranet.gis-heritage.go.kr

    국가문화유산종합정보서비스 http://www.heritage.go.kr/index.jsp

    국립문화재연구소 http://www.nrich.go.kr

    국립민속박물관 http://www.nfm.go.kr

    국사편찬위원회 http://www.history.go.kr/app.main.Main.top

    국토지리정보원 http://www.ngii.go.kr

    남북한의 천연기념물 http://nm.nktech.net/index.jsp

    문화재지리정보서비스 http://www.gis-heritage.go.kr

    문화유산연구지식포탈 http://portal.nricp.go.kr/kr/data/

    전국문화유적총람 http://all.nricp.go.kr

    한국고전번역원 http://www.itkc.or.kr

    조선왕조실록 http://sillok.history.go.kr/main/main.jsp

    한국금석문종합영상정보시스템 http://gsm.nricp.go.kr

    한국역대인물종합정보시스템 http://people.aks.ac.kr

    한국역사정보통합시스템 http://www.koreanhistory.or.kr

    한국지질자원연구원 http://www.kigam.re.kr

    한국학중앙연구원 http://www.aks.ac.kr

    한국향토문화전자대전 http://www.grandculture.net/main/main.asp

Ⅱ

발굴조사

발굴조사는 야외고고학의 핵심적인 내용으로 고고학 연구의 첫 단계에 해당한다. 즉 자료수집과 관련한 일련의 과정을 일컫는다.

　　이 장은 세부적으로 6절로 구성되어 있다. 1절에는 발굴조사가 고고학 연구체계에서 어떤 위치에 있고, 어떤 관점에서 유적을 조사하고 자료를 해석해야 하는가에 대한 원론적인 내용을 언급했다. 2절은 시굴조사에 관한 것이다. 시굴조사는 발굴조사의 개념에 포함되는 것이나, 조사방법상 정밀조사와 차이점이 많아 별도로 분리하여 설명했다. 3절은 정밀조사, 즉 발굴조사에 관한 내용이다. 대부분의 고고학 자료는 정밀조사에 의해 수집된다. 따라서 정밀조사의 진행 과정과 조사방법 등에 대해 구체적으로 언급했다. 4절과 5절은 발굴조사 자료의 획득 과정에 대한 체계적인 방법을 제시한 것으로 유구 실측 및 도면 작성, 그리고 유적의 촬영법에 대한 것이다. 마지막 절은 수중 발굴조사에 대한 것이다. 기본적으로 육상 발굴조사와 방법상 큰 차이는 없지만 수중이라는 환경적 요인에 따른 차별화된 조사방법에 대해 살펴보았다.

1

고고학과 발굴조사

1) 고고학 연구체계

고고학이란 과거 인류들이 남긴 잔존물을 통해 과거 문화를 복원하고 그들의 생활상을 연구하는 학문이다. 과거 인간들의 활동은 반드시 그 잔존물을 남기게 되는데 이것이 유물, 유구, 유적 등의 고고학적 자료이고, 이 물질적인 잔존물을 통해 고고학의 연구가 이루어진다(국립문화재연구소 2001).

요약해서 말한다면 고고학은 "인류가 남긴 행동(행위)의 흔적에 의해 인류 과거를 연구하는 학문"이라 하겠다. 이 경우 당시의 경관, 환경, 퇴적물 등이 배제될 소지가 있어 고고학의 학문영역은 더 넓은 범위의 대상을 염두에 두어야 한다. 고고학의 가장 큰 문제점은 과거 인간행위를 직접 볼 수 없다는 것이다. 그래서 고고학적 연구방법을 통해 최대한 고대의 문화 복원에 접근하고자 하는 노력이 필요하다.

고고학의 학문연구체계는 3단계로 이루어진다(그림 1). 1단계는 자료수집, 2단계는 수집된 자료의 분석, 그리고 마지막 3단계는 고고학 이론에 의한 해석이다. 여기서 분석이라는 것이 인문학에는 없는 과학적

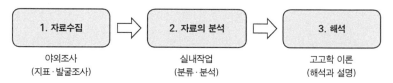

그림 1 고고학 학문연구체계

연구방법이라 할 수 있겠다.

1단계의 자료수집, 즉 고고학 자료의 획득은 야외조사를 통해 이루어지는데 지표조사, 시굴조사, 발굴조사가 그 주된 방법이라 할 수 있다.

그중 발굴조사는 지표조사나 시굴조사에 비해 좁은 면적 내에서 가장 많은 자료를 획득할 수 있는 조사방법이다. 따라서 발굴조사는 고고학 자료의 수집방법 중 광범위한 지역에 대해 일부분의 정보를 알려 줄 수 있는 지표조사에 비해 좁은 지역에 대한 상세한 정보를 제공하기 때문에 고고학적 연구방법에서 가장 중요한 부분이라 할 수 있다.

2) 고고학의 기본 틀과 다양성

신문에서 보도 기사를 적을 때나 어떤 문장으로 현상을 설명할 때 사용하는 것이 육하원칙이다. 그것은 '언제', '어디서', '누가', '무엇을', '어떻게', '왜'의 여섯 가지를 이른다. 고고학의 기본 틀 또한 이와 무관하지 않아서 과거에 대한 질문을 하는 데 중요한 준거로 활용할 수 있다 (그림 2).

'언제'는 시간적 개념이다. 여기에는 연대결정법과 관련한 다양한 연구기법이 포함되어 있다. 고고학에서는 편년이라는 용어로 함축될 수 있는데 대표적인 것이 상대연대결정법[1]과 절대연대결정법[2]이다.

'어디서'는 공간적 개념으로서 유적을 탐사하고 발굴하는 것으로 '언제'와 '어디서'를 합쳐 고고학에서는 시공적 개념이라 하여 논문 작성 시 글 제목의 기본 틀이 된다.

그림 2 고고학의 기본 틀과 다양성

'누가'는 고고학적 잔존물을 남긴 주체를 말하는 것이다.

'무엇을'이라는 것은 남겨진 증거들을 말하는데 인류가 남긴 다양한 증거들을 통해 연구하는 것이다. 요즈음은 인공유물(석기, 토기, 금속제무기 등 인간이 만들거나 변형한 가동 물건) 외에 자연유물(동물뼈, 어패류, 화분, 토양 등)에 의해 중요한 정보를 획득하기도 하고, 현재까지도 남겨진 증거물로 유지되는 당시의 경관도 주요 연구대상이 되고 있다.

'어떻게'는 해석에 관한 것으로 이론적인 틀과 관계되는 것이다.

'왜'는 인간행위의 흔적에 대한 궁극적인 질문이라 할 수 있다.

우리는 옛사람들이 어떻게 살았고 또 환경을 어떻게 이용했는지에 대해 기술한다. 또 그 당시 사람들은 왜 그렇게 살았을까 하는 의문을 가지고 질문을 던진다. 이것이 고고학에 있어 문화변동을 설명하고자 하는 단초가 되며, 이를 통해 연구자들이 문화변동의 과정에 관심을 가지게 된다(과정주의고고학). 요즈음엔 이러한 문화변동의 과정들에 관여한 상징적이고 인지적인 측면들도 주요 관심사(탈과정주의고고학, 해석고고학)가 되고 있다.

이상과 같은 고고학의 기본 틀에 의해 다양한 고고학적 연구방법과 대상이 만들어지며 이 각각의 테마는 연구자들의 전공으로 활용된다. 이에 대해 상세하게 소개한 글[콜린 렌프류·폴 반(이희준 역) 2006]을 인용하면 다음과 같다.

옛사람들은 어떻게 조직되었는가?(사회고고학)

옛 환경은 어떠하였는가?(환경고고학)

옛사람들은 무엇을 먹었는가? 그 생업과 식단은?(식의 고고학)

옛사람들은 어떻게 도구를 만들고 사용하였는가?(기술의 고고학)

옛사람들은 어떠한 접촉을 하였는가?(교역과 교환의 고고학)

옛사람들은 무엇을 생각하였는가?(인지고고학)

앞서 언급했지만 고고학 연구방법 가운데 '분석'은 인문학과는 다른 학문적 접근방법이며, 이는 자연과학적인 연구방법의 하나임이 분명하기 때문에 여타 학문과 상호협력 관계가 필수적이다.

또한 연대측정을 위한 자연과학적인 분석법을 이용하기도 하겠지만 유적의 해석을 위해 다양한 학문과 공동 작업이 필요하다. 흙을 다룬다는 측면에서 지질학이나 토양학도 매우 가까운 학문 분야이다.

지리학에서 채용한 지층누증의 법칙은 유적 현장에서 상대연대결정의 주요한 단서가 되었고, 토양생성학(pedology)에 의한 고고학적 층위의 구분과 옛 지표면, 문화층의 해석은 토양학에서 많은 도움을 받아온 것이 분명한 사실이다. 그 외 고고학과 선사학, 고고학과 역사학, 고고학과 인류학, 고고학과 문헌사료, 고고학과 미술사 등은 학문 간 많은 접점을 가지고 상호 보완적으로 발전하고 있다.

3) 발굴조사의 정의 및 목적

발굴이란 고고학에서 자료를 획득하는 주된 방법으로 고고학적 잔존물을 덮고 있는 토양 퇴적물 및 여타 물질들을 제거함으로써 잔존물을 체계적으로 노출시키는 작업이라 할 수 있다. 이러한 발굴은 고고학적 자료를 가장 체계적으로 수집하는 방법으로, 단순히 자료를 찾는 것이 아니라 고고학적 자료가 갖고 있는 모든 정보를 획득하는 방법이다.

유물의 경우 출토 위치와 상태를 면밀하게 검토함으로써 유구 내의 공간적 위치를 파악하고 사용 당시의 정황을 해석할 수 있다. 또한 공반유물에 의해 형식이 다른 유물 간의 교차편년을 파악할 수 있다. 유구의 경우 잔존 상태로 유구의 폐기 과정을 파악할 수 있고, 유구 간의 조합관계나 층서관계 등으로 축조 순서나 연대를 추정할 수 있다.

발굴조사의 목적은 과거 인간행위로 생산된 모든 물질자료의 결과를 총합하여 궁극적으로 과거 인간의 물질 또는 정신적 문화를 재구성하는 것이다. 따라서 고고학적인 문제(편년체계나 고대문화의 성격 규명)의 해결 또는 유적의 정비를 위해 실시하는 학술발굴이건 도로나 철도 등의 건설로 인해 유적이 파괴될 처지에 있을 때 행해지는 구제발굴이건 간에 소명감을 가지고 조사에 임해야 한다.

4) 발굴조사의 철칙과 관점

오래된 고목은 베어 버려도 시간이 지나면 복구할 수 있지만 유적은 한번 파괴되면 다시는 복구할 수 없다. 따라서 발굴조사라는 것은 일종의 유적 파괴행위와도 같아 발굴조사를 진행할 때는 진중함이 요구된다.

발굴조사는 일종의 파괴를 전제로 하며 두 번 다시 접할 수 없는 일회성의 행위라는 기본 원칙 아래 발굴조사의 철칙을 기술하면 다음과 같다.

첫째, 발굴조사는 당시 행위의 역순으로 판다(조사한다).

둘째, 발굴조사 과정에서 항상 복원도를 그리면서 판다(조사한다).

셋째, 발굴조사된 것 중 가장 양호하게 유존하는 유구 사례를 참조한다.

넷째, 발굴조사 과정에서의 해석은 현장에서 모든 승부의 90%를 건다.

발굴조사 대상 유적이 넓은 지역이든 좁은 지역이든 그 대상을 바

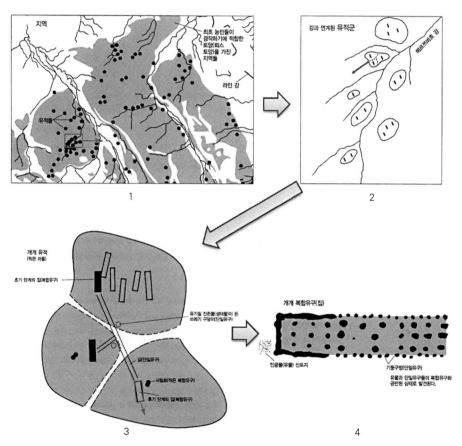

그림 3 취락고고학의 연구방법(1: 취락연계망, 2: 마을들, 3: 단위마을, 4: 개별가옥)

라보는 관점은 취락의 개념으로 파악해야 할 것이다(그림 3). 여기서 취락은 가옥의 모임을 의미하는 협의의 취락(마을) 개념보다는 가옥뿐만 아니라 이에 수반되는 부속건물, 울타리, 도로, 수로, 공지, 경지, 방풍림 등의 여러 요소를 포함하는 광의의 취락 개념으로 파악하는 것이 좋다. 발굴조사는 당시의 취락경관을 복원하면서 조사를 진행해야 하는데, 가옥을 중심으로 하여 택지, 도로, 수로뿐만 아니라 그것들을 둘러싸고 있는 경지, 묘지, 삼림 등 당시의 취락경관을 그려 가며(상상하며) 조사에 임하는 자세가 필요하다.

만약 좁은 면적에서 주거지 몇 기를 발굴했다면 이는 대규모 마을의 한 부분을 조사한 것인지도 모를 일이다. 또한 발굴조사 지역이 입지는 좋으나 유구가 하나도 확인되지 않는다면 이는 유적이 없는 것이 아니라 혹여 마을 내의 공지, 즉 광장일지도 모를 일이다. 수로가 조사되었다면 주변에 경작지나 도로가 조성되었을 가능성도 염두에 두어야 할 것이다.

넓은 면적에서 수십 기의 주거지를 발굴했다면 하나의 마을을 발굴했다고 할 수 있어 주변 지역의 발굴조사 사례와 비교를 통해 마을 간의 관계망에 대해 생각할 수 있다. 이렇듯 조사자는 조사범위의 넓고 좁음에 연연하지 말고 취락의 관점에서 넓은 시각으로 발굴조사를 진행해야만 한다(그림 4).

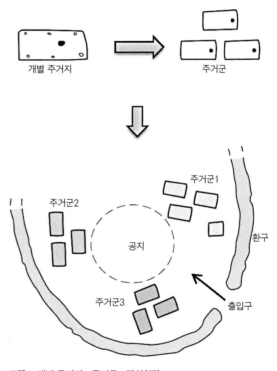

그림 4 개별 주거지 – 주거군 – 단위취락

5) 발굴조사 방법론의 기초 인식 및 자료의 해석

발굴조사는 땅을 파 내려가는 과정에서 우리가 원하는 고대의 문화층 또는 옛 지표면을 찾아 가는 것이다. 굴착 깊이에 상관없이 일련의 행위는 수직적인 개념으로 이해해야 하는데, 이는 시간과 관계되는 것으로 인간 활동의 변화는 시간을 통해 수직적으로 일어난다고 할 수 있기 때문이다. 이 개념은 지질학에서 말하는 지층누증의 법칙에 따른 것인데, 지질학자들은 지층들이 차례로 차곡차곡 쌓인다는 성층 과정의 결과를 지층누증으로 인식한다. 이를 고고학에 대입해 보면 지층누증의 결과가 층위(층서)를 의미하는 것이다. 이는 한 층위가 다른 층위의 위에 놓여 있는 경우 아래쪽 층이 먼저 퇴적되었다는 것을 말하는데 발굴조사에서 관찰된 수직단면은 아래층이 위층보다 더 오래되었다는 것을 의미한다. 이는 상대연대결정법에서 중요한 단서가 되는 발굴조사 방법론의 기본 인식이다.

다음으로 우리가 인식해야 할 것은 수평적인 개념이다. 땅을 파 내려가는 발굴조사는 어느 한 면에서 멈추게 된다. 이 수평적인 면이 우리가 조사하고자 하는 고대의 문화층 또는 구지표가 될 수도 있다. 과거 특정 시기(동시기)에 인간 활동들은 공간상 수평적으로 일어난다. 수평적 공간에서 확인된 유구와 유물은 교란이 되지 않았다면 동시기의 것으로

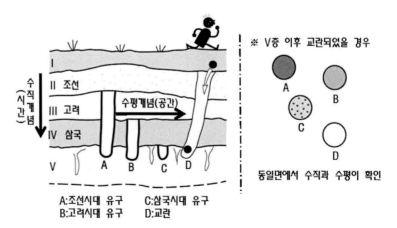

그림 5 고고학에서의 수직과 수평의 개념도

파악할 수 있다(그림 5).

이 수직과 수평의 개념은 필수적으로 이해해야 할 사항인데, 다시 말하자면 동시기의 활동은 공간상 수평적으로 발생하며 그 활동들의 변화는 시간을 통해 수직적으로 나타남으로써 결국 수평적 시간 단면들과 시간을 통한 수직적 계기의 순서들을 구분해 내는 것이 발굴조사 방법론의 기초 인식이라는 것이다.

다음으로는 발굴조사 과정에서 획득된 자료의 해석에 관한 것이다. 대부분의 발굴 현장에서 나타난 고고학적 출토 정황은 그리 단순하지 않다. 동일면에서 수평적인 개념과 수직적인 개념이 함께 나타나기도 하고, 아래층에서 위층보다 늦은 유물이 출토되기도 한다. 유구 간의 중복관계가 빈번하게 발생하고 상층 유구에 의해 하층 유구가 교란되기도 한다. 층의 역전현상도 간혹 발생한다(그림 6). 이렇듯 현장조사에 임하는 연구자는 이론적인 것이 현장에서 그대로 적용되지 못하는 현실에 직면하게 된다. 여기서 우리가 알아야 할 중요한 개념이 '유적 형성 과정'에 대한 이해이다.

유적이 어떠한 환경에서 형성되었고, 형성 과정에서 어떤 변이성이 있었는지에 대한 의문을 가지고 그 답을 구해야 한다. 동일면에서 시기가 다른 유구가 확인된다면 상층 토층의 삭평이나 상층 유구가 깊어 하층까지 흔적을 남기는 경우가 있을 수 있다. 또한 아래층에서 출토된 유물 중 몇 점이 상층보다 늦은 시기의 것이라면 그 유물의 출토 맥락을 면밀히 검토해 교란(어떤 요소에 의해 상층에서 하층으로 관입됨)의 정황을 파악해야 한다. 만약 층의 역전현상이 발생했다면 단순히 전체를 교란이라 파악하지 말고 비탈면이나 둑의 경우 맨 위층부터 깎여 나온 것들이 비탈면 아래나 도랑의 바닥층에 쌓일 수도 있다는(후퇴적과정) 생

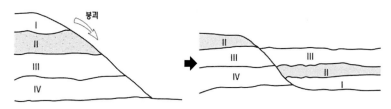

그림 6 층의 역전현상 모식도

각을 갖고 있어야 한다.

 이렇듯 발굴조사 과정에서 나타난 고고학적 현상들은 매우 복잡하므로, 발굴조사의 기초 인식을 염두에 두고 유적 형성 과정에 대한 정황적 사실을 파악하는 것이 필요하다.

 고고학 자료의 해석과 관련해 부언하자면 유물의 폐기 과정에 대한 이해도 필수적이다. 이는 폐기의 동시성에 대한 이해라 할 수 있다.

 물건(유물)의 일생은 원료획득 → 제작 → 사용 → 폐기의 과정으로 파악할 수 있는데 여기서 제작연대와 폐기연대는 다를 수 있다. 유물의 형식 자체만을 통해 편년한다면 이는 제작연대가 될 것이나 유구(무덤, 주거지) 내에서 출토된 유물은 폐기연대가 된다. 가령 화천(貨泉)이 출토되었을 경우 그 유물만 놓고 본다면 서기 1세기대로 파악될 것이나, 패총에서 출토된 화천은 그 폐기연대가 공반유물에 의해 서기 4세기대로 편년이 될 수 있다. 유물은 사용기간이 짧은 것과 긴 것이 있으므로 폐기연대에 대한 주의가 필요하다.

2

시굴조사

1) 개념과 목적

시굴조사는 말 그대로 지표조사를 통해 유적으로 추정된 곳에 대해 그 진위 여부를 확인하기 위해 시범적으로 일부 면적을 굴착하는 작업이다. 따라서 매장문화재의 조사 과정에서 지표조사 다음으로 중요한 과정이기도 하다. 사실 시굴조사는 다음 단계인 발굴조사의 예비 과정이지만 실제로는 땅을 파서 유적을 확인한다는 점에서 발굴 영역의 한 부분이라고도 할 수 있다.

고고학 조사의 궁극적인 목표이자 단계인 본격적인 발굴조사는 앞서 진행된 지표조사와 시굴조사에서 얻은 정보에 기초하여 진행된다.

따라서 시굴조사의 목적은 크게 다음 세 가지로 설정할 수 있다. 첫째, 유적의 유무 확인, 둘째, 확인된 유적의 시대와 성격 파악, 셋째, 확인된 유적의 범위 확인이 그것이다. 이러한 과정을 거쳐 정밀발굴조사를 위한 발굴예상기간, 투입인원, 예산 등의 제 요소까지 결정하는 만큼 시굴조사는 발굴조사의 틀을 규정하는 방편이라 할 수 있다.

여기서 유념해야 할 것은 첫 번째 단계에서 유적의 구성요소인 유구가 확인된다면 세 번째 단계까지 이어지겠지만, 만일 유적 자체가 확인되지 않는다면 첫 번째 단계에서 시굴조사는 끝나게 된다는 점이다. 따라서 시굴조사의 방법, 조사자의 판단에 의해 유적의 생명이 달라질 수 있다는 점을 명심해야 한다.

2) 시굴조사 진행 과정

(1) 시굴조사의 계획과 사전준비

지표조사 후 조사대상 지역 내 전부 혹은 일부에 대한 시굴조사[3] 가 결정되면 먼저 시굴조사 계획서를 작성[4]하면서 전반적인 조사계획을 수립하게 된다. 이때 가장 중요한 점은 시굴조사를 어떤 방법으로 실시할 것인지에 대한 결정이다.

시굴조사의 방법은 대체로 시굴트렌치(trench)를 어떠한 규모와 방식으로 설치하고 굴착하느냐가 중점적으로 다루어져야 하는데, 그 조사방법에 따라 조사일수 역시 결정된다. 조사방법의 구체적인 부분은 후술하겠지만 유적지의 지형이나 현지 상황에 따라, 그리고 조사책임자의 경험과 주관적인 판단에 따라 결정되는 경우가 많은 만큼 신중하게 조사계획을 세워야 한다.

조사 착수 전에 먼저 결정해야 할 사항은 조사단의 구성과 역할분담, 중장비와 조사보조인력(인부)의 적정한 규모와 수급 등 실제 조사를 진행할 인원에 관한 것과 함께 현장사무실의 위치, 조사장비의 확보, 기타 급수나 전기통신의 연결 등 제반 지원사항들이다.

이 외에도 실제 조사가 진행될 지역의 토지수용 상태, 농작물이나 건축물 등 지장물의 제거, 산지의 경우 연고·무연고 분묘의 개장 조치 여부와 벌목의 여부 확인 등도 중요하다. 왜냐하면 이러한 부분이 조사진행 중 민원발생이나 조사의 지체 등을 야기하는 원인이 되기도 하기 때문이다.

(2) 유적 구획과 기준점 설정

시굴조사는 기본적으로 발굴조사를 전제로 한다는 점에서 향후 정밀발굴조사 시 유적의 구획을 어떻게 할 것인지를 염두에 두고 시굴조사 계획을 수립해야 한다. 유적의 규모나 입지에 따라 조금씩 다르겠지만, 일반적으로 발굴조사는 시굴조사 시 확인된 유적의 층위를 파악한 후 발굴조사 대상이 될 유적문화층의 깊이를 고려하여, 바로 전면제토보다는 일정한 간격으로 구획(grid)을 하고 사람이나 작업차량의 이동을 위한 둑을 설치하면서 진행한다. 산지나 구릉지처럼 얇은 표토 바로 아래 유적이 확인되는 경우라면 굳이 구획이나 둑의 설치가 필요하지 않겠지만, 평지유적처럼 유적문화층이 일정(수십 센티미터) 이상의 깊이에서 확인되는 경우라면 구획이 필요하다. 그렇기 때문에 시굴조사 시 향후 정밀발굴조사로 전환됐을 때의 구획도 고려하여 각각의 구획 내 시굴트렌치의 방향이나 위치, 규모를 통일시킬 필요가 있다. 구획은 일반적으로 직사각형보다는 정사각형으로 설정한다.

시굴조사 대상지가 대규모인 경우 그 내부 전역에서 모두 유적이 나온다고 보기 어려운 만큼 시굴조사의 일정이나 상황을 고려하여 발굴조사 시의 구획보다는 넓게 기준간격을 설정할 수도 있다. 그렇게 하여 향후 유적이 확인된 부분을 중심으로 발굴조사 시 그리드 간격을 좁게 설정하면 된다. 〈그림 7〉의 예는 당초 조사대상 면적이 너무 넓어 기한 내 조사의 방법으로 200m 간격의 그리드를 설정한 후 유구가 확인된 그리드는 다시 추가 트렌치 조사를 통해 유적의 범위를 결정한 경우이다(4개 구역).

시굴조사 구획방식이 정해지면 실제 조사지역 내의 어느 지점을 기준점으로 구획설정을 할 것인가를 정한다. 만일 조사대상 지역이 평면

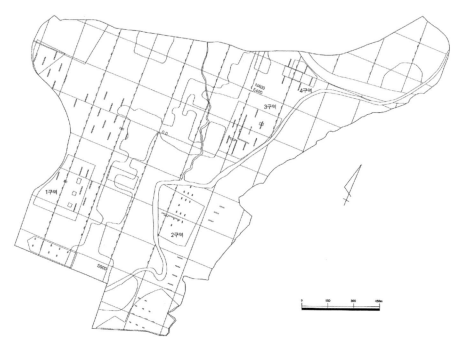

그림 7 대구 칠곡3택지 시굴트렌치 배치도와 발굴범위 결정(그리드간격 200m)

상 방형이라면 가장자리 선에 맞추어 모서리를 기준점으로 할 수 있겠지만, 대부분의 경우 곡선형이나 부정형이므로 전체를 포함할 수 있는 구획을 설정한 후 그 기준점을 방위에 맞추어 정한다.

이러한 검토 작업은 모두 시굴조사 착수 전 실내에서 실제 조사에 참여하는 구성원들과의 협의를 통해 이루어진다.

(3) 시굴트렌치의 설치 방향과 규모

시굴조사에서 발굴조사 대상지의 성격과 범위뿐만 아니라 발굴조사에 소요되는 조사일수와 예산, 투입인력 등 부수적인 여러 부분을 계획하는 자료가 확보되는 만큼, 여건이 허락한다면 최대한 시굴트렌치를 많이 파 보는 것이 좋다. 그렇지만 현실적으로는 대부분 적은 면적의 굴착을 통해 전체를 가늠해야 하는 한계로 인해 종종 발굴조사 단계로 넘어간 후 전혀 예기치 못한 상황을 맞이하는 경우가 있다. 예를 들면, 시굴조사 시 확인되지 않았던 유구의 존재, 시굴트렌치를 벗어난 부분에서 다량의 유구가 확인되는 경우, 또는 시굴조사 결과 예상했던 것보다 적은 양의 유구가 확인되는 경우 등이다. 그렇다고 무조건 시굴트렌치를 크게, 트렌치 간의 간격을 좁게 설정할 수는 없다.

또한 지형에 따라 시굴트렌치의 설치 방향이나 형태를 정해야 한다. 후술하겠지만, 조사대상 지역 내에 다양한 지형이 있을 경우 지형을 고려하여 시굴트렌치를 설정하면 유적 확인이나 조사의 효율성을 높일 수 있다.

시굴트렌치의 규모와 형태는 그리드가 설정된 경우라면 그리드의 간격에 맞추어 트렌치의 간격이 정해지겠지만 그리드가 설정되지 않은 경우 시굴트렌치의 너비는 조사자가 판단하여 정하면 된다. 일반적으로 시굴트렌치는 직사각형이며 너비는 1~2m, 길이는 그리드의 규모에 따라 조정된다.

위의 여러 사항이 정해지면 실내에서 조사대상지의 상세한 지형도 위에 그리드와 트렌치의 위치, 크기를 도상으로 작성한 후 조사자들이 공유할 수 있도록 한다.

(4) 조사기록 방식의 결정

시굴조사는 주목적이 유적의 존재 여부 확인인 만큼 유적이 있을 경우와 없을 경우 양면 모두에서 기록 작업이 중요하다. 유적이 없다면 유적이 없는 근거를 제시하고, 유적이 있다면 어느 깊이에 어느 정도 범위에 어떤 유구가 있는지를 제시해야 한다. 1차적으로는 사진이나 비디오 촬영을 하고, 이를 바탕으로 2차적으로 도면을 작성하며, 이와 더불

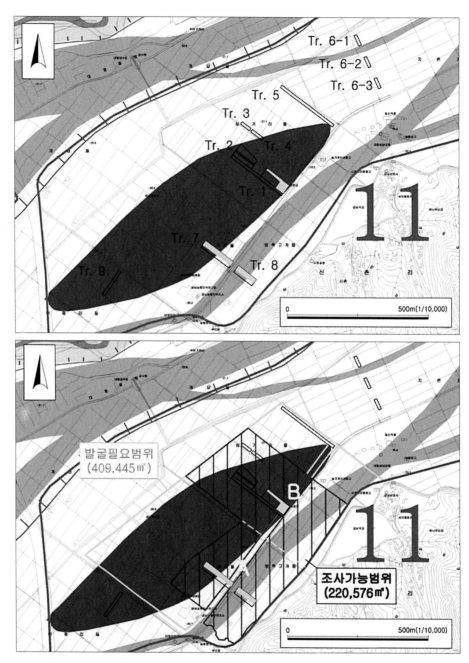

그림 8 지형 환경 분석을 이용한 시굴조사 사례(행정복합도시 내 대평리 유적)

어 조사일지나 야장에 매일 현장 상황을 기록해 두어야 한다.

조사량이 적다면 큰 문제가 없지만, 만일 대규모 유적이거나 조사지의 특성상 트렌치의 깊이가 깊은 곳은 사진보다는 도면 작성에 소요되는 시간 및 조사자의 노동력이 많이 필요하다. 특히 유적 층위의 기록에서 모든 시굴트렌치의 퇴적 양상을 도면화하는 것이 불가능한 경우가 많으므로 사전에 실내협의 시 유적의 전체적인 양상을 보여 줄 수 있는 그리드열을 선택한 후 그 트렌치를 중심으로 기준 토층을 정하는 것이 좋다.

(5) 지형 분석

대규모 충적지를 대상으로 한 시굴조사의 경우 많은 기간과 비용이 투입되어야 함은 물론 조사에서도 세심한 주의가 필요하다. 충적지에서도 등고에 의한 미지형(微地形) 분석을 통해 미세 지형의 차를 인지하여 유적의 존재 여부나 성격을 예측할 수 있는 경우가 있다. 이 경우에는 간단하게 5,000분의 1 이하의 지도를 이용하여 지형 환경을 분석하고 미고지(微高地)와 미저지(微低地)가 구분되면 이에 따라 시굴트렌치의 위치나 방향을 지형에 맞추어 설치할 수 있다(그림 8).

이러한 지형 환경 분석은 지표조사 단계에서 적용되어야 가치가 배가되며, 당초 조사지역이 시굴조사 범위에 포함되지 않는다면 아무런 의미가 없을 수도 있다.

3) 조사방법

(1) 시굴트렌치의 설치와 굴착

사전준비에서 조사지역의 지형을 분석하여 시굴트렌치의 설치 위치와 방향이 결정되면 이어서 굴착을 시작한다. 시굴조사의 가장 중요한 목적인 유구의 확인에서 무엇보다 중요한 것은 시굴트렌치이다. 시굴트렌치의 폭과 깊이, 간격 등은 유적의 유무와 범위, 성격 등에 따라 각각 다르게 설치할 수 있다.

시굴트렌치를 설정할 때 가장 고민하게 되는 문제는 트렌치의 폭과 충분한 깊이에 대한 판단이다. 이는 주로 암반이나 기반층이 잘 구분되는 구릉지보다는 오랜 퇴적이 진행된 충적지에서 마주치는 문제이다. 시굴트렌치는 암반층까지 파야 하지만 충적지에서, 특히 하천변인 경우 암반층까지 굴착하는 것이 현실적으로 무리인 경우가 많아 적절한 깊이에 대한 판단이 쉽지 않다. 같은 충적지형이라 하더라도 어떤 곳은 현재 경작면 바로 아래에서 선사시대 유적층이 확인되는 경우가 있는가 하면, 수 미터를 파 내려가야 조선시대 경작층이 확인되는 경우가 있다. 따라서 평지유적의 경우 워낙 다양한 유구 양상이 나타나므로 많은 경험을 가진 조사자의 관찰과 조언이 필요하다.

덧붙이자면 다양한 유구가 존재하는 평지유적에서 트렌치의 깊이가 깊은 경우가 많음에도 불구하고 일반적인 조사방법으로 트렌치를 굴착하다가 안전사고가 발생하기도 한다. 이에 대비하는 방법으로 조사지역 내 기반층의 토양이나 단단함에 따라 차이가 있겠지만, 일반적으로 트렌치의 깊이가 1.5m 이상 내려가면 안전상 적어도 2단 이상의 계단식 굴착방식을 적용한다. 또한 2개 이상의 시대나 시기가 확인(중층유적)

그림 9 중층유적 조사의 예(좌: 창원 수성리 유적, 우: 진주 혁신도시 내 유적)

되는 경우에 계단식 굴착방식을 도입하기도 한다(그림 9).

〈표 1〉은 여러 가지 상황에 맞게 설정할 수 있는 시굴트렌치의 기본 형식이다. 이 외에도 현장 상황에 맞게 이를 응용한 다양한 트렌치를 설정할 수 있으며, 조사지역이 아주 깊거나 중층유적의 유구 성격에 따라 〈그림 10〉과 같이 조사자의 창의성이 필요한 경우도 있다.

표 1 시굴트렌치의 각종 형식

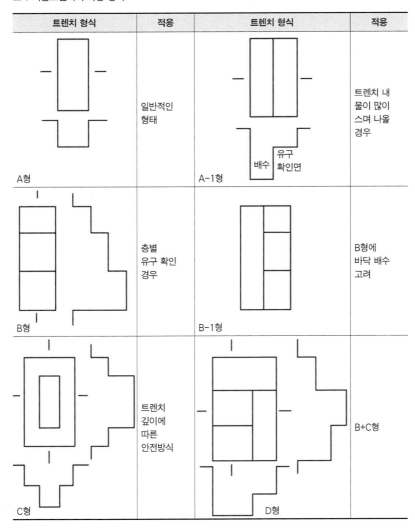

그림 10 시굴조사 트렌치의 다양한 모습(좌: 창녕 등림리 유적, 우: 양산 증산리 유적)

(2) 토층 조사와 유구 확인

산지(구릉)의 경우 대부분 현재 표토 바로 아래에서 유구가 확인되는 예가 많아 특별히 유적 상부 퇴적층에 대한 토층 조사는 중요하게 다루어지지 않는 편이다. 이에 비해 충적지는 수 미터에 이르는 퇴적층을 대상으로 유적의 존재를 파악해야 하므로 토층에 대한 이해가 없으면 조사에 어려움을 겪는 경우가 많다. 특히, 한국 고고학계에서 2000년대 이후 주목받기 시작한 논이나 밭과 같은 경작유구 조사의 경우 반드시 퇴적층에 대한 이해가 필요하다. 특히 유적의 존재 여부를 판단하는 시굴조사에서는 토층을 잘못 해석할 경우 유적이 발굴조사 없이 사라질 수도 있다는 점에서 더욱 그러하다.

다음은 주로 충적지 토층 조사 과정에서 알아 두어야 할 몇 가지 유의사항이다.[5]

첫째, 자연퇴적층과 문화층에 대한 구분이 필요하다. 특히 자연퇴적층은 물이나 바람에 의해 퇴적되므로 전자의 경우 엽층(lamina)의 유무 확인이, 후자는 입자의 고른 분급이 이루어지는지에 대한 관찰이 필요하다. 만일 엽층이 반복해서 확인되는 경우 이는 층층이 구분하지 않고 하나의 토층으로 묶는다. 점이층리(漸移層離)상의 층 변화 역시 층 구분은 하지 않는다. 단, 세립질 혹은 조립질로 급격한 변화를 보이는 상하 경계는 층 구분을 한다.

둘째, 조사 중인 층 내에 토기편 등 유물이 노출된 경우 출토된 상태 그대로 잘 보존하고 도면이나 사진 등으로 철저히 기록한다.

셋째, 일반적으로 토성(土性)의 구분이 되면 조사자는 임의로 선을 그어 토층을 나타내어 이를 사진과 도면으로 기록하게 된다. 가능하다면 선을 그은 토층과 함께 선을 긋지 않고 사진을 찍어 본다. 잘못된 선 긋기는 오히려 잘못된 해석을 가져온다. 육안으로 층위별 구분이 양호하다면 선 긋기 없이 사진 촬영을 해 본다.

넷째, 색조 차이보다는 기본적으로 토성의 차이를 우선적으로 적용하여 층위를 구분한다. 그리고 산화철·망간 집적대(集積帶)도 그 자체로는 선 긋기와 같이 구분하지 않고 도면상에 표기는 한다. 색조와 산화철·망간 집적층(集積層) 등은 층 퇴적 이후 2차적 현상이라는 점에서 기존 퇴적층위와는 무관하게 형성되어 혼란을 가져올 수 있다. 다만, 논을 확인하는 경우라면 산화철과 망간의 집적대를 층 구분하여 지하수위의 변동을 이해하는 자료로 활용한다.

다섯째, 토층의 확인은 유구의 유무와도 연관되는 문제이기 때문에 토층에 대한 기재가 매우 중요하다. 토층에 대한 도면 기재 시 토양 색, 입자 크기, 점성, 치밀도 등의 기본사항과 함께 기본층 외에 혼입토가 있을 경우 이 토양의 집적상태와 혼입양상 등에 대해 상세히 기록한다. 혼입토가 있는 경우는 유구 내부토이거나 논이나 밭으로 이용될 때의 퇴적물일 가능성이 있다.

위와 같은 사항에 유의하며 진행하는 토층 조사를 바탕으로 유적의 존재 유무를 결정하게 된다. 다행히 석재(石材)의 확인이나 유물의 집중, 소토나 목탄층의 집적 등에 의해 유구가 확인되는 경우라면 별문제 없이 유적의 존재를 판정할 수 있겠지만, 이와 다른 상황에서 유구를 확인하는 경우라면 당연히 토층 조사를 통해 유적의 존재 여부를 고려해야 할 것이다. 특히, 앞서도 언급했듯이 논이나 밭과 같은 경작유구는 그 존재 여부를 확인하고 판정하는 데 일반적인 조사방식으로는 한계가 있는 경우가 많아 이 분야에 대한 이해를 높이기 위한 조사자의 노력이 요구된다.

시굴조사는 유적의 유무를 확인하는 조사인 만큼 비록 적은 면적의 시굴트렌치라도 유적이 존재하고 있을 경우 파괴가 최소화되도록 주의해야 한다. 때문에 굴삭기나 인력으로 시굴트렌치를 굴착할 경우 단번에 깊게 파지 않고, 상부에서부터 10~20cm 이내에서 조금씩 평면적으로 마치 양파 껍질을 벗기듯이 파 내려가면서 중간중간에 계속해서 평면 상태를 확인해야 한다.

(3) 지형에 따른 시굴트렌치의 방향

유적의 유무를 확인하기 위한 트렌치 설치에서 또 하나 중요한 것은 트렌치의 방향이다. 일반적으로 시굴트렌치는 〈그림 11〉과 같이 지형과 상관없이 일률적으로 설치할 수 있으나 유적의 확인을 효율적으로 하기 위해서는 조사대상지의 지형 상태를 고려해서 설치하는 것이 바람직하다. 물론 〈그림 11〉과 같은 경우는 너무 범위가 넓어 짧은 시간 내에 전체의 양상을 알기 위해 채택하는 체계적 표본추출 방식으로는 인정될 수 있다.

그러나 지형에 따라 유적의 성격이나 유구의 양상이 달라진다는 점을 고려하면 지형에 맞는 조사법을 적용하는 것이 더 효율적이다.

① 구릉(산지)

일반적으로 구릉지는 퇴적층의 두께가 얇고 대부분 표토층 아래 바로 암반층이 드러나는 경우가 많아 퇴적층별 중층유적이 존재하는 경우

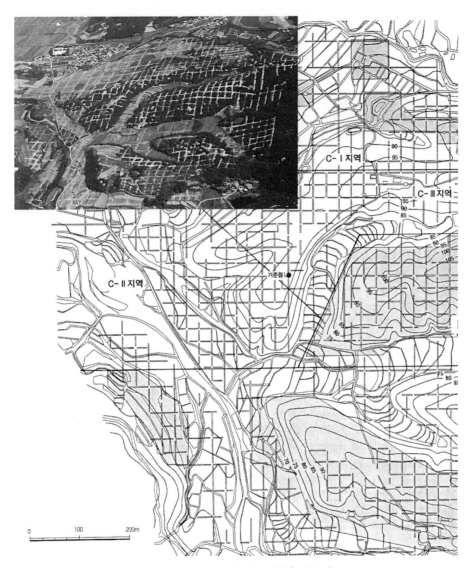

그림 11 체계적 표본추출 방식의 시굴트렌치 구획도와 사진(경주 경마장부지 유적)

그림 12 구릉과 (곡저)평지 복합지형 시굴조사 예(행정중심복합도시 유적)

가 거의 없다. 그리고 경사도가 급한 부분은 유적의 존재 가능성이 낮기 때문에 지형 상태를 감안하여 트렌치를 설치하기도 한다. 대부분은 경사가 있는 구릉의 경우 기본 원칙에 따라 트렌치의 장축이 대개 등고선과 직교하는 방향으로 경사면을 따라 설치한다. 따라서 구릉의 경우에는 평지에 비해 시굴트렌치가 〈그림 12〉와 같이 다소 무질서하게 설정될 수 있다.

② 평지(충적지)

평지에서는 트렌치의 방향을 어떻게 정해야 하는지를 우선적으로 고려해야 한다. 〈그림 13〉과 같이 구릉지에 근접한 곡저평지인 경우 어느 정도 경사도가 있어 구릉과 같이 등고선을 고려하여 트렌치를 설치하기도 하지만, 그렇지 않은 평지의 경우 세부 지형이 다양하기 때문에 지형에 대한 이해가 우선되어야 한다. 가령 하천과 관련된 충적지인지, 선상지인지에 대한 지형 관찰과 판단을 먼저 한 후 그에 따라 트렌치의 방향을 정하는 것이 일반적이다. 즉, 자연제방의 경우에는 하천의 흐름 방향과 직교되는 방향으로, 선상지의 경우에는 선단부에서 선정부를 향해 등고선과 직교하는 방향으로 트렌치를 설정한다. 현재의 하천과 멀리 떨어져 있는 평지의 경우 과거 지형과 현재 지형의 성인(成因)에 대한 분석을 먼저 해야 한다.

물론 이러한 지형적인 판단은 지표조사 시에 이루어지는 것이 가장 합리적인데, 시굴조사 시 조사자는 이를 현장에서 재확인한 후 상황에 따라 시굴트렌치의 방향을 결정하는 것이 좋다.

평지(충적지)의 세부 지형과 성인에 대한 판단이 왜 중요한지는 하천 주변 자연제방에 입지한 대표적 유적인 진주 평거동 유적의 조사 예에서 살펴보면 알 수 있다. 〈그림 14〉의 위쪽 자연제방 모식도와 그 아래 진주 평거동 3지구 유적의 시굴조사를 통해 확인된 유적에서 보듯이 세부적 입지에 따라 유구의 성격에서 차이가 나고 있다. 사전에 유적의 지

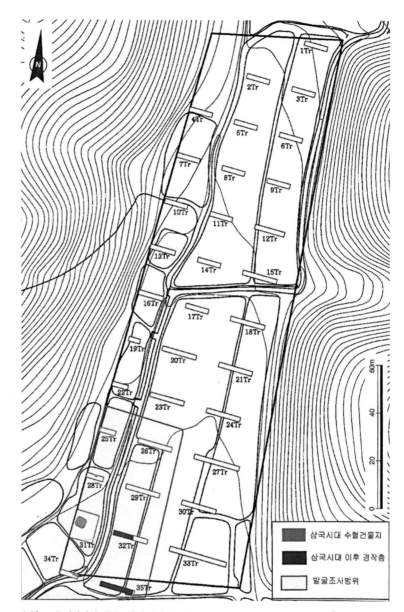

그림 13 곡저평야의 시굴트렌치 설치 예(창녕 계성리 유적)

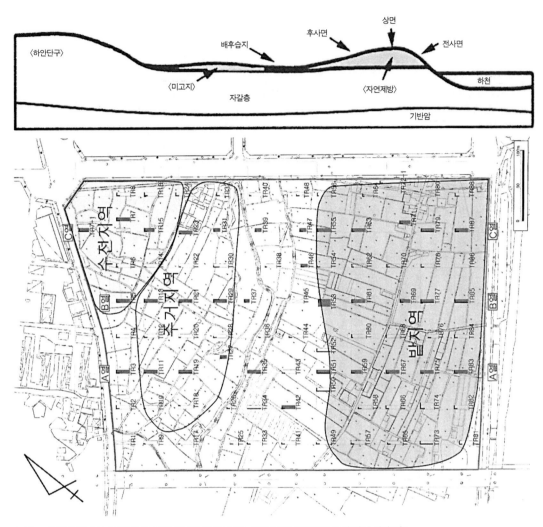

그림 14 충적지 단면 모식도(상) 및 진주 평거동 3지구 유적 시굴트렌치 배치도와 유적 확인 상황(하)

형을 판단한 후 시굴트렌치의 방향을 하천 진행 방향과 직교하게 설정했기 때문에 하천 주변의 지형 상태가 단면 토층에서 잘 나타났고 이를 통해 유적에 대한 이해를 높일 수 있었다.

즉, 하천의 지속적인 범람에 의해 퇴적물이 쌓여 주변보다 높은 자연제방의 전사면(前斜面)과 윗면에는 경작지 중 물이 덜 필요한 밭이나 주거지역이, 그리고 후사면(後斜面)에는 주거지역이 분포하며, 대개 습지 또는 물이 항상적으로 유지되는 배후습지에는 이러한 상황을 활용한 논(水田)이 입지하게 된다.

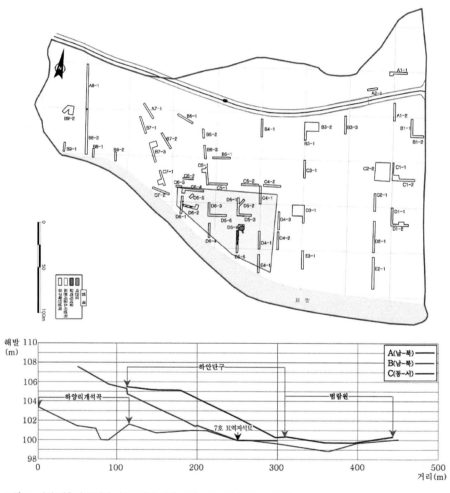

그림 15 산청 매촌리 유적의 시굴트렌치 배치도 및 조사지역 지형 횡단면도

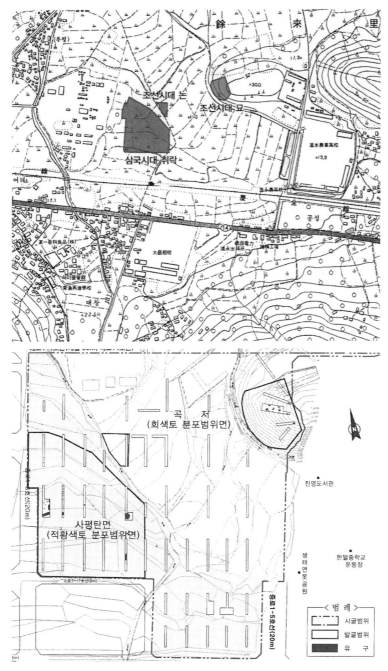

그림 16 선상지 입지 유적의 주변 지형도(상)와 시굴트렌치 설정 및 유적 분포범위 확인 상황(하)(김해 여래리 유적)

이러한 조사지역 내 시굴트렌치를 통해 파악된 양상을 〈그림 15〉와 같이 모식화된 주상도(柱狀圖)나 지형단면도를 작성해서 지형의 변화 양상과 유적의 입지에 따른 분포를 면밀히 비교하고 점검해 보는 것도 좋다.

다음은 충적지형의 하나인 선상지 입지 유적의 조사 예이다.

선상지는 퇴적 방향이 일관성이 있어 대개 선정(扇頂)에서 선단(扇端)까지 완만한 경사면을 보이는 경우가 많아 육안으로 인지할 수 있다. 대체로 개발이 되지 않은 곳은 계단식 경작지로 많이 사용되므로 경사면의 등고선과 직교하는 방향으로 설정하는 것이 일반적이다. 다만, 기본적으로 선상지형이지만 하천이나 침식으로 인해 세부적인 지형의 변화가 이루어진 곳은 상황에 맞게 트렌치의 방향을 설정할 수 있다.

〈그림 16〉의 김해 여래리 유적처럼 세부적으로는 선상지 형성 이후 생겨난 하천의 침식부분이 훗날 곡저평지가 되고 그 주변은 단구화가 이루어져 등고선 방향도 서로 어긋나는 양상을 보이기도 한다. 이 경우 곡저평지와 단구면의 트렌치 방향을 서로 달리하는 것도 좋지만, 여래리 유적은 두 지형 간 고저(高低) 차가 심하지 않아 유적의 전체 범위를 고려하여 트렌치의 방향을 설정했다.

4) 자료 정리와 제시

시굴조사를 통해 유적이 확인되면 유적의 범위와 성격에 대한 자료를 결과보고서에 기재한다. 기본적으로 조사 과정에서 각 시굴트렌치의 굴착 상황이 잘 보이는 전경과 세부 사진, 시굴트렌치를 정확하게 표현한 도면이 필요하다. 상황에 따라서는 유구가 확인된 시굴트렌치의 평면도를 작성하여 제시할 수도 있다.

우선, 시굴조사를 통해 나타난 조사지역의 층위 상태를 제3자가 이해하기 쉽게 제시하는 것이 중요하다. 가장 바람직한 것은 유적 전체의

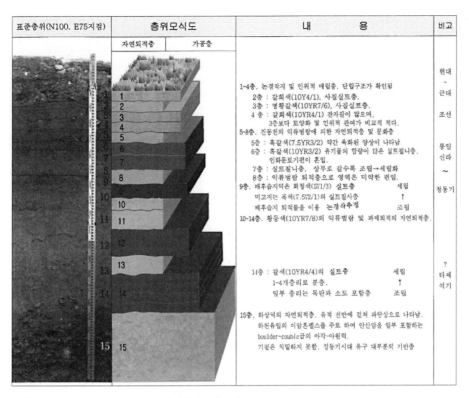

표준층위(N100, E75지점)	층위모식도		내　　　용	비고
	자연퇴적층	가공층		
	1 2 3 4 5 6 7 8 10 11 12 13 14 15		1-4층. 논경작지 및 인위적 매립층. 단립구조가 확인됨 　2층 : 갈회색(10Y4/1), 사질실트층. 　3층 : 명황갈색(10YR7/6), 사질실트층. 　4층 : 갈회색(10YR4/1) 잔자갈이 많으며, 　　　3층보다 토양화 및 인위적 관여가 비교적 적다. 5-8층. 진동천의 익류범람에 의한 자연퇴적층 및 문화층 　5층 : 흑갈색(7.5YR3/2) 약간 육화된 양상이 나타남 　6층 : 흑갈색(10YR3/2) 유기물의 함량이 많은 실트질니층. 　　　인화문토기편이 혼입. 　7층 : 실트질니층. 상부로 갈수록 조립→세립화 　8층 : 익류범람 퇴적층으로 영역이 미약한 편임. 9층. 배후습지역는 회청색(5Y1/3) 실트층　　　세립 　　미고지는 흑색(7.5Y2/1)의 실트질사층　　↑ 　　배후습지 퇴적물을 이용 논경삭추정　　　조립 10-14층. 황등색(10YR7/8)의 익류범람 및 파제퇴적의 자연퇴적층. 　14층 : 갈색(10YR4/4)의 실트층　　　세립 　　　1~4개층리로 분층.　　　↑ 　　　일부 층리는 목탄과 소토 포함층　　조립 15층. 하상역의 자연퇴적층. 유적 전반에 걸쳐 파단상으로 나타남. 　　하천유입의 이암흔펠스를 주로 하여 안산암을 일부 포함하는 　　boulder~couble급의 아각~아원력. 　　기질은 치밀하지 못함. 청동기시대 유구 대부분의 기반층	현대 ~ 근대 조선 통일 신라 ~ 청동기 ? 타제 석기

그림 17 표준층위를 통한 유적 층위 해석(마산 망곡리 유적)

토층 양상을 대표하는 한 부분의 토층을 표준층위로 하여 퇴적 양상 및 확인된 유적(유구)의 깊이를 〈그림 17〉과 같이 제시하는 것이 좋다. 그리고 이를 바탕으로 〈그림 15〉나 〈그림 18〉의 유적 횡단면도 혹은 〈그림 19〉와 같은 유적 층위 주상도를 간단하게라도 제시하는 것이 좋다.

또한, 유적 층위를 바탕으로 한 전체적인 양상을 평면상으로 나타낸 도면은 이어지는 발굴에서 좋은 자료가 될 수 있다.

〈그림 20〉과 같이 하나의 문화층을 기준으로 전체 각 시굴트렌치 상의 퇴적 양상을 비교하여 평면적인 등고도를 작성한 결과 미고지와 미저지 상에서 유구의 성격이 차이가 남을 알 수 있다. 즉, 아래쪽 유적 평면

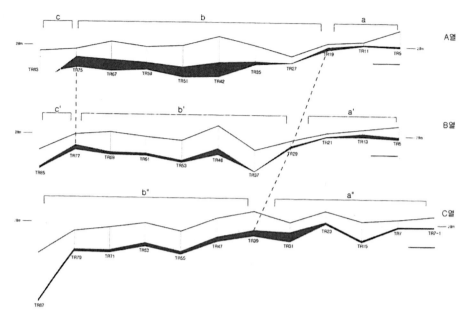

그림 18 진주 평거동 3지구 유적의 층위 횡단면도

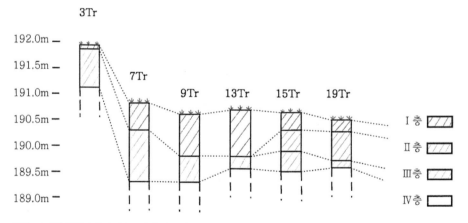

그림 19 거창 양덕리 유적 시굴조사 층위 주상도

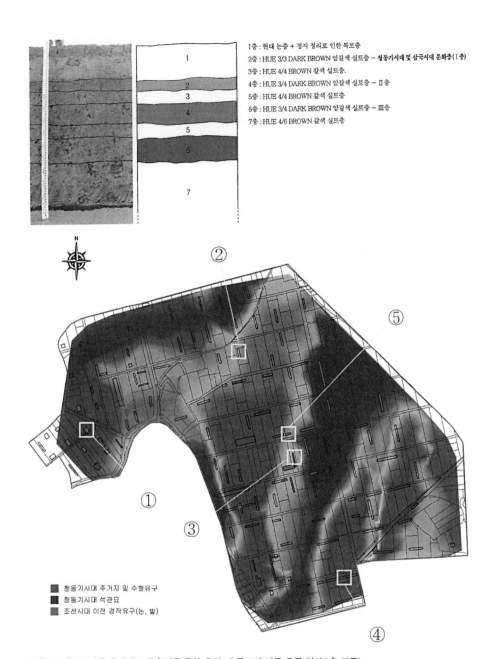

1층 : 현대 논층 + 경지 정리로 인한 복토층

2층 : HUE 3/3 DARK BROWN 암갈색 실트층 – 청동기시대 및 삼국시대 문화층(I층)

3층 : HUE 4/4 BROWN 갈색 실트층.

4층 : HUE 3/4 DARK BROWN 암갈색 실트층 – II층

5층 : HUE 4/4 BROWN 갈색 실트층

6층 : HUE 3/4 DARK BROWN 암갈색 실트층 – III층

7층 : HUE 4/6 BROWN 갈색 실트층

■ 청동기시대 주거지 및 수혈유구
■ 청동기시대 석관묘
■ 조선시대 이전 경작유구(논, 밭)

그림 20 진주 초전동 유적의 표준층위를 통한 유적 내 등고에 따른 유구 양상(I층 기준)

도면에서 미고지 부분(회색)은 주거나 무덤 지역으로 나타났고, 미저지 (짙은 회색) 쪽으로는 물을 필요로 하는 논이나 밭이 주로 확인되었다.

시굴조사를 통해 확인된 정보를 잘 제시해 주는 것이 이어지는 발굴조사의 길잡이가 된다는 점을 명심해야 한다.

3

정밀조사

1) 정밀조사 진행 과정

발굴조사의 업무절차 및 진행은 다음과 같이 6단계로 이루어진다
(그림 21). 첫째, 사전준비 단계, 둘째, 현장조사의 착수 및 정비 단계,
셋째, 발굴조사의 진행(유구의 조사), 넷째, 유물의 분류 및 정리·분
석 단계, 다섯째, 보완조사 및 발굴조사 완료, 여섯째, 약보고서의 작성
이다.

(1) 사전준비

유적의 발굴조사 목적을 수립하고, 조사 목적을 충분히 달성하기
위한 준비계획을 세운다. 여기에는 조사단 구성, 조사기간, 비용 등이 포
함되며 발굴조사 진행을 위한 기본적인 공정표를 작성한다. 조사단 구
성은 문화재청에 등록된 조사요원으로서 단장, 책임조사원, 조사원, 준
조사원, 보조원으로 구성한다. 조사기간과 비용은 문화재청에서 제공하
는 '매장문화재 조사용역 대가의 기준'을 참조하여 산정한다.

사전준비

착수 및 정비

발굴조사 진행

유물 정리

보완조사 및 현장 완료

약보고서 작성

그림 21 발굴조사의 진행 단계

기본적인 계획을 수립한 후, 예측되는 유적의 성격과 관련한 자료를 수집한다. 시굴조사가 이루어진 유적이라면, 시굴조사에서 파악된 유구에 대한 분석과 함께 사전에 파악된 지형 조건을 다시 검토한 후 지형과 유구의 성격에 적합한 조사방법론을 수립한다. 기본적인 조사방법론을 수립한 후 발굴조사 진행 과정에서 수정·보완해 나간다.

(2) 현장조사의 착수 및 정비

발굴대상 지역의 경계를 확인한 후 경계측량을 실시한다. 조사대상 지역과 주변 지역을 탐방한 후 현장 안전대책 및 보완시설물에 대한 점검을 실시해야 한다.

조사구역 내 그리드 측량이나 굴착 이전에 조사 전 상태의 사진을 촬영하는데 가능하면 높은 곳에서 전체가 보일 수 있도록 촬영한다.

한편으로 현장사무실 및 부대시설(인부용 숙사, 창고, 유물세척실 등)을 설치하고 발굴대상 지역이 잘 보이는 곳에 유적 허가 사항이 포함된 유적 안내 표지판을 설치한다.

유적의 퇴적층이 두터울 경우, 예상되는 토사량을 감안하여 적토장 및 퇴적토 이송경로 등을 확보하여 유적을 덮고 있는 퇴적물의 제거시간을 최대한 단축시키기 위한 방안을 강구한다.

이상의 작업과 함께 발굴구역 내 조사를 위한 측량을 실시한다. 측량은 전체 범위에 대해서는 일정 규모(보통 20m 단위)의 그리드 설정을 하는 것이 좋으나 면적이 협소하다면 동서와 남북 또는 유적을 가로지르는 +자 둑으로 대체해도 좋다.

(3) 발굴조사의 진행(유구의 조사)

유적을 덮고 있는 상부 퇴적토를 제거하면서 유구를 확인하는 과정을 되풀이한다. 유구가 확인되면 전체 배치도를 작성한다. 최종 배치도는 개별 도면의 작성 이후에 완성되겠지만 현장조사 진행 과정에서 파악할 수 있는 유구배치도를 만들어 간다. 이때 하나의 유구가 확인되면 즉시 평면배치도 상에 기입해 나간다. 배치도의 작성은 취락의 경우 개별 유구의 분포정형을 파악할 수 있어 혹여 놓치게 될지도 모를 유구의 파악에도 큰 도움이 된다.

개별 유구의 조사는 내부 조사 – 사진 촬영 – 도면 작성 – 조사 과정 기록 – 유물 수습의 과정으로 이루어지는 것이 일반적인 순서이다. 구체적인 진행방식은 유구의 성격에 맞는 조사방법과 조사 주안점을 적용하여 진행한다. 일반적으로 사진은 유구의 조사 전, 토층, 세부구조, 출토유물, 조사 후 모습을 촬영한다. 도면은 유적 전체의 지형도와 층위 현황을 파악할 수 있는 토층도, 그리고 개별 유구의 평면과 단면도(필요시 입면도)를 작성한다.

조사 과정에 대한 기록은 가장 중요한 부분으로 조사 진행 과정에서 개별 유구마다 수시로 기록하며(야장기록), 조사 완료된 유구에 대해서는 현장에서 1차 유구원고를 작성하는 것이 좋다. 개별 유구에 대한 기록뿐만 아니라 유적 전체의 상황에 대한 종합야장도 작성을 하는데 이는 나중의 발굴보고서 작업에 반드시 필요한 자료가 된다.

종합야장에는 발굴조사의 경위와 진행 과정(발굴참여자, 현장방문자, 행사일정)을 기록하고 유적의 전체 층위와 주변 지형 조건 등을 현장에서 생생한 기록으로 남겨야 한다. 현장의 생생한 기록을 담은 종합야장은 보고서를 작성하는 데 있어 자료의 신뢰도를 높이는 근거가 된다.

보고서는 현장조사 완료 후 작성하는 것이지만 충실한 보고서의 작성을 위해서는 발굴조사 과정에서 이를 염두에 두고 진행하는 것이 반드시 필요하다. 보고서에 반드시 수록해야 하는 조사방법, 층위, 유적의 환경 및 지형적 조건 등은 현장에서 기록해야 생동감이 있다. 실제 보고서 작성 시 필요한 도면이나 사진이 부족해 아쉬워했던 경험을 보고서 작성에 참여한 연구자들은 누구나 한 번쯤 겪었을 것이다.

주지하다시피 발굴조사는 일회성의 행위로 영원히 사라지는 것이기 때문에 가능한 한 많은 정보를 획득해야 한다. 발굴조사가 진행되는 동안 유구 조사 점검표(표 2)를 이용한다면 기본적인 자료의 누락을 방

표 2 유구 조사 점검표

연번	유구 성격	호수	위치	시대	사진작업			내부 조사	도면작업						유물 수습	기록	담당	완료	비고
					조사전	조사중	조사후		평면	입단면	해발	방위	좌표	배치도					
1	주거지	1호	1G	청동기	○	○	○	○	○	○	○	○	○	○	○	○	홍길동	○	
2		2호																	
3		3호																	
4		4호																	

그림 22 발굴 현장 전경

그림 23 평면 유구 확인 작업

그림 24 주거지 내부 조사 모습

그림 25 토층 조사 모습

지할 수 있다.

(4) 유물의 분류 및 정리·분석

통상 유물의 분류 및 정리·분석은 발굴조사 완료 후 실내작업의 일
환으로 생각하는 것이 일반적이다. 그러나 발굴조사 과정에서 일정부분
의 정리는 유적의 원활한 조사를 위해 필요하다. 보통 발굴조사 일정의
50%가 경과되는 시점에서부터 유물의 분류 및 정리·분석작업을 병행하
는 것이 바람직하다. 단기간의 현장조사에서는 형편상 어렵겠지만 3개
월 이상의 현장조사에서는 이 작업을 병행하는 것이 유적의 성격을 이해
하는 데 도움이 된다. 유물 수습이 완료된 유구를 중심으로 세척 및 복원
작업을 실시하여 개별 유구의 시기와 유적 전체의 시기를 파악하는 것이
필요하다. 이를 통해 개별 유구 간의 관계 파악과 중복된 유구에 대한 검
증작업이 가능하다. 필요시 현장조사 기간 중 각종 분석작업(고고지자
기 연대측정, 방사성탄소 연대측정, 식물규산체분석, 고지형분석 등)을
병행하여 그 결과를 얻을 수 있다면, 발굴조사의 진행과 유적의 성격을
이해하는 데 큰 도움이 될 것이다.

표 3 유물 정리 현황표

연번	호수	유구성격	유물번호 (수습번호)	유물명	유물수습	유물세척	유물복원	유물넘버링	담당	비고 (보관증번호 등)
1	1호	목곽묘	1호-①	대부장경호	○	○	○	○	홍길동	100
2										
3										
4										
5										
6										
7										

(5) 보완조사 및 발굴조사 완료

발굴조사를 완료하기 전이나 또는 조사 중이라도 필요할 경우 전문가를 초빙해 유적에 대한 자문위원회를 개최하여 현재까지 조사된 내용에 대해 의견을 교환하는 것이 반드시 필요하다(그림 26, 27). 이 과정에서 발굴조사자가 파악하지 못한 내용이나 현장조사의 미비점이 발견된다면 즉시 시정하고 보완조사를 실시해야 한다. 유적 보존대책이 필요한 경우에는 별도의 전문가 검토회의를 통해 방향을 수립하도록 한다.

현장조사 과정에서 생산된 각종 자료, 즉 도면·사진·기록지 등을 검토하고 확인하는 과정을 통해 자료의 누락이 없도록 한다.

일련의 점검 과정에서 파악된 미비점이 모두 해결되었다면 발굴조사를 완료하고 현장 철수작업을 실시한다. 현장사무실의 철거, 발굴조사가 완료된 지역에 대한 안전점검을 실시하고 필요시에는 매립작업, 펜스 설치 등의 사후 대책을 시행한 후 현장조사를 마무리한다.

그림 26 발굴 현장에서 유적 형성 층위에 대해 토의하는 모습(1999년 대구 서변동 유적)

그림 27 발굴 결과에 대한 현장설명회 및 지도위원회 모습(1999년 대구 서변동 유적)

(6) 약보고서 작성

발굴조사가 완료되면 2년 이내에 해당 유적의 발굴조사 보고서를 작성해야 한다. 발굴조사 과정에서 생산된 많은 양의 자료들, 즉 유물과 도면·사진·기록지 등에 대한 정리와 분석 작업에 많은 시간이 소요되므로 2년이라는 보고서 작성기간이 정해진 것이다. 이 기간도 충분하다 할 수 없으나 사실보고를 중심으로 빠른 시간 내에 자료를 공개하는 것이 우선이며, 이로써 많은 연구자들이 발굴조사 보고서를 기초 자료로 활용할 수 있게 된다.

정식 발굴조사 보고서의 작성 이전에 현장조사가 완료되면 조사를 담당한 기관은 20일 이내에, 행정기관에 관련서류와 함께 약식 보고서를 작성하여 제출해야 한다. 약식 보고서의 주요 내용은 조사구역도, 트렌치별 유구 및 유물 출토현황, 조사내용을 담고 있어야 하는데 세부 내용은 다음과 같다.

① 조사개요
발굴조사의 경위와 조사단 구성 등이 포함된다.

② 조사지역의 위치와 환경

발굴지역에 대한 자연지리적 환경과 역사고고학적 환경을 기술한다. 특히 주변 유적에 대한 상세한 설명이 필요하다.

③ 조사내용

유적의 층위에 대한 설명과 조사방법, 그리고 구역별·유구별 상세조사내용을 작성한다. 필요시 개별 유구 도면을 제시하는 것도 바람직하다.

④ 조사결과

발굴조사에 의해 확인된 유적의 전체 양상(유구와 유물의 수량 포함)과 조사 성과 및 의의에 대해 간략히 기술한다.

⑤ 유적의 보존·보호와 관련한 조사단 의견

유적의 성격(역사성, 시대성, 희소성, 지역성)이나 상태, 활용가치 등을 감안하여 원형보존, 이전보존, 기록보존과 같은 유적보존에 관한 발굴조사기관의 의견을 제시한다.

2) 조사방법

시굴조사에서 주로 사용하는 시굴갱(Test Pit)이나 시굴트렌치(Test Trench)는 발굴조사에서도 통용되는 기본적인 조사방법이다. 시굴갱은 사방을 일정한 크기로 시굴하는 것을 말하는데 발굴하고자 하는 유적에 어떤 종류의 유구나 유물이 있으며, 문화층의 깊이가 어느 정도인지를 쉽게 파악하기 위해 실시한다. 시굴트렌치는 좁고 길게 구획된 도랑을 이용해 수직단면의 층서 상태를 쉽게 파악할 수 있는 장점이 있으며, 그 목적은 시굴갱과 동일하다. 발굴조사에서는 시굴조사 결과 파악된 층위를 기초로 하여 발굴조사 지역에 적합한 표준토층을 찾기 위해 시굴갱이나 시굴트렌치를 설치한다. 이후 찾고자 하는 층위까지 수평제토를 실시한 후 유구의 흔적을 조사한다. 전체적인 층위 파악을 위해 설치한 넓고 깊은 탐색갱을 제외한다면 발굴조사에서는 대부분 주거지나 무덤 내부에 설치하는 소규모의 트렌치가 주를 이룬다. 이 탐색갱을 적절하게 활용하면 발굴조사의 진행속도나 유구의 구조 확인에 큰 도움이 될 것이다.

(1) 전굴법(全掘法)

발굴할 장소의 한쪽 끝에서 계속 똑바로 파 나가는 방법으로 전면 제토 방식이라 할 수 있다. 유구가 확인되는 층의 상면이 모두 교란되었거나, 조사대상 지역이 넓은 경우에 주로 사용한다. 이 방법의 경우에도 유적 전체를 파악할 수 있는 둑(토층)은 등간격으로 남겨 두어야 한다. 이 조사법은 청동기시대의 집터가 지표 가까이 놓여 있는 구릉지역의 경우에 효율적이다. 대규모 전면 발굴법은 구제발굴조사에 주로 사용되며

그림 28 전굴법에 의한 도로구간 발굴(포항 월포리 유적)

넓은 지역의 평면적인 노출에 의해 유적 안에 있는 다양한 현상들을 점검하는 데 유용한 방법이다.

(2) 방격법(方格法)

일종의 바둑판식 발굴조사 방법이다. 방안구역 사이에 파지 않은 둑을 남겨 유적 전체에 걸친 여러 층위들이 그 둑의 수직단면에서 상호 관련지어질 수 있도록 함으로써 유구의 확인면(수평면)을 파악하는 것이다. 초기 고고학자들이 가장 선호한 발굴조사 방법 중 하나이다.

방격법은 주거지, 공동묘지, 건물지, 사지 등을 조사하는 데 주로 사용되며, 바위그늘유적이나 동굴유적, 패총 등을 조사하는 데도 사용된다.

조사방법은 먼저 유적 중앙에 기준점을 설치한 후, 이를 중심으로 동과 서를 연결하는 선(X축)을 유적의 기준선으로 삼고 다시 이 기준선에 직각이 되게 남북으로 선(Y축)을 연결한다. 이 X·Y축 선상에 일정한 간격을 두어 바둑판식으로 구획하면 정사각형의 피트(Pit)가 생긴다

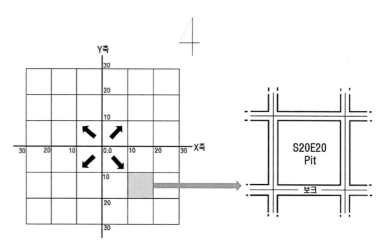

그림 29 방격법에 의한 조사지역의 구획

(그림 29). 각 피트는 고유한 명칭을 가지게 되는데 'N10E20'이라 하면 기준점(0.0)에서 동쪽으로 20m, 북쪽으로 10m 간 지점에서 시작되는 피트로 이해할 수 있다.

또 다른 방법으로 그리드(Grid)법이 있다. 기준점을 유적의 중심부에 두지 않고 왼쪽 아래에 두고 이를 중심으로 동쪽(X축)과 북쪽(Y축)의 일정한 간격으로 구획한다. X축을 A, B, C, D 순으로 Y축을 1, 2, 3, 4, …… 순으로 부호를 붙여서 각 피트의 명칭을 부여할 수 있다. 이 경우 각 피트의 단위는 5m, 10m, 20m 등으로 조사자가 판단해 결정하면 된다. 예를 들어 하나의 피트가 10m인 경우, D3Pit라 하면 X축으로 4번째, Y축으로 3번째에 위치한 피트이며 기준점에서 볼 때 동쪽으로 40m, 북쪽으로 30m에서 시작되는 피트로 이해하면 된다(그림 30).

이렇게 설치된 각 피트는 발굴조사 진행 과정상 관리하기에 좋고 유구나 유물의 위치를 정확하게 기록하는 데 도움이 된다.

방격법에 의한 발굴조사 방법은 방안구역 사이에 남겨진 토층에 의해 유구 상호 간의 중복관계나 층서관계를 파악하는 데 이점이 있다. 하지만 설치하는 데 시간이 많이 소요되고 넓은 지역을 조사할 때는 현실적으로 둑을 유지하며 관리하는 데 어려움이 많다. 따라서 유적의 전체

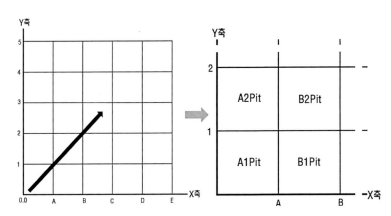

그림 30 그리드법에 의한 조사지역의 구획

그림 31 방격법에 의한 발굴(경주 용강동 원지유적)

범위와 평면형태가 확인된다면 불필요한 둑을 제거하여 전굴법으로 전환할 필요가 있다.

(3) 사분법(四分法)

주로 봉토분 발굴에 사용되었는데 시간이 흐르면서 다양한 발굴조사 방법으로 개발되었다. 기본적으로는 원형의 봉분이 있다면 원점을 중심으로 봉분을 4등분하여 조사하는 방법이다. 이 사분법은 오늘날 분구묘 발굴의 표준적 방법이 되었다. 사분법의 원리는 비단 분구묘 외에도 주거지, 수혈 등 다양한 유구에 적용되고 있다.

사분법에서 사분구의 평면배치 방식은 크게 4가지로 구분할 수 있다(그림 32).

㉠ ㄱ자둑 사분법, ㉡ 비대칭 사분법, ㉢ 모래시계 사분법, ㉣ 십자둑 사분법 중 ㉠과 ㉡은 원점을 중심으로, 분구 중심을 수직으로 지나는 토층 단면을 원점 기준 좌우 반대편에서 파악할 수 있다.

㉢은 마주보는 두 사분군에서 유구가 노출이 되지 않을 때 통상 중앙부에 있기 마련인 주체부를 발굴하는 것으로 조사가 종료된다.

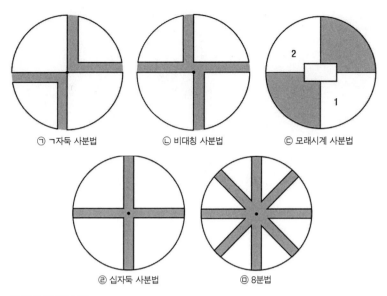

ㄱ ㄱ자둑 사분법   ㄴ 비대칭 사분법   ㄷ 모래시계 사분법

ㄹ 십자둑 사분법   ㅁ 8분법

그림 32 분구의 구획

ㄹ은 분구를 +자둑으로 4등분하는 방식이다. 유구의 규모나 성격에 따라 적합한 방식을 취하면 된다.

ㄱ과 ㄴ은 중심토층이 좌우 반대편에서 파악되므로 토층의 해석과 도면 작성에 불편함이 있고, 제토 과정에서 원점 말목의 유지가 어려운 단점이 있다. ㄷ의 경우에는 한 분구를 완전히 제거한 후에야 다음 분구의 발굴로 진행되므로 4분구 전체의 평면상을 파악하는 데 불리하다.

+자둑을 이용한 사분법(ㄹ)은 어느 면도 분구의 중심을 지나지 않는다는 단점이 있지만 사분 둑의 폭을 적절히 조절한다면 기준 토층이 분구의 중심축을 통과하지 않는 단점을 극복할 수 있다.

사분법에 의한 사분 둑의 설치는 조사 전 해당 유구에 대한 면밀한 검토 후[6] 설치하여 분구의 토층도와 유구의 단면도가 일관되는 도면을 취할 수 있다면 가장 이상적일 것이다.

이 외에도 분구의 규모가 크다면 사분 둑 대신 팔분 둑으로 조사를

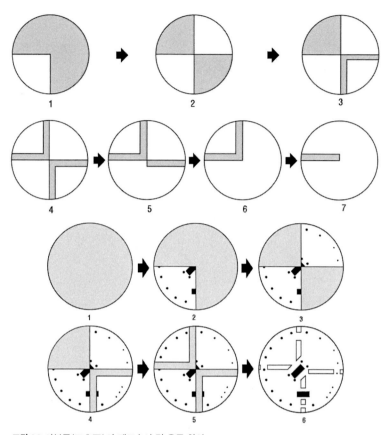

그림 33 사분구(四分區)의 제토순서 및 유구 확인

진행하는 것도 바람직하다(8분법).

　　최근 분구의 성토 방식과 그 기법, 부속공간시설(부장곽, 순장곽, 제사곽, 배장곽), 의례매납, 목주흔 등 다양한 형태의 인위적 흔적이 분구 내에서 확인된다. 성토 과정에 남겨진 위와 같은 흔적을 조사하기 위해 〈그림 36〉의 4분계단식 제토방식이 널리 이용되고 있다(조영현 2005).

그림 34 4분법(지산동 고분)

그림 35 8분법(교동 고분)

그림 36 4분(8분)계단식 발굴(교동 7호분)

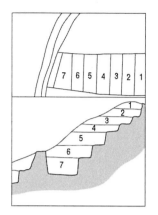

그림 37 김해 패총

(4) 계단식 발굴법(階段式 發掘法)

김해 패총 발굴조사에서 이 방법이 사용되었는데(그림 37), 패총의 정상부에서 바닥까지 장방형의 트렌치를 계단식으로 설치하면서 패총의 최하층으로 조사를 진행해 나가는 방식이다. 트렌치의 단면을 순서대로 연결하면 패총의 전체 층위를 파악할 수 있다. 이 조사방법은 퇴적층이 두텁고 토층 조사가 주가 되는 유적에 한해서 사용되지만, 평면조사의 한계점이 내포되어 있다.

(5) 수직면 발굴법(垂直面 發掘法)

다르게 말하면 수직단위 제토방식이라 할 수 있다. 지표로부터 유적(유구)의 바닥까지 일부분을 파고 내려간 다음 발굴된 수직면을 그대로 유지하면서 계속 수평 방향으로 파 내려가는 방법이다. 분구의 경우 가운데로부터 바깥까지 둑을 따라 유구 주체부가 확인되는 면까지 판 후 다시 같은 폭의 트렌치를 계속 확장해 나가는 방식이다. 이 제토법은 평면 관찰이 불가능하여 유구 사이의 수평적인 상호 관계를 파악하기가 어렵다는 것이 단점이다. 퇴적층의 경우 자칫 유구가 확인되는 면보다 더 깊게 파 내려갈 수도 있다.

(6) 수평면 발굴법(水平面 發掘法)

수평 단위 제토방식으로, 일정한 깊이(인위적 층 15~30cm)의 트렌치를 넣어 파 내려간 후 수직면에서 층위를 관찰하고 나머지 부분을 한 층씩 수평 방향으로 벗겨 나가는 방법이다. 노출된 수평면을 조사한 후 다시 얕은 트렌치를 넣어 층위를 확인하고 나머지 부분도 같은 방식으로 제토하기를 되풀이하는 방식이다. 분구의 경우 일정한 깊이의 트렌치에

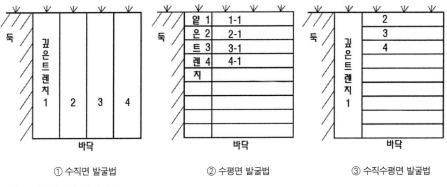

그림 38 제토방식의 세 가지 예

① 수직면 발굴법　　② 수평면 발굴법　　③ 수직수평면 발굴법

서 확인된 토층의 경사면을 따라 수평제토를 하는 과정에서 호석부가 확인된다면, 그 다음 제토는 층의 양상에 의해 분구 중심부는 두텁게, 호석은 얇게 단면 볼록렌즈상으로 깊이를 조절하게 된다. 이 발굴법은 소요 시간이 많다는 단점이 있지만 발굴조사 과정에서 수평면에 나타난 유구의 흔적을 찾기가 용이하고 유구 간의 관계를 파악하는 데 유리하다.

(7) 수직수평면 발굴법(垂直水平面 發掘法)

　　수직수평 단위 제토방식으로, 수평면 발굴법과 유사하지만 첫 단계에 깊은 트렌치를 설치한다는 점이 다르다. 수혈 유구의 바닥, 분구의 경우 주체부 상부 개석면, 퇴적층의 경우 생토층까지 깊은 트렌치를 설치한 후 수직단면에서 층위를 파악한 후 임의적인 층(토양층, 문화층, 유구성토층, 유구 내 매몰층 등)의 구분에 따라 수평면으로 제토하는 방식이다. 이 방식은 최초의 유적 제토 시에도 활용되며, 유구의 내부 조사에서도 선호되는 방식이다. 첫 단계의 깊은 트렌치에서 평면정보를 놓치기 쉬우나 유적이나 유구의 성격에 따라 트렌치의 폭과 깊이를 조절한다면 층의 정보를 신속하게 파악할 수 있다는 장점이 있다.

이상과 같이 다양한 발굴조사 방법을 소개했는데 각각의 조사법은 장단점을 가지고 있다. 유적을 확인하는 단계라면 발굴지역의 지형적 조건(충적지, 구릉지 등)이나 면적의 크고 작음 등을 고려해 피트나 트렌치 조사를 실시한 후 방격법이나 전굴법 등 적절한 방법을 이용해야 할 것이다.

유구의 발굴조사 또한 성격과 내용에 따라 적용하는 방법이 다른데, 분구의 경우 사분법 또는 8분법[7]이 적합하고 건물지나 사지 등에는 방격법이 유리할 수 있다.

제토방식 또한 수평면으로만 깎아 나간다면 수평면에 나타나는 유구나 유물의 정보를 구별하기 용이한 점이 있으나 층위의 변화가 복잡할 경우(층의 형성이 수평적이지 않은 경우) 층간의 해석에 어려운 점이 많다. 마찬가지로 수직으로 제토한다면 층간의 해석은 용이하겠지만 수평면에서 유구 간 상호 관계의 파악은 불가능할지도 모른다. 결국 수직과 수평의 개념을 적절하게 이용하여 상호 보완적으로 발굴조사에 적용하는 것이 바람직하며, 이는 현장을 맡은 조사자가 판단해야 할 몫이다.

3) 토층 조사와 층의 해석

(1) 토층 조사

토층 조사는 발굴조사의 시작과 끝이라고 해도 과언이 아니다. 토층 조사로 시작한 발굴조사는 그 층들의 명확한 해석에 의해 조사가 완료된다고 할 수 있을 만큼 유적 발굴 현장에서 층의 판별과 해석은 가장 중요한 부분이다.

층의 관찰과 해석에 의해 토광묘라 통칭하는 무덤들이 목관묘 또는 목곽묘로 밝혀지게 된 것은 주지의 사실이다. 주거지 상면의 구조물과 주거지의 지붕 설치방법 등도 근년 주거지 내부 매몰토의 면밀한 분석에 의해 가능한 것이었다.

　토층 조사에서는 먼저 유구의 평면 모습을 노출한 후, 평면에서 층의 변화 양상을 파악하는 것이 우선이다. 문화층의 구분은 평면 상에서는 큰 의미가 없지만 유구 내부 평면토층의 변화는 유구 내부 구조물과 관계되는 것으로 트렌치 조사 전 여러 정황들을 사전에 인지할 수 있게 해 준다. 유구의 평면을 확인한 후 기계적으로 트렌치를 설치하고 진행하는 토층 조사는 지양할 필요가 있다.

　다음으로 트렌치 설치이다. 예측되는 유구의 성격이나 규모, 깊이에 맞춰 적절한 트렌치를 설치하여 내부에 매몰된 토층 양상을 파악한다. 트렌치의 폭은 유구의 규모에 따라 적절하게 조정하는데, 너무 넓으면 수직하강 과정에서 유구 내부의 흔적을 놓칠 위험성이 있고 너무 좁으면 토층을 작성하는 데 어려움이 있다. 보통 30cm 이내가 적절하다고 판단되지만 유구의 크기에 따라 넓고 좁을 수 있다. 기왕에 토층 조사를 위한 트렌치를 설치한다면 유구의 바닥면까지 굴착하는 것이 바람직하고 유구의 벽면측도 생토층이 완전히 드러날 정도로 조사할 필요가 있다. 이를 통해 완성된 토층도의 작성이 가능하기 때문이다.

　이제 층위의 확인과 토층선을 긋는 작업을 실시한다. 토층선을 긋는 과정에서는 항상 트렌치 수직면이 직각이 되게 하고 습도를 유지할 수 있도록 한다. 토색의 변화를 주는 주변 요소, 즉 태양광이나 조사자의 밝은색 복장 등에도 주의해야 하고 가능한 한 빠른 시간 내에 토층을 긋는 것이 필요하다. 지나치게 세분된 토층을 작성하기보다는 큰 틀에서 토층도를 작성하고 하나의 층은 그 시작과 끝을 분명히 해 둘 필요가 있다. 보통 유구 매몰토의 경우 토성(흙의 성질, 구성물)에 의해 구분하되 매몰토의 유입 과정을 고려해(주변 상황의 층서에 의해) 상하층의 퇴적 각도나 밝기의 상대적 정도 등을 연결해 나가면 된다.

　이렇게 작성된 토층을 기준으로 가능하다면 층위별로 유구 내부 흙을 제거해 가는 것이 좋다. 그렇게 하면 유구 내부 평면상의 관찰과 함께

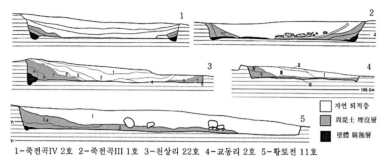

1-죽전곡IV 2호 2-죽전곡III 1호 3-천상리 22호 4-교동리 2호 5-황토전 11호

그림 39 토층 작성 및 해석

유물의 출토 위치 등을 기록하는 데 유리하다.[8]

(2) 토층의 해석

토층도의 작성은 보이는 바와 같이 긋는 것이 아니라 해석과 함께 작성해야 한다. 지나치게 복잡한 토층은 오히려 유구의 해석에 혼란만 가중시킬 수 있다.

유구 내부에 매몰된 토양은 주변 토양의 침식에 의한 것이므로, 유구 주변의 경관에 대한 이해가 필요하다. 생토 성분이 많은 매몰토는 당시 유구 주변이 자연표토층이 모두 제거된 것일 수 있고 부식이 많은 매몰토는 주변이 삼림지대 또는 초지 등으로 형성되었을 가능성이 높다.

유구가 폐기된 후의 매몰 과정에서 매몰에 관여하는 요소는 크게 세 가지이다. ㉠ 사람, ㉡ 물(바람), ㉢ 동결과 해동의 반복, 건조한 기후가 그것이다.

㉠ 사람은 인위적인 매립이라 할 수 있고, ㉡과 ㉢의 경우는 자연적인 매몰이라 볼 수 있다. 또한 폐기 과정에 다양한 행위의 흔적(의례 등)이 일어날 수도 있다. 최근 영남 동남해안이 중심 분포권인 울산식 주거지의 구조복원 과정에서 주거지 매몰토 중 주제(周堤)의 흔적으로 보

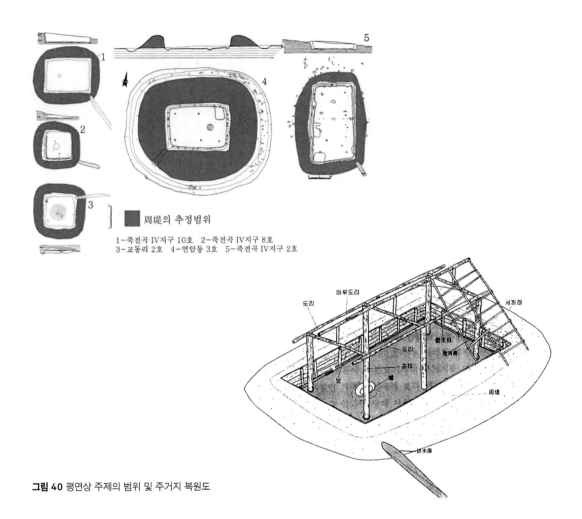

周堤의 추정범위

1-죽전곡 IV지구 10호 2-죽전곡 IV지구 8호
3-교동리 2호 4-연암동 3호 5-죽전곡 IV지구 2호

그림 40 평면상 주제의 범위 및 주거지 복원도

이는 매몰층을 파악한 것은 토층의 해석 과정에서 밝혀낸 성과라 할 수
있다(그림 40).

　유구 내부에 매몰된 토양에 대해 세부적으로 살펴보기로 하자. 생
토 성분이 많은 매몰토 또는 생토 성분으로만 이루어진 토층의 경우, 유
구를 굴착할 때 생성된 흙을 재이용하거나 시설물(주거지의 경우 주제
또는 충전토)이 붕괴되어 유입되었을 가능성이 높다. 매몰토의 성질이

회색 토양이라면 나무와 관련된 것으로 판단하여 목재 구조물의 흔적으로 파악하면 된다. 토광묘 바닥에 보이는 회색 점토띠의 흔적은 그 형태나 규모에 의해 목관이나 목곽의 흔적으로 파악할 수 있다. 그 외 초니토(草泥土)라 하여 건물의 벽체에 사용하는 초본류를 혼합해 만든 점토가 확인될 수 있다. 또 유적지에서 자주 확인할 수 있는 토양 중에 소토가 있다. 이것은 점토가 고온에 의해 소결된 것으로 다져진 흙에 열을 가했을 때만 생성되는 것이어서 유구의 바닥면이나 벽면에 불을 맞아 붉게 변한 토양과는 분명하게 구분해야 한다. 한편 유구의 바닥면이나 토층 상에 보이는 목탄은 그 잔존 형태만으로 원래의 모습을 판정해서는 안 된다. 목탄은 나무가 탄화하고 남은 부분이어서 탄화되지 않은 부분은 부식되어 남아 있지 않게 되므로 원래의 모습, 크기에서도 변화가 일어날 수밖에 없다.

이상과 같이 유구 내부에서 매몰된 토양은 유구 주변 토양의 이해와 함께 유구 매몰토의 성질에 대한 사전지식을 갖고 이해해야 하며, 이를 통해 토층을 작성하고 해석해야 한다.

4) 유적 종류별 기본 조사 항목

과거 인간행위의 흔적에 의해 남겨진 유구와 유물의 복합체를 유적이라 한다. 시대별로 다양한 유적이 존재하고 그 속에 수많은 유구와 유물이 포함되어 있다. 시대분류는 일반적으로 아래와 같이 하는 것이 큰 틀에서 유용한 분류가 될 것이다.

(1) 구석기시대, (2) 신석기시대, (3) 청동기시대, (4) 초기철기시대, (5) 원삼국시대, (6) 삼국시대(가야, 신라, 고구려, 백제), (7) 통일신라시대(남북국시대), (8) 고려시대, (9) 조선시대, (10) 근·현대, (11) 기타.

다양한 유적의 종류는 분류체계에 의해 다음과 같이 구분할 수 있다.[9]

• 생활유적

중분류	소분류
주거지	수혈주거지, 지상식건물지(고상식건물지, 굴립주 유구)
수혈	토실, 저장공, 도토리 저장공, 목곽고, 기타 수혈
용수	우물, 샘, 집수고, 연지(연못)
경계	구, 환호, 목책시설, 함정
폐기장 외	조개더미(패총), 화장실
취사	야외노지
저습지	저습지

• 분묘유적

중분류	소분류
석관묘	석관묘
석곽묘	수혈식 석곽묘, 횡구식 석곽묘
적석묘	적석묘, 부석묘
목관묘	목관묘
목곽묘	목곽묘, 적석목곽묘, 위석목곽묘
석실묘	수혈식 석실분, 횡구식 석실분, 횡혈식 석실분
전실묘	횡혈식 전실분
지석묘	탁자식 지석묘, 바둑판식 지석묘, 개석식 지석묘, 위석식 지석묘
주구묘	주구 석관묘, 주구 석곽묘, 주구 토광묘
토광묘	토광묘, 석개 토광묘
옹관묘	옹관묘, 옹관 석곽묘
회곽묘	회곽묘
기타	와관묘, 골호

• 구석기유적

분 류
한데유적, 동굴유적, 바위그늘유적, 유물포함층

• 성곽유적

중분류	소분류
산성(토성)	토성, 석성, 해자, 봉수, 보루, 진보, 돈대, 포대, 왜성, 성곽 내부시설(건물지, 장대지, 저수시설, 우물터 등)
읍성	읍성, 객사 및 관아, 향청, 질청, 사직단, 여단, 성황단, 해자

• 건축유적

중분류	소분류
사원(사지)유적	중문, 탑, 금당, 강당, 회랑, 요사, 종·경루, 나한전
민가유적	기단, 초석, 적심, 온돌, 부뚜막, 고멕이, 마루
도로유적	도로면 및 측구시설
관아 및 유교유적	기단, 온돌, 포석과 적심, 고멕이, 축대, 계단, 우락면, 배수시설, 담장지, 화장실
기타	성황당, 참성단, 노인성당, 팔성당, 신상, 도관

• 생산유적

중분류	소분류
토기가마	토기가마, 폐기장, 공방시설
자기가마	자기가마, 폐기장, 공방시설
기와가마	기와가마, 폐기장, 공방시설
벽돌가마	벽돌가마, 폐기장, 공방시설
숯가마	흑탄·백탄·목탄가마, 작업장
제련유적	채광유적, 제련유적, 용해주조유적, 제강유적, 단치유적, 용범유적
농경유적	논, 밭, 수리시설
어업유적	제염유적
기타	저수지, 석기제작소, 옥제작소

• 의례유적

중분류	소분류
생활·생산의례	의례 수혈 및 구상 유구, 의례 관련 노지 및 우물
매납유적 (퇴장유적)	매납유적
암각화	암각화
제장·신전	제장, 신전
사직단	사직단

위에서 열거한 시대별 유적에서 확인되는 유구의 조사방법은 그 성격에 따라 차이가 있어 획일적이지 않고 다양하다. 다만 본문 절의 1)항과 2)항에서 소개한 기본적인 조사방법과 층에 대해 이해한다면 발굴조사는 큰 무리가 없을 것이다. 성격이 다른 개별 유구의 세부 조사방법 및 조사 주안점은 많은 지면을 통해 소개되어 있어 본 글의 말미에 소개한 참고문헌을 통해 살펴보기 바란다.

여기서는 주요 유구의 조사 주안점에 대해 간략하게 소개하는 것으로, 개별 유구의 조사방법론에 대한 설명을 갈음한다.

• 구석기 한데유적 분석 내용

조사항목	세부
유구	집자리, 화덕자리, 무덤
뗀석기	암질분석, 제작기술분석, 형식분류, 쓴자국분석
퇴적물	알갱이크기분석, 염토광물분석, 중광물분석, 화학성분분석, 지화학분석, 대자율분석, 화산재분석
절대연대측정	방사성탄소 연대측정, 열방광 연대측정, 광여기형광 연대측정, 포타슘/아르곤 연대측정, 고고지자기 연대측정
생태자료	동물화석분석, 꽃가루분석, 숯분석

• 수혈주거지 조사 기본항목

조사항목	세부
입지	산지, 평지
평면	원형, 장방형, 방형, 타원형, 부정형
기둥	형태, 규모, 기울기, 배치형태(4주식, 6주식, 8주식, 무질서)
바닥	맨바닥, 점토다짐, 불다짐
노지	형태, 규모, 수혈식, 평지식, 위석식
벽체시설	벽구, 벽주혈, 판재
출입구	형태, 규모, 방향

• 지석묘 조사 기본항목

조사항목	세부
상석	방향, 형태, 크기, 암각(성혈, 그림), 석재종류
지석	형태(탁자식, 기반식) 크기, 석재의 종류
묘역시설	형태, 종류(부석식, 묘역구분식, 성토식), 범위, 석재, 의례유물
묘광	평면형태, 단면형태(1단굴광, 2단굴광 등), 크기와 방향, 토층단면
개석	유무, 석재의 종류, 크기, 설치 방식
매장주체시설	위치(지상식, 지하식), 종류(석곽, 석관, 옹관, 토광)
유물 출토상태	종류, 위치, 부장방식

• 목관묘 조사 기본항목

조사항목	세부
묘광	방향, 형태, 크기, 토층단면, 굴착구흔
충전부	크기, 종류(점토, 적석, 기타)
목관	형태(통나무형, 상자형), 크기, 결구방식, 목재(판재, 각목), 수종
요갱	형태, 크기, 위치, 시설(바구니 등), 유물 출토상태
바닥	종류(생토, 점토, 철부 등 유물시상)
유물 출토상태	종류, 위치, 부장방식
묘역과 부대시설	형태와 크기, 주구(형태, 규모, 단면토층 등), 제사유구·유물 등

• 옹관묘 조사 기본항목

조사항목	세부
성격	주체옹, 배옹
묘광	방향, 형태, 크기, 토층단면(봉분의 유무와 축조방법)
옹관	사용토기, 이음방식(단옹식, 합구식, 연결식), 크기, 옹관내부바닥
바닥	종류(생토, 점토, 판석, 세할석, 자갈 등)
외피시설	석곽 유무
옹관뚜껑(단옹)	유무와 종류(토기편, 석개 등)
유물 출토상태	종류, 위치, 부장상태
주변시설	주구의 유무와 규모, 제사유구, 배장옹관 등

• 수혈식 석곽묘의 조사 기본항목

조사항목	세부
구성	단곽식, 주부곽식(동곽구분, 동혈묘광, 이혈묘광의 각 형식), 이중곽식
성격	주체부, 부장곽, 배곽, 순장곽
묘광	방형, 형태, 크기, 토층 단면(봉분의 유무와 축조방법), 굴착구흔
주체부의 위치	지상식, 반지하식, 지하식
개석	형태, 석재종류, 크기, 밀봉방식
석곽	형태, 크기, 결구방식, 석재종류(혈석, 판상석, 판석, 천석 등)
벽석부	축조방식(수적, 평적 등, 축조순서와 단계, 벽석홈), 흙미장 여부와 종류, 밀착토, 석재 등
목곽과 목관	형태, 크기, 결구방식, 목재종류(편재, 각재, 통나무 등), 수종
시상 및 관대	유무, 종류, 사용축재, 규모, 위치
바닥	종류(생토, 점토, 천석, 소할석, 침목), 벽석과의 관계(선벽석, 바닥)
순장	유무와 위치, 두향, 유물
유물 출토상태	종류, 위치, 부장방식
주변부시설	호석, 주구(형태, 크기, 단면토층 등), 제사유구 · 유물 등

• 적석목곽묘의 조사 기본항목

조사항목	세부
구성	단곽식, 주부곽식(동곽구분, 동혈묘광, 이혈묘광의 각 형식), 이중곽식
묘광 주체부의 위치	방향, 형태, 크기, 토층단면(봉분의 유무와 축조방법), 굴착구흔
적석	지상식, 반지하식, 지하식 형식(일부적석, 사방적석, 상부적석), 방법, 상부적석의 밀봉방식, 크기, 석재 종류, 석단의 유무와 크기, 사용석재 등
목곽과 목관	형태, 크기, 결구방식, 목재종류(판재, 각재, 원목 등), 수종
바닥	종류(생토, 점토, 천석, 소할석 등)
순장	위치, 두향, 유물
유물 출토상태	종류, 위치, 부장방식
주변부시설	호석, 주구(형태, 크기, 단면토층 등), 제사유구 등

• 횡구식 석곽(석실)묘의 조사 기본항목

조사항목	세부
구성	단곽식, 주배곽식(동곽구분, 동혈묘광, 이혈묘광의 각 형식), 이중곽식
성격	주체부, 배곽, 부장곽
묘광	묘광의 범위, 굴착구흔
주체부의 위치	지상식, 반지하식, 지하식
입구부	위치·방형, 형태, 반지하식인 경우 유단식과 경사식 여부, 폐색형태
개석(천정식)	형태, 석재종류, 크기, 밀봉방식
벽체	평·단면형태, 석재종류(할석, 판상석, 판석, 천석 등) 축조방식(수적·평적 등, 축조순서와 단계, 벽석홈), 매장 여부와 종류, 밀착토, 내경부 위치, 벽면 또는 하단부 목주 이용 여부와 규모 형태, 규모, 결구방식, 목재종류(판재, 각재, 통나무 등), 수종
목곽과 목관 시상 및 관대 바닥시설	유무, 종류, 사용축재, 규모, 위치, 수와 설치순서, 두침과 족좌, 종류(생토, 점토, 천석, 소할석 등), 백석과의 관계(선벽석, 선바닥)
유물 출토상태	종류, 위치, 부장방식
배수로	배수로의 유무와 범위·규모 및 설치형태
주변부시설	호석, 주구(형태, 크기, 단면토층 등), 제사유구 등

• 횡혈식 석실묘의 조사 기본항목

조사항목			세부
묘광			범위, 굴착구흔, 충전방식
현실	단면위치		지상식, 빈지하식, 지하식 등
	평면형태		장방형, 세장방형, 횡장방형, 정방형 등
	천정부		천장석: 형태, 석재(활석, 판상석, 판석 등), 노출면 규모 내경면: 사변석, 밀봉 규모, 석재의 홑겹 여부
	벽부		형태, 규모, 석재종류, 축조방식(수적·평면, 축석순서와 단계, 내경부의 높이와 내경도, 벽홈), 밀착토, 목주, 미장(점토·회), 채색·벽화·묵서, 미장정면흔(포목·손질· 지문), 짚흔, 벽석간 유물(철모·철촉 등), 벽감, 선반(목제흔, 석제) 등의 유무와 내용, 수리흔
	안치시설	목곽, 목관	위치, 형태, 규모, 결구방식, 목재(판재, 각재, 통나무 등), 수종
		관대, 시상	유무, 종류, 수와 설치순서 및 규모, 석재, 형태, 두침·족좌·전신시상
	상면시설		종류(생토, 점토, 천석, 소할석 등), 벽석과의 관계(선벽석, 선바닥)
	현문부		형태, 위치·방향, 폐색적석, 미석, 문틀시설(문주·중방·지방)과 문비(문 장부·손잡이 등) 및 동계·문장부의 유무와 형태
	기타		인골집적부 유무와 상태, 부장·신변유물, 제사유물 등
	위치		방위와 벽면 내 위치·범위, 전벽 중 위치(좌편·우편·중간·전체 등)
	천정부		형태, 석재종류, 크기, 밀봉방식
	벽부		형태, 규모, 석재종류, 내경 여부와 내경도, 미장 여부와 내용
	상면		종류(생토, 점토, 천석, 소할석 등)
	연문부		형태, 위치·방향, 반지하식인 경우 유단식과 경사식 여부, 폐색형태, 미석, 문틀시설(문주·중방·지방)과 문비(문장부·손잡이 등) 및 동개·문 장부
	기타		부장실(또는 감실) 유무와 내용, 비도가 있으면 연도조사와 같음, 곡향 여부
묘도			제사유물, 주공, 폐색적석, 추가굴착흔 유무와 내용
배수로			유무, 범위·편명형태(一子形·中子形·Y子形), 단면형태와 규모 및 내부충전
기타			제사유구, 유물의 위치, 종류, 수량 및 상태
호석			범위(全周形, 弧形), 단수와 시설방식, 높이, 석재
호구			범위(全周形, 눈썹形, 斷絶形), 깊이, 육교(내외통로) 위치

• 의례유적의 판단기준

대상	판단기준	비고
의례유물	-생활유물이 아닌 비실용적인 유물(의례전용 유물) -모방품이나 미니어쳐 -완성품에서 일부가 인위적으로 훼손된 것 -파쇄품(토기, 석기 등) -의례행위에 사용된 유기물이나 무기물 (나무, 천, 동식물, 돌 등) -특별한 장소나 위치에서 출토된 생활유물	의례유물로 만들어지는 것도 있지만 대부분은 생활유물 모두가 의례유물로 사용되는 경우가 많음
의례유구	-의례유물이 출토된 유구 -생활공간·무덤공간의 내외에서 독립적 장소에 위치하거나 특별한 형태를 하고 있는 유구	
의례유적	-의례유물이나 유구가 출토된 유적 -인간 활동과 관련된 독립적 경관을 가지고 있는 장소	고소(高所), 취락경계, 하천변, 해변, 절벽 등

4

유구 실측도면 작성방법

1) 개념과 목적

유구란 인간 활동에 의해 만들어진 잔존물로 고정되어 있어 유물과 같이 실내로 옮겨서 분석할 수 없는 것이다. 이 점은 유구는 모두 파괴되고 없어지기 때문에 조사 과정에서 매우 신중을 기해야 한다는 것을 의미하기도 한다. 유구의 종류는 주거지, 수전지(水田地), 무덤, 저장고, 건축물, 사원, 가마 등 다양하다. 이를 실측하는 것은 유구의 성격에 따라 변용되는 부분이 많기 때문에 전체를 개괄하여 일목요연하게 설명하는 일은 간단하지가 않다. 여기서는 먼저 실측 관련 용어의 개념 및 실측작업의 중요성, 그리고 도면의 종류와 작성요령, 유구 실측의 과정, 유구 종류별 도면 작성법에 대해 살펴볼 것이다.

유구의 실측이란 인간 활동에 의해 만들어졌다가 남겨진 3차원의 흔적을 길이, 너비, 깊이 등의 규격을 자로 재서 2차원의 종이 위에 일정 비율로 줄여서 그리는 일이다. 유구 도면은 기본적으로 직상방에서 본 상태의 평면도와 직횡방향에서 본 입면도, 절단면 상태를 표현하는 단면도 외에 토층도를 포함한다. 이와 같은 유구 실측의 기본 원리는 유물 실측의 원리와도 크게 다르지 않다. 다만 유물 도면은 1:1의 축척으로 원도를 제작하고, 유구 도면은 일정 비율(1/10)로 축소한 상태에서 원도를 만들기 때문에 유물 도면보다 오차가 생길 위험이 크다는 차이가 있다. 후자의 경우는 원도의 작성뿐만 아니라 편집 과정에서 일정 비율을 맞추기 위해 축소 및 확대하는 과정에서 오차가 생기기 쉽다. 따라서 유구 실측도 작성 시에 발굴조사 보고서에 도면을 어떤 비율로 수록할 것인지에 대한 기획이 분명히 서 있어야 한다.

유구 실측도면은 현장에서 측량작업을 통해 만들어진 1차 자료로 '제1원도'라고도 한다. 또 제1원도에 색이나 점선, 망 처리 등의 약속된 표현기법을 동원하여 여러 장으로 나뉘어 있던 것을 한 장으로 조합하여 만든 도면을 '제2원도'로 구분하기도 한다.

도면은 사진기록과 함께 현장조사 기록방법의 하나이지만 축척을 정확하게 결정할 수 있고, 불필요한 것은 제외시키고 필요한 대상만 선별하여 정리할 수 있다는 점에서 사진기록과는 차이가 있다. 하지만 도면은 실물을 사실적으로 묘사하는 것을 넘어 일종의 약속된 기법으로 자료의 다양한 속성을 표현해야 하기 때문에 정해진 약속을 숙지해야 한다. 이 과정에서 기존에 알려지지 않은 새로운 내용을 표현하고자 할 때에는 그 기준이 적합한지 충분히 고민한 다음 근거를 분명하게 제시해 둘 필요가 있다.

조사자는 유구 실측에 앞서서 실측의 시점을 정확하게 판단해야 한다. 즉 조사자는 유구를 조사하기 전에 유구의 폐기면·사용면·정지면 가운데 어느 단계에서 실측할 것인가에 대해 결정해야 하는데, 이는 유구의 실측기술을 이해하기에 앞서 유구의 상황을 정확하게 판단할 줄 아는 식견이 필요하다는 의미이다. 또 유구 도면 작성 시에는 조사 과정은 물론 보고서 작성에 대한 전반적인 기획이 분명히 서 있어야 효율적으로 도면을 확보해 나갈 수 있다.

유구 실측도면은 한 개인이 작성한 것이지만 개인의 작업으로 끝나는 것이 아니라 보고서에 흔적을 남기고 사진자료와 함께 언제라도 공개 가능한 상태로 보관·유지되어야 하는 공공의 자료라는 점도 간과하지 말아야 할 것이다.

이와 같이 유구를 실측하고 도면을 다루는 일은 작업기술의 숙련도에 앞서서 유구에 대한 깊은 이해와 조사 기획력을 바탕으로 조사 과정을 기록하는 작업이라는 점에서 매우 중요하다고 할 수 있다.

그리고, 유구 실측도면을 작성할 때는 정확한 사실의 보고라는 관점에서 실측자의 주관을 개입시키지 않고 있는 그대로 표현해야 한다. 그리고 유구의 조합관계·유구 간의 층서관계 등의 파악이 분명하게 전달되어야 한다. 이 모두는 조사원이 자료의 객관성과 공공성을 얼마나 인식하고 있는가에 따라 달라질 것이며, 이와 같은 내용은 발굴조사 과정 전반에 모두 해당되는 내용이므로 더 이상 강조하지 않겠다.

최근에는 사진 측량으로 유구 도면을 실측하고 제도와 편집까지 전산처리하여 자료 관리체계를 일원화하는 조사기관도 증가하고 있다. 물론 사진 측량의 가장 큰 장점은 현장에서 조사기록에 소요되는 시간을 줄일 수 있다는 점이다. 전체 조사 공정 중 실측시간이 과도하게 할애되는 삼국시대 분묘유적의 경우나 건물지의 기단석 입면도 등에 적절하게 활용하면 좋다. 하지만 유구에 대한 관찰을 생략하고 도면 작성이라는 결과만을 쫓다 보면 조사자 본연의 의무인 관찰과 조사내용의 기록에 소홀해질 우려가 있으므로 유의해야 한다. 사진 측량으로 유구 도면을 작성하는 방법에 대해서는 다음의 II-5 '야외 촬영 방법'에서 자세하게 소개하고 있다.

2) 도면의 종류

(1) 유적분포도

고고학에서 다루는 유적과 유구는 고대인들의 생산양식과 밀접히 연관되어 있고 자연환경은 생산양식의 일부라는 점에서 매우 중요한 정보를 제공해 준다. 따라서 조사지 주변의 하천이나 촌락, 길은 비록 유적 형성 시점의 자연환경과 일치하지는 않지만, 유적의 입지와 지리적 여건을 판단하는 데 반드시 참조해야 한다.

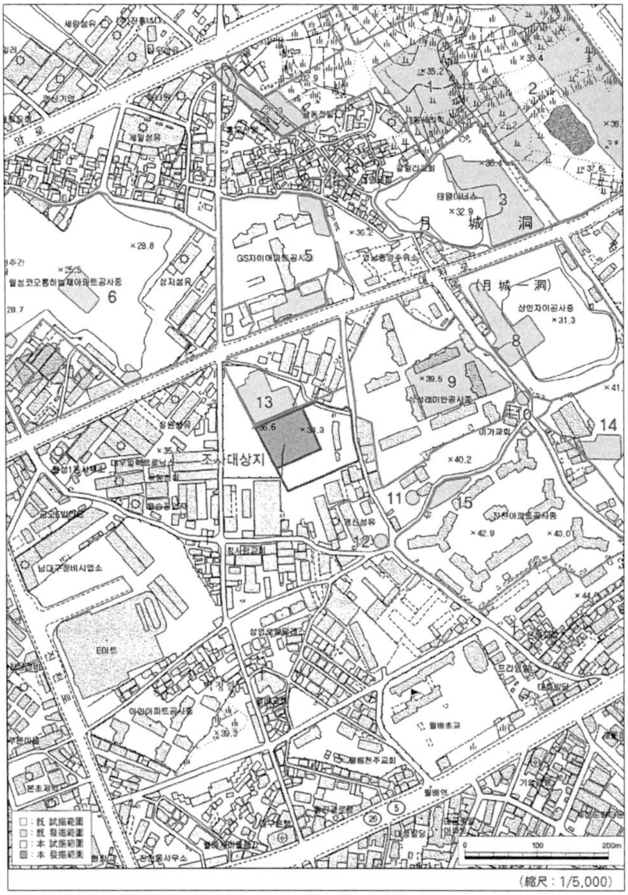

유적분포도를 작성할 때 간혹 유적분포도 상의 유적과 기술 내용이 일치하지 않거나 형식적으로 도면만을 싣는 경우가 있다. 주변 유적은 동시대 혹은 유적 성격별로 구분하여 표기하도록 하고 본문에서는 유적과의 관련성을 고려하면서 이를 연관 지어 설명해야 한다. 또 사업구역 내에 이미 알려진 유적이나 최신 자료까지도 빠뜨리지 않도록 하며, 인용된 자료를 다시 인용하지 말고 원보고서에서 반드시 위치와 범위를 확인하고 출처를 기재하도록 한다. 주변 유적 분포 현황에 대해서는 문화유적분포지도와 문화재청에서 만들어 놓은 '문화재청 공간정보서비스'를 반드시 확인하고

그림 41 유적 위치 및 주변 유적 분포도 활용 사례(대구 월성동 1363유적)

조사 현황을 파악하도록 한다. 〈그림 41〉과 같이 주변 유적의 위치와 범위를 표기해 두면 학술자료로 활용도가 매우 높은 도면이 된다. 또 지형과 수계만을 중심으로 주변 유적의 위치를 표기해 주면, 지형 여건을 한눈에 알 수 있다는 점에서 매우 유용한 방법이라고 판단된다(그림 42).

(2) 고지도

고대의 자연 경관을 복원하기 위해서는 고지도를 최대한 활용하여 수계와 지형 여건 등을 파악해야 한다. 고지도의 종류에는 〈대동여지도〉, 조선 후기의 각종 지방도, 일제강점기에 작성된 1/50,000 지형도가 있다. 조선 후기의 지방도는 선사유적에 대한 보고서에서 무조건적으로 제시할 필요는 없으며, 지도를 통해 설명이 필요한 경우에만 실으면 된다. 그러나 고려시대 이후의 유적이라면 조선 후기의 지방도를 참조하면 좋다. 가장 많이 인용되는 고지도는 1910년대에 제작된 1/50,000 지형도이다. 그러나 지형도의 경관이 지금과 많이 다르기 때문에 고지도 상에 유적의 위치를 정확하게 맞추는 것이 쉽지 않다. 따라서 구릉, 계곡, 하천, 소로 등의 지형지물을 최대한 활용하되 지물과 지물 간의 상대적 거리를 가늠해 가면서 유적의 위치를 표기할 수밖에 없다.

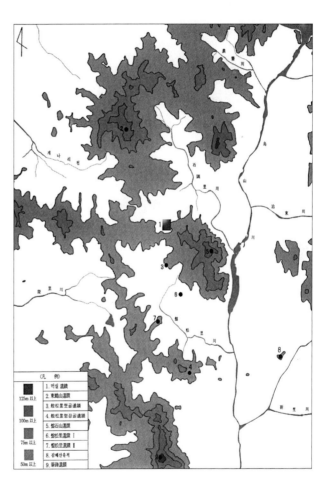

그림 42 주변 유적 분포도(화성 석우리 먹실유적)

간혹 고지도를 1/25,000로 확대해서 유적의 분포범위를 정밀하게 표현하기도 하는데 이 경우 해상도에 문제가 있을 수 있으니 유의해야 한다. 고지도는 국토지리정보원(http://map.ngii.go.kr/ - 패밀리사이트 - 구지형도공급서비스)에서 구입할 수 있다.

(3) 지질도

지질도는 유적 주변 지사(地史)를 확인하기 위해 지표의 지질을 중심으로 파악하기도 하지만, 때로는 암반층까지 뚫어뽑기(boring)한 주상도를 활용하여 지층 형성 과정을 이해하는 데 참고하기도 한다. 또 지질 구조의 안정성을 확인했다면 추후 유적 정비의 기초 자료로도 활용할 수 있다. 하지만 무엇보다도 유적 주변에 있을 수 있는 자원의 활용 범위를 파악하는 데 중요한 정보를 제공해 준다. 특히 석기를 비롯한 토기, 철기의 과학적 분석을 통해 생산지의 원료 획득 범위를 찾는 데 지질도를 활용하면 매우 유용하다.

지질도 사용 시의 단점은 조사지의 범위가 각 장의 도면에서 한쪽에 치우쳐 있는 경우 다른 도면과 연결이 불가피한데, 이 경우 범례가 서로 다르게 표기된다는 점이다. 그래서 각기 다른 범례를 나란히 붙여서 만들기도 한다. 범례를 따로 만들지 않고 도면 위에 각각 표현하는 방법도 한눈에 알아보기 쉽다는 장점은 있지만, 도면이 지저분해 보일 수 있기 때문에 가급적 피하는 것이 좋겠다. 지질도는 한국지질자원연구원(http://www.kigam.re.kr/ - 간행물 - 지질도)에서 구입할 수 있다.

(4) 토양도

토양도란 토양분포도를 말하는 것으로 1/50,000에서는 세분된 토양명(土壤亞型〈亞群〉, 土壤統群, 土壤統 등)이 사용되고 역(礫)의 빈도,

모재(母材)의 종류 등에 관한 정보도 준다. 또 토양의 형식명을 통해 각 지역의 배수(排水) 정도(地下水位의 高低), 토양의 발달 정도(토양화의 연대), 토양 생성 시의 식생, 모재 등을 알 수 있다. 배수와 토양 발달은 미지형과 깊은 관계가 있기 때문에 양자를 통합하면 환경 복원에 매우 유용하다.

토양 층위는 지표에 노출되어 있던 암석이나 퇴적물이 변화해서 만들어진 것이기 때문에 토양 생성 기간 중의 지표 환경에 관한 정보를 많이 포함하고 있다. 하지만 토양 층위와 퇴적물의 층위가 반드시 일치하지는 않는다. 그것은 토양이 변화할 수 있는 여러 가지 요인(홍수·지진 등 자연현상에 의한 것과 인간 활동에 의한 교란)에 항상 노출되어 있기 때문이다.

그런데 토양도는 색상으로 토양

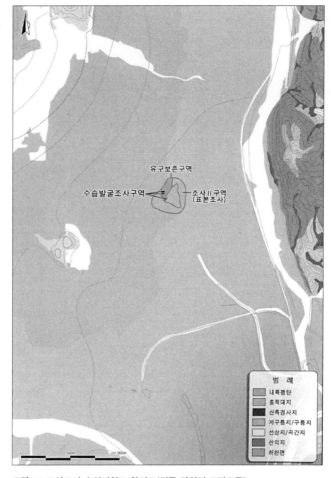

그림 43 토양도와 수치지형도 합성도(경주 양월리 고려묘군)

의 성격만 구분해 놓은 것이기 때문에 유적의 위치와 지형적 여건을 함께 파악하기 어렵다는 단점이 있다. 이 점을 보완하기 위해 수치지형도에 토양도를 겹쳐서 사용하면 좋다 (그림 43). 토양도는 농촌진흥청 국립농업과학원에서 운영하는 토양정보시스템(http://soil.rda.go.kr/)에서 자료를 다운받아 사용할 수 있다.

그림 44 지표·발굴조사 위치도면 표준제작 요령

(5) 수치지형도

유적의 지형을 이해하기 위해서는 정밀도가 높은 지형도가 제시되어야 한다. 최근 문화재청에서는 문화재 정보의 효율적인 관리와 문화재 행정의 과학화를 위해 문화재지리정보활용체계(GIS)를 구축하고, 통합인트라넷시스템(http://intranet.gis-heritage.go.kr)을 통해 서비스를 제공하고 있다. GIS 구축을 위해서는 도면 작성 시 몇 가지 유의해야 할 사항들이 있는데, 그 내용을 요약하면 대략 다음과 같다(그림 44).

- 조사 위치도면 작성 시 국토지리정보원 발행 수치지형도를 기본 도로 활용할 것
- 사업구역도, 발굴구역도, 유적위치도, 유구배치도 등 필수 제작 도면은 다각형 형태로 범위를 표시할 것
- GPS를 이용한 정확한 공간좌표 정보를 확보할 것
- 지석묘·탑·사당과 같이 유적 범위를 표시하기 어려운 문화재는 1/5,000 수치지형도에 점으로 표시하며, 점의 크기는 유적이 위치하는 중심점을 기준으로 반경 5m를 초과하지 않도록 할 것
- 유물산포지·지석묘·고분군 등과 같이 분포범위를 면으로 표시할 수 있는 경우는 1/5,000 수치지형도에 정확한 유적 분포범위를 곡선으로 표시할 것
- 수치지형도 작성 시에는 도면에 도엽명과 축척을 반드시 기재하고 사업(발굴)구역, 유적 범위 표시는 표시선 안쪽 면이 구역(범위)의 가장 바깥 경계와 일치되도록 할 것
- 1/5,000 축척지도에 표시할 수 없는 소규모 발굴의 경우 연속 지적도 상에 정확한 발굴구역과 유구배치를 알 수 있도록 제작할 것

이와 같이 수치지형도를 작성하면 유적의 좌표점을 정확하게 알 수 있고, 지도 자료의 관리와 데이터 구축이 용이할 뿐만 아니라, 언제라도 자료를 추가할 수 있다는 장점이 있다. 수치지형도는 앞서 고지도와 함께 국토지리정보원과 국가공간정보유통시스템에서 구입할 수 있다.

최근에는 조사지의 지형적 특성을 이해하기 위해 음영기복도(Shaded Relief Image)를 활용하기도 한다. 음영기복도란 지형의 표고에 따른 음영효과를 시각적으로 표현함으로써 2차원 표면의 높낮이를 3차원으로 보이도록 만든 지도이다.

이상에서 살펴본 유적분포도, 고지도, 지질도, 토양도, 수치지형도,

음영기복도 등의 도면은 싣는 행위 그 자체가 목적이 되지 않아야 하며 지형과 토양, 지질적 특성을 설명하기 위한 도구로 활용될 수 있도록 해야 한다. 그리고 보고서에 관련 도면이나 자료를 다운받아 사용할 때는 출처를 반드시 기재하도록 한다.

(6) 유구배치도

앞서 측량 흐름도에서 살펴본 바와 같이 조사지역 전체에 대한 유구 확인 작업이 1차로 종료되면 유구배치도를 작성하여 전체 조사 진행에 이를 활용하는 것이 바람직하다. 물론 개별 유구 조사가 거의 완성된 단계에서 유구배치도를 작성하면 도면 수정의 번거로움은 없다. 하지만 조금 부정확하거나 완성되지 않은 상태라 하더라도 유구배치도가 있으면 개개 유구 조사에서는 파악할 수 없었던 공간 구획 의도라든가, 유구의 축조 추이 등을 가늠할 수 있다. 그러므로 유구배치도는 유구 확인 단계에서 1차로 작성한 후, 조사 후반에 수정 및 보완해 완성시키는 것이 가장 바람직할 것이다.

그리고 유구배치도에는 반드시 등고선이 표기될 수 있도록 한다. 간혹 조사지역이 육안으로 고도차가 느껴지지 않는 충적지라서 등고선을 생략하는 경우가 있는데 등고선의 간격을 좁혀 1~2선이라도 넣어 주는 것이 바람직하다. 유구배치도의 한쪽에는 유구의 종류나 유적의 시대별로 유구의 성격에 따라 범례를 표시해 두어야 한다. 또 유구의 형태를 기호화하거나 도식화하지 말고, 크기와 배치관계를 사실적으로 표현해 둔다. 문화재청에서는 유구배치도에 GPS 측정 경위도 좌표가 직각좌표로 표기될 수 있도록 권고하고 있다.

유구배치도가 완성되면 각 유구의 위치를 시굴조사 당시의 트렌치 배치도와 상호 비교 검토해 보는 작업도 필요하다. 이 작업을 통해 시굴 조사 과정에서 트렌치의 방향이나 간격에 대한 판단, 유구의 성격, 유구

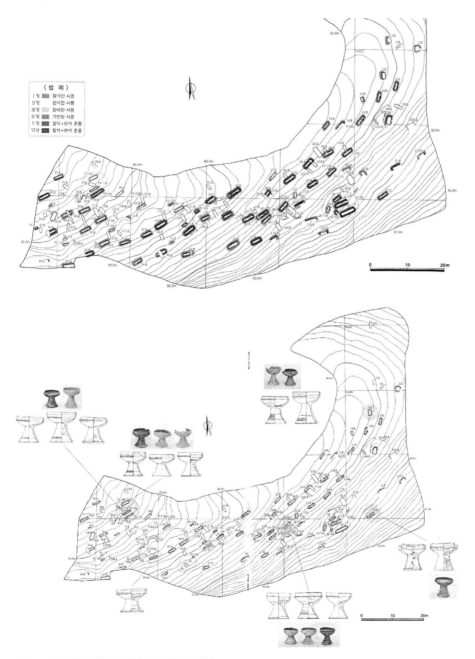

그림 45 유구배치도 활용 사례(달성 본리리 고분군)

분포범위에 대한 예상과 추정이 검증될 수 있다. 또 유구배치도에서는 지형과 유구배치 현황 외에도 유구축조 재료별 분포 현황이나 특정 유물의 출토 현황(그림 45), 선상지에서 역층과 점토층의 구분과 같은 지형적 특성을 표현하는 데에도 활용할 수 있다. 유구배치도는 제작자의 의도에 따라 얼마든지 다양한 정보를 전달할 수 있으므로 적극적으로 활용하도록 한다.

(7) 평면도

평면도는 유구를 직상방에서 본 상태를 기록한 도면으로 조사 전 상태, 유물노출 상태, 조사 완료 상태 등으로 구분하여 작성한다. 특히 조사 전의 상태를 평면도로 작성할 때는 내부 토층도와의 연결 상태에서 서로 일치하는지 잘 확인해야 한다. 유물노출 상태를 기록한 평면도에서는 불필요한 돌이나 구조물을 표현하지 않도록 해야 보고서 작성 과정에서 수정하는 일이 생기지 않는다. 평면도에는 입단면도 및 토층도를 함께 싣고 보이지 않는 내부시설은 트레싱지를 겹쳐서 표현하도록 한다.

(8) 입단면도

입단면도는 유구의 축조 상태, 공정의 단위, 재료의 가공 상태 등 평면도에서 보여 줄 수 없는 정보를 기록하기 위해 직횡방향에서 관찰되는 상태를 기록한 것으로, 입면도 외곽에 유구의 횡단면을 한꺼번에 표현한 도면을 말한다. 입단면도 작성 순서로는 우선 단면을 먼저 실측한 다음, 그 안쪽에 보이는 입면도를 작성하는 것이 효율적이다. 하지만 경우에 따라서는 축조 단위나 방법상 특징적인 것이 관찰되면 단면도에 가려서 입면도에서 연결 상태가 잘 보이지 않을 수 있기 때문에 입면도와 단면도를 구분해서 실측해도 좋다. 이때 단면도는 축조 방법이나 순서

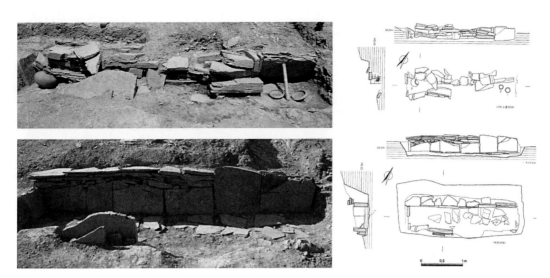

그림 46 벽석 복원 후 입단면 실측 사례(달성 본리리 고분군)

를 보여 주는 토층도와 합성된 도면으로 만들면 된다. 벽석이 많이 허물어져 잔존 상태가 불량한 경우에는 시간적 여건이 허락한다면 우선 상태 그대로를 먼저 실측한 다음, 벽석을 복원한 상태에서 재실측도를 남기면 매우 좋다(그림 46).

(9) 토층도

토층도는 유적 전체의 퇴적층위를 보여 주는 전체 토층도와 개개 유구별 토층도로 구분된다. 먼저 유적 전체 토층도는 조사지의 퇴적 여건을 고려해 대표 층위를 선정해야 한다. 구릉지와 구릉 말단, 충적평야 등 퇴적 특징에 따라 몇 개의 기준 토층도를 작성할 필요가 있다.

토층도 작성 시 넓은 구간의 퇴적 양상을 전체로 연결되게 기록할 때에는 높이에 비해 길이가 너무 길어질 수 있다. 이럴 때에는 상하축척과 좌우축척을 달리하여 작성하는 방법이 제안되어 있다. 좌우와 상하의 축척을 달리하기 때문에 실상에서 왜곡되는 부분이 있지만, 전체 토층 양상을 한눈에 파악할 수 있다는 장점이 있다. 일반적으로 유적 기본 토층도는 주상도로 나타내고, 여기에 문화층과 기반층을 표시하면 된다 (김도헌 2004).

기본 토층도와 함께 개별 유구의 토층 설명은 색조와 토양의 성질 외에도 해발고도, 토층 대분류와 소분류, 굳기/치밀도(강·중·약) 등의 내용을 기준으로 구별하기도 한다. 또, 층위를 정확하게 판단하기 위해서는 각 문화층이 인간 점거 이전, 인간 점거, 인간 점거 이후의 세 단계를 거치며 겪는 변화와 사건의 기록을 중심으로 생각하면 좋다. 유구별 토층도는 개개 유구별로 작성되는 것이 기본이지만 유구 간의 중복이 있을 경우 선후 관계를 분명하게 보여 줄 수 있는 토층도가 반드시 작성되어야 한다.

다음으로 층위 설명의 순서는 퇴적 순서와 반대로 위에서 아래로 기입(I층 – II층 – ……)하는 것을 원칙으로 한다. 이때 장축과 단축이 만나는 위치에서 토층의 깊이가 일치하는지, 또 토층도의 깊이가 입단면도의 바닥 깊이와 일치하는지 반드시 확인해야 한다. 또 토양의 색을 표기할 때 관찰자의 주관을 지양한다는 점에서 토색첩을 이용하지만, 이역시 주관이 전혀 개입되지 않을 수 없고 표현 방식도 우리 식이 아니라는 점에서 사용의 한계가 있는 것은 분명하다. 따라서 토색첩을 활용하되 전적으로 의지할 필요는 없으며 유사한 성격의 토양에 대해서 다른 표현이 되지 않도록 주의해야 한다(그림 47).

토층 구분은 기본 색조＞토양 분류 성분(자갈, 모래, 실트, 점토)＞포함된 광물의 종류와 정도 순으로 크게 대분류하고, 그 안에서 다시 소분류한다. 이와 같은 방법으로 토층을 충분히 관찰한 뒤 실측에 착수하되, 한 번 실측된 도면으로 토층 기록 작업이 완결되었다고 생각하지 않아야 한다. 즉, 조사 과정 중에 계속해서 이를 개별 유구의 형성 층위와 연관시키고, 유구의 위치별로 토층의 퇴적 양상을 복원해 보는 피드백

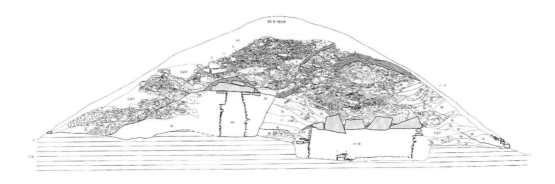

그림 47 분구 축조 공정에 따른 토층 구분 사례(대구 불로동 고분군 발굴조사보고서)

과정이 반복적으로 이루어질 때 지층과 문화층의 구분은 물론 유적 및
유구의 형성 과정에 대한 설명이 가능해질 수 있다.

3) 실측도면 작성 과정

(1) 필수 기재 항목과 실측 도구

① 필수 기재 항목
㉠ 유적명: 사업명으로 기록
㉡ 유구명[10]

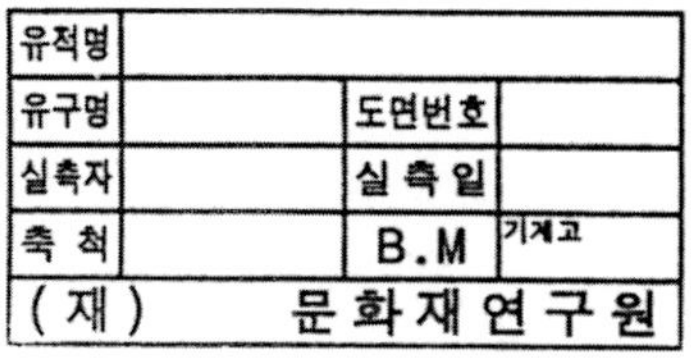

유적명		
유구명	도면번호	
실측자	실측일	
축척	B.M	기계고
(재) 문화재연구원		

그림 48 유구 도면 필수 기재 항목

ⓒ 도면 일련번호: 관리번호

ⓔ 방위표: 형태 및 크기 규격화

ⓜ 축척

ⓗ 실측자명

ⓢ 실측일

ⓞ 해발고도[11]

ⓩ 실측 기준점 표시: 혹은 인접 유구와의 거리 표시(유구배치도 작성 시 확인에 필요함)

ⓩ 실측 기준 표시선: 유구 중심을 가로지르는 선(A-A′, B-B′)

ⓚ 교란부, 도굴부, 후대 과수갱 표시, 조사경계지 표시

ⓣ 레벨 측량(4색 볼펜 활용, 레벨 기준이 다를 때는 주의 요망)

ⓟ 수습유물 기록: 유물수습대장 및 유물목록과의 일치 여부 확인

위의 항목 가운데 ㉠·㉡·㉢·㉣·㉤·㉥, ⓞ에 대해서는 스탬프로 제작하여 유구 도면의 우측 상단에 기록하고, 그 아래에 유물 수습목록을 기록하면 누락될 염려가 없다(그림 48).

② 실측 도구

㉠ 평면 및 입단면도 방안작업 도구: 줄자, 컨벤스(5m 내외), 추, 방안사, 못(중·소), 분필, 칼, 레벨 혹은 트랜싯, 함척

㉡ 실측작업 도구: 방안지, 화판, 컨벤스(1m 내외), 나침반, 자, 지우개, 0.3샤프, 사색볼펜, 토색첩

(2) 도면 작성의 과정

① 방안 설치

유구의 장축 방향으로 한가운데를 가로지르는 장축의 단면 기준선

(A-A′)을 설치한 다음, 이 선에 직각이 되는 단축의 단면 기준선(B-B′)을 설치한다. 이 기준선 설치에 사용된 네 점은 2차·3차 평면도 작성 시에도 사용되어야 하므로 못머리를 단단히 고정시킨 다음 눈에 띄도록 해 둔다(못머리에 청테이프 고정 등). 유구의 장축 방향으로 기준선의 설치가 여의치 않을 때는 자북 방향을 기준으로 평면도를 작성하는 방법도 있으나 불가피하게 그리드 실측을 해야 하는 경우가 아니라면 권할 만한 사항은 아니다. 그리드 방안으로 평면도를 실측해 두면 입단면도 작성 시 일일이 거리를 맞추어

그림 49 격자상 방안틀

야 하기 때문에 시간이 많이 소요될 뿐만 아니라 오차가 생길 위험이 높기 때문이다.

기준선의 설치가 끝나면 기준선의 교차점에서 네 방향으로 50cm(경우에 따라서는 100cm) 방안을 설치한다. 간단한 수혈이나 주혈, 적심과 같이 평면에서 높이 차이가 나지 않는 유구는 100×100cm 혹은 200×200cm 크기(그림 49)의 격자상 방안틀을 만들어서 사용하면 방안 설치 과정 없이 간단하게 평면도를 작성할 수 있다. 하지만 방안틀 사용 전에는 방안의 간격이 맞는지 반드시 확인해야 하고, 보관할 때 방안틀의 변형이 없도록 주의해야 한다. 유구 어깨선과 바닥면의 깊이가 30cm 이상 되면 유구 내부 바닥에도 방안선을 설치하고 평면도를 작성해야 정확한 도면을 만들 수 있다. 방안 설치 과정에서 높낮이 차이가 있을 경우 추, 레벨, 트랜싯, 분필 등을 이용하여 수직과 수평을 정확하게 유지하려고 노력해야 한다.

② 평면도 작성

방안 설치가 완료되면 유구의 평면도를 작성한다. 이때 유구 간에 중복이 있거나, 돌이 놓여진 순서 등을 충분하게 관찰한 다음 선후 관계가 판단되면, 이의 역순으로 표현해야 한다. 전체적으로 정확하게 실측

〈 범 례 〉
황색점토층(2.5Y 8/8)
자색사질점토층(5R 6/1)
자색점토층(5R 6/1)
황색점토층(2.5Y 7/8)
황갈색사질점토층(10YR 6/8)
명회자색사질토층(5P 7/1):구지표층

0   1   2m

그림 50 평면도에 토양 구분을 활용한 사례(달성 죽곡리 고분군 현장설명회 자료)

해야 하지만 특히 입단면도와 연결되는 위치의 평면 실측은 더욱 주의해
야 한다. 봉토분의 경우 구획성토와 관련된 조사내용을 기록으로 남기
기 위해 평면도 작성 과정에서 토양의 차이를 표현해 주는 것도 매우 좋
은 방법이다(그림 50).

유구 도면의 평면 실측 방향은 도면 편집의 방향을 고려해서 정한다. 만약 분묘유적과 같이 두향을 알 수 있는 경우라면 두부(頭部)가 아래쪽에 오는 것은 피하도록 하고, 횡구식이나 횡혈식 묘는 입구부가 아래쪽에 오도록 하는 것이 좋다. 또, 반원상의 주구나 호석이 둘러져 있다면 이는 위로 가는 것이 좋다. 하지만 수혈 혹은 주혈과 같이 유구의 방향이 크게 관계없는 경우라면 도면의 북쪽이 위를 향하도록 배치하는 것이 안정감 있는 도면이 될 수 있다.

유구 도면의 축소비율은 1/10을 기본으로 하지만, 대형 봉토분의 분구나 건물지, 주거지, 구상유구일 경우에는 1/20 혹은 1/40, 1/60로 축소하여 실측해야 도면의 관리나 보고서 작성 시에 편리하다. 별도의 축척을 사용할 경우 축소비를 잘 표기해 둔다. 또 비슷한 크기와 성격의 유구는 같은 비율로 제1원도를 작성해야 제2원도 작성 시에도 축척을 통일시킬 수 있다.

평면도 실측 전에 돌이나 유물은 물로 깨끗하게 닦아서 재질의 특징을 잘 살릴 수 있도록 한다. 평면도 작성 전에 반드시 사진기록을 남겨서 도면과 사진의 상태가 일치하는지 확인해 본다. 평면도에 표현된 유물과 수습한 유물의 크기나 결실 상태 등이 너무 다른 경우가 있는데, 이는 보고서 작성 과정에서 반드시 점검되어야 한다.

개개 유구의 평면도 작성에서는 유구배치도와 일치하는지 확인해야 할 몇 가지 요소가 있다. 유구의 크기, 장축 방향, 해발고도, 유구의 중복관계 표현 등이 그것이다. 또 수혈, 주혈, 주거지 등 유구 성격별로 구분하여 축척을 통일한다. 평면도가 여러 차례 작성되는 경우 각 도면의 실측 시점이 모두 다를 것이므로 어깨선 등 반복적으로 표현되는 내용이 일치하는지 유구 도면 작성 중에 반드시 확인해야 한다(그림 51).

③ 레벨 측량
평면 실측이 완료되면 레벨 측량을 실시하여 입단면도 실측을 준비

그림 51 평면 실측 및 레벨 측량 장면

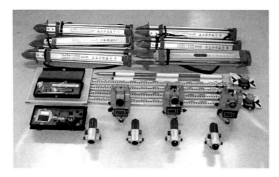

그림 52 측량도구

한다. 레벨은 동일 수준점을 이용해야 하며, 한 번 측량할 때 입단면도 작성에 필요한 레벨을 모두 기록해 두어 수준점 변동의 혼선을 피하는 것이 좋다. 불가피한 경우라면 색을 달리하여 구분해 두고 측량한 날짜를 반드시 기록해 두어야 한다. 만약 일자별로 수준점이 다르게 측량되었다면 그 차이만큼 더하거나 빼서 동일 수준점에 맞추어 레벨을 기록해 두는 것이 좋다. 하지만 이 과정에서 또 오차가 발생할 수 있기 때문에 레벨 측량은 가능하면 한꺼번에 해 두는 것이 가장 좋으며 단면 혹은 입단면도 작성에 활용되는 부분은 더욱 자세하게 측량해야 하지만, 반대로 불필요한 위치에 너무 많은 시간을 할애하지 않아야 한다. 20cm 내외로 유구의 깊이가 그리 깊지 않은 경우는 별도의 O.L선을 정하지 않고 최상단의 높이에서 유구의 바닥 깊이를 재서 입단면도를 간단하게 작성할 수도 있다(그림 52).

④ 입단면도 작성

입단면도를 작성할 때는 유구의 잔존 상태가 양호하면서 그 특징이 가장 잘 남아 있는 곳을 선별해서 실측하도록 한다. 입단면도의 최상단은 평면도에서 작성한 크기와 일치해야 하므로 평면도를 참조해서 입단면도를 완성한다. 특히 눈높이를 유구와 수평이 되도록 낮추어서 계측해야 축조 상태를 정확하게 표현할 수 있다. 중요 유구의 경우는 축조 공정의 특징을 잘 보여 주는 입단면도를 여러 곳에 확보해 두면 분석에 유용한 자료가 될 수 있다.

그림 53 수평레벨기

입단면 실측을 위한 측량에는 수평레벨기(그림 53)를 이용하면 O.L선을 쉽게 표시할 수 있다. 수평레벨기가 레이저빛을 통해 O.L선을 표시해 주기 때문에 매우 간편하게 입단면도 실측작업이 가능하다.

다음으로 유구가 중복되어 있거나 인접해 있는 경우 각 유구의 중심축을 기준으로 일직선이 되게 단면 기준선을 정하면 가장 좋겠지만, 여의치 않을 때에는 사선으로 꺾어서 입단면도를 작성하는 방식도 있다. 입단면도의 기준선을 어디에 두는가에 따라 도면의 실측 횟수를 줄이는 것도 가능하므로 신중하게 고려할 필요가 있다. 따라서 평면 실측이 완성되면 입단면도 실측 전에 어느 위치를 실측할 것인가에 대해 충분하게 관찰한 후에, 조사원들 간에 서로 의견을 교환하는 것이 좋다. 이러한 과정이 없으면 한 현장에서 입단면도의 위치가 실측자 기준에서 제각각이 되어 보고서 작성 시 통일감이 없게 되거나 혼란이 야기될 수 있다.

(3) 도면 편집 요령

① 도면의 편집 규격은 기관별로 정해진 것을 활용해야 하지만, 최근에는 A4 국배판 크기를 많이 사용하고 있다.

② 도면의 편집은 유적분포도 - 지형도 - 고지도 - 지질도 - 토양
도 - 유구배치도 - 개별 유구 및 출토유물의 순으로 한다.

③ 위의 각 도면에 사용되는 방위표와 축척은 전체적으로 크기와
편집 위치를 통일시킨다.

④ 유구 도면은 유구의 시대와 성격 등으로 구분된 목차 순서에 따
라 편집한다.

⑤ 유구 축척은 교정 중에 스케일 자를 이용하여 자주 확인해 본다.
특히 전산편집을 하는 경우에는 이 점에 더욱 유의해야 한다.

⑥ 유구 평면도와 입단면도 간의 간격은 너무 넓지 않아서 각 도면
의 유기적인 관계가 한눈에 파악될 수 있도록 한다.

⑦ 만약 유구와 유물이 한 장에 편집된다면 평면도와 입단면도 간
의 간격, 유물과 유물 간의 간격보다는 유구와 유물을 구분하는
간격이 더 커져야 한다.

⑧ 유구와 유물 개개 도면에서 방위표와 축척은 기본 위치는 잡아
두되 적절하게 빈 공간을 활용하면 된다.

⑨ 트레이싱 펜의 굵기는 이미 소개된 바 있으므로 정해진 것을 사
용하도록 한다.

⑩ 편집판 크기는 A4 규격(16×23cm 기준)을 기준으로 33% 축소
도면을 만들 경우 48×69cm 틀 안에서 편집하되 좌우와 상하
3cm 정도까지는 활용할 수 있으므로 여백을 최대한 활용한다.

⑪ 유구 도면은 축소비율을 더 작게 하더라도 가능하면 접지 상태
를 만들지 않는 것이 좋다. 하지만 구상유구와 같이 긴 유구는
어쩔 수 없이 접지를 해야 하는 경우도 있는데 이때에도 남는 공
간을 그냥 두지 말고 출토유물이나 혹은 유적 내에 접지가 불가
피한 도면을 함께 수록한다든지 해서 최대한 공간 활용을 하는
것이 좋다.

⑫ 이 점은 비단 접지 상태에만 해당되는 것은 아니고, 유구 도면에

서 공간이 많이 남는 경우는 유물 도면 혹은 본문을 넣거나, 다음 유구 도면을 여러 장 같이 편집해서 짜임새 있게 하는 것을 원칙으로 한다.

⑬ 도면 편집 시 원고의 양을 고려하여 도면과 본문을 가까이에서 확인할 수 있도록 한다. 또 조사내용이 그리 많지 않다거나 편집 시간에 여유가 있다면 도면과 사진을 함께 수록하는 방법도 좋을 것이다.

4) 유구 종류별 도면 작성 항목

유구 성격에 따라 도면 작성에 참고해야 할 사항은 다음과 같다.

(1) 주거지

- 조사 전, 폐기 상태, 생활면, 최종 조사 후 상태 등을 구분하여 실측한다.
- 중요 내부시설(노지, 중심주공, 작업공 등)이나 경화면은 별도의 색처리를 하거나 아미처리를 하여 구분이 쉽게 되도록 한다.
- 유물의 출토 위치는 주거의 공간 이용이나 토기의 사용법을 판단하는 데 유용한 정보를 줄 수 있기 때문에 반드시 기록한다.
- 내부토의 토층과 함께 벽구, 작업공, 노지 등 내부시설별 토층이 필요하다.

(2) 토기가마

① 평면도
- 가마의 굴광선과 가마의 벽체선(최초, 보수, 최종)을 구분하여 표

시한다.

- 평면도 상에서 벽체가 환원·산화된 범위를 색깔로 구분하여 표시하고, 이를 단면도와 일치시킨다.
- 색 구분
  - 파랑색 계통: 고온에 의한 직접적인 영향으로 환원 소결된 점토 벽체
  - 하늘색 계통: 고온에 의한 간접적인 영향으로 환원된 부분
  - 분홍색 계통: 고온에 의한 간접적인 영향으로 산화된 부분
  - 적색 계통: 아궁이 부근 등 고온에 의한 직접적인 영향으로 산화 소결된 부분
  - 회흑색 계통: 회구부 및 가마 내부에 발생한 재층
  - 갈색 계통: 가마 바닥의 사질점토나 사질층
- 가마 바닥에서 출토된 유물 가운데 이상재로 사용된 토기편 등은 가마 내에서 조업한 유물과 구분하기 위해 색으로 구분하고 도면에 잘 기록한다.
- 회구부에서 출토된 유물에 대해서는 층위별로 평면도 작성이 이루어져야 한다.

② 단면도
- 전체 경사도를 알 수 있는 종단면과 연소실, 소성실, 연도부 등 각 시설의 횡단면을 싣는다.
- 장·단축 단면도는 토층도와 합성하고, 필요에 따라 단면도를 별도로 작성한다.
- 가마의 굴광선과 벽체를 바른 선(벽체 두께)을 분명히 구분하여 소결 점토 벽체와 환원·산화된 부분을 구별하여 정해 둔 색으로 표시한다.
- 평면도 상에서 환원·산화된 부분에 대한 색깔은 단면도와 일치

시킨다.

- 기반층이 점토층인지 암반층인지에 대한 구분을 분명히 한다.
- 가마 바닥의 정지면이 몇 개의 층으로 구분되면 이를 다른 색으로 구분하는데, 바닥 정지층에 대해서는 보통 황색 또는 갈색 계통을 이용한다. 단위별로 정지한 범위가 어디까지인지 명확히 표시한다. 조사 시 일부 삭평된 부분이 있었다면 이에 대해서는 복원해 본다.

③ 입면도

- 입면도 작성으로 가마의 벽체면에 대한 정보를 알 수 있는데, 점토벽체, 생토면, 보수면 등을 구분하고 색깔을 달리하여 표시한다.
- 현 가마의 높이에 대한 입체감을 느낄 수 있게 한다.
- 축조·보수 시 벽면에 남겨진 공인의 물손질 흔적을 나타낸다.
- 가마의 축조와 관련된 주혈 등을 표시한다.

④ 토층도

- 가마: 상부 퇴적토, 조업 관련 재층, 바닥 정지층 및 보수층은 구분이 가능하도록 주의한다. 즉, 상부 퇴적층과 조업 관련 재층은 일련번호로 연결시키고, 바닥 정지층 및 보수층은 일련번호와 구분하는 것이 효과적이다.
- 회구부: 가마 토층도에 작성된 주기와 구분되게 작성하는 것이 효과적이다. 재층 사이에 발생한 간층은 조업 중지에 따른 단순 퇴적토이므로 이를 구분한다.
- 단축 토층도는 크게 연도부, 소성실, 연소실 아궁이, 요전부로 나누어 작성한다.
- 토층도 상에서 천장과 벽체로 추정되는 가마 구축재에 대해서는

내면과 외면을 구분하여 색처리한다.

(3) 경작유구

- 경작유구는 평면 상태가 매우 단조롭기 때문에 항공사진 촬영으로 실측도를 만드는 것이 효율적이다. 5~10m 간격의 세부 방안을 설치한 후, 각 꼭짓점에 포인트 표시판을 설치해 놓고 사진 촬영을 해야 한다.
- 평면도 작성 시에는 두둑과 고랑을 구분하는 외선과 이랑 및 고랑 내의 내선을 반드시 그려 넣어야 하는데 이는 평면도에서 이랑과 고랑의 형태와 폭을 가늠할 수 있기 때문이다.
- 구릉 사면이나 곡저, 충적지의 사면에 위치한 경우는 등고선을 함께 표기하여 전반적인 지형을 파악할 수 있도록 한다.
- 평면도에는 유물의 출토 위치 및 시료 채취 지점, 기준둑 등의 위치를 함께 표시한다.

(4) 분묘

- 분구가 있을 경우 등고 단위는 25cm 내외, 축척은 1/60~1/100로 한다.
- 봉토분의 경우 조사 전 평면도에서는 구획토의 성격, 구획 석렬의 방향, 호석 및 주구, 뚜껑돌이 놓인 순서의 표현, 밀봉토의 성격 등을 잘 관찰한 다음 표현해야 한다.
- 여러 기의 유구가 중복되거나 인접해 있는 경우 평면도에서 입단면도를 표현할 횡단면도 혹은 종단면도의 위치를 결정해야 하는데 이때 유구의 중심이 지나도록, 혹은 축조 순서나 방법을 잘 설명해 줄 수 있는 위치인가 검토해야 한다.

- 석곽의 최상단 실측은 가능하면 내부 조사가 완료되어 유구의 장축 방향이 분명해졌을 때 진행하도록 한다. 내부 조사 전에 최상단석을 실측해 두면, 조사가 완료된 상태와 기준선 설치 방향이 달라질 수 있기 때문이다.
- 최상단석을 실측할 경우에는 뚜껑돌을 받치기 위한 최상단석의 구조적인 특징, 뚜껑돌이 놓이는 면에 대한 정지 흔적, 높이를 맞추기 위한 단부의 치석 상태 등을 관찰하고 이를 표현하도록 노력한다.
- 개별 유구의 입단면도는 분구 전체를 자르는 입단면도와 일치시킬 수 있도록 방향을 잘 고려한다.
- 유구 위치별 토층 기록은 분구, 매장주체부, 입구부, 주구 등으로 모두 남기도록 한다.
- 기준선 설치 시 벽석이 기울어진 경우는 최하단을 기준으로 한다.
- 평면 실측을 위한 방안은 최하단에 먼저 설치한 다음 최상단으로 수평 이동한다.
- 목관묘와 목곽묘 등과 같이 유물의 부장 위치가 특별한 경우에는 입단면도에도 유물을 표현한다.
- 횡구식과 횡혈식의 경우 묘도, 연도, 폐쇄석의 평면도 및 단면도 작성에 유의한다.
- 벽석 사이의 틈을 점토로 메운다든지, 개석 주변을 밀봉하는 경우도 있으므로 이의 표현에도 유의한다.
- 입면도 실측 시 벽석을 돌려쌓기한 단위 공정이 관찰되는지 잘 살펴본 다음 실측을 진행한다.
- 유구의 벽면이 기울어져 있는 경우라면 현상을 1차 실측한 다음 여력이 된다면, 복원한 상태의 2차 도면을 실측해 두는 방법도 좋다.

5

야외 촬영 방법

　야외조사에서 생산되는 모든 사진은 중요한 고고자료로서 가장 객관적인 자료 중 하나이다. 특히, 야외에서 촬영된 유적과 유구 사진은 가장 생생한 기록으로 도면과 기술(설명)을 보완할 뿐만 아니라 고고학적 사실의 중요한 증거가 된다. 따라서 유적과 유구 사진은 가장 객관적이면서 많은 정보를 담을 수 있도록 촬영해야 한다. 이를 위해 조사자는 기본적인 촬영 장비 및 카메라 조작 방법을 충분히 숙지하고, 유적과 유구의 성격이 잘 표현될 수 있도록 촬영하는 것이 필요하다. 또한 새로운 촬영 매체를 적극적으로 활용하여 보다 효과적이고 효율적인 촬영 방법을 모색하는 것도 필요하다. 하지만 대부분의 조사자가 사진 전문가가 아니기 때문에 다양한 촬영 기법을 자유롭게 다루기는 힘들다. 따라서 이를 극복하기 위해서는 야외조사의 특성에 맞는 촬영 방법을 다양한 경험을 통해 스스로 터득하는 것이 가장 좋은 방법이라 생각된다. 그것은 아무리 좋은 카메라와 관련 장비를 갖추고 있어도, 조사자 스스로가 촬영 조건이나 촬영 대상의 성격을 파악하지 못한다면 고고학 자료로서의 좋은 이미지를 얻지 못하기 때문이다. 유적과 유구의 사진 촬영은 기본적으로 선명한 이미지를 만들어 내는 것이 중요하지만, 더 중요한 것은 촬영을 하는 데 있어 목적을 갖고 유적과 유구의 정보를 최대한 담아내야 한다는 것이다. 따라서 촬영 대상의 성격을 잘 표현할 수 있는 촬영 구도를 찾아내는 것도 매우 중요한 것으로 생각된다.

1) 촬영 장비

촬영 장비는 종류가 매우 다양하기 때문에 모두 나열하기는 어렵고, 여기서는 야외조사에 주로 사용되는 장비를 간략하게 소개하고자 한다. 유적 및 유구의 사진 촬영은 주로 야외의 노출된 공간에서 이루어지고 촬영 대상의 크기와 형태가 매우 다양하기 때문에 이에 맞는 적절한 촬영 장비가 필요하다.[12] 야외조사에서 사용되는 기본적인 촬영 장비는 카메라(디지털카메라, 필름카메라), 교환렌즈, 메모리카드(필름), 디지털캠코더, 필터, 플래시, 노출계, 화이트밸런스 측정기, 반사판, 확산판, 그늘막, 방위판, 스케일, 주기판,[13] 사진야장, 필기구, 수평기, 삼각대, 항공촬영세트, 저고도촬영세트, 사다리, 카메라가방, 기타 촬영 장비 소모품 등이다. 이 중 가장 중요한 장비는 카메라와 렌즈, 디지털캠코더로 촬영 대상을 실질적으로 이미지화하는 장비이다.[14] 따라서 조사자는 무엇보다도 이들 장비의 기능과 특징을 완벽하게 숙지하는 것이 필요하다. 하지만 모든 조사자가 사진에 능통한 전문가가 되기는 현실적으로 어려운 일이다. 따라서 조사자는 야외조사에 필요한 일정 수준의 촬영 방법을 습득하고, 이를 현장 상황에 맞게 활용해야 한다.[15]

(1) 카메라와 렌즈

야외조사에 사용되는 카메라는 디지털카메라와 필름카메라가 있으나, 최근에는 디지털카메라가 주로 사용되고 있다. 이는 과학기술의 발달로 필름카메라로 촬영된 이미지만큼 디지털카메라의 화질이 향상되었기 때문이다. 필름을 사용하지 않으면서도 많은 양의 이미지를 만들어 낼 수 있는 장점과 결합하면서 디지털카메라가 필름카메라를 급속히 대체하고 있다. 또한 디지털카메라에는 다양한 촬영 기법들이 내장되어 있어 간단한 조작만으로도 좋은 이미지를 얻을 수 있다. 특히, 사진 촬영시 자동센서로 인해 최적의 촬영 상태가 만들어지기 때문에 쉽고 빠르게 촬영할 수 있다.[16] 따라서 필름카메라는 현재 야외조사에서 유적 및 유구의 주요 장면 촬영, 대형의 출력물을 얻기 위한 촬영, 보관용 사진 촬영 등에 제한적으로 이용되고 있다.[17]

교환 렌즈는 기본적으로 표준렌즈, 단초점(광각)렌즈, 장초점(망원)렌즈, 줌렌즈, 매크로렌즈 등이 사용되며, 각각의 특징에 따라 야외조사의 과정에서 복합적으로 다양하게 사용된다.[18] 따라서 조사자는 각 렌즈의 특성을 잘 파악하여 조사 과정에 따른 사진 촬영 시 적절한 렌즈를 선택하고 활용할 수 있어야 한다. 각 렌즈의 특징을 간단히 정리하면 〈표 4〉와 같다.

표 4 렌즈의 종류 및 특징

렌즈 종류	특 징	활 용
표준렌즈 (normal-focal-length-lens)	• 화각: 40˚~60˚ • 인간의 시각과 가장 비슷한 느낌을 줌 • 렌즈 가운데 왜곡이 가장 없음	• 기본 촬영 렌즈 • 유적, 유구, 유물 촬영 • 사진실측용 촬영
단초점(광각)렌즈 (short-focal-length-lens)	• 화각: 60˚~80˚ • 초점거리가 표준렌즈보다 짧음 • 화각이 넓어 넓은 범위를 촬영할 수 있음	• 유적 전경 및 주변 환경 촬영 • 소단위 유적 촬영 • 규모가 큰 유구 촬영
장초점(망원)렌즈 (long-focal-length-lens)	• 화각: 40˚ 이하 • 초점거리가 표준렌즈보다 김 • 화각이 좁아져 촬영범위가 좁아지지만 초점이 먼 곳에서 잡혀 먼 거리에 위치한 대상물을 선명하게 촬영할 수 있음	• 유적 전경 촬영(원거리) • 가까운 거리에서 촬영이 어려울 경우 원거리에서 대상물만 촬영
줌렌즈 (zoom lens)	• 한 개의 렌즈로 초점거리를 조절할 수 있기 때문에 다양한 화각을 만들어 낼 수 있어 촬영자가 움직이지 않고 카메라만으로 촬영범위를 조절할 수 있음	• 가장 활용도가 높은 렌즈 • 유적, 유구, 유물 촬영
매크로렌즈 (macro lens)	• 아주 가까운 거리에 초점을 맞출 수 있도록 특별히 설계된 렌즈로서 작은 물체를 선명하게 촬영할 수 있음	• 유물 촬영 • 소형 유물 촬영 • 토층 및 유물의 질감 표현

야외조사에서는 〈표 4〉와 같이 다양한 렌즈를 활용하는데, 이때 디지털카메라와 필름카메라의 렌즈 적용 양상이 다르기 때문에 그 특징을 파악할 필요가 있다. 디지털카메라의 화각은 필름카메라의 화각을 1:1로 할 때 1.5배 혹은 1.6배를 곱한 값이 된다.[19] 이는 촬상면인 이미지센서(CCD, CMOS)와 필름의 크기가 다르기 때문에 나타나는 현상이다. 즉, 화각을 결정하는 것이 초점거리와

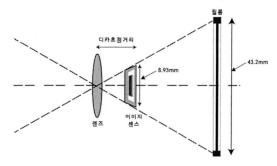

그림 54 필름과 이미지센서의 크기 및 초점거리 비교

촬상면의 크기인데, 일반적으로 필름카메라에 사용되는 35mm 필름의 크기보다 디지털카메라의 이미지센서가 작기 때문이다. 따라서 같은 크기의 이미지를 촬영할 경우 디지털카메라는 필름카메라에 비해 짧은 초점거리가 필요하기 때문에 필름카메라에 사용되는 렌즈보다 넓은 화각의 렌즈가 필요한 것이다(그림 54). 현재 야외조사에서 주로 사용되는 디지털카메라의 바디는 대부분 크롭바디(crop body)로서 일반적인 필름카메라에 사용되는 35mm 필름보다 이미지센서의 크기가 작다. 따라서 이러한 디지털카메라의 특징을 숙지해야 한다.

(2) 사진 촬영 보조장비

사진 촬영 보조장비는 촬영이 원활하고 효과적으로 진행될 수 있도록 준비에서부터 촬영 후 장비의 정비에 이르기까지 보조해 주는 장비를 말한다. 야외조사에서는 촬영 대상 및 촬영 조건의 특성으로 인해 주로 노출보정과 촬영 대상 기록을 위한 장비가 주가 되며, 나머지는 이를 보조하기 위한 장비들이다. 〈표 5〉에서는 디지털카메라를 중심으로 야외조사에서 사용되는 촬영 보조장비의 종류와 특징을 정리했다.

표 5 사진 촬영 보조장비의 종류와 특징

저장장치	• 종류: 메모리카드 • 특징 　– 메모리카드는 디지털카메라에 따라 다양한 종류가 사용되지만 종류에 따른 차이는 없다. 메모리카드는 용량과 안정성을 고려하여 선택한다. 사진 촬영은 가장 높은 화소로 촬영되기 때문에 기본적으로 많은 용량이 필요하며, 또한 최근에 제작된 DSLR 카메라는 동영상 촬영도 가능하므로 보다 많은 용량이 필요하게 되었다. 디지털카메라로 촬영된 이미지는 디지털이미지로 저장되기 때문에 에러가 발생하면 복구하기가 어려울 뿐만 아니라 저장방식의 특성상 한꺼번에 많은 이미지가 훼손되므로 저장장치는 안정성이 가장 높은 것을 선택하는 것이 좋다.[20]
노출 보조장비	• 종류: 필터, 플래시, 노출계, 화이트밸런스 측정기, 반사판, 확산판, 그늘막 • 특징 　– 사진 촬영은 대부분 야외에서 이루어지기 때문에 태양광에 의한 콘트라스트 조절이 촬영의 가장 중요한 조건이 된다. 또한 촬영 대상의 규모나 형태가 다양하여 같은 조건이라도 콘트라스트의 조절이 어렵다. 따라서 이를 조절하기 위한 보조장비가 필요하며, 이들 장비는 촬영 상황에 따라 다양하게 적용된다. 　– 노출 조절은 카메라에 장착된 것으로 주로 하지만 정밀한 측정이 필요할 경우에는 노출계와 화이트밸런스 측정기 등의 측정기를 활용한다(콘트라스트의 대비가 심할 때, 토층 촬영 시). 　– 촬영 대상의 규모가 작을 경우는 그늘막을 이용하여 콘트라스트를 최대한 낮추어 촬영하며, 규모가 클 경우나 촬영 대상의 특징을 부각시키기 위한 경우는 필터, 플래시, 반사판, 확산판 등 다양한 보조장비를 이용한다.
주기 보조장비	• 종류: 방위판, 스케일, 주기판, 촬영기록(저장), 필기구 • 특징 　– 야외조사에서 사진 촬영은 기록을 전제로 이루어지기 때문에 촬영 시 대상물의 기본적인 기록을 함께 촬영한다. 즉, 대상물의 방향, 크기, 위치, 이름 등을 함께 촬영하여 이미지에 같이 기록한다. 　– 촬영 기록(저장)은 기본적으로 촬영과 동시에 관련 데이터가 메모리카드에 저장되기 때문에 편리하나, 이미지의 안전한 보관을 위해 수시로 백업작업을 하여 정리한다.
촬영 보조장비	• 종류: 수평기, 삼각대, 사다리 • 특징 　– 촬영 대상물에 따라 다양하게 사용된다. 수평기는 실측용 사진을 촬영할 때 필요하며, 삼각대는 정밀한 사진을 촬영할 때 필요하다. 사다리는 유구 촬영에 기본적으로 사용되는 장비인데, 촬영 시 위험요소가 많아 최근에는 저고도촬영기를 많이 사용한다.
보관·정리 장비	• 종류: 카메라가방, 촬영소모품 • 특징 　– 카메라가방은 야외에서 사용되기 때문에 외부 충격에 강한 외관이 필요하며, 내부는 촬영 보조장비들도 보관해야 하기 때문에 수납공간이 충분해야 한다. 촬영소모품은 사전에 점검하여 보충하는 것이 좋다.

2) 촬영 방법

(1) 카메라의 기본 조작법

카메라의 기본적인 조작법은 대부분의 조사자가 이미 숙지하고 있는 내용이므로 세부적인 부분은 생략한다. 다만 여기서는 카메라 조작의 가장 기본이 되는 셔터(Shutter)와 조리개(Aperture)에 대해 간략하게 정리하고, 이를 통해 야외조사 사진 촬영에서 가장 중요한 노출보정 및 피사계 심도의 조작 방법을 간단히 살펴보고자 한다.

① 셔터(Shutter)와 조리개(Aperture)

셔터와 조리개는 렌즈를 통해 들어오는 광선의 양을 조절하는 기계장치로 촬영된 이미지의 밝기, 움직임, 심도를 조절한다.[21] 따라서 좋은 이미지를 얻기 위해서는 셔터와 조리개의 특징을 정확히 파악하여 상황에 따라 적절하게 적용해야 한다. 먼저 셔터와 조리개의 기능을 쉽게 설명하면, 조리개는 카메라에 빛을 받아들이는 구멍이며, 셔터는 그 구멍을 열고 닫는 문으로 비유할 수 있다. 즉, 구멍의 크기와 열고 닫는 문의 속도에 따라 카메라의 촬상면에 도달하는 빛의 양이 달라지는 것이다.

셔터는 열려 있는 시간으로 광량을 조절하며, 각 셔터의 수치는 바로 옆 단계 셔터의 반(혹은 두 배) 시간으로 설정되어 있다. 셔터가 열려 있는 시간은 분모로 표시되며, B(bule), T(time), 1(1초), 1/2, 1/4, 1/8, 1/15, 1/30, 1/60, 1/125, 1/250, 1/500, 1/1,000 등과 같이 표준화된 수치를 가지고 있다.[22] B(bule)셔터는 누르고 있는 동안 렌즈가 열려 있게 하며, T(time)셔터는 릴리즈를 한 번 누르면 셔터가 열려서 다시 한 번 누를 때까지 닫히지 않고 계속 열려 있게 하는 기능을 지니고 있다. 따라서 이런 셔터의 기능은 빛을 자유롭게 차단할 수 있기 때문에 빠른 피사체의 움직임도 정지된 이미지로 촬영이 가능하게 한다. 즉, 피사체의 움

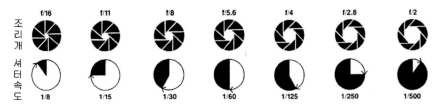

그림 55 셔터 속도와 조리개의 관계

직임을 조절하여 촬영할 수 있는 것이다.

　조리개는 크기를 변화시켜 광량을 조절하는데, 이를 조리개 수치라 부르고 f로 표기한다. 표준화된 f스톱은 f1.4, f2, f2.8, f4, f5.6, f8, f11, f16, f22, f32, f45, f64 등이다.[23] 이 중 f스톱의 수치가 낮을수록 많은 빛을 통과시키며, f스톱의 수치가 한 단계 증가할 때마다 광량은 반으로 줄어든다. 35mm 카메라의 일반적인 렌즈의 조리개는 f1.4에서 f22까지 조절되도록 만들어져 있다.

　전체적인 셔터 스피드와 조리개의 기능을 보면 상호 반비례 관계를 갖고 있다. 즉, 조리개를 최대한 개방하면 셔터 스피드는 빨라지고, 조리개를 최소한으로 줄이면 셔터 스피드는 느려지게 된다(그림 55). 따라서 이러한 특징들을 현장조사 상황에 따라 적절히 활용할 필요가 있다. 하지만 야외조사의 촬영 대상은 모두 정지되어 있기 때문에, 셔터에서는 피사체의 움직임보다는 광량을 조절하는 데 중점을 두어야 하며, 조리개에서는 광량과 함께 피사계 심도를 잘 조절해야 한다.

　② 노출보정 및 피사계 심도 조절
　야외 사진 촬영은 기본적으로 촬영 대상이 태양광에 항상 오픈되어 있는 조건으로 콘트라스트를 조절하기 위한 적절한 노출값을 찾거나 보조기구를 이용하여 이를 보정하는 작업이 필요하다. 또한 유적과 유구의 기록을 전제로 하기 때문에 특정 부분이 부각되는 촬영보다는 촬영대상 전체가 선명하게 촬영되는 것이 좋다. 따라서 야외에서의 노출 측광법과 보조기구 사용법을 살펴보고, 선명한 이미지를 위한 피사계 심도에 대해 정리해 보고자 한다.

노출은 앞서 살펴본 대로 카메라의 셔터와 조리개에 의해 조절되지만, ISO(감도)로도 어느 정도는 조절할 수 있다. ISO는 감광속도를 말하는 것으로 필름이나 이미지센서에 빛이 반응하는 속도를 나타낸다. 즉, ISO가 높을수록 빛에 민감하다. 따라서 빛이 충분하면 저감도에서도 원하는 노출을 얻을 수 있지만, 빛이 부족한 상황에서는 보조광(플래시)을 이용하지 않으면 원하는 노출을 얻을 수 없기 때문에 ISO를 높여 줘야한다. 디지털카메라는 ISO를 자유롭게 조절할 수 있기 때문에 셔터와 조리개와 더불어 노출을 조정하는 데 많은 도움이 된다. 예를 들어 ISO를 100에서 200으로 높이면, 셔터 스피드는 한 스톱 빠르게 하거나 조리개를 한 스톱 조여 준다. 하지만 ISO를 계속 높일 경우 전체적으로 이미지의 화질이 떨어지고 노이즈가 증가하는 단점이 있다.

셔터, 조리개, ISO(감도)를 이해했다면, 다음으로는 촬영 대상의 노출 상태를 점검하여 밝고 어두운 부분을 파악한다. 이는 카메라의 기본 장치(셔터, 조리개, ISO)를 이용하여 그대로 촬영할 것인지, 아니면 보조장비를 이용하여 콘트라스트를 조절할 것인지를 결정하기 위한 것이다. 그대로 촬영할 경우는 노출편차가 크지 않은 때로 셔터, 조리개, ISO, 필터 등을 적절히 조절하여 촬영한다.[24] 이때 촬영 대상이 고정되어 있기 때문에 카메라가 흔들리지 않은 조건에서 충분한 시간의 셔터 스피드로 촬영하는 것이 보다 좋은 이미지를 얻는 방법이다. 또한 노출은 중심 피사체를 기준으로 설정해서 촬영하며, 이때 노출계를 이용하는 것도 좋다. 노출편차가 클 경우는 플래시, 반사판, 확산판 같은 보조기구를 이용하여 촬영하거나 그늘막을 사용하여 콘트라스트를 없애고 촬영한다. 노출 측광이 이루어진 사진 촬영일 때에는 한 스톱 정도씩 다르게 설정하여 여러 번 촬영하는 것이 좋다. 즉, 다단계 노출로 여러 컷을 촬영하는 것이다. 그것은 태양광의 방향에 따라 노출 상태가 변할 수 있으며, 카메라로 측정된 노출과 실제 노출이 다를 수 있기 때문이다. 마지막으로 촬영이 끝난 뒤에는 사진 관련 프로그램을 활용해 후 보정작업을 실시하여 노출상의 문제를 조금이나마 보정할 필요가 있다.

조리개는 광량을 조절하는 기능도 하지만 동시에 이미지가 선명하게 찍히는 범위를 조절하는 역할도 한다. 이렇게 사진에서 초점이 맞는 가까운 거리에서부터 먼 거리 사이의 범위를 피사계 심도라 한다. 피사계 심도는 렌즈의 조리개를 좁힐수록 선명하게 찍히는 범위가 넓어지고, 조리개를 넓힐수록 특정한 부분만 선명하게 된다. 유적과 유구의 촬영에서는 되도록 이미지 전체가 선명하게 찍히도록 하는 것이 좋기 때문에 피사계 심도를 깊게 촬영하는 것이 좋다. 피사계 심도의 범위는 렌즈를 통해 간단히 확인할 수 있는데, 렌즈에 피사계 심도를 나타내는 눈금(depth-of-field scale)을 보면 된다. 이 눈금은 피사계 심도의 가장 가까운 거리와 가장 먼 거리를 나타내는 한 쌍의 숫자로 렌즈에 표시되어 있다. 피사계 심도 측정 방법은 렌즈의 초점을 맞추고 조리개 값을 결정한 다음, 피사계 심도 눈금의 숫자를 읽으면 된다. 〈그림 56〉을 통해 구체적으로 살펴보면, 먼저 조리개가 f4로서 피사계 심도 눈금에 있는 한 쌍의 4를 확인한다. 확인된 한 쌍의 4는 위쪽의 거리계 눈금과 다시 맞추어 초점범위를 파악한다. 즉, 한 쌍의 4는 거리계 눈금인 3과 5 사이, 5와 10 사이에 위치하고 있으며, 대략 왼쪽은 4.2m 정도에 위치하며, 오른쪽은 7.5m 정도에 위치하고 있다. 따라서 피사계 심도의 범위는 4.2~7.5m가 된다.

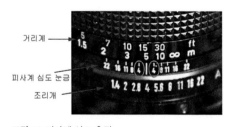

거리계 ——

피사계 심도 눈금 ——

조리개 ——

그림 56 피사계 심도 측정

(2) 조사 진행에 따른 사진 촬영 방법

① 촬영 계획 수립

야외조사의 대상은 구릉, 강변충적지, 곡부, 해안, 섬 등 다양한 지형에 입지하고 있으며, 유적의 성격 또한 생활유적, 무덤유적, 생산유적, 의례유적, 성곽유적 등 매우 다양하다. 따라서 이에 따른 각각의 특징적인 사진 촬영법이 있겠지만, 여기서는 야외조사의 전체적인 맥락에서 각 단계별 촬영 방법을 살펴보고자 한다. 기본적으로 야외조사에서 사진 촬영의 주요 대상이 되는 것은 주변 환경, 유적, 유구, 유물, 토층, 작업광경 등으로 조사의 진행 과정에 따라 그 특성에 맞게 다양하게 촬영된다. 따라서 조사자는 전체적인 조사 과정을 미리 숙지하고 각 단계별로 촬영이 이루어지는 대상을 파악하여 그에 따른 촬영 목적과 촬영계획을 수립한 후 실시한다.[25] 촬영 목적을 가지고 촬영에 임하게 되면, 대상물의 성격을 보다 효과적으로 촬영하는 데 도움이 되며, 특히 불필요한 촬영을 줄일 수 있다. 또한 촬영 계획의 수립은 유구 조사의 기본적인 촬영 계획뿐만 아니라 유적 전경 촬영이나 항공촬영과 같이 촬영 전에 많은 준비가 필요한 경우에 조사 진행과 연계하여 조사를 원활하게 이루어지게 한다. 따라서 촬영 계획은 조사 진행에 맞추어 수립하고 촬영 시에는 촬영 목적을 분명히 할 필요가 있다. 동영상 촬영은 기본적으로 사진 촬영과 동일한 조건에서 하지만, 동영상의 특성상 다양한 각도에서 촬영하거나 촬영 시 대상물과 관련한 내용을 음성으로 함께 녹음하는 것이 좋다. 즉, 동영상 촬영에서는 유적과 유구, 유물의 기록뿐만 아니라 조사 과정, 조사내용 등을 함께 기록하는 것이 필요하다.[26]

야외조사의 사진 촬영은 대부분 열악한 조건에서 이루어지는 경우가 많다. 그것은 야외에서 촬영이 이루어지기 때문에 날씨의 영향을 많이 받을 뿐만 아니라 진행 과정에서 예기치 못한 일들이 많이 일어나기 때문이다. 야외조사의 사진 촬영 조건은 크게 환경적인 조건과 조사 과정상의 조건으로 구분되며, 대부분의 촬영은 이러한 조건들을 극복하면서 이루어진다. 먼저 환경적인 조건은 날씨와 일조시간과 관련된다. 날씨는 태양광이 심한 경우, 바람이 많이 부는 경우, 땅이 얼거나 녹는 경우, 땅이 마르거나 비에 젖은 경우 등 주로 노출이나 촬영 대상지의 변화와 관계된다. 일조시간의 영향은 해의 방향에 따라 하루 중 촬영이 가능한 시간이 일정하게 정해지는 것을 말한다. 따라서 환경적 조건에서 사진 촬영을 원활하게 진행하기 위해서는 항상 환경적 변화를 미리미리 점검하여 대처할 필요가 있다. 조사 과정상의 조건은 아무리 환경적인 조건이 좋아도 조사가 제대로 진행되지 못하면 좋은 사진을 촬영할 수가 없는 것을 말한다. 따라서 좋은 환경에서 사진을 촬영하기 위해서는 하늘만 바라보고 있으면 되는 것이 아니라 조사의 전체적인 진행 과정을 파악하고 이를 환경적인 조건과 연계하여 촬영 포인트를 정하는 것이 중요하다.

② 유적 전경 촬영

유적 전경 사진의 대상은 유적 및 주변 지형이 되며, 기본적으로 조사 전 상태, 조사 과정 모습, 조사 완료 후 상태를 촬영한다. 유적 및 주변 지형 촬영은 유적의 입지 상태와 지형적·지리적 상태를 개괄적으로 보여 주는 것으로 유적을 중심으로 다양한 각도에서 촬영하는 것이 필요하다. 유적 전경 촬영은 먼저 유적의 형태나 입지 양상을 파악할 수 있는 구도에서 촬영하며, 한 지점이 아닌 다양한 지점에서 촬영하는 것이 좋다. 또한 주변에 산이나 강이 인접한 경우에는 이를 포함한 양상도 촬영해야 한다. 그리고 대부분의 전경 촬영이 유적의 외부에서 유적을 바라보는 방향으로 이루어지는데, 반대로 유적 내부에서 주변 지형을 바라보면서 하는 촬영도 필요하다. 그것은 유적을 조성한 사람들이 주변 지형을 바라보는 관점에서 살펴보는 것도 필요하기 때문이다.[27]

항공촬영은 최근의 야외조사에서 보편화된 것으로 무선헬기, 무선비행기, 패러글라이딩, 기구(애드벌룬) 등이 촬영에 이용된다. 항공촬영은 목적에 따라 전경용 사진 촬영과 실측(측량)용 사진 촬영의 두 가지로 구분된다. 전자는 무선헬기, 무선비행기, 패러글라이딩 등의 장비를 주로 이용하여 촬영한다. 이들 장비들은 공중에서 자유롭게 움직이면서 촬영을 할 수 있기 때문에 촬영지점을 빠르게 변경하거나 다양한 각도에서의 촬영이 가능하다. 따라서 유적과 유구뿐만 아니라 주변 환경까지도 다양한 지점과 각도에서 촬영할 수 있다. 후자는 공중에서 장비가 정지된 상태에서 직하방으로 촬영하는 것기 때문에 주로 기구나 무선헬기가 이용된다. 항공촬영 장비는 대부분 가격이 비싸고 조정하기가 어려워 주로 항공촬영 전문업체에 의뢰하는 경우가 많다.[28] 따라서 비용이 비싼 편으로 조사 과정마다 수시로 촬영하기 어려운 점이 있다. 조사자는 유적 조사의 전체적인 흐름을 파악하여 꼭 필요한 단계나 부분에 항공촬영이 이루어질 수 있도록 한다. 이들 항공촬영 장비 중에서 기구는 상대적으로 비용이 저렴하고 조정이 간단하여 조사원도 손쉽게 활용할 수 있다. 또한 조사원이 촬영하기 때문에 수시 촬영도 가능하다. 따라서 기구를 이용한 항공촬영은 주로 개별 유구 촬영이나 실측용 촬영에 적합하다. 기구를 이용한 항공촬영 방법은 계명대학교 박물관에서 처음으로 고안하여 발굴조사에 활용한 것으로(조영현 1992), 현재 많은 조사기관에서 이 방법을 활용하고 있으며, 야외조사에도 많은 도움을 주고 있다. 기구 항공촬영법의 장·단점을 살펴보면 〈표 6〉과 같다.

표 6 기구(애드벌룬)를 이용한 항공촬영의 장·단점

장 점	단 점
1. 다른 항공촬영에 비해 비용이 적음	1. 날씨(바람)의 영향을 많이 받음
2. 필요에 따라 수시로 촬영할 수 있음	2. 항공촬영을 진행하는 사람이 많음(최소 3명 이상 필요)
3. 조작법이 비교적 쉬움	3. 동원되는 사람과 장비가 많아 촬영 시 번거로움이 있음
4. 사진실측에 이용할 수 있음	4. 애드벌룬의 보관이 어려우며, 수시로 가스를 보충하는 번거로움이 있음

위성사진(인공위성 촬영)

항공사진(무선헬기, 페러글라이딩 촬영)

항공사진(애드벌룬 촬영)

그림 57 진주 평거3지구 유적 사진 촬영

항공촬영은 주로 유적 전체의 모습을 한 화면에 담기 위해 고안된 방법이지만 범위를 확대하여 주변 환경을 촬영하거나 범위를 좁혀 개별 유구나 작업광경을 촬영하기도 한다. 따라서 항공촬영은 야외조사의 모든 진행 과정에서 사용되며, 경우에 따라선 단순한 사진기록뿐만 아니라 도면이나 기술(설명)을 대체하는 용도로도 사용된다. 이렇게 항공촬영을 야외조사에 적극 활용함으로써 조사자는 유적이나 유구를 새로운 관점에서 바라볼 수 있게 된다. 즉, 지상이 아닌 공중에서 유적과 유구를 관찰할 수 있기 때문에 보다 포괄적이고 객관적으로 이해할 수 있게 된다.

최근에는 인터넷을 통해 위성사진을 쉽게 접할 수 있게 되어, 지도와 함께 유적의 주변 환경을 나타내는 사진으로 많이 활용하고 있다. 특히, 지도에서 표현되기 어려운 사실감이나 입체감(3D)이 표현되어 유적 환경을 이해하는 데 많은 도움이 된다.[29] 따라서 조사자가 직접 촬영하지는 못하지만 무료로 제공되는 인터넷 위성사진이나 촬영된 위성사진을 구입하여 활용하는 것이 필요하다. 최근에 촬영된 이미지뿐만 아니라 1950년대부터 현재까지의 다양한 위성사진과 항공사진을 구입할 수 있기 때문에 유적의 입지 환경이나 지형 환경을 복원하는 데 많은 도움이 되고 있다(이홍종 2007, 2009, 2010; 정우영 2010). 또한 문화재청에서는 '문화재보존관리지도'를 만들어 인터넷으로 제공하고 있어 이를 이용하면 조사대상 지역의 위치뿐만 아니라 주변 지역의 문화재 분포 현황까지도 확인할 수 있어 유적의 입지 및 성격을 이해하는 데 많은 도움이 된다.[30]

③ 기준 토층 촬영

토층 조사는 조사지역의 퇴적 환경과 문화층을 파악하기 위해 일정 범위를 표토에서부터 기반암까지 굴착하여 흙이 쌓여진 양상을 관찰하고 기록하는 작업이다. 따라서 사진 촬영 대상은 수직으로 만들어진 벽이 된다. 이는 카메라와 촬영 대상이 수평적인 관계에서 촬영이 이루어지는 것으로 유적이나 유구와는 전혀 다른 각도에서 촬영된다. 또한 토층면은 주로 트렌치 조사나 피트 조사를 통해 만들어지기 때문에 사진 촬영 공간과 촬영 각도에 제약을 받는 경우가 많다. 또한 토층벽이 만들어지게 됨으로써 사진 촬영은 태양의 움직임에 많은 영향을 받게 된다. 그것은 토층벽이 일정한 길이와 깊이(높이)를 가지기 때문에 태양의 움직임에 따라 빛을 전달받는 각도나 양이 달라지기 때문이다. 즉, 태양이 동쪽에서 떠서 서쪽으로 지는 성질과 시간에 따른 태양의 고도 변화가 고정된 토층벽에 영향을 미치는 것이다. 따라서 토층 조사는 유적과 유구의 형태나 성격에 따라 이루어지지만, 사진 촬영을 위해 태양의 각도를 고려하여 설치할 필요도 있다.

야외조사에서 실시되는 토층 조사는 크게 유적의 기준 토층 조사와 유구 내부의 토층 조사로 구분된다.[31] 이들 토층 조사는 토층벽의 설치 방법, 형태, 수량, 조사 목적 등이 다르기 때문에 각각의 특징에 맞는 사진 촬영 방법이 필요하다. 하지만 기본적인 촬영 순서는 같은데, 먼저 최초 토층 정리 상태에서 사진 촬영을 실시한다. 이것은 조사자가 층위를 구분하기 전의 상태를 촬영하는 것으로 퇴적 양상의 원형을 기록하는 것이다. 다음으로 조사자가 층위를 구분한 상태를 촬영한다. 이때는 실측용 방안을 설치하기 전과 설치 후 모두를 촬영하는 것이 좋다.

유적의 기준 토층은 조사대상 지역 전체를 포괄할 수 있는 토층으로 조사지역의 퇴적 환경과 문화층을 파악하는 기준이 되며, 또한 제토의 범위와 물량을 파악하는 기준도 된다. 따라서 기준 토층벽은 길이가 길고 깊으며, 여러 곳에 설치되는 특징을 갖는다. 기준 토층의 촬영은 이러한 형태적 특징과 함께 토층 조사의 목적을 정확하게 파악하여 하게 된다. 먼저 기준 토층의 전경을 광각렌즈를 이용해 촬영한다. 이는 촬영 대상인 기준 토층의 대략적인 위치와 입지 지형을 파악하고, 설치방법을 기록하기 위해서이다. 다음으로 세부 토층 촬영을 실시하는데, 대부분의 기준 토층이 규모가 크기 때문에 기준 토층 전체를 한 화면으로 촬영하게 되면, 세부적인 부분은 이미지가 작아져 정확한 토층 이미지가 잘 표현되지 않는다. 따라서 세부 토층 촬영에서는 세부적 표현이 충분히 이루어지는 이미지의 크기로 상호 연결되게 여러 컷의 사진을 촬영하는 것이 필요하다.[32] 이때는 표준렌즈, 수평기, 화이트밸런스 측정기를 이용하여 왜곡과 색감을 최대한 보정하여 촬영한다.[33] 또한 보다 세부적인 표현이 필요한 경우에는 마이크로렌즈를 이용하여 근접 촬영한다. 마이크로렌즈를 이용하여 촬영하면, 퇴적토의 미세한 부분까지 표현할 수 있기 때문에 도면이나 기술(설명)로 나타내지 못하는 것을 보완할 수 있다. 세부 토층 촬영은 기본적으로 토층 전체가 연결될 수 있도록 촬영하며, 유구와 유물이 확인된 부분은 보다 정밀하게 촬영한다.

④ 유구 촬영

유구의 설치와 폐기는 수중을 제외하면 모두 지상과 지하에서 이루어진다. 따라서 사진 촬영 방법은 유구의 위치에 따라 많은 차이가 난다. 즉, 태양광에 노출되는 포인트가 지상과 지하가 다르기 때문에 촬영의 위치, 각도, 가능 시간, 노출 보정 방법 등에서 차이가 나는 것이다. 또한 유구가 조성되는 방법이나 형태, 매몰토의 양상도 다르기 때문에 그에 맞는 촬영 방법도 필요하다.

㉠ 광선 방향의 이해

유구 촬영은 야외조사에서 가장 많이 이루어지는 촬영으로 촬영 장비 및 카메라의 기본적인 조작법을 충분히 숙지하고 있어야 한다. 또한 유구 촬영이 다양한 위치와 각도에서 이루어지는 만큼 노출 보정이나 광선의 방향을 조절할 줄 알아야 한다. 먼저 좋은 이미지를 얻기 위해서는 광선의 방향에 따른 촬영 효과를 파악하는 것이 중요하다. 광선의 방향은 피사체에 비춰지는 각도에 따라 크게 순광, 사광, 측광, 반역광, 역광 등으로 구분된다. 순광은 정면광(front light)이라고도 하며, 피사체가 정면으로 빛을 받고 있는 상태를 말한다. 사진사가 빛을 등지고 촬영하는 경우로, 사진의 정밀묘사는 좋지만, 너무 평면적으로 묘사되기 때문에 입체감이 부족하다. 사광, 측광, 반역광은 측면광(side light)이라 하며, 피사체의 옆으로 빛이 들어오는 경우이다. 각도에 따라서 45°는 사광, 90°는 측광, 135°는 반역광으로 구분된다. 측면광은 가장 효과적인 광선으로 표현의 명확성과 함께 피사체의 입체감을 돋우어 주며, 질감 묘사에 가장 유리하다. 역광은 후면광(back light)이라고도 하며, 피사체의 뒤에 광원이 있는 경우로서, 카메라가 광원(태양·조명등 등) 쪽으로 향해 있어 잘못하면 렌즈로 빛이 직접 들어와 사진을 흐리게 만들거나 얼룩지기 쉬우므로 주의해야 한다. 역광은 가장 극적인 효과를 내는 데 유리한 광선으로 입체감과 깊이를 느끼게 해 주며, 조명 효과를 내는 데 유용하다. 따라서 유구 촬영에서는 광선 방향에 따른 촬영의 장·단점을 먼저 파악하여 촬영 위치나 각도를 조절하여 촬영 효과를 극대화하거나 보완하는 것이 필요하다.

ⓒ 유구 토층 촬영

유구 토층 조사의 기본적인 목적은 유구 내부나 외부를 덮고 있는 퇴적 양상을 파악하는 데 있다. 따라서 토층 사진 촬영도 이에 맞게 매몰 양상, 매몰토의 구성물질, 색조, 출토유물 등을 대상으로 한다. 토층 사진 촬영에서 가장 중요한 것은 노출과 색감이나, 대부분 광량이 적거나 콘트라스트가 강하기 때문에 보조기구를 이용하여 광량을 적절히 조절하는 작업이 필요하다. 특히, 적은 광량으로 인해 색감에서 많은 차이가 발생하는데, 이때는 화이트밸런스를 조절하여 촬영하는 것이 좋다.[34] 유구의 형태 중 깊이가 깊고 공간이 좁은 것은 촬영 대상면의 노출이 많이 부족할 뿐만 아니라 공간이 좁아 초점을 맞추기도 힘이 든다. 이때는 유구의 성격을 파악하여 반을 절개하여 촬영할 것인지, 아니면 여러 번에 걸쳐 촬영할 것인지를 결정해야 한다.

ⓒ 유구 촬영 방법

유구 촬영은 먼저 대상의 위치, 형태, 규모, 성격 등을 파악하여 촬영 목적과 촬영 방법(계획)을 정한 후에 조사 진행 과정에 맞추어 실시한다. 유구 촬영은 크게 두 가지로 구분된다. 첫째는 유구의 형태, 구조, 내부토층, 출토유물 등을 촬영하는 것으로 유구 도면이나 기술(설명)과 함께 조사보고서에 주로 실리는 가장 기본적인 사진이다. 둘째는 유구 조사의 진행 과정에서 촬영되는 것으로 유구 도면이나 기술(설명)을 보완하기 위한 것, 진행 과정을 기록하기 위한 것, 야장기록을 위한 것, 작업광경 등이다. 따라서 전체적으로 보면 유구 조사의 결과물을 촬영하는 것과 조사 과정을 촬영하는 것으로 구분되며, 유구 촬영 시에도 이를 구분할 필요가 있다.

유구 촬영의 기본 대상은 형태, 구조, 출토유물이다. 이 중 형태와 구조는 유구의 외형적인 부분을 촬영하는 것으로 설치 위치(지상, 지하)에 따라 촬영 방법에 차이가 있지만, 가장 중요한 것이 노출과 피사계 심도의 조절에 따른 촬영 방법일 것이다. 그것은 설치 위치나 형태에 따라 콘트라스트의 차이가 심하고 또한 크기에 따라 유구 전체가 선명하게 촬영되는 초점을 맞추기가 힘들기 때문이다. 따라서 이를 해결하는 방법은 태양광을 조절하는 것인데, 야외에서는 구름이 낄 때 촬영하는 것이 가장 좋은 방법이다. 하지만 이러한 조건은 극히 드물어 대부분 태양광이 그대로 전달되는 상태에서 촬영이 이루어진다.

지상에 설치된 유구는 태양광에 그대로 노출되기 때문에 콘트라스트가 강해 그림자가 짙고 반사되는 광량이 많다.[35] 따라서 촬영 시에는 되도록 태양을 등지고 촬영하여 촬영 대상이 순광이 되도록 하며, 이것이 어려울 경우에는 반사판, 확산판, 보조광, 그늘막 등을 이용하여 노출을 보정하는 것이 좋다.[36] 지하에 설치된 유구는 태양광이 유구 바닥까지 미치지 못하기 때문에 지상에 설치된 유구보다 콘트라스트가 더 심하다. 따라서 일반적인 촬영 조건에서도 좋은 이미지를 얻기 힘들다. 즉, 태양광에 의해 생긴 유구 내부의 그늘을 조절하는 것이 필요하다. 유구의 깊이가 얕은 경우에는 약간의 그늘은 오히려 입체감을 살리는 효과를 얻을 수 있지만 깊은 경우에는 유구 내부가 어둡게 촬영되어 선명한 이미지를 얻을 수 없다. 결국 맑은 날에 유구를 촬영할 때에는 태양이 가장 높이 떠 있는 시간에 촬영을 하든지, 아니면 노출 보조기구를 이용하여 촬영할 수밖에 없다. 따라서 사진 촬영자는 날씨, 태양의 고도 및 방향, 유구 상태 등 모든 조건을 고려하여 촬영한다. 노출 보조기구인 보조광, 반사판, 확산판, 그늘막, 필터,[37] 화이트밸런스 측정기 등의 활용은 노출

표 7 유구 조사 진행에 따른 사진 촬영

조사 진행		내 용
1	유구 확인	• 최초 상태 촬영(기록용 사진 촬영) • 유구 내부토와 생토면의 차이를 확인 • 개별 또는 주변 유구와 함께 촬영 • 유구 촬영은 최초 상태 촬영부터 조사 완료 후 촬영까지 되도록 같은 지점에서 함
2	토층 조사 (토층 실측)	• 토층 사진 촬영(기록용 사진 촬영) • 매몰 양상, 매몰토의 구성물질, 색조, 유물 촬영
3	평면 조사	• 유구 조사의 보충 자료 사진 촬영 • 촬영 대상의 형태와 노출 상황에 중점을 둠 • 사진 촬영을 위한 사전준비 없이 빠르게 촬영
4	유물 노출	• 유구 조사의 보충 자료 사진 및 기록용 사진 촬영 • 개별 사진보다는 함께 모여 있는 사진과 출토 상황을 알 수 있는 사진을 촬영 • 다양한 각도에서 촬영
5	조사 완료 (유구 실측)	• 유구의 기능면 촬영(기록용 사진 촬영) • 유구의 성격을 가장 잘 표현해야 함 • 다양한 각도에서 촬영
6	보완 조사	• 유구의 가공면 촬영 • 보충 자료 사진 및 기록용 사진 촬영

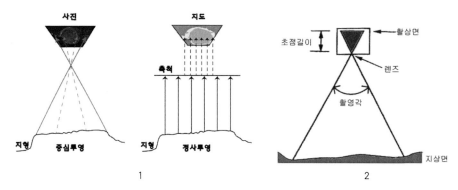

그림 58 중심투영과 정사투영(1), 카메라의 기하학적 관계(2)

을 강제적으로 조절하기 때문에 촬영자의 의도만큼 좋은 이미지를 만들기 힘들다.[38] 따라서 촬영 상황을 조절하면서 노출단계를 조절하여 여러 장 촬영하는 것이 중요하며, 그러한 경험을 축적하는 것도 필요하다. 또한 보조기구를 활용하여 촬영된 이미지는 반드시 촬영 후에 확인하는 것이 좋으며, 사후 보정작업도 필요하다. 유구의 조사 과정에서 촬영되는 사진은 주로 유구 조사의 보충자료로 이용되기 때문에 이미지의 품질에 중점을 두기보다는 촬영 대상의 형태나 노출 상황에 더 신경을 써야 한다. 따라서 사진 촬영을 위한 사전준비는 필요 없으며, 조사 진행 상태에서 바로 촬영한다. 사진 촬영은 다양한 각도에서 빠르게 한다.

3) 응용 촬영 방법

(1) 사진의 기하학적 원리

사진은 투영 중심의 결과물로 카메라를 통해 촬영된 이미지는 실물과 비교하여 왜곡된 축척을 갖게 된다. 이는 지도에서 나타나는 동일 축척의 결과물과는 다른 것이다. 〈그림 58-1〉은 지도와 사진의 투영 방

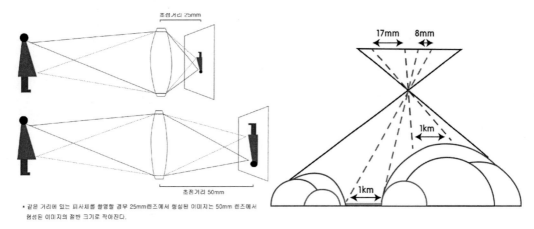

- 같은 거리에 있는 피사체를 촬영할 경우 25mm렌즈에서 형성된 이미지는 50mm 렌즈에서 형성된 이미지의 절반 크기로 작아진다.

그림 59 초점거리와 화각(좌), 기하학적 원리에 의한 지형의 양상 변화(우)

법을 나타낸 것이다. 지도는 정사투영 방법으로 지상의 실제 면적이 축
척에 의해 도면에 표시된 것으로 모두 같은 비율로 축소된다. 하지만 사
진은 카메라 렌즈를 중심으로 실제 이미지가 투영되어 축척된 이미지가
만들어진다. 이때 축척된 이미지는 실제 이미지와는 반대의 상이 만들
어지며, 왜곡이 발생한다. 이러한 현상을 사진의 기하학적 원리라 하며
〈그림 58-2〉와 같이 나타난다.

　사진의 기하학적 원리는 〈그림 59〉와 같이 카메라의 초점거리와 투
영 대상의 굴곡 정도에 따라 축척이 달라지고, 왜곡 현상이 발생한다. 초
점거리는 상의 크기(magnification)와 화각(angle of view)을 결정하는 요
소로서 사진의 왜곡 현상과 밀접한 관련성이 있다. 초점거리는 거리가
짧으면 광선의 굴절이 커져서 렌즈 바로 뒤쪽에 초점이 맺히게 되어 투
영된 이미지가 작아진다. 또한 초점거리가 길어질수록 렌즈에 생기는
광선의 굴절이 작아져 초점면도 렌즈 뒤쪽으로 더 멀어진다. 따라서 투
영된 이미지도 커지게 된다. 즉, 상의 크기는 초점거리에 비례해서 커지
게 되는데 같은 거리에 있는 피사체를 찍는다면 25mm 렌즈에서 형성된
이미지는 50mm 렌즈에서 형성된 이미지의 절반 크기가 된다.

이러한 사진의 기하학적 원리는 사진 실측 작업에서는 중요한 변수로 작용한다. 즉, 촬영된 이미지를 실제 실측에 적용하기 위해서는 투영 대상의 형태, 크기 등을 정확히 파악하고 보정하는 작업을 선행해야 한다.

(2) 실측용 사진 촬영 방법[39]

실측용 사진 촬영 작업은 기본적으로 카메라의 기능, 조작법, 원리 등을 충분히 숙지한 후, 사진 실측에 맞는 방법을 선택하는 것이 중요하다. 하지만 사진으로 촬영된 이미지는 기하학적 원리로 인해 기본적으로 왜곡 현상이 발생한다. 따라서 사진 촬영 시 왜곡 현상을 가장 최소화하는 것이 중요한데,[40] 이를 위해서는 카메라의 기본 원리뿐만 아니라 촬영 대상물의 정보와 촬영 방법 등을 효과적으로 적용해야 한다. 촬영 대상물은 위치, 형태, 규모 등을 파악하여 촬영 전에 필요한 조치를 해 두어야 한다. 촬영에 필요한 선 조치는 위치파악을 위한 기준점(그리드) 설치, 크기 조정을 위한 스케일 설치(방안 및 스케일바 설치), 공중촬영에 필요한 방향과 높이 설정 등이다. 이러한 선 조치는 촬영을 신속히 진행할 수 있게 할 뿐만 아니라 촬영 방법을 결정하는 요인이 된다(그림 60).[41] 공중촬영 중 기구(애드벌룬) 촬영의 경우 날씨(바람)의 영향을 많이 받을 뿐 아니라 하루 중 촬영할 수 있는 시간이 한정되어 있기 때문에 선 조치는 매우 중요한 작업이라 하겠다. 사진 촬영에 필요한 카메라의 설정은 기본적인 사진 촬영법과 다르지 않다. 기본적인 사진 촬영법이란, 촬영 대상물과 날씨에 맞는 필

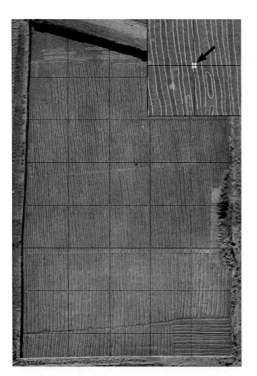

그림 60 실측용 항공촬영(진주 평거3지구 유적 I구역)

그림 61 기구(애드벌룬)촬영(1, 2)과 무선헬기 촬영(3, 4)

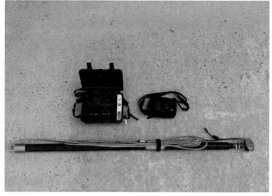

그림 62 저고도촬영기를 이용한 사진 촬영

름을 선정하고, 노출(셔터 속도와 조리개)과 초점을 맞춰 촬영하는 것을 말한다. 이것은 사람이 카메라를 손에 잡고 촬영할 때의 방법으로 공중 촬영 시에는 상황에 맞게 바로 조정할 수 없기 때문에 촬영 전 미리 대상물과 기상조건에 따라 카메라를 설정해야 한다.[42]

기구(애드벌룬) 촬영 요령은 다음과 같다.

㉠ 촬영 도구 점검 및 대상 유적(유구)의 크기를 파악하여 기구를 올릴 높이를 정한다. 이때 카메라의 촬영 방향은 대상의 넓은 쪽에 맞춘다.

㉡ 대상 유적(유구)의 중심에서 기구(애드벌룬)에 카메라 장착용 상자와 3개의 고정용 줄릴을 연결한다. 이때 촬영의 좌우 방향을 조절하는 1줄은 카메라 장착용 상자와도 연결한다. 연결된 고정용 줄릴은 유적의 외부에 삼각형 모양으로 배치시킨다.

㉢ 기구를 올리기 전에 무선 조정기를 시험하여 촬영 상태를 점검한다.

㉣ 정해진 높이에 맞추어 각각의 고정용 줄릴을 풀면서 카메라 장착용 상자의 위치를 조절한다. 위치 조절은 유적(유구) 중심을 기준으로 직교되는 지점에 배치된 사람이 조절한다(무선 조정기는 이 중 1명이 조

정한다).

ⓜ 망원경을 이용하여 카메라 장착용 상자가 제 위치에 있고 흔들리지 않을 때를 맞추어 촬영한다.

표 8 사진 실측 순서: 촬영에서 도면화까지

작업 순서	내 용
사전 작업	• 촬영 대상물(형태 및 규모)에 따른 촬영 방법 선택 • 날씨 파악 • 기준점 설치(그리드) 및 방안 설치
사진 촬영	1. 촬영 원칙 • 카메라는 촬영 대상물과 수직(수평)을 유지하여 촬영(수평계 활용) • 사진은 롱샷으로 촬영(촬영 대상물은 촬영된 이미지의 중심을 기준으로 2/3 정도만 사용됨) • 카메라의 흔들림이 없어야 함 2. 형태와 크기에 따른 촬영 방법 ⓐ 항공촬영 • 촬영 대상: 대형 및 소형 유구 모두 촬영 가능 • 촬영 장비: 무선헬기, 무선비행기, 기구(에드벌룬) ⓑ 저고도촬영 • 촬영 대상: 길이가 5m 이하인 유구 • 촬영 장비: 저고도촬영기, 굴삭기, 사다리 ⓒ 수평촬영 • 촬영 대상: 토층벽 • 촬영 장비: 카메라, 삼각대, 수평계
보정 작업	• 촬영된 이미지의 디지털화 및 저장: 스캔, 백업 • 이미지 보정작업: 그래픽 프로그램을 이용한 이미지 보정 *그래픽 프로그램: 오토캐드, 포토샵, 일러스트레이터 등 • 선명도, 색깔 보정 • 크기 조절(기준점을 기준으로 축척에 맞게 크기 조절) • 이미지 합성(크기가 조절된 이미지를 합침)
출력 및 벡터라이징	• 도면화: 보정된 이미지를 축척에 맞게 인쇄물로 출력 • 벡터화: 보정된 이미지를 축척에 맞게 컴퓨터 상에서 벡터(vector)화시킴
현장 보완실측	출력된 이미지를 실제 이미지와 대조하여 수정, 보완함

(3) 태블릿PC와 스마트폰의 활용

최근 태블릿PC와 스마트폰의 성능이 개선되고 기능이 다양해지면서 고고학 야외조사에서도 활용 가능성이 높아지고 있다. 특히 태블릿PC와 스마트폰에 장착된 카메라 기능이 강화되면서 양질의 사진 이미지를 획득할 수 있게 되어 디지털카메라와 더불어 새로운 사진 촬영 장비로 각광받고 있다.[43] 또한 표준렌즈, 단초점(광각)렌즈, 장초점(망원)렌즈, 줌렌즈, 매크로렌즈 등의 역할을 하는 전용 사진 촬영 보조장비들이 개발되면서 렌즈 교환 카메라인 DSLR카메라와 같은 기능도 할 수 있게 되었다.[44] 이러한 카메라 기능의 강화뿐만 아니라 촬영된 이미지를

표 9 태블릿PC와 스마트폰의 세부 기능과 야외조사 응용

기록 방법	태블릿PC 스마트폰	응용작업	비고
기술	워드	MS워드, 한글워드를 이용하여 야장기록	원고 작성
	메모	조사 진행 과정 기록	야장 기록
	녹음	조사 진행 과정 기록, 관련정보 기록	야장 기록
실측	일러스트	유구 및 토층 실측	실측
	캐드	유적 현황 파악, 유구배치도 작성	유구배치도
	스케치	조사 진행 과정 기록	야장 기록
촬영	카메라	사진 촬영, 동영상 촬영(일반 촬영, 파노라마 촬영, 그리드 촬영)	사진 및 동영상 촬영
	이미지 처리	사진 보정, 크기 조절	이미지 수정 및 사진 실측
	측량	수평, 수직, 거리(길이), 면적, 각도 측정	유적 및 유구 측량
	GPS	위치 확인, 지도 활용, 좌표 측정, 해발고도 측정	지표조사, 유적 측량
저장	메모리카드	기기에 저장	자료 저장
	클라우드 (cloud)	가상 저장공간에 저장	자료 저장

기기 자체에서 애플리케이션을 통해 다양하게 보정하고 송신할 수 있기 때문에 일반적인 촬영 장비와는 전혀 다른 새로운 개념의 촬영 장비로 볼 수 있다. 〈표 9〉는 태블릿PC와 스마트폰의 세부 기능을 통해 야외조사에서 응용할 수 있는 방법을 정리한 것이다. 여기서 보듯이 사진기록 뿐만 아니라 야외조사의 모든 기록을 하나의 장비로 처리할 수 있다. 따라서 아직은 초보적인 단계이지만 향후 장비의 성능이 개선되고 관련 애플리케이션이 많아진다면, 새로운 야외조사의 기록방법으로 활용될 것으로 보인다.

6

수중 발굴조사

수중 발굴과 육상에서 이루어지는 발굴은 기본적인 목적이나 방법에서는 차이가 없다. 다만 수중이라는 환경과 관련하여 특화된 장비나 방법을 사용하는 것에서 차별화될 뿐 고고학적 기술은 땅이나 바다나 동일하다. "과거 삶의 과정에서 남겨진 물질적 흔적을 해석하고 동정하며, 설명한다."(Amanda Bowens, eds. 2009: 11)는 고고학의 기본 목적을 공유하면서 과연 발굴을 통해서 얼마나 많은 정보를 획득할 수 있는지를 고민한다는 측면에서 양자는 동일한 목표를 가진다.

우리나라의 수중 발굴조사는 1976년 신안선 발굴로부터 시작되어 최근의 인천 영흥도선에 이르기까지 12척의 침몰선을 대상으로 이루어졌다. 그리고 무안 도리포 유적, 군산 비안도 유적, 보령 원산도 유적, 진도 오류리 유적과 같은 침몰선과 관련된 수중 유적과 완도의 청해진 유적, 진해 제덕 유적과 같은 항만시설과 관련된 유적도 발굴되었다. 즉, 우리나라 수중 발굴의 역사는 신안선으로부터 현재까지 37년에 이르러, 유럽에 비할 바는 못 되지만 아시아권에서는 역사가 오래되었으며, 성과 또한 자랑할 만하다.

여기서는 지금까지 실시되었던 우리나라 수중 발굴조사 성과를 토대로 실제 수중 발굴을 어떻게 수행해야 하는지 그 방법론에 초점을 맞추어 기술하고자 한다.

1) 수중 시굴조사

제토를 수반하는 수중 발굴조사는 그 세부적인 목적에 의해 시굴과 발굴로 구분해 살펴볼 필요가 있다. 시굴조사는 수중 지표조사 과정에서 일정 범위에 걸쳐 다수의 유물 분포가 확인되는 지역에 대해 실시한다. 유물 산포의 원인일 것으로 생각되는 침몰선을 찾아내거나 침몰선이 아니더라도 유물 집중매장 지점을 찾는 것을 목적으로 한다.

지금까지 전북 군산시 옥도면 야미도리 일원(고군산군도 해역), 충

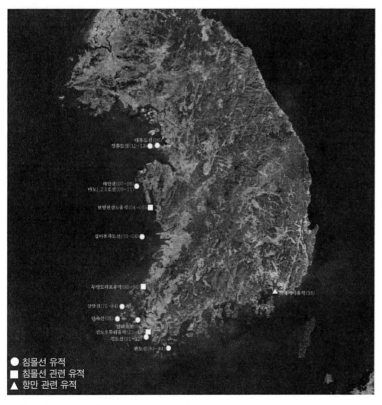

그림 63 한국의 수중 발굴 유적

남 태안군 근흥면 신진도리 마도 해역, 전남 진도군 고군면 오류리 해역 등에서 시굴조사가 실시된 바 있다(國立海洋遺物展示館 2008a; 國立海洋遺物展示館·群山市 2007; 국립해양문화재연구소 2009, 2011). 이 해역들은 우리나라 서남해 연안항로 상의 중요 길목이면서 조류가 빨라 뱃길이 험하여 고대부터 많은 배들이 침몰된 지역이다.[45] 이 지역에서는 유물 집중매장지 또는 침몰선 확인을 위한 다양한 조사가 실시되었다.

(1) 제토법에 따른 시굴조사의 종류

수중 시굴조사를 위한 평면 제토법은 육상과 마찬가지로 구덩파기법(pit method), 도랑파기법(trench method), 격자법(grid method)으로 나뉜다(이선복 1999: 55). 육상 시굴조사에서는 주로 구덩파기법과 도랑파기법이 선호되는데, 수중 조사에서는 구덩파기법을 제외한 도랑파기법과 격자법에 의한 시굴조사가 주로 실시된다. 구덩파기법은 주로 해당 지역의 층위 파악을 위한 최소한의 제토방식인데 수중 시굴조사에서 구덩파기법을 사용하지 않는 이유는 육상에서보다 층위 파악의 필요성이 약하고, 단순 층위 확인을 위해서는 오히려 시추법(coring)이[46] 훨씬 간편하고 층위 파악에 용이하기 때문이다.

수중에서의 시굴조사는 주로 해저면에 유물 산포가 많은 곳에서 유물 집중분포지나 침몰선을 찾기 위한 것이기 때문에 트렌치법이 일반적으로 적용된다. 트렌치의 간격은 상황에 따라 다를 수 있는데 주로 침몰선의 규모를 고려해 5m 또는 10m로 설정한다. 트렌치법에 의한 시굴조사는 군산 야미도와 태안 마도 해역에서 이루어졌으며, 마도2호선이 이 트렌치법에 의한 조사 과정에서 확인된 바 있다.

마지막으로 그리드법은 진도 오류리 해역에서 적용된 방법이다. 이 해역에서는 고급 청자들과 임진왜란에 사용되었던 것으로 추정되는 소소승자총통(小小勝字銃筒) 등 중요 유물들이 출수되어 침몰선이나 유물 집중분포지 확인뿐만 아니라 유구에서 이동된 유물일지라도 그 중요성이 크다고 보아 이 방법에 의한 제토를 실시했다.

트렌치법에 비해 그리드법은 인적·물적 자원을 훨씬 많이 필요로 한다. 예를 들어 마도 해역에서 10m 간격으로 트렌치를 구획하여 조사했는데 만일 그리드법으로 제토했다면 트렌치법에 비해 10배의 시간이 소요되었을 것이다.[47] 수중 조사는 수중이라는 환경의 특성상 조사시간이나 시계(視界), 제토 장비, 인원 등이 육상에 비해 극히 제한적이기 때문에 많은 시간이 소요된다. 이런 점을 감안할 때 제토방법은 신중하게 선택해야 한다.

(2) 수중 조사에서의 층위

한편, 실제로 땅을 파 내려가는 방법으로 육상에서는 인공층위법과 자연층위법이 있으나 수중에서는 이를 그대로 적용할 수 없다. 육상 발굴 시 가장 중요한 원칙이 층위의 흐름을 놓치지 않는 것으로 "자연적 혹은 인공적 이유에 의해 퇴적된 하나하나의 지층은 하나의 고고학적 사건 혹은 시기를 대표하는 것이므로, 그 쌓인 순서나 층과 층 사이의 관계를 파악하지 못한다면 아무리 값지고 귀한 유물이 발견되더라도 그 발굴은 '보물찾기' 이상을 지니지 못하는 것이다."(이선복 1999: 56)라고 할 만큼 층위 파악의 중요성을 강조한다. 이에 따라 조사 시 평면과 단면의 층위를 잘 정리하여 층위를 구분하고, 유물 또한 층위에 따라 수습하고 분석한다.

그런데 수중에서는 제한된 시계, 모래 또는 뻘 등 토질의 특성, 수중이라는 환경에 의해 육상에서처럼 정밀한 층위 구분이 사실상 불가능하다. 물론 자연적으로 형성된 층은 존재하지만 육상에서처럼 인간의 활동이 해당 층위에서 직접적으로 이루어진 예는 극히 드물기[48] 때문에 이를 그렇게 정밀하게 구분할 필요가 없다고 생각된다(그림 64, 65).

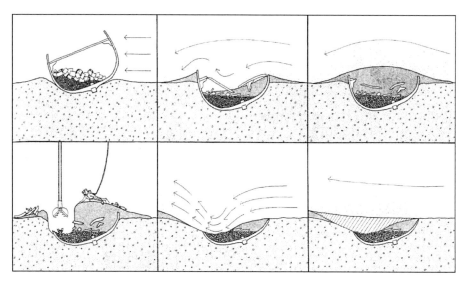

그림 64 선박의 침몰과 후퇴적 과정(좌측 상단 → 우측 하단)

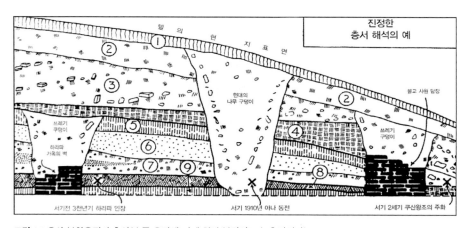

그림 65 육상 복합유적의 층위(수중 유적에 비해 훨씬 복잡하고 누층적이다)

　　지금까지 조사된 우리나라의 수중 유적은 모두 인간의 해양 활동,
즉 선박과 관련된 유적이다. 따라서 육상과 같이 한 지점에서 연속적인
행위가 일어나고, 그것이 층위에 그대로 남는 경우는 거의 없다고 볼 수

있다. 즉, 같은 지점에서 선박의 침몰이 시기를 달리하며 발생할 확률은 극히 적다. 다만 앞서 언급했던 진도나 고군산군도, 태안 마도 해역과 같이 선박의 침몰이 빈번했던 지역이나 과거로부터 항구로 사용되었던 지역에서는 인간에 의한 폐기 행위나 선박 침몰로 해저면에 산포되는 유물 등이 포함된 층이 일정지역에 분포할 수 있다. 이러한 층을 일종의 수중 '문화층' 또는 '유물포함층'이라고 할 수 있으나 육상처럼 누층적으로 퇴적되어 구분되지 않고, 인간의 해상 활동이 잦았던 전 시기의 유물들이 같이 포함되는 경우가 많다.[49] 이러한 층을 육상에서는 교란층이라고 하여 크게 의미 부여를 하지 않지만 수중에서는 이러한 층의 형성 자체가 극히 이례적이며, 다양한 인간 활동을 반영하는 것이므로 이 층이 형성된 지역에 대해서는 장기간의 정밀한 조사가 필요하다.

(3) 제토 장비에 따른 시굴조사법

육상과 달리 수중에서는 제토방법, 특히 제토 장비에 따른 조사법 구분이 필요하다. 앞서 언급했듯이 단위지역을 조사하는 데 육상에 비해 많은 시간이 소요되기 때문에 유물의 빈도 등에 따라 장비를 달리 사용할 필요가 있기 때문이다. 이러한 측면에서 지금까지는 선박을 이용한 고압분사기에 의한 시굴법(그림 66)과 인력을 이용한 에어리프트, 진공흡입펌프 등에 의한 시굴법이 사용되었다.

선박에 의한 고압분사기 시굴법은 군산 야미도 해역에서 사용된 방법으로 저인망 어선을 이용하는 시굴법이다. 5~10톤급의 저인망 어선에 수압분사기, 분사펌프, 분사호스, 채집그물망 등을 설치한다(그림 67~70). 먼저 수압분사기를 이용해 해저면을 제토하고, 제토된 내용물을 채집 그물망 안에 들어가게 한 다음, 이를 배 위로 끄집어 올린다. 인양물을 물로 세척하면서 유물의 유무를 확인한다(그림 71, 72). 이상의 과정을 매 구역마다 반복하게 된다. 시굴선의 GPS플로터(GPS PLOT-

TER)에 표시되는 좌표점을 각 구역에 부여하고, 이를 이용해 시굴구역을 분별하여 시굴한다. 각 구역의 시굴에서는 보통 2~3시간에 걸쳐 해저면을 제토하며, 제토된 인양물의 유물 선별 작업은 30~50분가량 소요된다.

야미도 해역에서는 2008년 9월부터 2009년 3월까지 167일간 813,160m²의 해역에 대해 10m 간격으로 너비 1m, 길이 380m 규모로 시굴조사를 실시했다. 이는 저인망 어선을 이용한 조개 채취법을 차용한 것으로 제한된 시간에 넓은 지역의 유물포함층을 확인하는 방법이다. 이미 유물이 다량 분포하는 것이 확인된 지역이나 침몰선이 있을 가능성이 높은 지역에서는 유구 훼손의 가능성이 높기 때문에 이 방법을 이용하는 것은 위험하다.

이 외에 인력을 이용한 에어리프트나 진공흡입펌프에 의한 제토는 발굴 작업에서 사용하는 것과 동일한 것으로 발굴방법 부분에서 자세히 설명토록 한다.

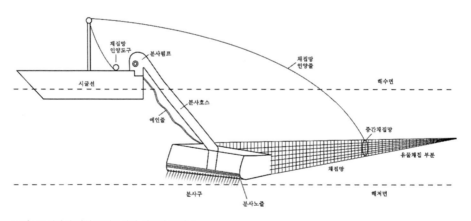

그림 66 선박에 의한 고압분사기 시굴법 모식도

그림 67 시굴선

그림 68 분사펌프

그림 69 분사기 및 그물망

그림 70 그물 인양 모습

그림 71 유물 세척 모습

그림 72 확인 유물

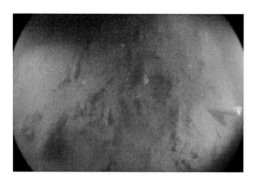

그림 73 마도2호선 발견 당시 원통목

그림 74 마도2호선 발견 당시 선체

그림 75 마도2호선 발견 당시 도기 호

(4) 선체 확인의 징후

수중 지표조사와 시굴조사의 1차적인 목적이 침몰선의 확인이라는 측면에서 지금까지 조사된 침몰선의 발견 사례를 몇 가지 소개하고자 한다.

먼저 시굴조사를 통해 확인된 사례로 마도2호선이 있다. 마도 해역에 대한 조사는 2009년부터 본격적으로 이루어졌으며, 시굴조사는 5월부터 10월까지 이루어졌다. 당초 A구역 50×25m 구간은 트렌치 간격 5m, 폭 1m로 구획하여 제토했으며, B구역과 C구역은 같은 규모로 단지 트렌치 간격을 10m로 조정하여 조사했다. C구역 가장 동편의 트렌치를 제토하는 과정에서 가공되지 않고 수피(樹皮)가 그대로 남아 있는 원통목들이 노출되어 산재해 있는 것을 발견하고 청자 잔, 소접시 등의 유물들을 다수 확인했다. 이에 주변에 대한 확장 조사를 실시하는 과정에서 가공된 목재가 노출되어 이에 대한 지속적인 확인 작업을 진행한 결과 선체로 파악되었다. 목재 노출 과정에서 도기 호 4점이 수습되었다(국립해양문화재연구소 2011a: 15~18).

결국 마도2호선 발견의 단초가 된 것은 원통목(곡물 적재를 위한 받침목으로 확인됨)이었으며, 결정적인 증거는 가공된 목재, 즉 선체였고, 비교적 용량이 커서 자기에 비해 움직임이 적은 도기 호의 출수가 간접적인 증거가 되었다(그림 73~75).

이에 비해 마도1호선과 3호선은 광역지표조사 과정에서 발견되었는데 1호선은 선체편과 자기가 해저면 상에 노출된 상태였고(그림 76, 77), 3호선도 선체로 추정되는 심하게 썩은 목재 여러 편(그림 78)이 뻘에 박힌 채 확인되었다(국립해양문화재연구소 2010: 97). 특히 3호선의 경우 마도와 신진도를 잇는 방조제 건설로 인해 물길이 바뀌면서 선체의 목재가 노출되었을 가능성도 제시되었다(국립해양문화재연구소 2012: 16). 이상 마도1, 2, 3호선은 모두 곡물 중심의 운반선으로 최초 발견 시 가장 중요한 징후는 해저면 또는 시굴조사 중 선체 일부가 확인된 것이며, 선박에 적재되었던 원통목이나 도자기 등도 같이 출수된 것이다.

그림 76 마도1호선 발견 당시 유물 노출

이에 반해 태안선, 십이동파도선 등은 주로 자기를 운반하던 화물선으로 자기가 적재되었을 당시의 모습과 같이 수십 점이 포개진 상태로 수백 점 이상 노출되었고, 주변을 제토하여 이를 조사하는 과정에서 주변이나 하부에서 선체가 확인되었다.

그림 77 마도1호선 발견 당시 선체

2) 수중 발굴조사

수중 탐사 또는 시굴조사를 통해 확인된 침몰선이나 유물 집중매장지와 같은 유물, 유구, 유적에 대해 행해지는 조사이다. "과거 인간 활동의 복원"이라는 목적을 달성하기 위해서는 이들 유적에서 발견되는 발견물의 정황(context; 출수위치, 공반관계 등)을 이해하고 기록하는 것이 매우 중요하다. 유적에 대한

그림 78 마도3호선 발견 당시 선체

이러한 정보 수집 없이 단순히 유물을 인양(salvage)하는 것은 고고학적 발굴과 구분되어야 하며, 이러한 행위는 '보물사냥(Tresure-Hunting)'이라고 할 수 있다.[50]

(1) 수중 유적의 종류

수중 발굴의 대상이 되는 유적들은 그 위치에 따라 몇 가지로 구분이 가능하다(Amanda Bowens, eds. 2009 : 16).

- 물에서 사용하는 과정에서 가라앉거나 잃어버린 증거의 유적: 침몰선
- 물속에 또는 물 가장자리에 위치한 유적들로 부분적 또는 전체적으로 물에 잠겨 있는 유적: 부두, 선창, 조선소 등 해양 기반시설
- 육지에 건설되었지만 현재는 물속에 잠긴 유적: 선사시대 패총, 댐 건설로 수몰된 유적 등
- 해수면 상승기 동안 지속적으로 발전했던 유적: 본래 위치에서 지속적으로 후퇴한 이래, 그 초기 유적이 물속에 있는 유적

우리나라에서 지금까지 조사된 수중 유적은 모두 첫 번째와 두 번째에 해당되는데, 조수 간만의 차이에 의해 만조 시에는 물에 잠겼다가 간조 시에는 노출되는 조간대(潮間帶)에 위치하느냐, 수중에 위치하느냐에 따라 조사방법을 달리한다. 침몰선 중 진도선, 달리도선, 안좌선, 대부도선과 보령 원산도 유적은 조간대에서 발굴되었으며, 완도 청해진 유적의 목책과 선창 등도 마찬가지다(그림 80, 81). 이러한 조간대에 위치하는 유적들은 물이 빠졌을 때 조사를 실시하므로 기본적인 조사방법은 육상 발굴과 거의 동일하다. 이에 반해 신안선, 완도선, 무안 도리포 유적, 군산 비안도 유적, 십이동파도선, 군산 야미도 유적, 태안선, 마도 1호선·2호선·3호선 등은 순수하게 수중에 위치한 유적으로 수중 발굴 조사 방법에 의해 조사를 실시할 수밖에 없다(그림 82).

한편 수중 발굴 유적에서는 유구의 개념이 육상과 약간 다르다. 육상의 유구(feature)는 주거지나 건물지, 우물, 담장 등 땅에 건축된 인공물로 '부동산'의 개념으로 특별한 경우를 제외하고 발굴이 완료된 후 그 자

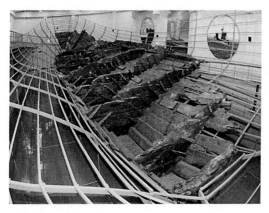

그림 79 최초 발굴된 신안선

그림 80 장도 청해진 목책열

그림 81 조간대에서 확인된 안좌선

그림 82 태안 비경도 해역 상평통보 발견 유적

리에 다시 매몰된다. 그러나 수중 유적의 대표적인 사례인 침몰선은 그 자체가 운송수단으로서 '동산'이며, 다른 유물들과 마찬가지로 인양된 후 보존처리를 거쳐 전시되는 경우가 많기 때문에 이를 유구라고 보기는 힘들다. 다만 수중의 선박은 내부에 선적물품이나 선상생활용품을 지니고 있으며, 침몰 후 유구와 비슷한 후퇴적 과정을 거쳐 발굴되기 때문에 육상의 유구와 상당히 유사한 점이 있다. 따라서 침몰된 선박은 개념적으로

는 유물이지만 실제 조사 과정에서는 유구처럼 인식하여 조사해야 한다.

간혹 도자기 등의 유물이 집중적으로 확인되어 조사를 진행했지만 선체가 확인되지 않는 경우도 있다. 무안 도리포 유적과 군산 비안도 유적, 야미도 유적, 보령 원산도 유적이 이에 해당된다. 이러한 유적은 선체 없이 유물만 발견된 경우로 본래 침몰선이 있었으나 찾지 못했거나 침몰 후 선체는 모두 사라지고 유물들만 남아 있을 수도 있다.

만약 유물들의 분포가 너무 산발적이어서 도자기 한두 점씩만이 넓은 지역에 분포하는 양상이라면 이러한 유물들은 침몰 후 선박에서 흘러나온 것으로 침몰 당시 또는 선적 당시의 맥락을 전혀 확인할 수 없는 상태라고 볼 수 있다. 어떤 경우 선적 당시와 같이 수십 점이 포개진 채로 여러 다발이 함께 확인되는 경우가 있는데 이 또한 선박으로부터 흘러나온 유물들일 수 있으나 그 맥락을 완전히 잃었다고는 볼 수 없다. 이러한 경우에는 양상에 따라 차이가 있으나 조심스러운 제토를 통해 유물을 노출시키고, 자세히 기록한 후 유물을 인양하고, 주변에 대한 조사를 진행하는 것이 좋다. 이런 지점에 대한 조사 과정에서 주변 또는 하부에서 선체가 확인된 경우가 많기 때문이다.

(2) 발굴 범위 확정과 구획

유적이 확인되면 발굴 범위와 구획 등을 정해야 하는데, 이를 위해서는 본격적인 발굴 전에 시굴조사 등을 실시하여 최대한 많은 정보를 획득해야 한다. 시굴방법은 육상과 같이 십자의 트렌치를 구획하여 제토하는 방법과 이미 노출된 선체를 따라가면서 제토하는 방법이 있다. 전자는 선체가 확인되지 않은 유물 집중매장지에 적당한 방법이며, 후자는 선체 일부가 노출된 유적에 적합하다. 후자는 선체를 노출시키면서 선체의 규모나 방향을 자연스럽게 파악하게 되고, 이에 따라 발굴 범위나 구획의 방향 등을 결정할 수 있게 된다.

다만, 침몰 과정과 침몰 이후에 선체가 많이 파손되기 때문에 선체를 따라 제토하다 보면 선체가 나타나지 않는 경우가 허다하다. 이럴 때에는 너무 깊이 제토하여 선체를 확인하려 하지 말고, 그 일대 전체를 수평을 유지해 나가면서 파 나가거나 그 부분은 일단 포기하고, 다른 쪽에서 선체를 찾아 나가야 한다. 한쪽을 너무 깊이 파다가는 거기에서 확인되는 유물들에 대한 정보를 파악하기 힘들거나 본격적인 발굴 이전에 너무 많은 제토가 이루어질 가능성이 있기 때문이다.

만약 위와 같은 방법으로 선체의 규모나 방향 파악이 도저히 되지 않는다면 차라리 보다 넓은 범위를 선체 방향과 상관없이 구획하여 본격적인 발굴을 시작하는 것이 훨씬 정보 손실이 적을 수 있다. 선체 규모 등은 전체적인 하강 제토를 하다 보면 언젠가는 반드시 확인되기 때문이다.

선체 또는 유물 집중매장처의 대략적인 규모와 방향이 확인되면 그보다 최소 3~5m 넓은 범위에 대해 그리드를 구획한다. 그리드의 방향은 선체와 유물이 놓여 있는 방향에 맞추어서 정하는 것이 좋으며, 발굴 과정에서 나침반을 이용해 그 방향만 잊지 않고 기록해 두면 된다. 그리드 설치는 빠르면 빠를수록 좋으며, 앞서 언급했듯이 사전조사 시 최소한의 제토만 진행하는 것이 바람직하다. 왜냐하면 "고고학적 정보란 유물뿐만 아니라 유물의 공간적 위치에 의하여 제공되기 때문"(이선복 1999: 50~51)으로, 수중 발굴에서 그러한 위치정보는 구획된 그리드를 통해서 확보하는 것이 가장 효율적이기 때문이다.

이처럼 선체와 출수 유물 정보 확보의 중요한 기준이 되는 그리드를 설치할 때는 몇 가지 사항에 유의해야 한다.

㉠ 그리드 설치 재료: 수중은 물 자체가 유동성이 있으며, 조류나 파도에 의한 유동이 심하고, 수중 행위 시 제약이 크기 때문에 실이나 로프, 철사와 같이 유연하거나 구부러지기 쉬운 재료로 그리드를 설치할 경우 조사 과정에서 변동될 가능성이 대단히 높다. 이를 기준으로 유물의 위치를 파악하고, 실측을 진행하면 오차가 커서 정확한 정보 획득이

어려울 수 있다. 따라서 최초 설치 당시의 상태를 지속적으로 유지할 수 있도록 단단하게 고정되는 금속재료로 만든 그리드를 제작하여 활용하는 것이 좋다.

ⓛ 그리드 설치 방법: 노출된 선체나 유물의 가장 높은 점을 기준으로 삼아 수평으로 설치해야 한다. 유물이나 선체의 위치는 수평적 위치뿐만 아니라 수직적 위치도 중요하기 때문에 설치된 그리드는 유물이나 선체의 높이 측량의 기준으로 활용할 수 있어야 한다. 육상에서처럼 레벨측량기 등의 장비를 사용할 수 없으므로 수평을 잡을 때는 건설 현장에서 사용하는 수평기를 사용한다. 또한 조사가 진행되면서 많은 제토가 이루어지는 선체 중앙부 등은 그리드가 처질 수 있으므로 이를 지탱할 수 있는 다리 등을 마련하여 발굴이 완료될 때까지 수평을 유지할 수 있도록 조치해야 한다. 또한 그리드가 조류 등에 의해 움직이지 않도록 외곽에 철제 강관 등을 일정 간격으로 박고 여기에 그리드를 고정시켜야 한다.

ⓒ 그리드의 좌표 설정: 적어도 그리드의 두 점에 대해서는 정밀도가 높은 DGPS 등을 이용하여 좌표점을 측량해 두어야 한다.

구체적인 그리드 설치 사례로 마도3호선 조사에서 사용된 철제 그리드를 예로 들어 본다. 마도3호선 조사에서는 한 변 20mm의 철제 강관을 재료로 6×2m의 직사각형으로 만들고 그 사이를 다시 2m로 나누어 2×2m의 격자 3개로 구획된 철제 그리드 16개를 제작했다. 수중에서 이 그리드들을 연결하여 기본 구획을 마치고, 2×2m 그리드 사이에는 1m 간격으로 로프를 연결할 수도 있고 철거할 수도 있게 했다. 이는 수중에서 제토 작업 등의 수행 시 1×1m는 너무 좁기 때문에 이러한 작업을 진행할 때는 로프를 철거하고, 실측이나 유물 위치 확인 등의 작업을 진행할 때는 로프를 설치할 수 있도록 한 것으로 조사의 편의를 위한 것이다. 또한 철제 그리드(2×6m) 장변에는 2m 간격으로 다리 3개, 양변 6개의 다리(길이 2m)를 설치했으며, 다리와 그리드의 연결은 나사식으로 하여 제토 깊이가 깊어질수록 다리의 높이를 길게 조절할 수 있도록 했다(그림 83~86).

　　이러한 방식의 그리드는 최초 신안선 발굴부터 사용되었고, 이후
십이동파도선이나 태안선, 마도1·2호선에서는 5mm 로프로 그리드를
구획하여 조사를 실시한 바 있다(그림 87, 88).

그림 83 마도3호선 철제 그리드 준비

그림 84 철제 그리드 결합 모습

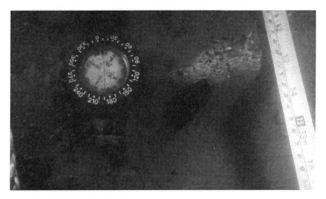

그림 85 철제 그리드 다리 조정　　**그림 86** 그리드 방향 확인

그림 87 태안선 조사 당시 그리드(로프)

그림 88 마도2호선 그리드와 그리드 사이 제토

(3) 발굴용 선박과 장비

수중 발굴조사를 수행하기 위해서는 에어리프트나 진공흡입펌프와 같은 제토 장비, 표면공기공급장비와 같은 잠수 장비, 크레인 등의 인양 장비 등을 갖춘 발굴용 선박이 필수적이다. 최초의 수중 발굴인 신안선 발굴부터 현재에 이르기까지 이러한 발굴용 선박은 많은 변화가 있었다. 신안선부터 완도선, 무안 도리포, 군산 비안도 1차 조사에 이르기까지는 해군 해난구조대(SSU)의 지원에 의해 조사가 이루어지면서 해군선이 주로 이용되었다. 이후 국립해양유물전시관이 자체 발굴조사를 실시하면서 군산 비안도의 경우 어선을 이용했으며, 십이동파도선은 철바지선을 임대하여 사용했다. 그리고 군산 야미도 1, 2차 조사와 태안선 조사에서는 3×4m와 4×6m 규모의 소형 바지선을 제작하여 이용했다.

발굴용 선박이 제대로 모습을 갖춘 것은 군산 야미도 3차 조사부터인데 이 발굴은 한국농어촌공사에서 시행하는 새만금 내해 친환경부지 조성에 따른 매립지역 구제발굴조사로 이전에 비해 많은 예산이 투입됐다. 이를 계기로 14×16m의 발굴 전용 바지선 2척을 건조했는데, 이 바지선은 진공흡입펌프, 표면공기공급장비, 인양롤러, 수중통신 및 수중 CCTV 시스템, 자체 발전기 등 수중 발굴에 필요한 장비들을 탑재하고 있어 명실상부한 발굴 전용 선박이라고 할 수 있다. 2012년에는 아시아 최초의 수중 발굴 전용 인양선인 290톤급 '누리안호'가 건조되어 2013년부터 본격적으로 운영됨으로써 한 단계 더 발전하게 된다.

① 발굴 전용 바지선과 장착 장비

같은 지점에서 수개월 또는 수년 동안 이뤄지는 수중 발굴을 위해 각종 장비가 탑재된 바지선을 이용한다. 이 바지선은 예인선과 짝을 이루는데, 예인선은 바지선의 이동, 정박, 발굴이 이루어지지 않을 때 바지선 관리 등의 역할을 담당한다. 조사 지점에 장기간 정박하는 바지선은 높은 파고(波高)나 태풍과 같은 악천후 시에는 피항지로 이동했다가 일기가 좋아지면 다시 본래 지점에 정박하게 된다. 바지선 내에는 모두 17기 정도의 장비가 탑재되어 있다(그림 89).

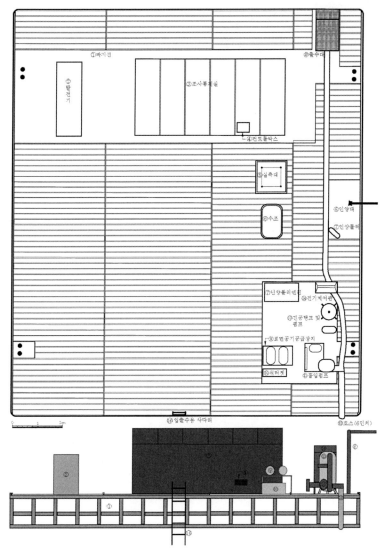

그림 89 발굴 바지선 평단면도

- 바지선(Barge)(그림 90): 부선(艀船)이라고도 하며 주로 강과 운하 등에서 화물을 운반하기 위해 만든 평평한 배이다. 오랜 기간 동안 바다에 정박해 발굴을 하기 위해서는 여러 가지 장비와 유물을 정리할 수 있는 공간이 필요하다. 이러한 공간과 장비를 장착하기 위해서는 바닥이 평평하고 파도에 의한 흔들림의 영향을 적게 받는 바지선이 적합하다. 바지선은 스스로 추진기관이 없어 이동 시에는 예인선의 도움이 필요하다. 그간 발굴에 사용되었던 바지선은 철제로 기본 틀을 만들고 그 사이에 스티로폼을 넣어 만든 것으로 2008년 군산 야미도 발굴을 실시하기 위해 제작했으며, 크기는 14×16m이다. 스티로폼으로 만든 바지선은 철제로 만든 바지선보다 흘수(吃水)가 낮아 낮은 수심에서도 발굴이 가능하며 수면에 노출되는 높이도 비교적 낮아 잠수사의 입·출수가 용이하다.
- 발전기(그림 91): 발굴에 필요한 전원을 생산하여 공급하는 장비로 150kw의 전력 생산능력을 가지고 있다.
- 조사통제실(그림 92): 잠수사의 통제를 담당하는 곳으로 수중 조사원이 착용한 풀페이스마스크에 설치된 라이트, 카메라(CCTV), 통신 장비의 실시간 정보를 수신하여 조사 광경을 수

그림 90 바지선

그림 91 발전기

그림 92 조사통제실

그림 93 컨트롤박스

면 위에서 실시간으로 확인하고, 통신으로 조사원에게 지시와 통
제를 하는 시설이다.

- 컨트롤박스(그림 93): 조사통제실에 설치되어 있는 이 장비로 수
중 조사원과 통화가 가능하며, 조사원이 착용하는 조명 장치와
CCTV 영상 녹화 기능이 있어 수중 제토 상황 등을 화면으로 모
니터링할 수 있다.

- 실측대(그림 94): 수중에서 촬영이나 기록이 완료된 유물을 수면
으로 인양하여 본래 출토 상태로 재배치를 하여 정밀한 실측을
하기 위한 장비이다. 각 변 1.5m, 높이 30cm의 목제 박스로 내
부에 모래를 채우고, 수중 그리드의 크기와 같이 1×1m로 구획
했다. 2호선 발굴 시 처음으로 사용했다.

- 수조: 장비 세척을 위한 민물을 받아 두는 물통이다. 바닷속에서
사용한 장비는 건조되면서 소금결정체가 생기는데 이 소금기를
씻어 내지 않으면 장비 훼손이 심해진다. 이를 방지하기 위해 수
중에서 사용한 장비를 이 수조에서 세척한다.

- 인양롤러 및 엔진: 사람의 힘으로는 바지선 위로 올릴 수 없는 무
거운 유물의 인양이나 바지선의 이동이 필요할 경우 닻줄을 감아

올릴 때 사용하는 장비이다.

- 인양대(그림 95): 수심이 깊어지면 잠수사가 유물 인양바스켓을 직접 가지고 올라오지 못하고 인양백 등을 이용하여 수면으로 상승시키게 된다. 이때 인양바스켓 등을 바지선 위로 올리기 위해 사용하는 장비로 도르래를 설치하여 사용한다.
- 수면공기공급장치(Hookah)(그림 96): 수면에서 잠수자에게 공기를 압축하여 일정 길이의 호스를 통해 공급하는 장치로 일반적인 사용압력은 10kg/m²이며, 수심이 깊어지면 압력을 높여 공급할 수 있다. 무한대의 공기 공급이 가능하므로 공기 부족에 의한 잠수시간 제한이 없다는 장점이 있지만 호스의 길이에 따라 행동반경이 제한되며, 여러 사람이 동시에 잠수하거나 수중 그물이나

그림 94 실측대

그림 95 인양대

그림 96 수면공기공급장치

그림 97 워터젯

빗줄 등으로 인해 호스가 얽히면 위험한 상황이 발생할 수 있다는 단점이 있다. 매몰선박 조사와 같이 활동 범위가 한정되어 있고, 주변이 정리된 상태에서는 공기탱크를 사용하는 것에 비해 훨씬 효율적이기 때문에 수중 발굴조사 시에는 주로 이 장치를 사용한다.

- 워터젯(Water-jet)(그림 97) : 육상 세차장에서 사용하는 고압분사기와 같은 원리로 물을 고압으로 분사하는 장비이다. 수중 조사 시 갯벌 하부의 유물매장 의심 지점에 대한 갯벌 제거용으로 사용한다. 그러나 강한 수압으로 인해 유물이 파손될 위험이 높으며, 갯벌 제거 과정에서 수중 시야가 나빠지기 쉬운 단점이 있어 발굴 시에는 잘 사용하지 않고, 조류가 빠른 해역의 탐사에 주로 사용한다.

- 제토용 진공흡입펌프(그림 98) : 현재 수중 발굴조사 시 사용하는 주 제토 장비로 스크루의 회전력을 이용하여 호스를 통해 물과 갯벌 등을 함께 끌어올리는 방식이다. 흡입호스 속에 물이 가득 차기 때문에 수중에서는 약간의 음성부력을 갖는다. 2008년 군산 야미도 수중 발굴 시 처음 도입된 것으로 기존의 주된 수중 제토 장비였던 에어리프트가 부력 변화가 심해 조정이 힘든 것에 비해 조정이 쉽고 정밀한 제토가 가능해 유물 손상을 최소화할 수 있으며 제토의 효율성이 높다. 다만 자갈이나 패각류가 많은 지역

그림 98 흡입펌프

그림 99 출수대

에서는 스크루의 손상 위험이 있고, 이물질을 함께 흡입하면서 호스의 막힘 현상이 비교적 자주 발생하며, 장비 제작비용이 에어리프트에 비해 훨씬 고가이다.

• 출수대(그림 99): 흡입펌프에 의해 수중에서 제토된 갯벌과 바닷물이 함께 나오는 곳으로 수중 조사원이 거름망에 걸린 작은 유물이나 이상체 등을 확인한다.

• 호스: 흡입펌프에 빨려 올려지는 제토물의 운송라인으로 흡입펌프에서 압력이 생기기 때문에 고압이 발생해도 수축이 되지 않는 강한 재질의 호스로 만들어진다. 보통 직경 3인치와 6인치 두 가지 크기를 많이 사용한다. 2호선 조사 시에는 흡입펌프에는 6인치 호스를 연결하고, 수중에서 6인치 호스에 3인치 호스 2개를 연결시켜 직접적인 제토는 3인치 호스로 실시했다. 충격에 약한 유물의 발굴을 위해서는 흡입 범위가 넓고, 강력한 6인치보다는 3인치 호스가 적당하다.

• 진공탱크 및 펌프(그림 100): 해수면과 흡입펌프 사이의 공기공

그림 100 진공탱크 및 진공펌프

그림 101 전기제어박스

간을 제거하기 위해 진공탱크에 진공을 발생시켜 펌프까지 해수를 끌어올리는 역할을 한다.

- 전기제어판(그림 101): 바지선에 설치된 모든 장비의 전기제어장치로 가동과 중지 버튼이 설치되어 있으며 누전이 되면 전기를 차단시키는 안전장치이다.

- 입·출수용 사다리: 잠수사가 물에 들어가거나 나올 때 사용하는 사다리이다.

그림 102 에어리프트 사용 모습 1

한편, 발굴 전용 바지선에는 탑재돼 있지 않으나 수중용 제토 장비로 사용되고 있는 에어리프트(그림 102, 103)에 대해 언급하고자 한다.

이 제토 장비는 흡입구에 공기를 주입하면 그 공기가 넓고 단단한 호스를 통해 수면으로 올라가게 되는데 이때 흡입구 주변에 흡입 효과가 생겨 갯벌이나 모래 등이 물과 함께 끌려 올라가는 원리를 이용한 것이다. 흡입력은 주입되는 공기의 양과 호스의 길이 등의 압력에 의해 변한다.

에어리프트를 사용하기 위해서는 먼저 사용할 위치에 설치한 후 수면의 공기압축기를 작동해 일정 압력에 도달하면 공기 흡입밸브를 연다. 이때 에어리프트의 배출구가 아래를 향해 있으면 공기는 호스에 채워지고 점점 수면을 향해 흐르게 된다. 이때 부력이 발생해 에어리프트는 천천히 수직으로 서게 된다. 에어리프트는 잘

그림 103 에어리프트 사용 모습 2

못 조작하면 순식간에 부력을 얻게 되는 위험성을 지니고 있다. 이런 위험에 대비하기 위해 작업이 시작되면 에어리프트가 적당한 부력 상태를 유지하도록 공기 밸브를 조심스럽게 조절한다. 만약 에어리프트가 작업 도중에 떠오른다면 흡입구에 납 등을 달아 부력을 조절하는 작업이 필요

하다. 에어리프트를 사용하면 강한 흡입력에 의해 섬세한 발굴이 어려울 수도 있고 순간의 실수로 유물들이 파손될 수도 있다.

에어리프트와 진공흡입펌프를 비교하면 제토의 정밀성과 안전성에서는 후자가 우세하나 가격 측면에서는 전자가 보다 저렴하다. 또한 에어리프트는 뻘과 모래, 자갈 등의 흡입이 모두 가능하나 진공흡입펌프는 흡입된 물질들이 펌프를 거쳐서 가기 때문에 자갈층이 퇴적된 지역에서 이용하는 것은 힘들다.

② 잠수 장비(그림 104, 105)

- 잠수복(Diving suit) : 습식과 건식의 두 종류가 있다. 잠수복을 입는 이유는 보온과 신체를 보호하기 위해서이다. 암반과 산호초는 눈으로 확인은 잘 안 되지만 날카로운 것들이 많다. 살짝만 닿아도 긁혀 상처를 입게 되며, 이 때문에 따뜻한 열대바다라 하더라도 잠수복을 입는 것이 좋은데, 이때 입는 것이 습식 잠수복이다. 두께별로 보온 능력이 다르기 때문에 여름철 수온이 20도 전후인 우리나라 바다에서는 원단 두께가 5~7mm 정도 되는 슈트가 적당하며, 수온이 30도 가까이 되는 열대바다에서는 보통 1.5~3mm 정도의 슈트를 착용한다.

  건식 잠수복은 일반적으로 수온이 15도 이하로 떨어지면 입는 잠수복이다. 물이 전혀 스며들지 않기 때문에 잠수복 안에 내피(방한복)를 입고 착용한다. 늦가을부터 초봄까지 착용하며 얼음 속에서 다이빙도 가능하다. 우리나라 동해 바다는 여름철에도 수심 20m 이하는 수온이 7~8도로 내려가기 때문에 건식 잠수복을 착용해야 하며 수중 발굴처럼 장시간 잠수할 때도 체온 유지를 위해 건식 잠수복을 많이 사용한다.
- 호흡기(Regulator) : 호흡기는 공기통에 들어 있는 고압의 공기를 잠수사가 호흡할 수 있도록 대기 중의 압력과 동일하게 조절하는

장치로 이것을 통해 물속에서 숨을 쉴 수 있다. 일반적으로 잠수에 입문하는 초보자도 호흡기를 통해 입으로 하는 호흡에 잘 적응한다. 보조호흡기는 개인작업이 많은 수중 발굴에서는 잘 사용하지 않지만 비상시에 사용할 수 있기 때문에 가급적 부착하는 것이 좋다.

- 납 벨트(Weight belt): 잠수복은 자체 부력을 가지고 있기 때문에 물에 쉽게 가라앉지 않는다. 그러한 양성부력을 중성부력으로 맞추기 위해 착용하는 것이 납 벨트로 일반적으로 납 1개의 무게는 2kg이다. 납 벨트는 습식 잠수복보다 건식 잠수복 착용 시, 두께가 얇은 잠수복보다 두꺼운 잠수복 착용 시 더 무거워야 하며 잠수자의 체형과 잠수 경험에 따라서도 편차가 크다. 자신의 상황에 맞는 무게의 납 벨트를 착용하는 것이 좋다.

- 풀페이스마스크(Fullface mask): 풀페이스마스크는 수중 상황과 수면 상황을 서로 간에 알 수 있도록 통신 장비를 부착할 수 있는

그림 104 잠수 장비 착용 후(전면)

그림 105 잠수 장비 착용 후(후면)

마스크다. 이 장비는 양압식으로 약간의 틈이 생기더라도 수중 압력과 같은 압력으로 공기를 보내 주기 때문에 물이 들어오지 않는다. 이 장치에 영상과 통신 장비를 장착해 수중의 상황을 잠수사와 수면의 연구원에게 알려 줄 수 있고, 육상에서 수중 조사원에게 작업지시를 전달할 수 있다. 여러 종류가 있으며 보통 얼굴 전면을 덮는 수경, 호흡기, 프레임이 일체로 구성된 형태이다.

- 부력조절기(Buoyancy Compensator): 잠수사의 안전을 위한 가장 중요한 장비의 하나로 잠수 중에 공기를 넣고 뺄 수 있어 부력을 조절할 수 있다. 가장 많이 사용되는 종류는 크게 두 가지인데 전체적으로 공기가 고루 들어오는 조끼형 부력조절기와 등 쪽에만 공기가 들어오는 후면부력조절기(Backmount type)가 대표적이다.

- 공기통(Air tank): 물속에서 숨쉬기 위해 대기 중의 공기(산소 20%, 질소 79%, 기타 1%)를 고압으로 압축하여 충전한 것이다. 대개 80큐빅피트 용량을 사용한다. 긴 시간 또는 깊은 수심의 잠수를 위해 두 개의 탱크를 연결해 사용하기도 한다. 요즘은 감압과 심해잠수를 위해 질소의 비율을 낮추고 산소의 분압을 높인 나이트록스(Nitrox) 탱크나 공기에 헬륨을 혼합한 트라이믹스(Trimix) 등의 다양한 혼합기체를 충전해 사용하기도 한다.

- 다이브컴퓨터(Dive computer): 수심과 잠수시간 및 잠수에 관한 여러 가지 정보를 자동으로 연산해 디지털 방식의 수치로 표시해 주며, 잠수 시 위험이 되는 요소들을 미리 경고해 주고 잠수계획에 필요한 정보들을 자동으로 계산해 주는 디지털 방식의 게이지이다.

- 오리발(Fin): 형태에 따라 풀풋포켓(full foot pocket)형이나 오픈힐(open heel)형 등 여러 종류로 나눌 수 있다. 표면공급호흡장치를 사용하는 잠수에서는 활동반경이 좁기 때문에 잘 사용하지

않고, 스쿠버 장비를 이용한 잠수나 수중 촬영, 탐사 등에서 많이 사용한다.

(4) 제토방법

선체 또는 유물 집중매장지에 대한 제토조사를 진행하는 방법은 기본적으로 육상에서 주거지나 건물지를 조사하는 과정과 동일하다. 실제 발굴 사례를 통해 몇 가지 원칙만을 제시한다면 아래와 같다.

① 수평제토 지향

앞서 언급한 것처럼 기본적으로 수평적인 제토를 지향해야 한다. 여기서 수평적인 제토란 어느 한 지점을 깊게 파지 않고, 20cm 깊이 내외로 발굴 범위 전체를 전반적으로 제토해 나가면서 평면상의 변화를 관찰해 가는 것이다. 이러한 발굴법은 인공층위법과 동일하다.

② 선체 내외부 구분 제토

선체를 유구의 어깨선으로 보고 그 내부와 외부를 구분해서 제토한다. 일반적으로 선체는 저판과 좌·우측의 외판, 선수와 선미부로 구성되는데 보통 좌현 또는 우현, 선수 또는 선미부로 기울어져서 침몰한다. 그리고 극단적인 경우에는 좌, 우현 어느 한쪽으로 완전히 기울어져서 침몰하는 경우도 있으나 보통은 외판재와 바닥재는 잔존하는 경우가 많다. 따라서 이 경우 잔존 외판재의 가장 상단부가 유구의 어깨선이 되고 그 내부를 제토하여 유물을 노출시켜 나가야 한다. 다만 기울어져 침몰한 경우 기울어진 방향의 외판재가 땅속에 더 쉽게 묻히기 때문에 많은 부분이 잔존한다. 반면 반대 방향의 외판재는 상대적으로 해저면에 노출되었거나 얕게 묻히기 때문에 쉽게 손상되나 제토 시 더 윗부분에서 나타난다. 따라서 선체 외곽선의 노출은 대부분 그 깊이가 일정하지 않음을 감안한다면

①의 원칙에 따라 수평제토를 하되 먼저 노출되는 외곽선(외판재)이 있다면 그 외곽선의 안쪽만을 제토 범위로 잡아 제토하면 언젠가 반대편의 외곽선(외판재)이 노출되고, 그럼 다시 그 안쪽만을 제토하면 된다. 선체 내부에 대한 조사가 완료되면 선체 인양을 위해 그 바깥쪽을 제토한다.

③ 발굴둑 남기고 제토

수평제토 시 선체 또는 유물 집중매장지의 방향과 직교하는 방향으로 발굴둑을 남기고 제토하는 것이 좋다. 이 발굴둑은 선체 침몰 이후의 후 퇴적 과정을 살필 수 있는 유일한 단서가 되기 때문이다. 다만, 선체 깊이가 너무 깊어 발굴둑을 끝까지 유지할 수 없거나 조사 과정에서 발굴둑이 방해가 되는 경우 충분한 기록을 남긴 후 제거하는 것이 바람직하다.

④ 노출면 구분

제토 시 유물의 노출 양상에 따라 제1 노출면, 제2 노출면, …… 등으로 구분하여 제토해야 한다. 이는 선박 내부의 유물 선적 상황, 침몰 후의 후 퇴적 과정 등에 의해 노출되는 유물의 양상이 깊이에 따라 차이가 있기 때문이다. 마도3호선을 예로 보면 선체 내부의 가장 상부로부터 약 60~120cm까지가 침몰 이후의 퇴적층(1차 노출면)이다(그림 106). 그 아래는 침몰 후 일정시기까지 외판재와 상부 갑판재 등이 무너져 내린 부분(2차 노출면)이다(그림 107). 다시 그 아래는 침몰 직후부터 선체가 무너지기 전까지 형성된 퇴적층인데, 이 층이 형성되는 과정에서 일부 바닥에서 유물이 나타나기도 한다. 이 층을 제거하면 선체 중앙을 제외한 나머지 부분에서 곡물 적재를 위한 원통목들과 그 상부의 곡물들, 그리고 중앙부에서는 다른 칸에서 쓸려 들어온 곡물과 유물들이 나타난다. 즉, 선적 당시의 상부 유물과 침몰 시 이동된 유물이 노출되는 면(3-1차 노출면)이 된다(그림 108). 다시 그 하부에는 선체 바닥 직상

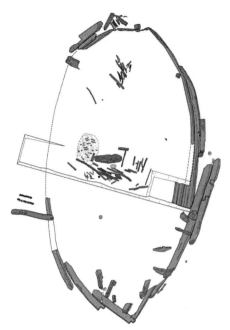

그림 106 마도3호선 1차 노출면

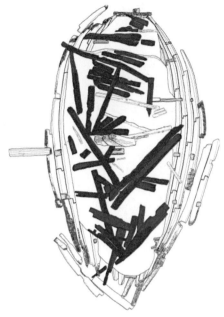

그림 107 마도3호선 2차 노출면

그림 108 마도3호선 3-1차 노출면

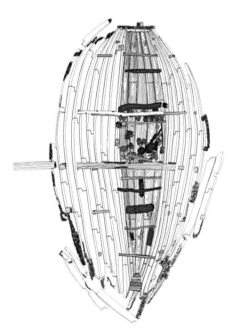

그림 109 마도3호선 3-2차 노출면

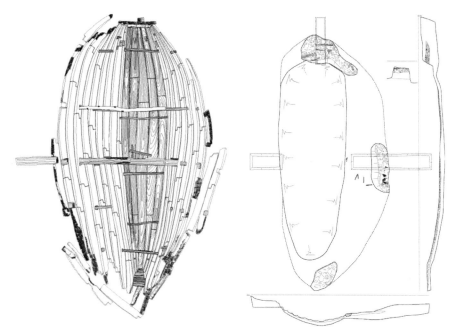

그림 110 마도3호선 4차 노출면　　　　　　　　**그림 111** 마도3호선 선체 인양 후

부에 있었던 유물들이 나타나게 되는데 이는 3-2차 노출면이라고 할 수
있다(그림 109). 마지막으로 선체 내부의 모든 유물을 인양한 후 선체
바닥까지 노출된 상태가 4차 노출면이 된다(그림 110). 최후에는 선체
까지 인양하고 난 후가 되는데 이는 5차 노출면(그림 111)이라고 할 수
있다(국립해양문화재연구소 2012: 65~89).

(5) 조사내용의 기록

수중 발굴조사 과정의 기록방법은 육상과 마찬가지로 첫째, 조사일
지와 야장과 같은 기록물, 둘째, 선체나 유물 노출 상태에 대한 평면도,
단면도, 토층도와 같은 도면, 셋째, 유구와 유물의 노출 상태에 대한 사
진 촬영, 넷째, 조사 모습이나 유물 등의 노출 상태에 대한 비디오 촬영

등이 있다. 첫 번째의 조사일지나 야장 등은 육상과 다를 바 없으므로 제외하고, 나머지 수중에서의 도면 작성과 사진·비디오 촬영법에 대해 주로 다루도록 한다.

　수중에서 실측은 대단히 중요하다. 육상과 달리 유적 전체의 모습을 보여 주고 기록할 수 있는 방법이 실측밖에 없기 때문이다. 수중에서 사진 촬영은 제한된 시계에 의해 유적의 극히 일부분밖에 할 수 없으며, 그것조차 왜곡이 상당히 심한 광각렌즈에 의존할 수밖에 없다. 따라서 어떤 경우에도 수중 유적에 대한 실측은 이루어져야 한다. 다만 수심이 깊거나 앞이 전혀 보이지 않을 경우에는 현장 상황에 맞게 융통성 있게 대처해야 한다.

　수중 실측은 의외로 육상에서 하는 작업과 동일하다. 다른 점이라면 육상 실측에서는 일반적인 종이재질의 방안지를 사용하는 반면 수중에서는 내수성(물에 젖지 않는 성질)이 좋고 파열 강도가 높은 합성수지 원료의 반투명 용지인 트레팔지(Trepal Paper)에 방안을 인쇄한 용지를 사용한다는 점이다. 이 외에 연필과 지우개, 줄자를 이용하여 실측하는 것은 육상과 동일하다. 다만 수중이라는 제한된 환경의 특성상 고려해야 할 몇 가지 사항이 있다.

　첫째, 실측용지는 수중에서의 활동을 고려하여 최대 A3 크기를 넘지 않는 것이 좋다. 육상에서는 유구 실측 시 보통 A2 크기를 사용하나 수중에서 이를 사용하기에는 너무 크다. 가장 이상적인 크기는 A4 크기이지만 유물 실측 시에는 적절하나 선체 등을 실측하기에는 너무 작다.

　둘째, 용지에 맞는 실측판을 제작할 때는 실측에 사용되는 연필과 지우개 등을 부착할 수 있게 만들어야 한다. 우리나라에서 주로 발굴이 이루어지는 서해안은 수중 시계가 좋지 않기 때문에 연필이나 지우개를 별도로 가지고 있다가 놓치는 경우 부력이 강한 연필은 수면으로 상승하고 부력이 없는 지우개는 흙 속이나 선체 위로 떨어지게 되는데, 이럴 경우 찾기가 어렵다. 그렇다고 다시 수면 위로 상승하여 가져오기에는 수심이 깊을 경우 2차 잠수가 되기 때문에 번거롭다.

셋째, 선체는 노출되는 만큼 그때그때 실측하는 것이 바람직하다. 무엇보다 중요한 것이 선체의 정확한 실측이나 육상에 비해 제한된 시계(전혀 앞이 보이지 않을 때는 실측이 불가능)와 한정된 실측시간(수심 8m 이내에서 한 사람이 하루에 최대 180분~200분 정도)으로 육상처럼 전체가 노출된 후에 실측하는 것은 전반적인 발굴 진행상 효율적이지 못하다. 실측이 늦어지면 다음 단계의 조사도 같이 늦어지기 때문에 최대한 다른 조사에 방해되지 않도록 실측을 진행하는 것이 좋다(그림 113, 116).

넷째, 유물의 실측은 수중과 육상에서 병행하는 것이 좋다. 제한된 환경인 수중에서는 유물의 정확한 평면적 위치와 깊이 등만 표시하고, 정확한 형상 등은 인양 후 발굴용 선박에서 재실측하거나 사진을 이용해 실측을 하는 것이 효과적이다. 재실측 방법은 선박에 1×1m의 그리드를 만들어 놓고, 수중에서 간략하게 그린 도면을 참조하여 유물을 수중과 같은 위치에 배치해 놓고 차분하게 실측하는 것이다. 이 또한 유물의 양이 너무 많거나 시간에 쫓긴다면 유물 재배치 후 직상방에서 스케일과 함께 사진 촬영을 한 후 실내에서 일러스트나 캐드 프로그램을 이용하여 도면화하는 방법도 있다. 태안선이나 십이동파도선과 같은 자기 운반선에서는 유물들이 수천 점에서 수만 점이 출수된다. 그리고 같은 기종의 자기들 수십 점이 포개져서 나오는 경우가 많은데 이를 수중에서 개별적으로 실측하는 것은 사실상 불가능하다. 이 경우 포장 단위별로 그 위치를 표시하고, 단위대로 인양하여 육상에서 수중 사진 등을 참고로 재배치한 후 사진 실측 등의 방법을 활용하는 것이 효과적이다(그림 115).

다섯째, 선체의 레벨은 측량 가능한 모든 지점을 계측하는 것이 좋으며, 개별 선체에 대해서는 인양 후 3D 스캔을 권장한다. 지금까지 선체는 해체하여 인양하는 것이 일반적이다. 이 경우 인양 후에 복원한다고 해도 당초의 모습과는 차이가 있을 수 있기 때문에 수중에서 결구된

그림 112 실측판을 들고 있는 조사원

그림 113 선체 실측 모습

그림 114 유물 인양, 재배치 후의 실측

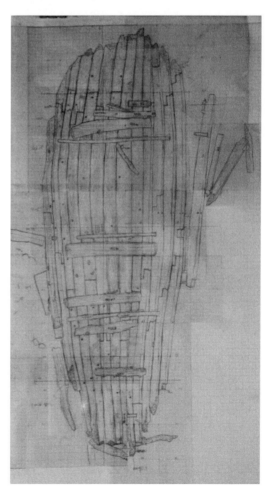

그림 116 완성된 선체 평면도

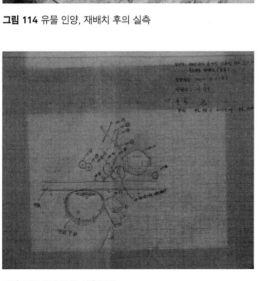

그림 115 육상 유물 실측도면

상태가 가장 본래 모습에 가깝다고 할 수 있다. 육상에서와 같이 유구에 대한 3D 스캔이 가능하다면 좋겠지만 현재로서는 수중에서의 스캔은 불가능하다. 따라서 이에 대한 최대한의 정보를 남기기 위해서는 정확한 평면 실측과 레벨 측량이 필요하며, 가능한 많은 지점에서의 레벨 정보를 획득한다면 캐드 프로그램 등을 이용하여 3차원으로 복원하는 것도 가능하다.

(6) 수중 촬영법

수중 발굴조사를 사진이나 영상으로 기록하는 데에는 많은 제약과 어려움이 수반된다. 언제, 어느 곳에서 중요한 유물·유구가 발견이 될지 모르는 상황에서 보다 사실적이고 정확한 기록을 위해서는 기록 담당 조사원이 항상 대기하고 있다가 언제라도 입수해 빠른 시간 내에 기록해야 한다. 부득이한 경우 사진이나 영상 기록을 위해 조사를 중단하기도 하지만, 이럴 경우 기상 여건이나 유물의 훼손 등 예측하지 못한 다른 문제들이 발생할 수도 있기 때문에 신중을 기해야 한다.

수중 발굴조사에 대한 사진이나 영상 기록은 조사를 시작하기 전 상황과 조사를 위한 해상 준비 과정, 구획을 비롯한 수중 준비 과정 등 조사의 시작부터 유물 인양과 철수 과정 등의 마무리까지 전 과정을 기록하는 것으로 육상 발굴조사와 크게 다를 바 없다. 다만, 활동이 자유로운 육상과 달리 많은 장비가 동원되고 수압과 조류, 혼탁한 시야 등으로 인해 여러 가지 위험요소를 가지고 있는 수중이라는 조건에서 이루어진다는 점에서 차이가 있다.

수중에서 사진이나 영상 기록을 얻기 위해서는 육상 발굴조사와 달리 고고학과 촬영에 대한 전문지식 외에도 잠수를 위한 장비와 능력을 필요로 한다.

서해안에 편중된 수중 발굴조사의 사진이나 영상 기록 확보에는 거

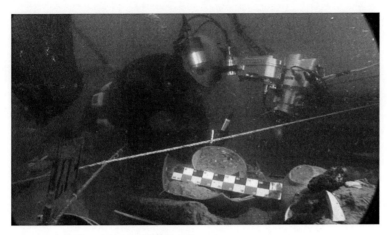

그림 117 비디오를 고정해 발굴 과정을 촬영하는 모습

센 조류와 부유물 등으로 인한 혼탁한 수중에서 시야를 얼마만큼 확보할
수 있는지가 관건이 된다. 이를 위해서는 환경에 적합한 충분한 잠수능
력을 갖춰야 하며, 이를 바탕으로 조류를 이용한 시야 확보, 부유물로 인
한 난반사 등의 문제 해결법과 적절한 카메라 조작 및 조명 기법 등을 익
히고 있어야 한다(그림 117).

바다라는 특수한 환경적 제약은 수중 촬영에 어려운 점들을 발생시
킨다. 먼저 기본적으로 몇 가지 요건을 갖추어야 촬영이 가능한데, 그것
은 자기 몸을 수중에서 완벽하게 컨트롤할 수 있는 잠수능력과 고고학적
지식, 촬영에 대한 전반적인 지식이다.

수중 유적은 수중 촬영이 매우 까다로운 서해안에 대부분 분포해
있다. 서해안은 조수 간만의 차가 심해 조류가 강한 곳이 많기 때문에 조
사 시 시간적 제약을 받는 곳이 많다. 또 대부분의 저질(底質)이 갯벌로 이
루어져 있어 부유물들에 의해 시각적인 제약을 받게 된다. 이러한 제약들
을 일부라도 극복할 수 있는 기본적인 방법 몇 가지를 소개한다.

① 잠수 전 촬영 계획 수립

수중 유적에서 촬영을 담당하는 대부분의 조사원은 작가, 카메라, 조명, 연출 등 모든 역할을 혼자 해내야 하며 촬영을 모두 마치고는 사진이나 영상의 정리나 편집까지 맡아서 하는 경우가 대부분이다. 촬영을 위한 잠수를 시작해서 '무엇을 촬영할까?' 또는 '어떻게 촬영할까?' 라는 고민을 하게 되면 이미 잠수시간은 한계에 도달하고 별다른 소득 없이 물 밖으로 나와야 할지도 모른다. 촬영 원고를 잠수 전 준비하고 머릿속에 그리며 잠수해야 한다.

② 수중 촬영 장비의 선택(그림 118, 119)

수중 촬영 장비는 고가여서 구매할 때 가격의 영향을 많이 받게 된다. 하지만 그보다 중요한 것은 어떤 수중 발굴 현장에서 누가 어떻게 사용할 것인가에 따라 결정해야 한다는 점이다. 카메라의 방수 케이스인 하우징은 카메라나 제조사에 따라 형태, 성능 그리고 가격이 천차만별이다. 하지만 비싸다고 꼭 좋은 장비라고 생각하면 안 된다. 비디오카메라를 예로 들면 소니사의 HVR-Z1이나 HVR-Z7 모델 카메라를 Amphibico Phenom FX 시리즈 하우징에 장착하고 Discovery II HID 50W 라이트를 조명으로 사용할 때 수중에서는 중성부력에 가깝지만 육상에서는 카메라를 하우징에 장착했을 때 무게가 23kg이나 나간다. 수중에

그림 118 수중 비디오카메라 하우징과 다양한 렌즈들

그림 119 수중 카메라 하우징

서 선체 내부 같은 좁은 공간을 비집고 들어가기에는 크기가 부담스러울 때도 있고, 강한 조류에서는 큰 부피 때문에 저항이 심해 안정된 영상 촬영에는 몇 배의 힘을 소모해야 하기도 한다. 하지만 다른 소형 카메라들에 비해 선명한 화질과 색감을 얻을 수 있다는 장점이 있다. 반면 소니사의 HDR-HC9 카메라 같은 경우 섬세한 조작이 필요한 촬영을 하기에는 부족한 소형 캠코더이지만 어차피 카메라의 모든 기능을 탁한 시야에서는 사용하기 힘들기 때문에 조작이 간편한 것을 선택하는 것도 나쁘지 않다.

또 중요한 장비 중의 하나가 카메라에 장착되는 광각렌즈로 시야가 탁한 곳에서는 광각렌즈 없이는 좋은 영상이나 사진을 얻을 수 없다. 최소 초점거리가 짧은 광각렌즈가 아니면 일정 거리를 유지해야 영상이나 사진의 초점을 맞출 수 있는데, 시야가 탁한 곳에서는 조금만 거리가 떨어져도 피사체에 대한 초점을 맞출 수 없어 제대로 된 사진이나 영상을 촬영할 수 없기 때문이다.[51] 예를 들자면 현재 국립해양문화연구소에서 사용하는 비디오카메라는 94°의 화각을 가진 광각돔포트(wide dome port)를 사용하고, 스틸카메라에는 8mm, 10mm, 15mm 광각렌즈를 사용한다. 주로 많이 사용하는 8mm 렌즈는 180°의 화각을 가지고 있는 어안렌즈(fish eye lens)로 최소 초점거리가 20cm도 되지 않아 다른 렌즈에 비해 탁한 물에서도 렌즈와 유물 간의 거리를 밀착시켜 촬영할 수 있다. 하지만 이 렌즈를 사용하면 사진 주변에 원형으로 비네팅(Vignetting) 현상이 발생하고 그 내부는 왜곡이 발생하게 된다. 하지만 탁한 시야에서는 사진의 심한 왜곡을 감수하더라도 광각렌즈를 사용할 수밖에 없는 경우가 발생하게 된다.

그리고 수중 비디오카메라 하우징 선택 시에는 꼭 수동초점(manual focus) 기능이 있는 것을 선택하도록 한다.

③ 잠수 장비의 선택

　　촬영 장비와 잠수 장비가 준비되었다면 촬영 목적에 맞는 장비를 선택해 착용해야 한다. 잠수를 위해서는 공기탱크와 부력조절기, 호흡기 등과 같은 스쿠버 장비가 필요하며, 그 밖에 수경, 오리발, 슈트 등도 필요하다. 하지만 이런 장비들은 때때로 수중 촬영 시에 방해가 되기도 한다.

　　대표적인 것이 오리발인데 퇴적물이 쌓여 있는 곳에서는 오리발에 의한 물의 이동에 의해 부유물이 일어날 수 있어 오리발을 벗고 촬영하는 것이 좋다. 그리고 오리발을 벗게 되면 두 발을 이용해 그리드에 지탱해 촬영할 수도 있다. 하지만 수중에서 유영하며 그리드의 평면 영상이나 사진을 촬영할 때는 조류 때문에 오리발 없이는 자세 유지가 힘들 때도 있다.

　　공기공급장치의 선택도 필요하다. 공기탱크를 사용하는 스쿠버 장비를 이용할 것인가 아니면 수면공기공급장치를 이용할 것인가를 선택해야 한다. 수중 발굴장의 대부분은 그리드가 설치되어 있기 때문에 공기호스를 달고 다녀야 하는 수면공기공급장치는 그리드 간 이동에 불편을 초래한다. 하지만 공기 공급에 제한이 없기 때문에 여유롭게 촬영을 진행할 수 있다. 스쿠버 장비 같은 경우는 반대로 그리드 내에서도 행동이 자유롭지만 공기 양이 제한되어 잠수시간을 꼭 지켜야 한다는 단점이 있다.

그림 120 수중 사진 촬영

그림 121 죽찰 수중 사진 촬영

부력조절기를 사용할 때는 카메라 작동 시 가슴 앞쪽의 행동이 자유로운 백마운트 방식의 부력조절기를 사용하면 편할 수 있다. 하지만 백마운트 방식에 익숙하지 않은 사람은 부력 조절이 힘들 수도 있다.

또 레크리에이션 잠수에서는 중성부력 상태를 가장 이상적으로 여기지만 촬영할 때는 이 같은 생각을 버려야 한다. 경우에 따라서는 음성부력이나 양성부력이 효과적일 때가 있다. 안정적인 촬영을 위해서는 가끔 숨을 참기도 하는데 이 경우 중성부력 상태를 계속 유지하기가 힘들어 몸의 자세가 흐트러지게 되며 촬영을 망칠 수도 있다. 안정적인 자세를 원하면 차라리 음성부력을 이용해 해저면에 자리를 잡고 촬영하는 게 좋을 때도 있고, 때로는 해저면의 부유물을 일으키지 않도록 지탱할 수 있는 구조물이나 그리드 아래에 기댈 곳이 있으면 약간의 양성부력이 효과적이기도 하다.

조류가 흐를 때는 가능하다면 조류가 흘러오는 방향을 향해 촬영을 시도하면 침전됐다가 떠오르는 부유물에 대한 부담을 효과적으로 줄일 수 있다. 발생된 부유물이 조류를 타고 몸 뒤로 흘러가기 때문이다.

④ 수중 영상 촬영

촬영이 익숙하지 않은 사람들은 무조건 카메라를 많이 움직이며 얻은 영상(moving shot)이 좋다고 생각한다. 하지만 막상 그렇게 촬영된 영상들은 구도가 불안정하고 초점 등이 제대로 맞지 않는 등 많은 문제를 지니고 있어 편집할 때 사용하지 못하는 경우가 많다. 전문가들의 영상을 보면 한 개의 샷(shot)을 찍을 때 카메라 자체가 자리를 이동하며 촬영하는 경우는 많지 않다. 다양한 각도와 크기로 짧게는 5~6초에서 길게는 그 이상 정지한 영상들을 촬영한 후 편집한 영상이 상당 부분을 차지한다. 촬영하고자 하는 피사체에 접근해서 가장 멀리서 전체사진(full shot)을 찍고 그다음 부유물이 발생하지 않게 조금씩 천천히 접근하며 정지된 영상을 일정 시간 동안 찍는다. 그렇게 가까이 접근하며 점점 근접사진(close shot)을 찍어 가면 된다. 혹시 팬(Pan)이나 틸트(Tilt)[52] 등의 렌즈 이동 샷을 찍을 경우에도 처음과 끝은 3~5초간 정지영상을 촬영해 편집 시 영상의 활용도를 높여야 한다. 그리고 줌 기능은 가급적 사용하지 않는 게 좋다. 수중에서는 피사체와 카메라 렌즈 사이에 액체막(물)이 존재하기 때문에 줌을 사용하게 되면 영상의 선명도가 전체적으로 떨어지게 된다. 접사사진이나 영상이 필요하면 카메라가 피사체에 가깝게 접근해 촬영하는 것이 좋다.

수중 비디오카메라 하우징은 좋은 장비일수록 카메라의 많은 기능을 하우징 외부에서 직접 조작할 수 있다. 하지만 혼탁한 시야에서는 많은 기능들을 포기하고 자동설정으로 촬영을 진행할 때가 대부분이다. 이런 환경에서 꼭 필요한 기능이 바로 수동초점이다. 수중 발굴을 하고 있는 조사원이나 유물들을 자동초점으로 촬영할 때 갑작스럽게 부유물이 발생하면 순간 촬영하던 피사체에 맞춰져 있던 초점은 부유물로 포커스를 옮겨가 초점을 잘 맞추질 못한다. 이럴 때 피사체에 초점을 맞춘 상태에서 수동초점 기능을 작동시키면 부유물이 일어나도 작동 시점에 맞춰진 초점을 계속 유지하게 된다. 부유물이 많이 침전되는 수중 발굴장

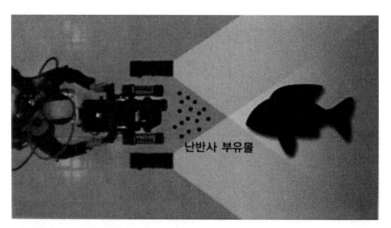

그림 122 두 개의 필 라이트 조명을 이용한 촬영법

그림 123 닻돌을 촬영하는 조사원   **그림 124** 비디오카메라 조명 사용

에서는 꼭 필요한 기능이다.

그리고 중요한 요소인 조명이 있다. 육상 촬영에서는 조명을 담당하는 스태프가 따로 있기도 하지만 수중에서는 혼자서 조명까지 조절해야 하는 경우가 대부분이다. 수중 발굴장에서는 부유물에 의한 난반사가 가장 큰 문제가 된다. 이것을 해결하기 위해서는 필 라이트(fill light) 조명을 많이 사용한다. 이 촬영법은 두 개의 필 라이트 조명을 나란히 피사체에 비추는 것을 말하는데 빛이 겹치는 부분을 피사체에 근접시키는 것으로 피사체와 카메라 사이의 부유물이 카메라에 나오지 않게 찍는 방법이다(그림 122). 탁한 시야에서 좋은 영상을 얻기 위해서는 촬영 각도와 거리가 변할 때마다 조명의 각도를 조절하는 것이 좋다.

(7) 유물 및 선체 인양

① 유물 인양

수중 발굴조사에서는 제토 과정을 통해 매장됐던 유물을 노출시킨 뒤 다시 수중을 통과해 수면으로 옮기는 과정을 거치는데 이를 인양이라고 한다. 이때 가장 주의해야 할 점은 유물에 손상이 생기지 않도록 안전하게 옮기는 것이다. 인양은 두 단계로 이루어진다. 일차적으로 수중에서 유물을 안전한 용기나 지지대에 담거나 함께 포장해 수면으로 부상시키면 사람이 직접 들어 올리거나 크레인을 이용해 선상으로 이동시킨다. 그다음 촬영이나 기록 후 다시 안전하게 포장을 하는 것이다.

인양되는 유물이나 선체의 크기와 형태에 따라 다양한 방법을 사용할 수 있다. 하지만 적절하지 못한 인양방법은 돌이킬 수 없는 유물의 손상을 일으킬 수 있으므로 방법 선택 시 각별한 주의가 필요하다.

곡물이나 볏짚 등 초본류 유물이나 생선뼈 등 유실되기 쉬운 소형의 유물들은 뚜껑이 있는 병이나 플라스틱 용기 또는 비닐 지퍼백에 담아 인양하면 안전하고 손쉽다. 하지만 포장용기에 옮겨 담는 과정에서 소형 유물들은 조류에 의해 순간적으로 유실되거나 훼손될 수 있음을 항상 유념해야 한다.

목간이나 죽찰, 길이가 긴 목제품, 밧줄 같은 유물들은 발굴 과정에서도 조심해야 하지만 인양에서도 세심한 주의가 요구된다. 특히 목간이나 죽찰은 표면에 묵서가 있기 때문에 지워지지 않도록 최대한 접촉을

그림 125 플라스틱 용기를 이용한 유물 인양

그림 126 원통형 통을 이용한 목간 인양

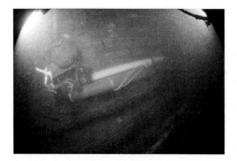
그림 127 파이프를 이용한 밧줄 수습

그림 128 소형의 유물들과 갯벌 함께 인양

피해야 한다. 이때 플라스틱으로 만들어진 원통형 상자나 플라스틱 파이프 조각들을 이용하면 효과적으로 인양할 수 있다. 주변의 토사와 함께 유물을 플라스틱 상자에 담아야 손상 없이 유물을 인양할 수 있다. 목간의 경우는 당시 화물에 대한 명확한 정보를 제공해 주는 단서가 되기 때문에 출수 위치와 매장 상태를 정확히 파악한 후에 인양하는 것이 중요하다.

　　수중 조사에서 유물의 상당 부분을 차지하는 도자기류 유물들은 대량으로 매장돼 있는 경우가 많다. 선적 당시 포장된 형태인 다발로 확인되는 경우도 있고, 조류 등에 의해 모두 흩어져 넓은 범위로 산포돼 있는 경우도 있다. 전자와 같은 경우에는 인양바구니(플라스틱 컨테이너)에 순서대로 옮겨 담는 것이 인양 후 화물 적재 양상을 파악하는 데 도움이 된다. 또 주변에는 포장에 쓰였던 목제 포장목이나 밧줄 등이 있을지 모르니 유물이 수습된 자리를 자세히 살펴보아야 한다. 도자기 유물들이

그림 129 상자를 이용한 도기 유물 인양

그림 130 곡물(볍씨) 인양

그림 131 자기다발 인양

그림 132 죽찰을 상자에 담고 있는 조사원

넓은 범위로 산포된 경우에는 조사자가 유물들을 채집망에 담아서 인양하는 방법을 많이 쓴다. 이때 유물의 출토지점을 정확히 파악하고 기록해 두어야 유물의 집중매장처나 매장된 선박의 위치를 추정하는 데 도움이 되는 자료를 얻을 수 있다.

고선박을 발굴하게 되면 선원들이 사용했거나 화물로 선적했던 철제 솥 등의 철제 유물들이 출수된다. 이것들은 대부분 산화부식물에 주위가 덮여 단단한 상태를 유지하고 있지만 일부는 부식이 심해 쉽사리 손상되는 상태로 남아 있기도 한다. 철제 유물들이 단독으로 분리된 상태라면 인양은 비교적 수월하게 진행할 수 있다. 하지만 산화부식물에 의해 주변의 도자기나 목재 등 다른 재질의 유물들과 응결된 상태라면 세심한 선택이 필요하다. 응결된 유물들을 통째로 인양하는 방법과 분리해서 인양하는 방법 중 선택을 해야 한다. 통째로 인양하는 방법은 유물의 손상이 적어 최선책이 될 수 있지만 응결물의 부피가 너무 크면 대형 크레인을 이용해 들어 올려야 하며 보존처리 시설 확보에도 문제가 발생할 수 있다. 또 많은 비용이 추가로 발생하게 된다. 정이나 망치 등의 도구를 통해 유물들을 분리해서 인양하는 방법은 적은 비용으로 쉽게 인양할 수 있지만 유물이 분리될 때의 충격이나 유물의 고착 상태에 따라서 유물의 일부 파손이 불가피하게 된다.

청동숟가락, 청동젓가락, 청동대접이나 접시 등 청동제 유물은 부식 정도에 따라 상태가 다양한데 대부분은 많이 약해진 상태로 확인된다. 플라스틱 등의 뚜껑 있는 용기에 담아 인양하는 방법이 가장 좋지만, 이때 주변의 토사와 함께 제토해 용기에 담아 줘야 내부에서의 움직임 때문에 발생할 수 있는 파손을 막을 수 있다.

② 선체 인양

현재까지 국내에서 발굴한 고선박 11척은 모두 선체편들로 각각 분리해 인양했다. 분리 인양 방법은 적은 비용으로 쉽게 사용할 수 있고 이

그림 133 선체 분리 전 기록

그림 134 분리를 위한 나무못 절단

그림 135 인양 받침대에 선체편 고정

그림 136 공기주머니를 이용한 부상

그림 137 크레인을 이용한 이동

그림 138 선상에 포장된 선체편들과 유물

동이나 보존처리에도 용이하다. 분리 인양의 순서는 다음과 같다. 첫째,
선체의 결구 상태와 구조를 파악한다. 둘째, 선체편들 사이를 벌려 나무
못인 피삭과 장삭을 절단한다. 셋째, 분리된 선체편을 지지대에 올려 넓

은 고무줄을 이용해 고정시킨다. 넷째, 공기주머니를 이용해 수면으로 부상시킨다. 다섯째, 부상시킨 선체편을 크레인을 이용해 선상으로 이동한다. 여섯째, 선체 촬영과 특징, 제원 등을 기록한다. 일곱째, 선체편에 충분한 물을 공급한 후 부직포와 비닐을 이용해 포장한다.

현재 2011년 발굴을 마치고 인양하지 않은 마도3호선의 경우는 선체의 잔존 상태가 양호해 통째 인양이라는 새로운 방법을 계획 중이다.

(8) 현장 보존처리

수중에서의 유물은 대부분 갯벌이나 모래에 묻힌 상태로 발견된다. 이런 수중 발굴 유물은 적절한 보존 환경이 유지된다면 수세기 동안 그 상태를 유지할 수 있다. 하지만 일부는 해저면에 노출되어 교란되고 훼손된 상태로 발견되기도 하는데, 이들은 원래의 형태를 지니지 못한다.

유물을 발굴하고 나면 출수 일자와 위치, 수량을 정확하게 기록한

그림 139 라벨링된 철제 솥(인천 영흥도)

라벨을 부착해야 추후에 섞이지 않고 보존처리실까지 옮길 수 있다. 물에 젖지 않는 재료에 유성용 필기구로 기록하는데 현장에서는 주로 코팅 필름을 사용한다.

유물의 사진 촬영과 실측 등의 상태 기록을 위한 짧은 노출 과정에서도 유물의 변색 등이 쉽게 관찰된다. 따라서 출수 유물을 즉시 보존처리실로 운반하여 처리할 수 없다면 현장에서 임시 보관과 응급 보존처리를 해야 한다. 이 항에서는 수중 발굴 유물의 매장 상태와 응급 보존처리에 대해 자세히 설명하겠다.

① 수중 발굴 유물의 매장·출수 상태
㉠ 초본류
출수 초본류는 대부분 상품으로 운반했던 유물을 포장하거나 화물의 보호를 위한 완충재로 가장 많이 쓰였다. 가공해 만든 밧줄, 도자기 사이에 쓰였던 갈대, 볏짚 등이 많이 확인된다. 이러한 초본류가 해저면에 노출되면 조류나 파도에 의해 파괴되거나 훼손된다. 그렇기 때문에 해저면에서 확인되는 것은 매우 드물며 갯벌 속에 매장되어 있는 경우가 대부분이다.
㉡ 곡물류

그림 140 갯벌에 묻힌 밧줄 보호(신안 안좌도선)

그림 141 벼 노출 상태(태안 마도3호선)

곡물류 또한 초본류와 같이 갯벌에 매장된 상태로 확인되지만 가마니 속에 포장되어 발견되거나 선원들이 사용했던 도기 안에서도 확인된다. 대부분의 곡물 낟알(탄수화물)은 미생물에 의해 파괴되고 껍질 부분만 남아 있고, 껍질 부분도 수압과 갯벌의 압력을 받아 납작하게 압착된 상태이다.

ⓒ 금속류

금속류는 청동 재질의 대접, 숟가락, 젓가락, 동전과 철제 솥이 주로 출수된다. 신안선과 진도선에서는 선박 연결에 이용된 철제 못도 확인됐다. 청동은 부식이 이루어지면서 자체적으로 보호막을 형성하지만 두께가 종이처럼 얇아져 파손되기 쉽다. 철제 유물의 경우에는 부식물이 주변 목재조직에 침투하기도 하며 주위 유물과 응결된 상태로 출수되기도 한다.

ⓔ 목재류

목재류 유물에는 선박, 원통목, 포장목, 주방도구, 목간 등이 있다. 유물은 매장 상황에 따라 부후(腐朽) 정도가 매우 다르다. 해저면에 노출된 목재는 배좀벌레, 미생물에 의한 파괴가 많이 이루어져 부후가 심하지만 갯벌에 깊이 매장된 유물은 부후도가 낮아 비중이 1 이하로 확인

그림 142 매장 상태의 죽제품(마도3호선)

그림 143 죽제품의 인양(마도1호선)

그림 144 출수 후의 죽제품(태안 마도1호선)

되기도 한다.

ⓜ 기타 유물

위에 언급한 재질 외에 골각류, 금, 은 등도 확인되며 이러한 모든 유물은 매장 상황에 따라 상태가 현저하게 다르며 현장 보존처리 또한 달라진다.

② 현장 응급 보존처리

현장 응급 보존처리는 수중 인양방법에서부터 시작된다. 유물의 재질별 상태별로 인양방법을 다르게 적용해야 하며 유물의 보관방법을 고려해야 한다. 유물 관리의 기본은 출수 즉시 유물 주변을 안전한 보존 환경으로 만들어 주는 것이다. 현장에서 출수 유물의 부식이 진행되고 있다는 것을 인지해야 하며, 보존처리가 이루어지기 전까지 유물의 상태를 확인하고 가능한 안정한 환경에 보관해야 한다.

㉠ 유기 유물의 현장 보존처리

그림 145 선체 포장(마도2호선)

　　유기 유물은 탄소를 포함한 재질을 아우르며 목재와 목간뿐 아니라 뼈, 가죽, 밧줄, 섬유, 천, 곡물까지 그 범위가 넓다. 이렇게 다양한 유기 유물은 발굴 과정에서 훼손되고 망실될 가능성이 크다. 특히 선체 등의 대형 목재 유물은 인양 전 조류 등에 의해 손상되지 않도록 주의해야 한다. 일반적으로 선체는 구조물 형태로 매몰되어 있어, 장기간 노출되면 조류나 파도에 의해 갯벌과의 밀착 부분이 떨어진다. 부후가 가장 많이 일어난 부분이나 연결 부분이 훼손되어 유실될 수 있기 때문에 발굴조사 중에 결구 상태를 확인해야 하며 노출 기간을 최대한 짧게 해야 한다.

　　다양한 유물의 현장 응급 보존처리는 위에서 언급했듯이 인양 과정에서부터 이루어져야 한다. 유물과 주변 토사를 통째로 인양한 후 육상 수조에 보관하여 발굴과 보존처리를 동시에 하는 것이 가장 안전하고 좋은 방법이이지만 대체로 현장 상황에 따라 해체 인양이 이뤄지고 있다. 유기 유물의 종류별로 몇 가지 인양방법을 소개한다.

그림 146 청자매병 포장

- 목간: 크기와 사이즈가 비슷한 크기의 용기(현장 상황에 따라 국 기봉, 필통, 지퍼백 등)를 이용해 물속에서 유물을 밀봉한다. 물 밖으로 이동할 때 목간 표면의 물의 흐름을 최소한으로 줄여 주 어야 한다.
- 죽제품, 직물류: 갯벌은 최소한으로 제거해야 하며, 수습 시 쟁반 이나 합판 같은 판을 유물과 갯벌이 밀착된 부분에 넣어 유물을 분리시킨 후 용기에 넣어 인양한다. 물 밖에서는 재포장이 어렵 기 때문에 밀폐상자를 이용하는 것이 좋다.
- 선체: 선체는 물속에서는 움직이기 쉽지만 물 밖에서는 크기와 무게 때문에 이동이 쉽지 않다. 이에 선체의 크기별로 인양대와 받침대(유물 포장용)를 제작하여 인양해야 한다.
- 곡물: 곡물은 초본류(볏짚 가마니)와 함께 확인되는데 밀폐상자 를 이용하여 죽제품 등과 같은 방법으로 인양한다.

이와 같이 출수된 유기 유물의 가장 중요한 현장 보존처리는 건조 되지 않도록 밀폐시키고 햇빛을 차단시키는 것이다. 유기 유물이 건조 되면 균열, 수축, 구부러짐 등이 생기며, 심할 경우 원형을 알아볼 수 없 을 정도로 변형된다.

출수 유물이 상태 기록을 위해 대기 중에 노출될 때는 그 시간을 최

그림 147 대나무반 포장(마도2호선)

소한으로 줄여야 하며, 노출 과정에서도 물에 적신 천(부직포 등)으로 유물 표면을 덮거나 스프레이 등으로 물을 지속적으로 뿌려 주어야 한다. 만약 수조가 있다면 그 속에 유물을 넣고 기록하는 것이 가장 좋다. 목간 같이 채색된 물질은 빛에 노출되면 빠르게 변색되거나 사라질 수 있기 때문에 빛을 차단하여 어두운 상태로 보관해야 한다. 유물의 보관은 증류수를 사용해 보관하는 것이 좋으나 현장 상황에 따라 짧은 기간 동안은 바닷물을 사용할 수 있다. 현장에서 보관할 때는 생물학적 피해를 방지하기 위해 방미제(붕산, 붕사, 티몰 등)를 사용한다. 이들 방미제는 유물에 손상을 줄 수도 있으므로 변화 상태를 관찰하고, 탄소연대측정에 이용하는 시료에는 사용하지 말아야 한다.

소형 유기 유물은 밀폐상자에 보관하는데 대형 유물은 현장에서 밀폐포장을 하기가 어렵다. 이러한 대형 유물(선체)의 경우 인양 시부터 받침대를 제작하여 함께 인양한 후 포장한다. 이러한 받침대는 이동수단으로 이용되며 유물의 지지대 역할을 한다. 대형 선체는 수용성 약품이며 강한 흡습성을 가진 저분자량 폴리에틸렌글리콜 200을 이용하여 도포한 다음 물에 적신 천(부직포)으로 1차 포장한다. 그 후 에어비닐로 2차 포장하고 마지막으로 대형 비닐을 이용해 3차 포장을 한다. 이렇게 포장한 선체의 현장 보관 기간은 되도록 짧아야 한다. 보관 장소는 직사광선이 들어오지 않는 서늘한 지역이 좋다.

수중 발굴된 유기물은 육안 관찰로는 양호하게 보이지만 부후가 심하여 조직은 스펀지처럼 매우 약해져 있다. 따라서 현장에서의 접촉을 최소한으로 줄여 보관하고 되도록 빨리 보존처리실로 옮긴다.

ⓒ 무기 유물의 현장 보존처리

수중에서 발굴된 무기 유물의 종류는 철제, 청동제, 금, 은, 도자기, 석재 등 다양하나 청자, 도기, 백자 등의 도자기 유물이 대부분을 차지

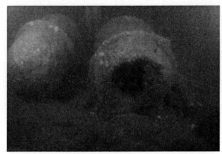
그림 148 매장 상태의 철제 솥

그림 149 임시 포장 중인 철제 솥

한다. 이러한 유물들은 바닷속에서 오랜 세월 안정한 상태로 유지되다가 발굴 행위로 외부에 노출되면 대기에 존재하는 부식 촉진 인자들에 의해 급격하게 변화된다. 이렇게 부식이 진행된 유물들은 물리적 충격에 취약하기 때문에 현장에서의 적절한 응급 보존처리와 포장을 한 후 보존처리실로 안전하게 이동해야 한다.

이들 무기 유물은 철제를 제외하고 대부분 양호한 상태로 관찰되나 오랫동안 매몰되어 있으면서 부식으로 인해 재질이 약화되어 쉽게 손상될 수 있다. 주조철제는 적절한 보관 환경을 유지하지 않는다면 재부식이 생길 수 있다.

무기 유물은 유기 유물과 같은 방법으로 인양하는데 부피, 무게, 보관방법 등을 고려하여 인양대를 제작하여 인양하고 보관한다.

출수 금속 유물의 경우 수분이 증발되는 것을 막아 주거나 담수에 침적(沈積)하여 보관해야 한다.

철제 유물의 경우 부식물에 의해 다른 재질과 고착되어 발굴되는 경우가 많다. 해양생물, 목재, 석재 등 주변 물체들과 응결되어 부착되어 있는데, 고착물은 제거하고 보관하는 것이 좋으나 분리가 되지 않는 경우에는 그 상태로 보관한다.

납 유물은 관리와 현장 응급 보존처리에 주의가 필요하다. 이는 해양 유기물의 분해에서 발생하는 유기산에 의해 매우 민감한 손상을 받기 때문이다. 따라서 유물이 해초 등의 해양생물과 혼합되어 있다면 먼저 제거한다. 그 후 증류수, 비이온수, 수돗물에 보관하면 부식 진행이 빨라지기 때문에 염수나 황산소다(sodium sulphate, 0.1%)가 섞인 담수에 보관해야 한다.

기타 금, 은, 주석 등 안정한 유물의 경우에는 현장에서 담수에 탈염처리한 후 건조 보관을 할 수 있으나, 재질별로 분류하여 담수에 보관했다가 보존처리실로 이동하여 처리하는 것이 좋다.

도자기 유물은 내부로 해수가 침수되어 용해된 염이 건조되면서 재결정으로 유물이 훼손될 수 있다. 고온 소성의 자기에서는 이 같은 문제가 적지만, 저온 소성의 다공성 도기는 매우 민감하다. 도자기 또한 담수에 보관 관리했다가 최대한 빠른 기간 안에 보존처리를 실시해야 한다.

모든 유물은 위에서 언급한 바와 같이 현장에서 적절한 응급 보존처리를 실시한 후 가능한 한 용액성의 환경에 보관한다. 현장에서는 플라스틱 용기나 비닐 봉투가 적당할 것이다. 이때 날카로운 부분이나 무게에 의해 포장 재료에 구멍이 생기면 건조될 수 있기 때문에 조심해서 포장한다. 또한 유물은 염 노화 과정이 일어나지 않게 용액 속에 완전히 잠기게 하거나 젖은 천(부직포) 등으로 포장한다.

주

1) 상대연대결정법은 어떤 것이 다른 것보다 상대적으로 오래되거나 새로운 것이라는 개념에서 나온다.
2) 절대연대결정법은 방사성탄소연대 등 햇수로 센 연대를 밝히는 것이다.
3) 현재 「매장문화재보호 및 조사에 관한 법률」상 시굴은 발굴의 한 범주로서 '발굴(시굴)'이라는 용어로 표현되고 있다.
4) 현행 「매장문화재 보호 및 조사에 관한 법령(2011년 2월 4일 제정)」상 시굴조사는 유적 추정 대상 면적의 10%, 표본(시굴)조사는 2% 이내의 면적에 대해 굴착을 허용하고 있다.
5) 층 구분에 관한 기본적인 내용은 곽종철·이진주(2012)에 의해 잘 정리되어 있으므로 구체적인 사항에 대해서는 생략한다.
6) 봉토분의 경우 도굴 구덩이의 정리를 통해 유구의 주축을 파악한 후 중심둑의 방향을 정하거나 주변 유적의 조사 성과에 의해 대략 유구의 주축 방향을 파악할 수 있다.
7) 거대 분구의 경우 4분둑만으로 분구 내 여러 유구 상호 간의 층위관계를 명확히 파악하기 어려울 때 사분법의 발전형으로 사용된다.
8) 유구 상부의 출토유물과 바닥에서 출토된 유물의 시기 차가 있을 수 있어, 유물의 출토 맥락을 명확히 하지 않을 경우 잘못된 해석과 연대를 제시할 수 있다.
9) 지표조사 및 발굴조사 매뉴얼 분류체계 참조(한문협).
10) 전 세계의 유적 위치 명명법은 국가별로 다양하다. 미국에서는 보통 주에 대해 두 자리 숫자, 카운티에 대해 2개의 문자, 그리고 카운티 안에서 59번째로 발견되었다면 그것을 표시하는 숫자 등으로 분류한다. 예컨대 〈유적 36WH297〉은 펜실베이니아주(36), 워싱턴(WH)카운티에서 297번째로 발견된 유적을 가리킨다. 이와 같이 유적을 명명하는 방식은 유적의 통계 처리를 비롯한 자료검색에 매우 편리할 것으로 생각된다〔콜린 렌프류·폴 반(이희준 역) 2006: 91〕.
11) 해발고도는 지면의 높이를 측량하는 기준점으로 현장에 설치되어 있는 BM점의 값에서 기계고(레벨기의 높이)의 높이만큼을 빼서 구한 값을 말한다. 국토지리정보원에서 전국의 국도를 따라 약 4km마다 1등 수준점, 이를 기준으로 다시 2km마다 2등 수준점을 설치해 두었다.
12) 야외가 아닌 실내와 같은 촬영 환경이 조성되는 경우는 동굴유적같이 유적이 실내에 위치하거나 유구의 일부를 대형 천막으로 덮은 후에 조사가 진행될 때이다.
13) '주기판'은 유적명, 그리드 번호, 유구 번호, 유구명, 날짜 등 촬영 대상의 내용을 간단히 기록한 것을 말한다.
14) 사진 이미지를 만드는 카메라 외에 동영상 이미지를 만드는 캠코더도 중요한 기록저장 장비이나 아직 조사 현장에서 활용하는 예는 많지 않고 사진 촬영의 보조적 역할로 사용되거나 조사 과정을 기록하는 방법으로 이용되는 경우가 많다. 하지만 최근 카메라와 캠코더

의 기능을 함께 사용할 수 있는 디지털 촬영 장비들이 새롭게 만들어지고 있어, 향후 동영상 이미지의 기록이 증가할 것으로 생각된다. 동영상 촬영은 기본적으로 사진 촬영과 같은 시점에서 이루어지기 때문에 장비 조작 방법의 차이를 제외하면 야외조사 촬영 방법은 비슷하다고 할 수 있다. 따라서 동영상 촬영도 사진 촬영에 준해서 실시하면 될 것으로 생각된다. 다만, 기록방법과 장비가 다르기 때문에 이에 대한 특성을 잘 파악하여 촬영하는 것이 필요하다.

15) 조사원의 기본적인 임무는 유적과 유구를 조사하는 것으로, 사진 촬영법은 조사 과정상의 부수적인 일이다. 따라서 전문가 수준의 사진 촬영법 습득도 중요하지만, 촬영의 목적이 무엇인지, 어떤 이미지를 어떤 상태로 기록할 것인지를 판단하는 것이 더 중요하다. 즉, 조사원은 기본적인 사진 촬영 기법(카메라의 기능, 조작법, 원리 등)의 습득과 더불어 촬영의 목적의식과 촬영 대상물의 기록방법을 파악하는 것이 가장 중요하다.

16) 최근 현장에서 주로 사용되고 있는 디지털카메라는 대부분 중형의 DSLR(Digital Single Lens Reflex) 카메라로 렌즈 교환이 자유롭기 때문에 대상물을 다양하게 표현할 수 있으며, 화질에서도 대부분 1,000만 화소가 넘어 필름카메라의 화질에 뒤지지 않는다. 또한 다양한 기능이 장착되어 있어 최적의 촬영을 손쉽게 할 수 있다.

17) 보관용 사진 촬영에는 슬라이드 필름이 주로 이용되며, 유적 및 유구의 주요 장면 촬영이나 대형의 출력물을 얻기 위한 촬영에는 중형이나 대형의 필름카메라가 이용된다.

18) 카메라 렌즈의 분류는 초점거리를 기준으로 한다. 초점거리(focal length)란 무한대에 있는 피사체에 초점을 맞추었을 때 렌즈와 필름(이미지센서)의 초점면 사이 거리를 말한다[바라라 런던·존 업튼(김승곤 역) 1988: 40].

19) 이 공식을 적용하면 디지털카메라의 표준렌즈는 35mm 렌즈가 된다. 보다 정확한 디지털카메라의 화각과 초점거리를 구하는 공식은 다음과 같다.

$$\text{화각} = 2\tan^{-1}\left(\frac{\text{CCD 대각선 길이}}{2 \times \text{렌즈 초점거리}}\right) \qquad \text{초점거리} = \frac{\text{CCD 대각선 길이}}{2\tan\left(\dfrac{\text{화각}}{2}\right)}$$

20) 디지털카메라의 기본 저장 포맷은 JPEG, REW, TIFF 등이다. 이 중 가장 많이 사용하는 포맷은 JPEG 포맷이다. JPEG 포맷은 압축 포맷으로서 이미지 정보를 최소화하여 압축하기 때문에 화질이 안 좋을 수 있으며, 특히 촬영 후 보정작업에서 색감조절이 어려운 부분이 있다. 따라서 기본적인 촬영은 JPEG 포맷으로 하지만 중요한 사진 촬영을 할 때에는 REW, TIFF 포맷을 활용하는 것도 바람직하다. 최근에는 한 번 촬영에 JPEG 포맷과 REW 포맷이 함께 저장되는 기능이 추가되어 보다 손쉽게 다양한 방법으로 저장할 수 있게 되었다.

21) 셔터는 광량과 움직임을 조절하고, 조리개는 광량과 피사계 심도를 조절한다.

22) 표준화된 수치는 필름카메라에 적용되는 것으로 디지털카메라와 같은 전자제어 셔터는 단계 없이 어떠한 셔터 속도도 가능하다. 일반적인 사진 촬영에서 기본적인 셔터 속도는 1/125를 기준으로 한다.

23) 스톱(stop)은 조리개나 셔터 속도가 달라져서 노출이 변하는 것을 말할 때 쓰인다. 예를 들어 노출을 한 스톱 더 준다는 것은 조리개를 한 단계 더 열거나, 노출시간을 두 배로 해서 광량을 두 배로 만드는 것을 의미한다.

24) 디지털카메라의 경우 자체적으로 노출 측광 모드가 장착되어 있어 비교적 손쉽게 노출을 측정할 수 있다. 그 종류는 평가 측광, 부분 측광, 스팟 측광, 중앙부 중점 평균 측광 등이 있다. 이 중 파인더 전체 부분의 노출을 맞추려면 평가 측광을 선택하고, 특정 부분의 노출에 맞추려면 부분 측광과 스팟 측광을 선택해야 한다. 중앙부 중점 평균 측광의 경우는 중앙부분과 주변부에 대한 중요도를 나누어 중앙부를 중심으로 주변부도 어느 정도 반영할 수 있는 노출 방식이다.

25) 유적과 유구 촬영의 기본 목적은 야외조사의 객관적인 기록이다. 따라서 사진 촬영은 특정 부분의 효과보다는 대상을 전체적으로 선명하게 촬영하는 것이 중요하다.

26) 발굴조사 과정도 고고학사적으로 보면 중요한 자료이기 때문에 유적, 유구, 유물의 기본적인 촬영 외에 조사지역의 주변 환경, 발굴조사 과정, 조사원·조사지역 주민·관련기관 등의 인터뷰 등을 영상으로 기록해 두는 것도 필요하다.

27) 유적 내부에서 외부 전경을 촬영하는 예는 매우 드문데, 앞으로는 반드시 필요한 사진기록이라 생각된다. 그것은 유적을 조성한 사람들의 관점에서 주변 환경을 이해할 필요가 있기 때문이다. 실제, 유적 내부에서 주변 환경을 돌아보면, 특정한 위치에 유적과 관련된 지형들이 배치되어 있는 경우가 있다.

28) 무선헬기, 무선비행기, 패러글라이딩 등을 이용한 항공촬영은 오랜 기간 동안 전문적인 교육과 훈련을 받은 사람만이 자유롭게 수행할 수 있다. 따라서 일반 조사원이 고가의 장비를 조정하기에는 어려운 점이 있다. 또한 항공촬영 비용은 유적의 규모나 위치에 따라 차이가 있지만 대략 100만~200만 원 정도이다.

29) 인터넷의 각종 포털사이트에서 지도 및 위성사진을 무료로 볼 수 있다. 특히, 구글 어스(Google Earth)나 다음 지도 등에서는 위성사진을 3D로 전환하는 기능이 있어 유적의 입지 환경을 보다 생생하게 표현하거나 이해할 수 있다. 또한 인터넷 위성사진에서는 유적의 위치를 주소로 검색하거나 주소를 확인할 수 있으며, 지적도나 등고선을 위성사진과 함께 나타낼 수 있어 조사 진행에 많은 도움이 된다.

30) 문화재보존관리지도(http://gis-heritage.go.kr/re)에서는 주소를 통해 유적의 위치와 주변 유적을 검색할 수 있다. 지도에는 지정문화재·매장문화재·고도지구 등이 최신자료로 등록되어 있어 유적 현황을 파악할 수 있으며, 해당 지역의 문화재 관련 정보도 확인할 수 있다.

31) 유구 내부 토층 조사는 ④ 유구 촬영에서 설명한다.

32) 연결되는 여러 장의 사진을 하나로 합치는 것은 컴퓨터와 사진합성 프로그램(사진관련 그래픽 프로그램)을 이용하여 할 수 있으며, '파노라마 사진'과 같은 효과도 얻을 수 있다. 또한 넓이나 길이에 관계없이 만들 수 있으며, 이미지의 왜곡 없이 정확한 형태와 크기로도 만들 수 있다. 따라서 사진 실측의 방법으로도 이용된다. 다만 사진 촬영 시 최소 1/3 이상 겹치게 촬영해야 하며, 촬영 후 보정작업에 시간이 많이 소요되는 단점이 있다.

33) 표준렌즈는 왜곡 현상을 최대한 줄이기 위해 사용하며, 수평기와 화이트밸런스 측정기는 촬영 각도와 색감을 일정하게 촬영하기 위해 사용된다. 이러한 장비의 사용은 여러 장의 사진을 하나의 사진으로 만들 때 보다 정확하고 손쉽게 사용하기 위한 조치이다.

34) 토층 조사에서 많이 쓰이는 노출 보조기구는 그늘막으로 콘트라스트를 없애 주어 일관된 이미지를 만들 수 있는 장점이 있다. 하지만 광량이 적어져 이미지의 상태가 좋은 편은 아니다.

35) 태양광에 반사되는 빛은 역광일 때 가장 심하다. 또한 땅의 상태(건조하거나 물기가 있거나)나 대상물의 성질(돌이나 목재)에 따라서도 반사되는 양이 달라지기 때문에 촬영지점이나 각도를 잘 선정해야 한다.

36) 노출 보조기구의 활용은 유구의 규모나 위치에 따라 달라지는데, 현실적으로 많은 제약이 있다. 따라서 되도록 자연광 상태에서 촬영하는 것이 좋다.

37) 필터는 렌즈로 들어오는 먼지와 습기를 차단하고 보다 다양한 촬영 효과를 얻기 위해 사용한다. 보통 선명하게 보이기 위해 UV필터를 많이 사용한다. 하지만 역광이나 반역광 상태에서 빛의 반사가 심하고 그늘이 많이 지는 상황에서는 ND필터나 편광필터를 사용하면 물체의 표면에서 반사되는 빛을 감소시킬 수 있다.

38) 노출보정에서 가장 많이 사용되고 효과가 좋은 것은 그늘막을 이용한 촬영이다. 촬영 대상에 그늘을 만들어 콘트라스트를 없애는 것으로 유구뿐만 아니라 토층 촬영에도 좋은 방법이다. 하지만 그늘막의 크기가 한정되어 있어 규모가 큰 유구에는 사용하기 어려우며, 태양의 각도와 바람의 영향을 많이 받는다는 단점이 있다. 또한 촬영된 이미지는 색온도가 낮아 후 보정작업도 필요하다.

39) 사진을 이용한 유구 실측은 고가의 사진 측량용 전문 장비나 사진 측량 전문 프로그램을 사용하는 것이 필요하지만, 모든 조사 현장에 적용하기에는 현실적으로 어려움이 있다. 따라서 여기서는 일반적으로 야외조사에 사용되는 장비와 그래픽 프로그램을 이용한 사진 실측을 간단히 소개하고자 한다.

40) 왜곡 현상은 사진의 기하학적 원리에 의해서 유구의 상하 편차가 클수록(깊이가 깊거나 높이 솟은 경우) 심하게 나타난다. 따라서 상하 편차가 큰 경우는 실측 전용 렌즈를 사용하거나 일반렌즈를 실측용으로 조절하여 사용해야 왜곡을 줄일 수 있다.

41) 촬영 대상물의 위치와 규모에 따라 사다리, 굴삭기, 기구(애드벌룬), 저고도촬영기를 이용할 것인지를 결정하게 된다.

42) 공중촬영 시에는 카메라의 조리개와 초점은 고정된 상태로 셔터만 조정할 수 있기 때문이다.

43) 최근 출시된 태블릿PC와 스마트폰에 장착된 카메라의 화질도 대부분 600만 화소 이상이며, 기능이 향상된 제품은 1,000만 화소가 넘는 것도 있다. 따라서 이미지의 품질만 보면 디지털카메라와 비슷한 수준이다.

44) 아직은 보편화된 사진 촬영 보조장비들이 부족한 편이기 때문에 야외조사 현장에서 손쉽게 사용하기에는 불편하다.

45) 이러한 지역을 험조처(險潮處)라고 하며, 우리나라의 대표적인 4대 험조처가 진도 울돌목, 태안 안흥량, 강화 손돌목, 황해도의 인당수이다. 태안 마도 해역은 안흥량에, 진도 오류리 해역은 울돌목에 인접한 지역이다.

46) 관상의 기구를 이용하여 원기둥 모양의 시료를 파내는 것이다.

47) 진도 오류리 해역의 그리드법에 의한 제토는 진공흡입펌프(6인치) 1대로 이루어졌으며, 1일 작업시간은 5시간 내외, 제토 깊이는 80~150cm 정도였다. 한 달(20일) 조사에서 10×10m 그리드 4개의 조사를 완료했으므로 400m² 정도 조사했다. 이를 만약 트렌치법(너비 1m, 10m 간격)으로 수행했다면 같은 기간에 4,000m² 정도 조사할 수 있다.

48) 지구 기후변화에 따라 선사시대에는 육지였다가 지금은 바다로 변한 지역이나 댐 건설 등에 의해 수몰된 유적 등이 이에 해당되나 지금까지 우리나라에서는 이러한 유적이 발견되거나 조사된 사례가 없다.

49) 조사가 가장 오랫동안 진행된 태안 마도 해역의 예를 볼 때 이곳에서는 차이가 있으나 유물의 빈도가 높은 층이 해저면~50cm 정도이며, 이 층에서는 고려시대 초기부터 현대의 유물까지 나타난다.

50) 우리나라에서도 이러한 보물사냥의 예는 많이 있다. 최근 군산 앞바다에서 일제강점기 말에 침몰한 시마마루호(島丸號)에 대한 발굴 등이 그러한 예이다. 우리나라는 문화재보호법상 문화재에 대해서는 문화재청에서 발굴조사를 허가함으로써 조사하도록 되어 있으며, 문화재가 아닌 것에 대해서는 해양수산부에서 광물 등의 채취 등과 동일한 개념으로 발굴을 허가한다. 따라서 침몰선에 대한 발굴이라고 하더라도 그 침몰 시기나 유물의 역사적 학술적 가치에 따라 문화재 발굴 또는 일반적인 발굴로 구분된다.

51) 스틸 카메라의 수동초점 기능 사용 시 그리고 영상 촬영 시에는 초점이 맞지 않더라도 촬영을 계속할 수 있다.

52) 팬(Pan): 카메라를 고정시킨 상태에서 렌즈만 좌우로 수평 회전시키는 촬영법.
틸트(Tilt): 카메라를 고정시킨 상태에서 렌즈만 상하로 수직 이동시키는 촬영법.

Ⅲ

발굴조사 자료 정리 및 보고서 작성

구제발굴조사든 학술발굴조사든 발굴조사가 시작됨과 동시에 유적은 원형을 잃게 되며, 남겨지는 것은 유물, 도면, 사진 등의 각종 자료뿐이다. 이 자료를 가지고 유적에 영원한 생명력을 불어넣는 작업 또한 고고학을 하는 우리들의 몫이다.

이 장에서는 II장의 발굴조사 이후에 이루어지는 여러 가지 작업 과정을 다루고 있다. 유적에서 출토된 유물을 정리하고, 이 유물의 정확한 형태와 세부 특징을 도면화하여 자료로 활용하기 위한 실측 방법, 실물로 유물을 접하는 데 한계가 있으므로 이를 극복하기 위한 유물 사진 촬영 방법, 그리고 최종 결과물인 발굴조사 보고서 발간에 대한 전반적인 내용을 소개했다.

출토유물의 정리에서는 유물의 수습과 정리 과정, 이후 국가귀속, 선별회의, 이관 등 행정적인 절차를 일목요연하게 정리하여 유물을 다루는 기본을 익힐 수 있게 했다.

출토유물의 실측과 편집에서는 여러 가지 매체가 발달하고 있지만 아직까지 사람의 손에 의존할 수밖에 없는 유물 실측의 전 과정과 방법을 제시하고 도면의 편집위치, 탁본 등의 방법을 소개하여 직접적인 도움이 되도록 했다.

출토유물 촬영 방법에서는 카메라, 조명 등의 촬영 장비와 사용법을 소개하고 다양한 촬영 방법을 통해 기형, 문양, 제작기법 등 유물의 상태를 최상으로 표현할 수 있는 기술을 습득할 수 있게 했다

보고서 작성에서는 조사의 최종 결과물인 보고서 발간과 관련한 법적·행정적인 사항과 보고서 작성의 과정과 방법을 자세하게 설명하고 이를 통해 완성도 높은 결과물을 만들 수 있게 했다.

1

출토유물 정리

1) 발굴조사와 유물

고고학 유적의 발굴조사에서 출토되는 유물은 유구와 함께 그 유적의 연대나 생활상을 추정하는 데 결정적인 역할을 한다. 이러한 유물은 출토 당시의 상황에서부터 보고서에 게재되어 활용되기까지 여러 과정을 거쳐 고고학 자료로서 가치를 가지게 된다.

매장문화재의 조사에서 남는 것은 유적에서 출토된 유물과 조사 과정의 기록인 야장, 도면, 사진이다. 그리고 조사자의 머릿속에 남아 있는 기억들과 그 조사 현장을 실견한 사람의 기억만 있을 뿐이다.

발굴조사는 전국적으로 연간 수백 건이 이루어지고, 각 지역에서도 수십 건이 진행되고 있다. 고고학을 전공하는 연구자가 현실적으로 해당 지역에서 이루어지는 조사 현장을 방문하여 유적을 실견한다는 것조차 어려운 상황에서 전국의 발굴조사 현장을 실견한다는 것은 거의 불가능에 가까운 일이다. 고고학을 공부하는 사람이라면 단 한 번이라도 유적의 조사 현장을 실견하고 보고서를 보는 것과 보고서만으로 유적을 대하는 것에 얼마나 큰 차이가 있는지 한 번쯤은 느끼게 되며, 이는 출토된 유물의 경우도 마찬가지이다. 제대로 정리되지 못한 유물이라도 직접 한 번 본 것과 도면, 사진으로만 본 것에는 확신과 느낌이라는 차이가 있음을 알 수 있다. 그러므로 발굴조사에서 유구의 조사 진행상황 기록을 비롯하여 유물 수습, 유물 정리, 도면 작성 등의 작업 하나하나를 충실히 수행하여 많은 연구자에게 유용한 자료를 제공할 수 있어야 한다.

유물은 인간의 활동에 의해 만들어진 움직일 수 있는 물건을 말한다. 과거 인류나 인류 집단의 필요에 의해 만들어진 도구로 고고학적 발굴을 통해 얻어지며 당시 인류의 행위와 의식을 반영하고 있기 때문에 고고학 연구의 중요한 대상이 된다. 유물에는 인위적인 가공을 통해 당시의 도구로 사용된 인공유물(人工遺物, artifact)과 가공이나 사용의 흔적이 없는 자연유물(自然遺物, ecofact)이 있다. 발굴조사 결과 유구에서 출토되는 유물의 대부분은 인공유물이다. 자연유물은 인간의 활동에 의해 직접 만들어지거나 변형되지 않았지만 과거 인간들의 활동에 관한 많은 지식을 제공한다. 자연유물에는 동물뼈·조개류와 같은 동물자료, 화분·씨앗 등의 식물자료, 그리고 토양과 같은 지질학적 자료 등이 있어 이들의 분석을 통해 과거의 환경, 식생, 자원 등을 알 수 있다. 때로는 인공유물과 자연유물의 구분이 애매한 경우가 있다. 예를 들어, 주거지 내에서 발견된 변형된 동물뼈(뒤지개, 골화살촉 등)는 양쪽에 모두 속한다고 볼 수 있다.

일반적으로 유물은 원료와 재질에 따라 토기와 토제품, 석기와 석제품, 골각기와 골각제품, 금속기와 금속제품, 목기와 목제품, 유리제품, 복식 등으로 분류되고, 기능과 용도에 따라 생산용, 저장용, 생활용, 의례용으로 분류된다. 유물의 연구에서 형식 분류, 과학적 분석 등을 통해 각각의 기능과 성격을 파악하며 이를 다른 지역과 비교함으로써 각 지역의 문화적 특성을 알 수 있다.

19세기 고고학이 성립될 당시에는 유물을 중심으로 고고학 연구가 이루어졌기 때문에 유물은 매우 중요한 위치를 차지했다. 현재는 유물

뿐만 아니라 유구의 구조나 특징, 유적과 주변 환경과의 관계 등 다양한 고고학적 자료들이 중요시되고 있어 이전에 비해 비중은 줄어들었지만 연구자들에게 유물은 여전히 중요한 연구의 대상이다.

여기서는 여러 가지 성격의 유적 발굴조사에서 출토되는 다양한 유물을 효과적으로 수습, 정리하여 발굴조사 보고서에 자료화하고 국가귀속, 보관관리 및 국립박물관으로 이관하는 등 일련의 처리 과정에 대해 알아보고자 한다.

2) 발굴조사 시의 유물 수습

발굴조사에서 유물의 출토 양상은 유구의 성격에 따라 부장, 폐기, 당시의 인위적·자연적 교란 상황 등 다양한 형태로 나타난다. 일반적으로 유물을 수습하는 시점은 유구 도면을 작성한 후의 조사 마무리 단계에서 행하는 것이 원칙이다. 유물을 수습할 때는 유구 기록지(야장)를 비롯하여 유구 도면에 평면, 층위, 절대높이(해발) 등의 출토 위치와 공반 관계, 분포 상황 등 출토 맥락을 파악할 수 있는 내용들을 정확하게 기록해야 한다. 이것은 조사의 기본이기도 하지만 유구의 성격을 규정지을 수 있는 정보를 내포하고 있기 때문이다. 같은 개체의 유물이 각각 다른 유구에서 출토되거나 또는 같은 유구 내에서도 인접한 곳이 아닌 일정한 거리를 둔 위치에서 출토되는 양상은 유물 자체보다 더 중요한 의미를 가질 수도 있다. 유물의 출토 맥락은 당시 인류 집단의 유물 사용과 폐기에 따른 문화적, 행위적 특성뿐만 아니라 자연환경과 유적의 성격을 파악하는 데 절대적이라고 해도 과언이 아니다.

조사 과정 중 안정적인 층이 아닌 유구의 상부, 내부토에서 출토되는 유물은 바닥층과 구분하여 수습을 해야 한다. 조사 과정 중간에 수습하는 유물은 바닥층에서 출토되는 유물과 연관될 가능성도 배제할 수 없기 때문에 야장과 유물 봉투에 평면 위치와 높이(해발), 출토 상황을 약

그림 1 유물 수습에 필요한 재료

측하고 비교적 상세하게 기록으로 남겨서 유물의 정리 과정에서 생길 수 있는 의문이나 문제를 해결할 수 있게 한다. 특히 유물을 수습하면서 유구 도면에 기재한 유물 번호와 유물 명칭, 특기 사항 등은 수습된 유물 봉투에도 반드시 일치되도록 기록해야 한다. 이러한 기본 수칙은 수습한 이후 최소한 세척, 건조, 마킹 과정까지는 지켜질 수 있도록 세심하게 관리한다.

출토된 유물의 안전을 위해 조사를 완료하지 못한 상태에서 먼저 유물을 수습해야 하는 상황이 있을 수도 있는데. 이 경우 실측할 수 있는 시간적인 여건이 된다면 유구 실측을 한 후 수습하는 것이 바람직하겠지만, 그렇지 못할 경우에는 레벨링 작업이나 여러 방향에서 사진을 남겨서 유구를 실측할 시점에 해당 유물을 원래의 위치에 두고 실측할 수 있도록 해야 한다.

최근에는 유구 도면을 3D 촬영으로 작성하는 경우가 있다. 3D 촬영 작업은 대부분 조사의 최종 단계에서 유물을 수습하고 난 후에 시행한다. 3D 촬영 시 가능하면 유물을 출토 당시 위치에 두고 촬영을 하고, 그 후 완성된 2D 도면으로 확인을 하는 작업이 반드시 필요하다.

유물 수습을 하기 위해서는 실측한 유구 도면, 다양한 규격의 유물 봉투, 각종 필기도구, 유물 상자, 충전재 등이 필요하다(그림 1).

(1) 유구 성격에 따른 유물의 수습

유물은 유구의 성격과 층위에 따라 출토 양상이 다를 수 있으며, 출토유물과 유구의 상관관계는 토층 상태를 면밀하게 관찰하지 않고서는 오류가 생기기 쉽다. 유구의 중복 상태에 따라, 그리고 유물이 바닥층과 내부토에서 섞여서 출토되는 경우에는 그 유구를 해석하는 데 큰 차이를 가져올 수 있으므로 수습에 각별히 유의한다.

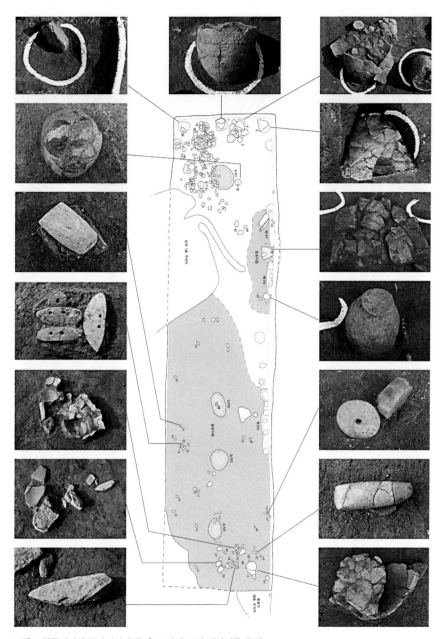

그림 2 청동기시대 주거지의 유물 출토 상태(오산 내삼미동 유적)

그림 3 원삼국시대 주거지 유물 출토 상태(가평 대성리 유적)

그림 4 여주 파사성 내성벽

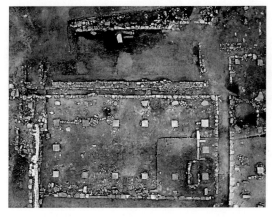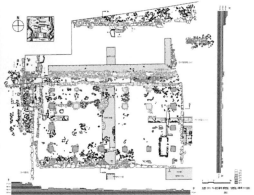

그림 5 평면에서 여러 시기 건물지가 노출된 예(여주 고달사지)

주거지나 수혈은 조사 중 내부 퇴적토에서 유물이 출토되기도 하지만 대부분은 바닥층에서 출토된다. 유구 내부의 각종 시설과 관련한 부분도 고려하여 출토 위치와 상황을 정확하게 기록한다(그림 2, 3).

성곽과 같은 관방유적은 초축 이후 수축과 개축을 하면서 지속적으로 사용되는 예가 많으므로 이와 관련된 유물의 확인이 매우 중요하다. 이때는 유구 내 또는 후대 퇴적층의 유물 포함 여부가 연대 추정의 기초 근거가 되기 때문에 파편이라도 소홀하게 다루어서는 안 된다(그림 4).

건물지와 사지는 평면에서 유구의 중복이 큰 시기 차 없이 복잡한 양상을 보이며 나타나는 경우가 많고 또 층위에서 판단할 수 없는 경우도 있다. 조사 과정에서 출토 상황과 지점을 면밀히 검토하여 관련성을 판단해야 한다(그림 5).

무덤에서 유물은 도굴이나 교란의 피해를 입지 않았을 경우 유구의 시기나 규모에 따라 출토 지점과 종류가 다양하고 출토량의 편차가 심하다.

삼국시대의 대형 고분에서는 매장주체부를 비롯하여 봉분, 호석 주위, 주구, 묘도부와 연도부, 부장곽, 순장곽 등 여러 지점에서 다양한 유

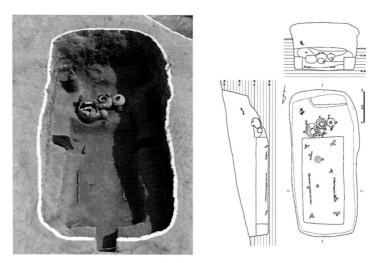

그림 6 토광묘의 유물 출토 상태(보강토 위 토기, 바닥 철기-오산 수청동 백제분묘군)

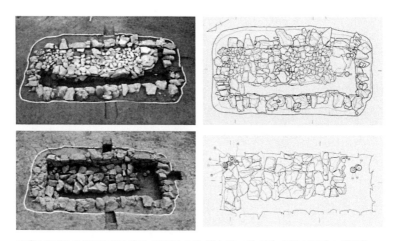

그림 7 추가장 석실묘의 유물 출토 상황(상: 2차 시상, 하: 1차 시상-용인 보정리 소실유적)

물이 출토된다. 매장주체부에서 출토되는 유물은 착장용인지 부장용인
지를 구분하고 부장된 위치와 배치 양상, 목곽, 목관과 관련한 금속유물
의 출토 상황과 위치, 추가장에 의한 출토 양상 등을 고려하여 수습한다
(그림 6, 7). 봉분이나 호석, 주구 등에서는 제사나 의례와 관련한 유물

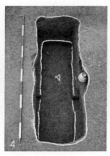

그림 8 묘의 유물 출토 위치(1·3: 오산 가장동유적, 2·4: 용인 서천동유적, 5: 안성 신소현동유적)

이 출토되는데 내부 조사를 위해 먼저 수습해야 할 경우에는 층위와 출토의 위치와 상황을 정확하게 기록한 다음 수습한다. 부장곽이나 매장 주체부에 중첩된 상태로 출토되는 경우는 상부 유물뿐만 아니라 하부 유물도 어느 정도 시간이 소요되더라도 실측이나 사진을 통해 출토 위치를 파악할 수 있게 수습해야 한다.

고려·조선시대 묘에서는 목관과 관련한 철제유물과 보강토 위, 벽감, 바닥, 상부에 부장된 자기나 청동제유물이 주로 출토된다 (그림 8). 벽감, 바닥의 부장갱이나 유구 상부의 부장 등 감실의 위치를 조사 과정에서 잘 판단하여 출토 위치와 양상을 기록하고 수습한다. 논이나 밭 등의 경작유구에서 유물은 대부분 파편으로 출토되는데, 층위 관계를 파악하고 출토 위치와 상황을 잘 기록한다 (그림 9). 경작유구에서 출토되는

그림 9 밭(화성 석우리 먹실유적)

그림 10 가마 폐기장(좌)과 출토유물(용인 죽전 도기가마)

그림 11 가마 퇴적층(좌)에서 출토된 도범과 도자기(용인 보정리 청자요지)

유물 수량은 다른 유구에 비해 많지 않지만 보고되는 수량도 일부에 국한되는 경향이 있다.

생산유구인 가마나 제철 관련 유구에서는 완제품보다는 제품을 제작하는 과정에서 나오는 각종 부산물, 미성형품, 원재료, 제작공정상의 각종 도구, 폐기물 등 다양한 유물이 존재한다.

가마의 회구부는 생산 과정에서 나오는 각종 폐기물이 버려지는 곳이지만 퇴적 상태와 이곳에서 출토된 유물의 관찰을 통해 가마의 운용, 유물의 편년 등 해석에 중요한 단서를 찾을 수가 있다(그림 10, 11). 퇴적층위를 중심으로 양상을 기록하며 유물을 수습하는 것이 바람직하다.

최근에는 폐기장 유물을 전량 수습하여 데이터를 작성하고 이를 자료화하는 경우도 있다. 작업공간 확보와 정리 기간의 장기화, 그리고 이에 수반하는 비용 과다 등의 문제가 발생하지만 유구 성격에 따른 유물 정리비가 조사계획 단계에서 확보된다면 해결할 수 있는 문제로 그 이상의 효과도 기대할 수 있다. 연소실, 소성실 등 가마 내부 유물의 종류 및 출토 위치와 정보를 기록하여 번조 관련 정보를 파악할 수 있게 한다.

제철과 관련한 노는 유구의 형태가 뚜렷하게 남아 있지 않아 유물의 출토 상황을 기록하는 것이 중요하다(그림 12). 제련로에서 유물은

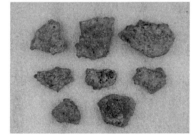 

그림 12 제철 관련 유구(상)와 출토유물(하-용인 서천리유적)

슬래그가 중심이지만 노벽, 송풍관 등이 제 위치를 가지는 것도 있어 정확한 출토 위치를 파악하여 수습해야 한다. 용해로에서는 노벽, 슬래그, 송풍관을 비롯하여 용범이 출토되기도 하고 단야로에서는 대석, 단조박편, 노벽편이 출토되는데 유물이 산포하고 있어 분포 상황과 위치를 잘 파악하고 기록해야 한다.

(2) 재질에 따른 유물 수습

① 토도유물

토도유물은 화학적, 생물학적 변화는 거의 없지만 물리적인 충격에 매우 취약한 것으로 토기, 도자기, 기와가 있다. 높은 온도에서 소성된 경질토기나 도자기는 매장 당시와 출토된 후의 환경 변화에 크게 영향을 받지 않는다. 그러나 낮은 온도에서 소성된 무문토기나 연질토기 등의 출토 상황을 보면 매장 당시의 형태를 유지한 채 출토되는 예가 드물고, 형태를 유지하고 있더라도 균열이 생긴 경우가 많으므로 수습 과정에서 각별히 주의해야 한다. 보고서에 게재된 유물 출토 상태 사진에는 형태를 알 수 있는 상태이나 개별 유물 사진을 보면 그 유물이 맞나 싶을 정도로 접합복원 상태가 매우 불량한 경우가 있는데, 이는 실제 정리 과정에서 한 번쯤은 경험하는 일이다. 이것은 유물 자체의 특성에 따른 것일 수도 있지만 매장된 환경과 노출된 환경의 차이에 따라 온도와 습도의 변화에 영향을 받기 때문이다. 따라서 수습할 때까지 직사광선 노출을 최소화하여 건조해지는 환경을 피하는 것이 좋다. 유물의 상태가 약하거나 손상이 심할 때에는 개개의 파편으로 수습하기보다는 석고붕대나 우레탄수지로 보강을 한 후 주변 토양과 함께 수습하여 실내에서 노출과 강화를 병행하며 수습하는 것이 안전하다. 파편으로 수습할 경우에는 약식으로 실측을 하면서 도면 위에 파편을 펼쳐 놓아 출토 위치를 잘 잡아 두면 접합과 복원에 효과적이다(그림 13, 14).

그림 13 무문토기 수습(좌: 석고붕대, 중·우: 우레탄 폼-수원 호매실동·금곡동 유적)

그림 14 실내 노출작업(좌: 석고붕대를 이용한 수습, 중: 토기 내부에서 출토된 석검편, 우: 유구에서 출토된 손잡이와 접합된 석검-수원 호매실동·금곡동 유적)

② 금속유물

금속유물은 무덤에서 출토되는 비중이 높고 수량이 많지만 주거지, 건물지, 사지 등의 생활유구에서도 일정량이 출토되며 금제, 금동제, 청동제, 철제가 있는데 철제가 대부분을 차지한다. 금속제품은 오랫동안 땅속에 매장된 상태에서는 주위 환경의 영향으로 부식이 진행되다가 어느 시점이 되면 진행 속도가 느려진다. 그러나 발굴조사를 통해 대기 중으로 노출되는 순간부터 급격한 환경의 변화로 대부분 빠르게 부식이 진행된다(그림 15). 출토 상태가 양호한 유물일 경우 건조된 흙을 털어 내고 유물 봉투에 출토 위치를 기록하여 각각 수습한다. 금속유물은 건조한 환경이 좋다는 인식에서 수습 당시 유물을 제습제와 동봉하는 경우

그림 15 부식된 주조품

가 있는데 이는 피해야 한다. 이것은 제습제가 초기에 급격한 건조를 야기하여 유물 손상을 촉진시키고 과포화한 상태에서 과습한 환경을 제공하기 때문이며 수습과 동시에 서서히 건조되게 유물 봉투를 밀봉하지 않는 것이 좋다. 한 유구에서 다량의 유물이 출토되었을 경우에는 각각 수습한 유물을 유구별로 상자에 분류하여 담고, 동일 유구 출토품이라도 토기와는 분리하는 것이 안전하다. 철제 주조품은 조직적으로 취약하여 가루가 되는 경우가 있으므로 특히 환경 변화에 주의해야 한다. 금속 성분이 남아 있는 경우에는 신속한 보존처리가 이루어질 수 있도록 수습 과정에 유의하고 보존과학 담당자와 상호 유기적이고 긴밀한 관계를 유지해야 한다.

③ 유리제·옥제유물

유리제·옥제유물은 시기에 따라 크기나 종류가 다양하다. 청동기시대 유적에서 출토되는 관옥이나 곡옥은 소형이기는 하나 수습에 큰 문제가 발생하지 않지만 원삼국시대나 삼국시대 무덤에서 주로 출토되는 구슬은 지름 3mm 내외의 아주 소형이어서 수습에 각별히 유의해야 한다. 출토 양상이 안정된 상태가 아니라 유구 내부 전체에 산포하는 경우가 다반사이므로 조사 과정에서 구슬이 최초로 노출되기 시작하면 반드시 내부 흙을 따로 모아서 체질을 하고 필요하다면 버린 흙도 찾아서 체질을 해야 한다(그림 16). 구슬은 개별로 수습할 수 있는 수량보다 체질 과정을 통해서 수습하는 양이 훨씬 더 많은 경우가 종종 있다.

그림 16 구슬 출토 상태와 출토유물(오산 수청동 백제분묘군)

④ 석제유물

석제유물은 구석기시대 유적과 청동기시대 주거지에서 출토되는 석기류가 대다수이다(그림 17). 완제품으로 출토되는 유물이 있는가 하면 제작 과정상의 반제품, 석기의 재료로 추정되나 가공이 되지 않은 석

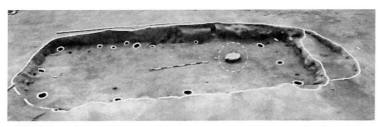

그림 17 주거지 바닥의 석재(상: 용인 대덕골유적, 하: 화성 동학산유적)

재 등 다양하게 출토된다. 어느 정도 인공이 가해진 것은 구분이 쉽다. 하지만 내부, 특히 안정된 바닥층에서 출토되나 인공의 흔적을 파악할 수 없는 석재류를 유물로 보아야 할 것인지 말 것인지는 고민거리가 되기도 한다. 그렇지만 가공의 흔적이 없더라도 유구와 관련된 것이라면 유물로 보는 것이 합당하므로 연구실로 옮겨 개별 유물로 실측까지 하지는 않더라도 현장에서의 세심한 관찰과 기록, 사진을 보고서에 수록하는 것이 유구의 성격 파악에 도움을 주는 자료가 될 수 있다.

⑤ 목제유물

목제유물은 주로 수로나 저습지 유적에서 수침 상태로 출토되는데 우물이나 논바닥 등 공기의 유입이 차단된 뻘층에서 양호한 상태로 남아 있다. 노출과 동시에 변색과 변형이 일어나기 쉽기 때문에 노출 즉시 수습해야 최상의 상태를 유지할 수 있겠지만 유구 상황 파악, 실측, 사진 촬영 등 일련의 조사 과정을 거친 후 수습해야 하므로 습윤 상태를 유지하는 것이 무엇보다도 중요하다. 목제유물은 출토와 동시에 보존과학 전문가의 조언을 받아 처리한다(그림 18).

⑥ 복식유물

복식유물은 밀폐의 효과가 뛰어난 조선시대의 회곽묘에서 피장자에게 염습을 한 상태나 관 내부의 빈 공간을 채운 보공품으로 출토되는데 당시의 장례풍습과 의생활을 알려 주는 중요한 자료이다(그림 19). 복식유물은 금속유물과 목제유물처럼 매장된 환경과 노출된 환경의 급격한 변화에 의해 손상을 입을 수 있으므로 유물이 출토될 가능성이 있는 규모가 크고 양호한 유구의 경우 뚜껑을 열기 전에 복식유물과 보존처리 전문가를 사전에 섭외하고 이들과 협력하여 출토 즉시 수습할 수 있도록 하는 것이 좋다.

그림 18 저습지 유적 출토 목제유물(상: 저습지 유적 전경-용인 영덕동유적, 중: 목제유물 출토 상태-오산 가수동유적, 하: 보존처리 유물-오산 가수동유적)

그림 19 회곽묘 출토 복식유물(좌: 회곽묘 전경, 중: 보존처리 전 복식유물, 우: 보존처리 후 복식유물-용인 영덕동유적)

3) 출토유물의 정리 과정

조사 현장에서 출토된 유물은 수습된 상황과 도면 등을 참조하여 유구별로 유물 목록을 작성한다. 유물 목록은 정리 완료 후에 다시 작성할 수도 있겠지만 정리 과정 중의 여러 가지 상황을 기록할 수 있도록 준비한다. 완형으로 수습된 유물은 수습번호대로 한 점이 되지만 파편으로 수습된 유물은 2개 이상의 수습번호가 한 점이 될 수 있고 또 하나의 수습번호가 여러 점이 될 수도 있다. 유물의 정리는 재질과 상태에 따라 처리 과정상 다를 수가 있으며 금속류와 목제류, 의류는 보존과학 분야의 전문가들에 의해 주로 정리되고 있기 때문에 여기서는 발굴조사 출토유물의 주류를 이루는 토도유물을 중심으로 살펴보기로 한다.

일반적으로 토도유물은 다음과 같은 정리 과정을 거쳐 보고서에 수록되고 전시에 활용된다.

(1) 세척과 건조

매장되어 있다가 발굴조사를 통해 출토된 유물에는 묻혀 있던 상

표 1 출토유물 목록

유 물 목 록												
○○호, 시대: ○○○									유적명: ○○○			
수습 번호	유물명	수량	물질	세척 마킹	접합 복원	실측	제도	탁본	원고	특기 사항	수장 위치	보관증 번호

```
┌──────┐   ┌──────┐   ┌──────────┐   ┌──────┐
│  세척  │ → │  건조  │ → │   마킹    │ → │  접합  │
└──────┘   └──────┘   │ (넘버링)  │   └──────┘
                       └──────────┘        │
                                            ↓
┌──────────┐   ┌──────────────┐   ┌──────┐
│ 수납·보관  │ ← │ 분석·분류 검토  │ ← │  복원  │
└──────────┘   └──────────────┘   └──────┘
```

황에 따라 흙을 비롯한 다른 이물질들이 붙어 있게 되는데 여러 가지 도
구를 이용하여 이것을 물로 씻어 내거나 상태에 따라 붓으로 털어 상온
의 그늘에서 자연 건조를 시킨다(그림 20). 세척작업과 건조는 접합복원
이나 실측도면 작성 등 이후의 작업에 직접적인 영향을 주기 때문에 가
능한 한 부장 당시의 상황에 가깝게 이물질을 제거해야 한다. 그러나 유
물의 재질이나 상태에 따라 세척이나 건조를 할 수 없는 것도 있을 수
있다.

세척은 주로 토기, 도자기, 기와, 석기 등의 유물에 행해지며, 유물
의 상태에 따라 세척 도구를 잘 선택하여 표면이나 접합면에 도구의 흔
적이 남거나 마찰에 의해 원형이 훼손되게 해서는 안 된다. 매장 환경에

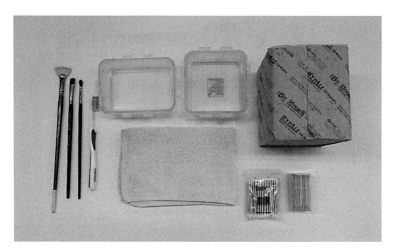

그림 20 세척 도구

그림 21 과도한 세척으로 생긴 세척 도구 흔적

그림 22 사용한 흔적이 남아 있는 내부

의해 원형이 변형되었거나 상태가 약화되었을 때에는 세척만으로도 유물이 훼손될 가능성이 있으므로 자연 건조 후 붓으로 이물질을 털어 내는 것이 좋다. 완형의 경우는 내부까지 이물질을 씻어 내고, 파편의 경우는 깨진 단면에서도 이물질을 깨끗하게 제거해야 접합, 복원 단계에서 작업이 용이하다. 소성도가 낮은 무문토기나 연질토기에 대한 과도한 세척은 표면의 문양이나 성형 시 남은 도구 흔적을 손상시켜 제작상의 특징을 확인하기 어렵게 하고, 깨진 단면을 마모시켜 접합을 힘들게 한다(그림 21). 그뿐만 아니라 취사나 폐기의 상황을 알려 주는 그을음이나 탄착 흔적을 놓칠 수도 있으므로 세심한 관찰과 주의가 필요하다(그림 22).

금속제품은 주로 정밀분사가공기(Airbra-sive), 초음파세척기 등 기계적인 장치를 이용하여 이물질을 제거하고 건조기에서 건조시킨다(그림 23). 이 과정에서 흙이나 녹 등과 함께 수착된 금속유물은 제작, 사용, 부장과 관련한 여러 정보를 놓치지 않고 파악할 수 있는 보존과학 담당자의 안목을 필요로 한다. 조사자는 유물을 보존과학실에 인계하면서 각각의 유물에 대한 특징과 주의를 요하는 부분을 상세하게 설명하여 최상의 결과를 얻을 수 있도록 한다.

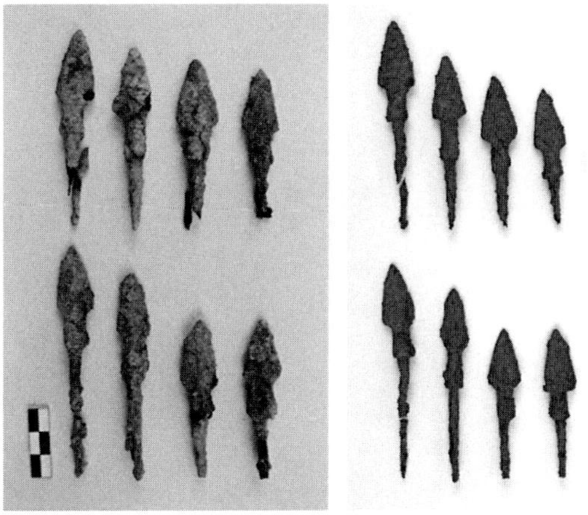

그림 23 Airbrasive를 이용한 금속유물 이물질 제거(좌: 작업 전, 우: 작업 후)

유리구슬이나 관옥 등 장신구류는 초음파세척기를 이용하면 효과적이다. 목제품은 증류수로 세척하여 이물질을 제거하고, 일반적인 건조에 의한 뒤틀림이나 변형을 막기 위해 보존처리를 실시하기 전까지는 출토 당시의 상황에 맞게 수침 상태로 보관을 해야 한다.

세척과 건조 과정은 다소 혼잡할 수도 있으나, 출토 유구와 출토 위치 등 수습된 상태를 잘 유지하여 유물이 서로 섞이지 않도록 각별한 주의를 요한다. 세척과 건조가 끝난 후에는 수습 과정에서 섞인, 유물로 인정할 수 없는 자연적인 것들을 골라 낸다.

(2) 마킹

유물로 인정되어 선별된 유물은 이후의 작업이나 보관에 용이하도록 유적명, 유구명, 출토 위치, 층위, 수습 일자 등의 내용을 유물에 직접 기입하거나 내용을 담은 표찰을 유물과 유리되지 않게 부착한다(그림 24, 25). 마킹 작업은 유물의 이력을 말해 주는 것으로, 펜이나 붓을 사용하여 손으로 직접 기록하는데 글자의 판독이 쉽게 바른 글씨체로 써

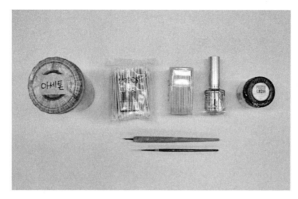

그림 24 마킹 도구와 재료

(년 월 일)			
발굴지역		발굴칸	
지층	문화층		유물번호
좌표 (cm)	X	Y	해발(m)
크기 (mm)	길이	너비	두께
무게 (g)		돌감	
비고			
문 화 재 연 구 원			

그림 25 마킹 표찰

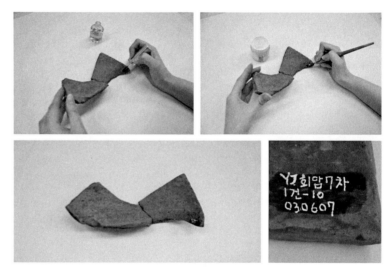

그림 26 마킹 순서(마지막 그림에서 'YJ 회암 7차'는 행정구역 이니셜, 유적명, 연차발굴 차수이며, '1건-10'은 유구 번호, 유물 수습 번호이고, '030607'은 유물 수습 일자를 나타냄)

야 한다. 또 접합이나 사진 촬영, 전시 등 이후의 과정을 고려하여 기록할 위치를 선택하고, 글자의 크기는 유물의 크기에 따라 조정할 수 있으나 눈으로 식별할 수 있는 한 작게 기록한다. 이니셜이나 약호를 사용할 때에는 원칙을 정하여 중복되지 않게 하고, 그 내용을 따로 정리하여 이후에 확인이 가능하도록 기록해 둔다. 〈그림 26〉은 양주 회암사지 7차 발굴조사 결과 1호 건물지에서 나온 출토유물의 마킹 과정을 나타낸 것이다. 일반적으로 완형의 경우는 유물의 바닥면, 굽의 내면, 뚜껑 안쪽에, 파편의 경우는 깨진 단면이나 내면에 기록한다. 유물에 직접 기입할 경우 유물의 재질이나 기록한 면의 상태에 따라 기록이 지워지지 않게 니스나 투명 코팅제를 덧칠하며, 마킹할 면이 거칠거나 흡수력이 높은 경우는 코팅제를 먼저 칠하고 그 위에 기록을 한 다음 다시 코팅한다.

(3) 접합

매장 당시의 환경과 이후 외부적인 환경에 따라 유물은 완형으로 출토되기도 하고 파편으로 출토되기도 한다. 접합은 파편으로 출토된 토기나 석기, 도자기, 기와 등을 같은 개체끼리 골라서 붙이는 작업이다. 완형의 유물은 접합할 필요가 없어 자료화하는 데 걸리는 작업 시간이 짧으나, 한 점의 유물이 파편으로 출토되는 경우 세척과 건조, 마킹, 접합 작업에 소요되는 시간은 파편의 수에 비례하여 길어진다.

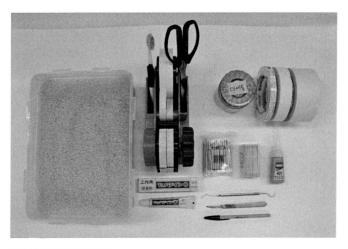

그림 27 접합 도구와 재료

접합 작업은 단순하게 숙련된 기능적인 측면도 있지만 유물을 보는 안목에 따라 소요 시간, 완성도에 차이를 보인다.

그림 28 접합 광경

그림 29 대옹 파편의 분류(좌)와 접합 완료 후의 모습(우)

그림 30 접합(1: 예비접합, 2: 접합제 사용 후 보강, 3: 외견상 다른 개체로 볼 수 있는 유물의 접합, 4: 수많은 파편 속에서 접합하여 형태가 나타난 유물)

한 점의 유물이 10개 이내의 파편으로 수습된 경우에는 동시에 접합하는 것이 가능하지만(그림 31), 수십 개 또는 수백 개의 파편으로 출토된 경우에는 같은 파편을 부위별로 구분하여 접합한 다음 큰 파편으로 만들고 다시 큰 파편끼리 접합하여 한 점의 유물 형태를 완성해 낸다(그림 32). 이때 유물의 상태에 따라 저부부터 시작하여 구연부로, 구연부부터 시작하여 저부로 접합하는데 접합면의 각도에 유의해야 마무리 단계에서 벌어지는 것을 방지할 수 있다. 접합면은 2면보다는 3면일 때가 안정적이므로 2면에 접착제를 사용하고 한 면은 보완을 하게 한다(그림 33). 〈그림 33〉에서 보면 3개 파편을 동시에 접합할 수도 있지만 2개 파편을 접합하고 나머지 파편 하나를 접합하는 것이 안정적이다. 파편1과 파편2에 접착제를 바르고 1과 2의 접착제가 어느 정도 굳을 때까지 파편3을 끼워 보완한 다음 완전히 굳을 때까지 접합면이 중력을 받도록 수평에 가깝게 하여 모래나 실리카겔 상자에 수직으로 꽂아 두면 안정된 각도에서 접합된다. 파편의 수가 많을수록 원상태로 복원하기가 힘들며, 이때 특히 주의할 점은 접합면의 각도이다. 접합면의 각도가 맞지 않으면 구연부나 저부로 갈수록 벌어지거나 좁아지게 되고, 또 약간의 틈이라도 생긴다면 그 틈이 점점 더 벌어져서 마무리 단계에서 접합한 것을 떼서 접합제를 제거하고 다시 처음부터 접합을 해야 하기 때문에 소요 시간을 가늠할 수 없는 경우를 종종 경험하게 된다. 이러한 접합의 오류를 방지하기 위해 테이프를 이용한 가접합으로 파편의 위치와 결실된 부분을 사전에 확인한 다음 접착제로 본접합을 실시한다. 이때 테이프와 접착제에 의한 유물의 손상이나 오염이 생기지 않도록 주의한다(그림 34).

그림 31 낮은 난이도의 유물 접합 과정

그림 32 높은 난이도의 유물 접합 과정

그림 33 접합면과 각도(1: 접합 대상, 2: 파편1과 파편2 접합, 3: 파편3 보완, 4: 파편2 접합, 5: 파편1,2와 파편3 접합)

그림 34 접합 과정에서 생긴 오류(1: 합성수지를 잘못 사용함, 2: 유물 표면에 남은 접착제, 3: 유물 표면에 남은 테이프 흔적)

연질토기의 경우에는 접착제가 굳으면서 부피가 줄어들어 접합된 양쪽의 깨진 단면을 물고 일어나고 접합면이 마모되어 형태 복원에 어려움을 겪게 될 수도 있으므로 특히 신중해야 한다. 연질토기는 접합하기 전에 1~5%의 수용성 재질의 경화제로 강화시킨 후 접합하면 이를 보완할 수 있다. 경화제는 유물의 상황을 고려하여 테스트를 한 후 적당한 농도를 파악하여 그 유물에 맞게 강화시켜야 하며, 최소한의 경우에만 사용한다. 부적절한 경화제의 사용으로 토기의 원래 질감이나 색상을 잃어 다른 유물로 변한 안타까운 경우도 있으므로 세심한 주의가 필요하다.

한 점의 유물이 한 곳에서 파손된 채 출토되는 것이 일반적인 상황이지만 때로는 동일 유물의 파편이 출토 위치를 달리하여 확인되고, 이 파편이 접합되는 경우가 있다. 또한, 파편의 상태가 전혀 다른 유물처럼 보이는데 같은 유물로 접합되기도 한다. 이러한 경우 접합되는 파편의 출토 지점이나 층위는 유구 형성, 폐기 당시의 상황을 반영하는 중요한 증거 자료가 되고, 유구의 검토와 해석에 결정적인 정보를 주는 역할을 할 수도 있다. 그러므로 접합 과정 중의 상황을 반드시 기록으로 남겨서 보고서에 기재하도록 한다(그림 35).

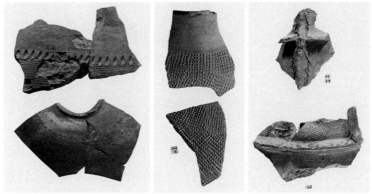

그림 35 같은 유물이 다른 위치에서 출토된 예(좌: 서로 접합됨, 중·우: 접합은 안 되지만 같은 유물임-화성 석우리 먹실유적)

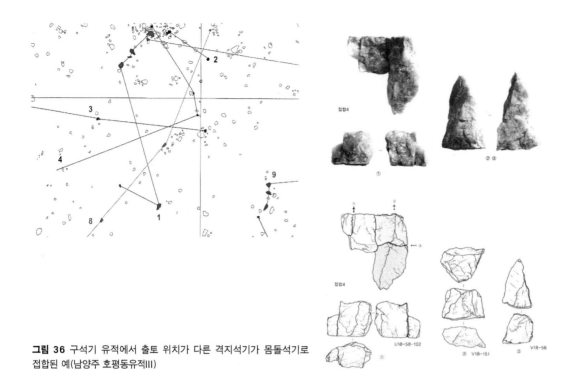

그림 36 구석기 유적에서 출토 위치가 다른 격지석기가 몸돌석기로 접합된 예(남양주 호평동유적III)

석기의 경우에는 암질이나 색깔, 결의 방향 등을 자세히 관찰하여 접합한다. 구석기 유적에서 출토되는 석기의 경우 여러 점의 격지가 1점의 몸돌로 접합되기도 하므로 암질과 출토 상황 등을 고려하여 관찰해야 한다(그림 36).

(4) 복원

파편으로 접합한 유물의 탈락된 부분에 빈틈을 메워 한 개체로 완성시키는 작업이다. 복원을 할 때에는 임의대로 하지 않고 정확한 형태로 해야 하며 파손되어 없어진 형태가 확실하지 않은 부위는 사전에 관련 자료를 수집하여 검토하고, 전문가의 조언을 듣고 해야 한다. 보존제로 메운 뒤에는 단면이나 내면을 관찰하기가 어려우므로 그 전에 충분하게 관찰하여 사진이나 기록으로 남기거나 아니면 실측도면을 작성할 때까지는 기형을 유지시키기 위해 부분적인 보강을 하고 도면 작성을 끝낸 후에 완전하게 복원하는 것이 바람직하며, 전시를 위한 것이 아니라면 기형을 유지시키는 정도까지만 복원을 하는 것이 좋다(그림 38, 39). 유물 복원기술의 발달로 완형으로 복원한 경우 복원된 부분과 원래

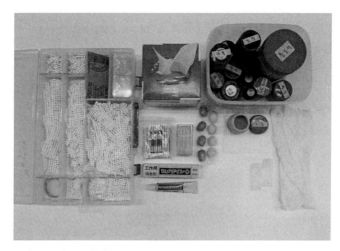

그림 37 복원 도구와 재료

그림 38 완전한 복원이 아니고 형태 유지와 관찰만 가능하도록 한 복원

그림 39 접합 및 복원 전 모습(토기의 제작기법을 관찰할 수 있음)

남아 있는 부분의 구분이 모호할 정도로 정교한 예도 많은데, 복원된 면과 원면은 구분이 가능하도록 한다. 복원된 면과 원면의 색감 차이가 커서 시각적으로 어색할 때에는 합성수지에 안료나 물감을 섞어서 복원하거나 비슷하게 채색하여 전시나 사진 촬영에 도움이 되도록 한다.

(5) 분석

유물의 재질 및 원산지 동정의 분석, 연대 측정 등을 위해 시료를 선별한다. 토기, 석기, 도자기, 금속제품, 목제품, 유리제품 등의 유물에서 시료를 적정하게 채취한다. 분석용 시료에 대해서는 유적명, 채취 지점, 채취 층위, 채취 일자 등 필요한 정보를 기록한다.

(6) 분류 검토와 선별회의

전체 유물을 대상으로 분류를 한다. 유구 내부 출토품은 개별 유구별로 분류하여 현장조사에서 출토 상황과 기록을 함께 검토하고, 포함층 유물의 경우는 층위, 지점별로 분류하여 보고서에 수록할 유물을 1차 결정하고, 최근에 개정된 발견·발굴문화재의 국가귀속 절차 등에 관한 규정 제6조 3항의 선별회의를 개최한다(그림 40).

그림 40 유물 분류 및 검토 선별회의 모습

(7) 유물의 보관 및 수납

선별된 유물은 유적별, 유구별로 구분하여 상자에 수납하고, 수장고의 지정된 공간에 격납하여 반출과 반입 등 보관·관리를 용이하게 한다.

4) 발굴'문화재의 신고 및 국가귀속

발굴조사가 완료되면 업무 과정상 발굴조사가 완료된 날로부터 20일 이내에 완료 신고서와 함께 출토유물 현황(출토유물 목록 및 사진 포함)을 해당 지방자치단체의 장에게 제출해야 한다. 출토유물 현황을 제출받은 지방자치단체의 장은 규정의 서식에 따라 14일 간 게시판 또는 홈페이지에 유물의 출토 사실을 공고하게 된다. 지방자치단체의 장은 공고 후 90일이 경과한 후 출토유물에 대한 소유권을 주장하는 사람이 나타나지 않을 경우 규칙 제13조 제2항에서 정한 '발견(발굴)문화재 소유자(유·무) 확인서'를 문화재청장에게 제출해야 한다. 공고 결과 90일 이내에 발견 또는 발굴된 매장문화재의 소유권을 주장하는 사람이 있는 경우의 소유권 판정 및 반환은 법 제20조 및 영 제18조에 따른 '발견신고된 문화재의 판정절차'를 준용하여 문화재청에서는 판정절차를 거쳐 정당한 소유자인지를 판단하게 된다. 소유자가 확인되지 않으면 국가에 귀속시킨다.

국가귀속 문화재는 발굴조사에서 출토되어 발굴조사 보고서에 수록한 유물, 지표조사 보고서, 약식 보고서에 수록된 완형 또는 50% 이상의 형태를 갖추거나 명문 또는 독특한 문양 등이 있는 유물을 대상으로 하며 소유권 판정절차를 거쳐 소유자에게 반환한 문화재는 제외한다.

공고 절차가 완료된 문화재에 대해 발굴조사 보고서 수록을 위한 문화재 선별회의(이하 '선별회의'라고 한다)를 개최하고, 선별회의에서 수록 대상으로 선정된 유물은 발굴조사 보고서에 수록한다.

선별회의는 문화재위원회 매장문화재 분과위원과 전문위원, 시행규칙 제4조 각호의 매장문화재 전문가 중에서 당해 조사기관 소속이 아닌 자 3인 이상으로 구성하며, 선별회의 결과는 규정 별지 서식에 의거 작성하여 국가귀속 신고 시 문화재청장에게 제출한다.

선별회의 결과, 국가귀속 대상에서 제외된 문화재(비귀속 대상 문화재)에 대해서는, 조사기관에서 보관·관리·활용하고, 매몰 자료로 결정된 문화재는 기록 유지 후 매몰한다. 매몰 장소는 문화재가 발굴된 유적지를 원칙으로 하나, 당해 유적에 매몰이 불가능할 경우 그 인근 적합지로 하며, 매몰 시에는 유적지명, 발굴기관, 발굴 사유 및 매장 일자를 기록한 표지석 등을 함께 매장하도록 한다. 비귀속 문화재의 매몰과 관련한 세부 사항은 자체적으로 마련하는 유물관리규정에 따른다.

국가귀속 유물은 차후 관리청 또는 위임·위탁받은 기관으로 이관이 가능하지만 비귀속 대상 유물은 조사기관에서 주로 보관·관리하게된다. 조사기관에서 마련한 활용방법에 대한 내부 규정에 따라 관련 지방자치단체의 전시관이나 박물관에 전시, 연구의 자료로 제공할 수도 있다. 국가에 귀속되고 관리청 또는 위임·위탁받은 기관으로 이관된 유물을 개인 연구자들이 열람한다는 것은 현재의 시스템상 쉬운 일이 아니다. 그래서 선별회의를 행하고 남겨진 비귀속 대상 유물을 향후 연구를 위한 자료로 삼고 있다. 비귀속 대상 유물의 양도 점점 증가하게 되면 조사기관에서는 보관·관리에 부담을 갖지 않을 수 없는데 이러한 비귀속 대상 유물을 보관·관리할 수 있는 유물 보관동을 각 지역마다 거점으로 건립하여 지역 유물을 한 곳에 모아 자유롭게 열람하고 관찰할 수 있는 연구 환경을 조성하는 방법을 모색할 필요가 있다.

매몰 조치된 유물은 주로 복원이 불가능한 파편으로 가능하면 해당 유적에 매몰하는 것이 가장 바람직하다. 그러나 조사 완료와 동시에 유적의 현상 변경이 이루어지고 매몰 유물은 유물 정리가 어느 정도 진행

그림 41 선별회의 후 매몰 자료로 분류한 유물의 매몰 과정 사례

되어야만 결정되는 현실에서 이에 소요되는 기간을 감안하여 현장조사 종료 전에 사업시행자의 협조를 얻어 유적지 내에 확보해야 한다. 적절한 장소는 향후 굴토되지 않고 보존이 가능한 곳이어야 하며 공원부지나 도로 법면 등을 활용한다(그림 41).

　비귀속 대상 문화재는 사후 학술연구와 보존처리 결과 등에 따라 규정에 의한 재평가를 실시한 다음 추가로 국가귀속 신고 또는 매몰 조치할 수 있으며 그 결과는 규정 별지 서식에 따라 문화재청장에게 제출한다. 단, 2013년 4월 30일 개정된 발견·발굴문화재의 국가귀속 절차 등에 관한 규정 시행 이전에 발굴조사 보고서 등에 수록된 비귀속 대상 문화재는 매몰 처리할 수 없다.

국가귀속 유물의 경우 발굴문화재의 국가귀속 절차에 관한 규정 제6조에 따른 국가귀속 대상 문화재를 수록한 지표조사 보고서, 약식 보고서 또는 발굴조사 보고서를 '국가귀속 문화재 등록·관리시스템'(이하 '등록·관리 시스템'이라 한다)을 통해 문화재청장에게 제출해야 하며, 동시에 해당 지역을 관할하는 지방자치단체(광역·기초)의 장에게는 전자파일로 제출한다.

유물을 매몰할 때는 해당 지방자치단체에 매몰 사실을 알려서 담당자가 입회하게 하거나 매몰 사실 확인을 받는 것이 좋다. 매몰 작업은 대상 지역을 굴토하여 시설을 하거나 굴토된 바닥면에 그대로 유물을 넣는다. 유물 최상면에 유적명, 발굴기관, 발굴 사유, 매몰 일자 등을 기록한 표지석을 제작하여 놓고 충격을 완화할 수 있게 최소 2m 이상을 복토한다. 복토 후 유물이 매립된 곳임을 알리는 표식을 하여 안전하게 보존이 되게 하고 사진과 도면, 지도에 기록을 남겨 보고서에 수록한다(그림 42).

국가귀속을 위해 제출할 서류는 규정의 ① 〔별지 제3호 서식〕에 따른 선별회의 결과서, ② 〔별지 제4호 서식〕에 따른 국가귀속 문화재 임시보관증(목록 포함), ③ 〔별지 제5호 서식〕에 따른 국가귀속 문화재 대장이다.

조사기관으로부터 국가귀속 관련 서류를 제출받은 지방자치단체의 장은 7일 이내에 국가귀속 방안 등에 관해 문화재청장에게 의견을 제출할 수 있다. 문화재청장은 「문화재보호법」 제62조에 따라 국가에 귀속한 문화재를 효율적으로 관리, 활용할 수 있는 기관을 관리청으로 지정하거나 지방자치단체 등에게 그 관리를 위임·위탁할 수 있다.

국가귀속된 사항은 문화재청과 관리관청에서 조사기관과 해당 지방자치단체로 동일한 문서를 전달하여 국가귀속 사실을 인지시킨다. 이에 조사기관은 국가귀속된 유물을 보관·관리 기관이 인수할 때까지 안

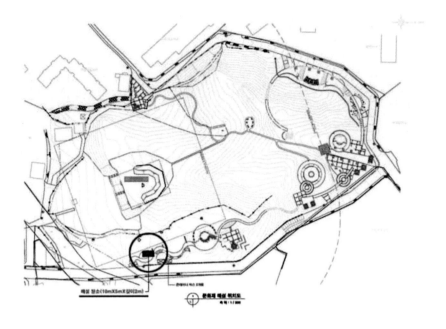

그림 42 유물 매몰 위치 도면

전관리를 철저히 한다.

5) 발굴문화재의 보관과 관리 및 이관

정리되고 분류된 유물은 대부분 수장고에 입고되어 보관·관리된다. 수장고에 반입된 유물은 조사 완료 시점에 국가귀속이 이루어진 유물, 보고서 발간 후 국가귀속 조치된 유물, 보고서로 국가귀속을 하기 위해 보고서 작업이 진행 중인 유물이 있다. 조사기관마다 다를 수 있지만 유물 관리의 주체가 수장고 전담자일 수도 있고, 유적 조사의 담당자일 수도 있는데 어떤 경우라도 유물에 문제가 발생하지 않게 안전하고 철저하게 보관·관리해야 하며 이를 위해 자체적으로 유물관리규정을 마련한다.

그림 43 수장고 내 유물 보관 상태

　발굴조사를 통해 얻어진 유물은 조사자 개인의 것도, 조사한 기관의 것도 아닌 국가 소유인 것이 대부분이다. 발굴조사자는 연구를 위해 충분히 활용하고, 조사기관은 국가기관으로 이관하기까지 임시로 보관하는 임시보관 기관으로서 안전하게 관리하는 책무를 다해야 한다. 이를 위해서는 수장고 반입과 반출, 타 기관 대여, 복제, 관리청(국립박물관) 또는 국가귀속 문화재 관리를 위임·위탁받은 기관(지방자치단체 등)으로의 이관 등 유물 관리를 담당하는 전담자가 있으면 업무의 효율을 높일 수 있다.

　수장고 출입 시에는 반드시 담당자의 입회하에 2인 이상이 동행하여 출입하고 출입일지를 기록하며, 유물의 반입과 반출 시에는 유물출납부에 기록하고 관리책임자의 결재를 받도록 한다.

　수장고에 보관·관리되는 유물은 유적 단위, 유구 단위로 구분하여 적절한 유물 상자에 수납하고, 수장고의 지정된 공간에 격납하여 보관·관리가 용이하게 한다. 수장고에 격납된 유물은 여러 가지 사유로 반출과 반입에 따른 이동이 잦기 때문에 격납 공간을 분할하여 유물의 수납 위치를 일목요연하게 즉각 확인할 수 있게 수납한다(그림 43).

　유물 상자 안의 유물은 겹쳐지거나 표면이 부딪히지 않게 배치하고 열람이나 이동, 운반할 때 움직이지 않게 솜포 등으로 보조하는 것이

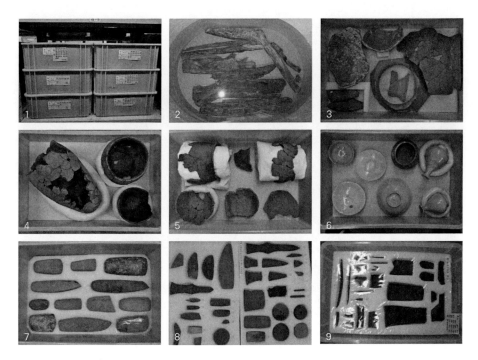

그림 44 유물 보관 상태(1: 상자 격납, 2: 목재유물 수침보관, 3: 한 상자 안에 토기와 석기 배치, 4 · 5: 토기, 6: 자기, 7 · 8: 석기, 9: 철기)

좋다. 석기와 같이 무거운 유물은 토기와 분리하여 보관하고 같은 상자 안에 수납할 경우에는 구획을 나누어 준다. 소형 석기, 철제나 청동제 금속유물은 우레탄폼을 이용하여 형태를 파고 그 안에 고정시켜 수납하면 안전하게 보관되고 확인하기에 용이하다(그림 44).

금속유물의 경우는 반드시 항온항습 시설이 완비된 공간에 격납하고, 보고서 작업을 위해 반출된 유물은 실측, 사진 촬영 등 불가피한 경우 외에는 상온 보관을 피하고, 업무 시간이 종료되면 다시 항온항습실에 격납하여 보관한다. 그리고 보존처리가 완료되거나 보고서가 발간된 유물은 진공포장을 하여 보관하는 것이 유물의 손상을 막고 형태 유지에 안정적이다. 진공포장을 한 상태로도 보관관리청으로 이관이 가능할 뿐만 아니라 유물 이관 시 유물 확인과 정리 시간을 단축할 수 있어 효과적이다.

(1) 수장고 반입과 반출

유물의 반입과 반출에 따른 유물출납부 기록은 유물의 이동 상황을 파악할 수 있게 하고 소재 확인에도 미리 대비할 수 있어 수장고 담당자와 출납 담당자가 동시에 서명하는 것이 좋다.

조사기간이 장기간인 유적의 경우는 유물 정리의 전반적인 과정이 현장조사와 함께 진행되어 조사 완료 시점에 수장고에 입고되는 경우가 일반적이다. 수장고에 입고시킬 때에는 유물 목록에 따라 상호 확인 작업을 거치고 필요할 경우 인수인계서를 작성하는 것이 좋다. 유물이 수장고에 반입되면 유적 단위별로 수장 위치를 결정하여 안전하고 일목요연하게 관리되게 한다. 이때 소량일 경우 국가귀속이 이루어지고 난 뒤에 반입되기도 하나, 대부분은 보고서 발간 후 국가귀속을 위해 보고서 작업이 진행되지 않은 채 반입된다. 이 경우는 보고서 발간 작업으로 출고와 입고가 빈번할 수밖에 없으므로 수장고 담당자와 보고서를 발간할 조사 담당자와의 유기적인 관계가 필요하다. 반입된 유물은 보고서 작업, 기관 내외 연구자들의 실견 등으로 수장고 밖으로 반출이 되는데 특히 국가귀속된 유물에 대해서는 철저한 관리가 요구된다. 귀속시킬 당시의 형상에 변화가 있을 경우 보관관리청으로의 이관에 어려움이 있을 수 있다. 완전하게 정리되지 않은 상태에서 국가귀속을 한 경우 유물의 상태가 더 나아진 경우는 문제가 되지 않지만 나빠진 경우에는 어떤 방법으로든 해명을 해야 하기 때문에 유의하지 않으면 안 된다.

(2) 유물 대여

박물관 또는 전시기관으로부터 각종 특별전 등의 명목으로 연간 수

차례 유물 대여 요청을 받게 된다. 대여 요청 유물이 국가귀속된 경우는 요청 기관의 문서를 첨부하여 해당 보관·관리 관청인 국립박물관에 대여 승인 요청 문서를 보내서 승인을 얻어야만 대여가 가능하다. 국가귀속 조치가 진행되지 않았거나 보고서가 미발간된 유적의 유물일 경우는 매장문화재 처리지침상 원칙적으로 대여가 금지되어 있다. 이 경우는 대여 요청 기관에 지침의 내용을 설명하고 임시 보관하고 있는 조사기관의 사정에 따라 대여가 불가능한 경우는 사전에 알려 주고, 조사기관이 대여에 동의할 수 있는 경우 대여 요청 기관이 직접 문화재청과 협의를 하게 한다. 이후 대여 요청 기관과 문화재청 간의 협의가 대여 가능한 긍정적인 방향이면 조사기관에서 대여 요청 기관의 문서를 접수하고 이를 첨부하여 문화재청의 유물 이동 승인 회신문서를 받고 대여한다. 또한 대여 요청 기관이 조사기관의 대여에 동의하는 문서를 받아서 직접 문화재청에 대여 승인을 받은 문서를 회신받고 대여하기도 한다. 유물 대여에는 대여 유물에 대한 보험가입이 필수적인데 국가귀속 유물의 경우는 국립박물관에서 대여 승인 시 해당 유물의 금액이 산정되어 회신되지만 미귀속 유물은 대여기관에서 해당 유물의 금액을 산정해야 한다. 유물 대여와 관련한 업무는 국립박물관은 유물관리부, 문화재청은 발굴제도과에서 담당한다.

복제의 경우도 유물 대여와 동일한 절차를 거쳐 진행한다.

(3) 국가귀속 문화재의 관리청 또는 위임·위탁받은 기관으로의 이관

발굴조사부터 보고서 발간까지 일련의 작업을 마친 유적에서 출토된 유물은 조사기관의 사정에 따라 다르겠지만 현재 각 기관의 유물 수장 공간으로 볼 때 해당 관리청 또는 위임·위탁받은 기관으로 이관하는 것이 최선의 방편이라고 생각된다. 관리청 또는 위임·위탁받은 기관에서 인수 의사를 밝히지 않는 이상, 학술적으로 중요한 유물이거나 여

그림 45 유물 이관을 위한 포장과 운송

러 가지 관심의 대상인 유물은 조사기관에서 지속적으로 보관하면서 연구자료로 활용하고자 하는 경우도 많을 것이다. 그러나 유물의 국가귀속이 조사 유적 단위로 이루어지고 이관 또한 이와 연동되어 있기 때문에 일부만 보관하고 일부만 이관한다는 것은 현실적으로 불가능하다. 그렇다면 해당 유적 유물 전량을 보관·관리해야 하는데 지속적으로 이루어지는 조사에서 출토되는 유물을 보관하고 관리하는 여력이 충분한 조사기관은 드물기 때문에 아쉽더라도 이관을 할 수밖에 없는 상황이 된다.

관리청 또는 위임·위탁받은 기관으로의 유물 이관은 해당 기관에서 자체 예산으로 인수 계획을 추진하기도 하고, 조사기관의 이관 요청에 의해 추진되기도 한다. 최근에는 관리청의 인수 계획으로 유물이 이관된 사례도 있지만 수장 공간 확보를 위해 조사기관에서 이관을 요청하여 포장과 운반, 해포에 소요되는 비용을 부담하면서 추진되는 경우가 많다. 이는 박물관의 인수 계획을 기다리는 것보다 조사기관 자체에서 비용을 부담해서라도 이관하는 편이 공간 확보, 보관·관리 비용 절감 등 운영에 유리한 부분이 있기 때문이다.

유물 이관의 사유가 발생하면 관리청 또는 위임·위탁받은 기관의 담당부서와 먼저 유선으로 협의를 하고 문서행위를 한 다음 유물 포장, 운반, 해포, 확인 작업을 거쳐 이관을 완료한다.

유물의 포장과 운반, 해포 작업은 자체적으로 추진할 수도 있지만 가능하면 전문업체를 선정하여 일임을 하는 것이 보다 안전하고 신속하다(그림 45).

　유물의 확인 작업은 포장하기 이전이나 해포 후 관리청 또는 위임·위탁받은 기관 담당자와 국가귀속 조치 시점의 유물 사진으로 확인을 하게 되는데, 이는 발굴문화재 대장일 수도 있고 보고서의 유물 사진(도판)일 수도 있다. 이관 계획이 세워지면 안전하게 보관되어 있던 유물이라도 기관 자체에서 귀속 조치 당시의 유물 사진과 유물의 상태를 하나하나 대조하며 확인하는 작업이 선행되어야 한다. 사전에 문제가 있는 부분을 알고 있다면 해결할 수 있는 방법을 찾을 수도 있는데 박물관과의 확인 과정에서 문제가 발생하면 난감한 상황에 처할 수 있으므로 꼼꼼하게 확인하는 것이 중요하다. 유물의 확인 과정이 끝나면 (가)인수인계서에 서명을 하고 이관을 마무리한다. 이때 문제가 있는 부분에 대해서는 확인서를 작성한다. 차후 (가)인수인계서를 바탕으로 관리청 또는 위임·위탁받은 기관으로부터 유물인수증을 문서로 수령하면 이관 절차는 완료된다.

　한 점의 유물을 자료화하기까지는 여러 가지 복잡한 과정을 거쳐야만 한다. 이러한 과정에서 그 유구와 유물이 가지고 있는 모든 현상과 정보를 실제로 접하지 못하는 대다수의 연구자에게 바르게 전달하기 위해서는 담당자의 유구와 유물에 대한 깊은 이해가 전제되지 않으면 안 된다. 유구에서 출토 상황을 고려하여 정리된 유물과 그렇지 못한 유물은 고고학 연구에서 전혀 다른 결과를 낳을 수 있고, 나아가 유구나 유적의 편년에도 중요한 영향을 끼치게 되며 고고학의 근간을 흔들 수도 있다.

　한 점의 유물이 고고학적으로 유용한 자료가 되기 위해서는 유적 조사와 유물 정리 과정에서 기본에 충실하게 각각의 현상을 잘 파악하고 이해하며 얼마나 정확하게 제대로 하느냐에 달려 있다고 할 수 있다. 유적 조사 현장의 규모가 점점 커지고 조사되는 유적의 수도 증가하는 상황과 비례하여 출토되는 유물의 양도 엄청나게 많이 늘어나고 있는 현실에서 발굴조사뿐만 아니라 유물의 정리에도 많은 시간이 소요된다. 이러한 일련의 작업들은 모두 사람의 손에 의해 이루어질 수밖에 없으며 앞서 서술한 여러 단계의 복잡한 과정을 거쳐야 하기 때문에 숙련된 정리요원을 필요로 한다. 유물 정리는 대부분이 보조원들을 활용하고 있는데 이들 보조원들은 정규과정의 전공을 한 사람들도 있지만 현장에서 여러 과정의 작업을 습득한 숙련자들이 많다. 그러므로 이들을 교육하고 관리하는 연구원은 정리작업의 전 과정을 숙지하여 수습, 정리, 보관·관리에 관심을 가지고 작은 부분에도 소홀함이 없어야 하며 연구의 주체로서 자료의 가치를 높이고 나아가 학문의 발전에 기여할 수 있도록 노력을 기울여야 한다.

2

출토유물의 실측과 편집

1) 실측 목적

유물의 실측은 유물의 정확한 형태와 세부적인 특징을 가장 잘 표현하는 것이며, 이를 통해 제작기술의 복원이나 연대 설정 등 유물이 가지고 있는 당시의 많은 내용들을 파악할 수 있다. 그러므로 공개적으로 간행된 보고서에 대상 자료를 충분히 이해할 수 있는 기록이 제시된다면 이와 관련된 연구를 진행할 때 귀중한 시간을 아낄 수 있으며, 학문의 발전을 보다 촉진시킬 수 있을 것이다. 또한 유기질 등의 유물에 따라서는 완전한 형태 그대로 보존이 곤란한 경우가 많고, 불충분한 관리나 뜻하지 않는 재해 등으로 유물을 잃어버리는 경우가 전혀 없다고는 말할 수 없다. 따라서 우리는 하찮은 유물이라 하더라도 가능하다면 완전한 기록을 남기려는 노력을 해야만 하는 것이다.

자료를 정확하게 기록하는 방법은 크게 네 가지를 들 수 있다.

(1) 기술(記述)에 의한 방법

일반적으로 사용되는 기술에 의한 방법은 관찰자의 입장이나 관념에 따라 차이가 날 수 있으며 문화재의 형태적인 특징이나 내용을 정확하게 표현하기에는 많은 어려움이 있다.

(2) 사진에 의한 방법

문화재의 현재 상태를 보여 주는 중요한 기록 수단이다. 그러나 사진은 축척이 서로 다르며, 크기를 정확하게 알 수 없다는 단점이 있다. 또한 유물의 경우 바닥이나 내부의 형태를 보여 주기 위해 여러 장의 사진을 찍어야 하는 불편이 있다.

(3) 탁본에 의한 방법

육안으로 판독하기 어려운 세부적인 문양이나 문자 또는 성형기법의 흔적 등을 대상 유물 위에 종이를 대고 직접 찍어 낼 수 있다는 점이 편리하다.

(4) 실측에 의한 방법

유구나 유물이 가지는 형태적 특징, 바닥이나 내부의 형태 등과 크기, 방향 등을 하나의 도면에 표현할 수 있다는 장점이 있다. 또한 유물의 실측으로 형태적인 속성뿐만 아니라 기술적인 속성까지도 파악함으로써 제작 기술적인 측면을 살펴볼 수 있다.

그림 46 유물 자료의 기록 방법(1: 기술, 2: 사진, 3: 탁본, 4: 실측)

2) 실측 도구

실측에 필요한 도구는 유물을 기록하기 위한 종이인 방안지와 길이를 재는 도구(자, 집게자, 삼각자), 측점을 옮기는 도구(디바이더, 컴퍼스), 형태를 잡는 도구(바디), 두께를 재는 도구(캘리퍼스), 필기구(연필, 지우개, 칼) 등이 있다.

(1) 방안지

실측에는 우선 용지가 필요하다. 용지는 일반적으로 방안지를 사용하지만 질에 따라서 습도에 의한 변화가 크다. 방안을 인쇄한 색은 그다지 진하지 않은 것이 좋다.

(2) 길이를 재는 도구

길이를 재는 데는 자가 필요하다. 자는 공인된 기관의 검증된 자로 눈금을 정확하게 볼 수 있는 것이 좋다.

삼각자는 직각을 구할 때 필요하며, 눈금이 새겨진 것이 좋다. 특히 원점이 직각의 바닥에서 시작하며, 몸 전체에 방안이 새겨진 삼각자가 사용하기에 편리하다. 시중에서 판매되는 삼각자는 모두 원점이 바닥에서 시작되지 않고 약간 위에 위치하고 있다. 이러한 경우 방안지를 잘라서 삼각자에 유리반창고를 붙여 직접 만들어 사용한다. 또한 삼각자는 투명한 재질의 것이 편리하며 크기가 서로 다른 두 종류를 준비해 두어야 한다.

정삼각자 1개와 이등변삼각자 2개를 이용하여 높이를 측정하는 도구를 만들어 사용하는 것이 좋다. 바닥에 정삼각자를 두고 직각되는 면에 맞추어 두 개의 이등변삼각자를 직각되게 세워 테이프로 고정시키면 간단히 만들 수 있다(그림 48).

(3) 측점을 옮기는 도구

디바이더는 점과 점 사이의 직선거리를 재거나 옮길 때 사용되며, 컴퍼스는 원을 그리거나 문양을 편집, 배정할 때 사용된다.

(4) 형태를 잡는 도구

점과 점 사이를 연결하는 선의 형태를 나타내는 도구에는 바디가 있다. 크기는 일반적인 바디살의 길이와 함께 20~30cm 정도의 크기가 적당하다.

바디를 유물의 측면에 대고 손톱 끝으로 바디살의 끝을 매끄럽게 눌러서 유물의 외형을 그대로 방안지에 옮겨 그린다.

(5) 두께를 재는 도구

단면도를 작성하기 위해서는 두께를 측정하는 용구가 있어야 하는데 가장 대표적인 것이 캘리퍼스이다. 캘리퍼스는 기벽의 두께나 직경을 재는 데 사용되기도 한다. 캘리퍼스는 사용방법이 정확하지 않으면 잘못된 수치가 나올 수도 있다.

(6) 필기용구와 기타

연필은 H나 2H가 적당하다. 미세한 부분을 실측할 경우에는 0.3mm 또는 0.5mm 굵기의 샤프연필을 사용하기도 한다. 그러나 0.3mm 굵기의 샤프연필은 잘 부러지는 단점이 있다.

지우개는 연필의 흔적 없이 부드럽게 지워지는 것이 적당하다. 특히 예리하고 끝이 섬세한 연한 지우개가 이상적이다. 연필 끝부분을 깎고 다듬기 위해서는 칼보다 미세한 사포를 사용하는 것이 편리하다.

유토는 유물을 고정시키거나 수평을 잡는 데 편리하다. 유토는 유물의 크기에 따라 적당한 크기를 손으로 떼어 내어 여러 번 주무르면 체온에 의해 부드러워진다. 이것을 유물의 하단에 놓고 살짝 눌러서 고정

그림 47 유물 실측에 필요한 도구

시켜 실측이 진행되는 동안 유물이 이동하는 것을 방지한다. 유토가 없을 경우에는 지우개를 적당한 크기로 잘라서 대신 사용할 수 있다.

3) 실측 순서

유물의 실측은 삼차원 물체인 유물을 이차원의 도면 위에 나타내는 작업을 말한다. 유물의 중심을 통과하는 기준선을 설정하고 바로 위에서 내려다본 상태의 평면도, 정면에서 본 상태의 입면도, 유물을 세로로 절단한 상태의 단면도 등을 짜 맞추어 유물의 전체적인 형태를 표현한다.

그 작성 원리는 기본적으로 발굴 현장에서 행하는 유구 실측의 원리와 동일하지만 유물은 크기가 작아서 축척은 원측(1:1)이 기본이며 실내에서 작업하는 경우가 많다.

유물의 실측방법은 크게 두 가지로 나누어 살펴볼 수 있다. 하나는 토기나 도자기 등의 실측과 같이 유물을 세운 상태에서 측면으로 투영하는 방법이다. 이 방법의 도면에는 입면도와 단면도, 필요에 따라서는 평면도 등의 세부 도면이 배치된다. 다른 하나는 석기, 철기, 장신구, 골각기 등의 실측과 같이 유물을 눕힌 상태에서 아랫면으로 투영하는 방법이다. 이 방법의 도면에는 평면도, 단면도, 측면도 등의 세부 도면이 배치된다.

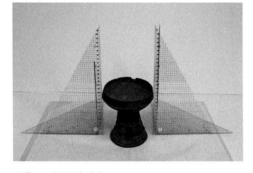

그림 48 기준선의 설정

(1) 유물을 세운 상태에서의 실측: 고배를 중심으로

① 기준선의 설정

방안지 위에 교차하는 임의의 한 점을 기준점으로 하고 그 위에 고배를 올려놓는다. 삼각자를 방안지 위에 직각으로 세우고 기준점을 중심으로 고배의 동,

서, 남, 북 네 곳의 수치를 측정한다. 그리고 고배를 동,
서, 남, 북 네 곳의 수치가 거의 동일하게 나타나도록 조
금씩 이동하여 위치를 결정한다.

고배 구연부의 중심이 기준점과 정확하게 일치하
면 중심점을 지나는 좌우의 동–서선이 실측의 기준선이
된다.

그림 49 실측선 결정

② 실측선의 결정

고배의 대각부나 배신부의 평면 형태가 거의 원형인 경우에는 중심
점과 기준점을 일치하게 위치시키면 된다. 하지만 평면 형태가 타원형
인 경우에는 지름이 긴 쪽 또는 짧은 쪽에 대해 서로 직각이 되도록 기준
선 또는 측선 방향으로 배치하는 것이 보다 정확한 도면을 얻을 수 있는
방법이다. 실측도에서는 입면보다 단면을 중시하므로 가장 효과가 좋은
부분을 단면의 측선으로 선택하는 것이 바람직하다.

③ 측점의 측정

기준선과 측선을 결정한 뒤에는 실측할 때 기준으로 삼는 측점 위
치를 결정하고 그것을 방안지에 점으로 옮긴다. 측점은 유물의 외곽선
중 가장 돌출된 점 또는 변화가 가장 뚜렷한 부분을 정하는 것이 유리하
며 주로 구연단, 뚜껑받이턱, 돌대, 대각의 접합부, 대각단 등 가장 튀어
나와 있는 점을 선택한다.

측점은 유물의 수직높이와 수평폭이 교차되는 지점의 눈금을 잰 후
방안지에 표시한다. 이 중 소형 삼각자의 가장 안정된 위치의 한 점을 기
준측점으로 정한다.

삼각자에 측점용 소형 삼각자의 다른 변과 직각이 되는 변을 붙여
삼각자에 직각이 되도록 한 후, 삼각자의 눈금으로 읽으면 수직높이가
된다. 수평거리는 삼각자를 세운 그 점에서 측점용 소형 삼각자의 길이

그림 50 측점의 측정(좌) 및 점검(중·우)

만큼 기준선 쪽으로 옮긴 점을 측정하면 되며 초보자에게 유리하다.

유물 실측에서는 자와 방안지의 눈금을 수평과 수직의 원칙에 따라 재는 것이 옳으며, 여기에 어긋난 도면은 유물을 정확하게 표현했다고 할 수 없다. 측점을 볼 때에도 눈은 반드시 수직과 수평의 위치에 있어야 한다.

그러나 유물의 크기에 관계없이 돌대 등의 변화가 심한 부분에 대해서는 경우에 따라 측점을 촘촘하게 많이 잡는 것이 정확도를 높이는 데 도움을 준다.

측점의 측정은 실측도의 정확성을 좌우하는 기본 작업으로, 방안지에 표시한 후 유물에서 표시한 측점과 도면 상에 기록된 측점이 일치하는지를 반드시 점검하여 교정하는 작업이 필요하다.

④ 바디를 이용한 외곽선 그리기

측점을 점검하여 정확하다고 판단되면 바디를 사용하여 측점과 측점 사이를 연결시켜 토기의 양쪽 윤곽선을 그린다. 토기를 실측할 때에는 단면도를 먼저 그리고 입면도를 나중에 그린다. 먼저 전체적인 윤곽을 방안지에 그린 후 구연부부터 각단 방향으로 세부적으로 유물에 바디를 대어 모양을 뜨고 측점 사이를 연결시킨다. 바디 역시 수평과 수직의 원칙에 따라 모양을 뜨고자 하는 면에 대해 바디살이 수평과 직각이 되도록 세우고 살과 살 사이가 벌어지지 않도록 여러 번 수정하여 정확한

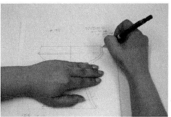

그림 51 바디를 이용한 외곽선 그리기(좌: 바디를 이용한 외형뜨기, 중: 외곽선 그리기, 우: 외곽선 세부 묘사)

윤곽선이 되도록 세우고 천천히 그린다.

바디 사용법을 익히는 데는 오랜 시간이 필요하나, 잘 활용할수록 보다 정확한 도면을 그릴 수 있고 실측 시간을 단축시킬 수 있다.

바디를 토기에 댈 때에는 바디 중심 부분을 이용하고 테이프의 원통이나 받침대에 고정시킨 후 외형을 뜨면 용이하다. 복원 접합한 토기나 연질토기 등은 무리하게 힘을 가하여 유물을 손상시키는 일이 없도록 주의한다.

⑤ 외곽선의 세부 묘사

바디로 양쪽 윤곽선을 그린 후 구연단부터 각단의 방향, 즉 토기를 바로 세웠을 때 위에서 아래의 방향을 따라 윤곽선을 세부적으로 묘사한다. 이때에도 단면도를 먼저 완성하고 입면도를 그린다. 바디는 토기의 모양을 완전하게 나타내 주는 것이 아니고 토기를 실측하는 데 보조 역할을 하는 도구에 불과하다. 결국 토기 실측은 실측자 본인의 감각과 관찰에 의한 표현이므로 토기의 제작기법을 잘 이해하여 하나하나 신중하게 생각하며 그린다. 세부 표현을 할 때에는 토기를 돌려가며 관찰하여 성형과 정면기법을 구별하고 제작자가 나타내려 했던 제작기법을 파악해 내는 일이 가장 중요하다.

먼저 기준 측점을 표시하고 이 점에서부터 디바이더로 변화점들을 하나하나 체크하면서 바디선을 따라 그린다. 굴곡이 심하거나 미처 바디로 표현되지 못한 미세한 부분이 있을 경우 다시 부분적으로 바디로 모양을 뜨는 작업이 필요하다. 돌대, 뚜껑받이턱, 각단의 형태 등은 매우 작고 섬세하여 바디살이 들어갈 수 없는 경우가 많기 때문에 이 부분은 실측자의 관찰에 의해 표현해야 한다. 선을 그릴 때는 굵기와 명암이 일정하게 하고 명료하게 그려야 하며 한 번 그은 선 위에 겹쳐서 긋지 않는다. 이는 실측이 회화가 아닌 정확한 묘사법을 원칙으로 하기 때문이다. 또한 토기의 외곽선에서 변화가 심하여 직선적인 느낌이 나는 부분은 '〈'으로, 부드러운 부분은 '‒' 등의 부호로 강약을 표시하는 것이 일반적이다. 조금이라도 변화가 있다고 생각되는 부분은 반드시 표시를 해 주어야 제도 시에 이러한 미세한 부분이 탈락되지 않고 표현될 수 있다.

유물 실측도면은 누가 보더라도 주관적이지 않고 고고학에서 요구하는 객관적이고 치밀한 정보를 담아내는 것이 무엇보다도 중요하다. 이것은 곧 실측자의 관찰과 표현의 능력에 달려 있다.

⑥ 단면도 작성

토기 양측 선의 세부 묘사가 끝나면 구경선, 저경선(底徑線)을 긋고, 저경선을 2등분하여 그 중심점에서 저경선에 직각이 되게 토기의 중심선을 긋는다. 이 중심선으로 실측도를 양분하면 오른쪽은 단면도, 왼쪽은 입면도가 된다.

오른쪽의 단면도를 항상 먼저 그리는데 그 순서는 먼저 토기의 두께를 재는 것이다. 토기에 임의 점을 결정하여 디바이더로 잰 후 이미 그려 놓은 외곽선에 이 점을 표시하고 캘리퍼스를 토기 외면의 측점에 대어 그 점의 두께를 읽은 후 도면에 옮긴다. 이때 캘리퍼스는 토기와 수평, 수직이 되어야 정확한 두께가 측정됨을 명심해야 한다. 배신부(杯身部)는 3~4곳, 대각부(臺脚部)도 4곳 정도 두께를 재는 것이 좋다.

두께와 함께 배신과 대각의 깊이를 잴 때 직각자와 눈금자를 직각

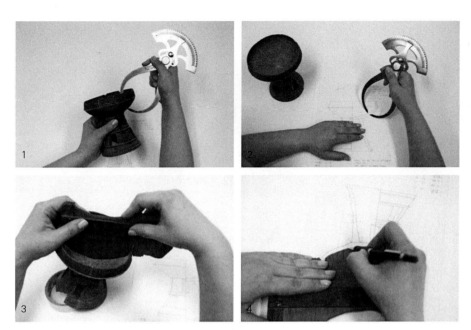

그림 52 토기의 두께 측정 및 내면 그리기(1·2: 캘리퍼스를 이용한 측정, 3·4: 내면 외형 뜨기)

으로 대어 재는데, 도면에 옮길 때는 구경선과 저경선에 직각이 되도록 자를 놓아 점을 표시한다.

기벽의 두께 측정이 끝나면 바디를 대고 바디살을 눌러 그 윤곽을 그대로 방안지에 옮긴다. 바디를 기벽에 댈 때 바디살이 기면에 수직이 되도록 주의해야 한다. 다음으로 디바이더를 이용하여 세부를 실측한다.

⑦ 입면도의 작성과 투창의 표현

중심선을 기준으로 실측도의 왼쪽 1/2은 돌대나 예새깎기 등 외형적인 특징을 나타내는 입면도를 작성한다. 이미 표시해 놓은 강약 표시에 따라 직선이나 파선을 긋고 단면도의 내면도·입면도와 같이 기면의 형태적인 특징들을 세밀하게 표현한다.

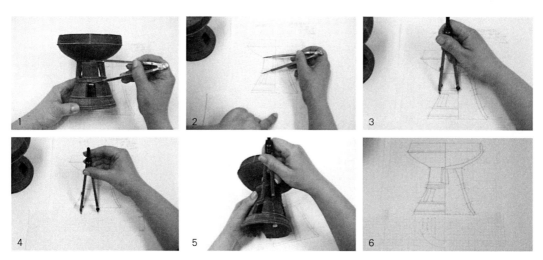

그림 53 투창의 실측방법 1(1: 투창 위치 측정, 2: 도면에 동일한 투창 위치 표시, 3: 반지름 측정, 4: 중심선을 기점으로 1/4쪽 원 그리기, 5: 중심에서 떨어진 거리 확인, 6: 1/4쪽 원에 투창의 위치 표현)

대각부에 뚫려 있는 투창은 단면도와 입면도에 모두 표현해야 하는데, 입면도에는 대각의 밖에서 안으로 보는 형태, 단면도에는 대각의 안에서 밖으로 보는 형태를 그린다.

단면도의 경우 투창의 가로폭을 이등분한 다음 그 중심점의 위치를 토기에서 디바이더로 측정하여 단면도에 표시하고 상하 두 점을 각각 연결하여 투창의 위치를 나타낸다.

입면도 표현방법은 두 가지로 구분될 수 있다. 첫 번째는 표현하고자 하는 투창의 위치를 정확히 한 점에서부터 어느 정도 떨어져 있는지를 디바이더나 컴퍼스를 통해 확인한다. 도면에서 동일한 점을 찾아 투창의 위치를 표시한다.

투창이 위치하는 부분의 반지름을 찾아서 도면의 중심선을 기점으로 1/4쪽 원을 그려 준다. 이 원은 투창이 위치하는 부분의 대각과 동일한 형태를 보인다고 생각하면 된다. 이제 투창이 고배의 중심으로부터 얼마나 떨어진 거리에 있는지를 확인한다. 투창을 그리기 전에 유물에

그림 54 투창의 실측방법 2(좌: 투창 중심을 도면 중심과 맞추기, 중: 수평거리 측정, 우: 높이 측정)

미리 중심선을 표시해 두어야 하고, 유물에 표시해 둔 중심선으로부터 그리고자 하는 투창까지의 거리를 잰다. 그 후 도면에 그려 둔 원에 표시하여 투창의 위치를 찾아 도면에 표시하면 된다. 또한 내면에 보이는 선도 찾아 주어야 하는데, 방법은 투창의 외면을 그리는 방식과 동일하며 기준선은 단면에 그려진 내면선으로 하여 실측한다.

두 번째 방법은 측점용 소형 삼각자를 이용하는 것으로 투창의 폭을 이등분하여 중심선에 일치시킨 다음 삼각자를 모서리 네 점에 대어 중심선으로부터 수평거리를 재고 높이는 디바이더를 이용하여 옮긴다. 동일한 방법으로 투창 내면을 표현할 수 있다.

(2) 눕힌 상태의 유물 실측

석기, 목기, 철기는 물론 토기의 경우에도 세워서 사용하기 어려운 유물의 실측은 주로 방안지 위에 올려놓고 평면도를 작성하는 것이 편리하다. 이러한 실측방법은 유물을 방안지 위에 올려놓고 위에서 투영시켜 실측하는 것으로 모든 유물에 적용할 수 있다.

눕힌 상태의 유물 실측 순서는 다음과 같다.

첫째, 수평에 유의하여 유물을 방안지 위에 정치시킨다. 장축 방향은 중심선을 기준으로 한다.

둘째, 방안지 위에 유물 외형의 측점을 구한다. 높이가 있는 유물은

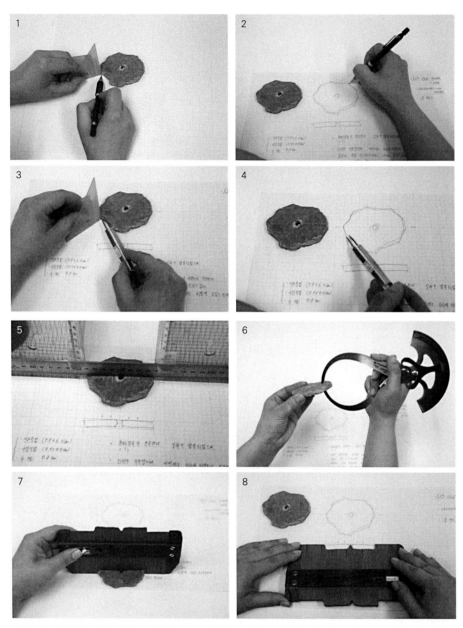

그림 55 눕힌 상태의 유물 실측(1: 외형 측정, 2: 외곽선 그리기, 3: 상면 형태 측정, 4: 세부 묘사, 5 · 6: 삼각자와 캘리퍼스를 이용한 두께 측정, 7 · 8: 바디를 이용한 외형 뜨기)

삼각자를 이용한다.

셋째, 측점과 측점을 연결하여 외형의 윤곽선을 완성한다.

넷째, 상면의 형태를 실측한다. 측점은 삼각자와 디바이더를 이용하며 윤곽선에서 측정하거나 중심선과 직교하는 몇 개의 기준선을 설정한 다음 이 기준선에서 측정하기도 한다.

다섯째, 평면도가 완성되면 평면도와 함께 필요에 따라 측면도나 단면도를 작성한다.

여섯째, 유물에 대한 내용과 관찰한 바를 기록한다.

평면도를 중심으로 하는 실측방법에서 측면도와 단면도를 이용하는 것은 유물의 특징을 표현하는 데 중요한 역할을 한다. 측면도는 일반적으로 두께가 두꺼운 유물을 옆에서 보고 그 특징을 나타내기 위한 것이며, 단면도는 절단된 부분의 형상에서 유물의 특징을 표현하는 경우에 주로 이용된다.

그러므로 측면도에서 유물을 옆에서 보았을 때 전체의 형태가 표현되지 않으면 단면도에서 유물의 특징적인 부분, 이를테면 날의 끝부분이나 몸통부분 또는 손잡이와 같은 부분의 단면 상태를 작성하고 그것을 평면도에서 편집할 수도 있다.

평면도를 중심으로 하는 실측방법은 편집방법이나 측정방법이 모두 수작업에 의해 이루어지기 때문에 하나의 유물을 실측하는 데 많은 시간이 소요된다. 물론 이러한 작업을 통해서 유물을 보다 세밀하게 관찰할 수 있다는 것은 말할 필요도 없으나 실제로 작업상의 복잡한 순서로 인해 많은 어려움이 있는 것도 사실이다.

4) 도면 편집

실측도의 가장 큰 특징은 유물이 가지는 형태, 길이, 크기 등을 그림으로 정확하게 표현할 수 있다는 점이다. 하지만 유물의 형상은 일반

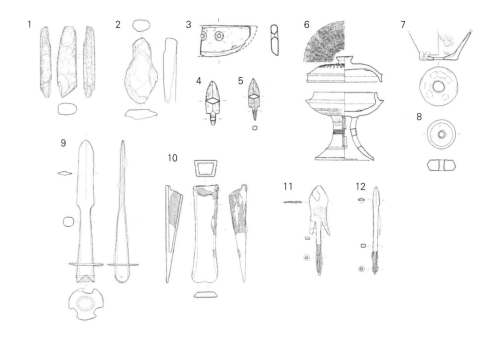

그림 56 기종별 유물 실측도 (1~5: 석기, 6~8: 토기, 9~12: 철기)

적으로 입체적이며 또한 많은 불규칙적인 면과 선의 결합으로 이루어 진다. 이것을 방안지 위에 평면적으로 나타내기 위해서는 일정한 약속 에 따른 방법이 필요하다.

투영화법에 입각한 실측은 상면과 하면, 그리고 네 개의 면이 그려 질 수 있으므로 투영도는 6장이 있을 수 있다. 유물에 따라서는 이 6장의 투영도가 필요한 경우도 있지만 일반적으로는 몇 개를 생략할 수 있다. 대부분의 토기처럼 거의 완전한 회전체라면 하나의 측면도와 부분적인 평면도가 있으면 적당하다.

그러나 석기나 철기와 같은 비대칭형의 유물은 위에서 투영하는 평 면도와 1장 또는 2장의 측면도가 필요하며 평면도는 겉과 안의 양면이 필요한 경우도 있다. 측면도 또한 평면도로 나타낸 면을 평면도와 함께 배치하는 것이 일반적이다. 그러므로 유물에 도면을 몇 장 그리고 어떠한 형태로 작성하는가를 결정하는 것 또한 중요한 작업이다.

평면도와 측면도는 가운데 구멍이 있는 유물의 내면이나 여러 개의 부분으로 이루어진 유물 등의 경우 중복으로 인해 밑부분은 표현하기 어려운 경우도 있다. 이러한 형태의 유물을 표현하기 위해 단면도가 필요하다.

유물을 실측할 때 적용되는 축척은 원측(1:1)이 기본이며 현재의 상태로 투영하는 것이 일반적이다. 그러나 유물이 너무 커서 부분적인 표현이 어려울 경우에는 축소 도면을 그릴 수 있다. 이와는 달리 부분적으로 매우 미세한 문양으로 표현되어 있는 경우에는 정확한 형태를 나타내기 위해 2배 정도의 확대된 도면을 작성하는 것이 바람직하다. 또한 하나의 유물을 여러 부분으로 나누어 비율이 서로 다른 도면을 작성하는 경우도 있다.

5) 탁본

토기의 문양이나 정면수법, 타날 형태 등은 도면 상의 실측으로 모두 표현하기에는 많은 어려움이 있다. 이런 경우에는 문양을 실측하는 대신 탁본으로 찍어 실측도의 왼쪽 부분에 붙여 제시한 도면을 보기도 한다. 토기 표면에 시문되어 있는 타날문의 경우 반복되는 문양을 그리기가 쉽지 않기 때문에 이런 경우에는 실측에 의한 표현보다 탁본에 의한 방법이 훨씬 효과적이다.

탁본을 위한 준비물은 먹, 한지, 솔, 솜방망이, 물뿌리개, 가위 등이다(그림 57).

그림 57 유물 탁본에 필요한 도구

탁본 순서는 다음과 같다(그림 58).

첫째, 한지를 적당한 크기로 잘라 유물 위에 올려놓고 물뿌리개로 천천히 물을 뿌려 한지를 유물 위에 붙인다.

둘째, 솔로 잘 두드려 한지를 유물에 완전하게 밀착시킨다. 이때 한지가 찢어지거나 구멍이 나지 않도록 조심해야 한다.

셋째, 한지가 어느 정도 건조될 때까지 기다린다.

넷째, 먹을 묻힌 솜방망이로 부드럽게 두드린다. 한지가 젖어 있으면 먹이 번져서 탁본이 흐리게 나타나며 유물에 먹이 묻을 수 있기 때문에 주의해야 한다. 먼저 큰 솜방망이를 이용해 전체적으로 엷게 먹을 묻힌 후 작은 솜방망이로 꼼꼼하게 두드린다.

다섯째, 완성된 탁본을 유물에서 천천히 떼어 내어 두꺼운 책갈피 사이에 끼워서 편평하게 편다.

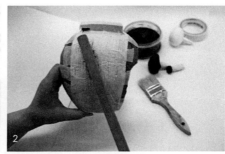

그림 58 유물 탁본 과정(1: 한지 위에 물 뿌리기, 2: 솔로 두드리기, 3: 건조, 4: 먹을 묻힌 솜방망이로 두드리기, 5: 완성)

6) 제도

원도의 작성 이후에는 실측도면의 보존과 인쇄를 위한 트레싱 작업이 필요하다.

트레싱 작업을 할 때 맨손으로 트레싱 펜을 쥐게 되면 손에 땀이 나서 잉크가 쉽게 번질 가능성이 많다. 따라서 면장갑을 끼면 땀을 방지할

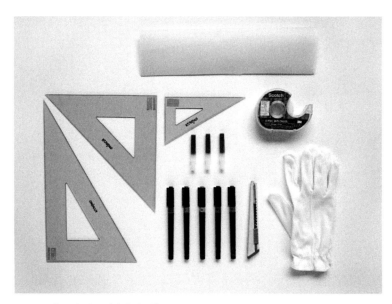

그림 59 유물 트레싱에 필요한 도구

뿐만 아니라 부드럽게 움직일 수 있으므로 매우 편리하다. 선을 그릴 경우 위에서 아래로, 왼쪽에서 오른쪽으로 그려야 하며 손목을 고정시킨 상태에서 팔목 전체를 움직이면 떨림을 방지할 수 있다.

트레싱 작업을 할 때 원도에서 변화하는 지점에 표시하는 수염 모양의 삐침선을 활용하면 매우 효과적이다.

최근 도입된 컴퓨터를 이용한 일러스트레이터 프로그램으로 도면을 생성하는 방법은 수작업으로 이루어지는 트레싱 작업보다 인력과 시간을 단축하는 장점이 있다. 이것은 유물 실측도면을 스캔받은 후 드로잉 작업을 하는 것으로 트레싱 작업보다 간편하다. 하지만 일러스트레이터의 작업은 로드(rod)를 연속 사용하여 선을 표현하기 때문에 유물과 같은 미묘한 곡선은 아직까지 정확하게 표현할 수 없다는 것이 문제점으로 남아 있다.

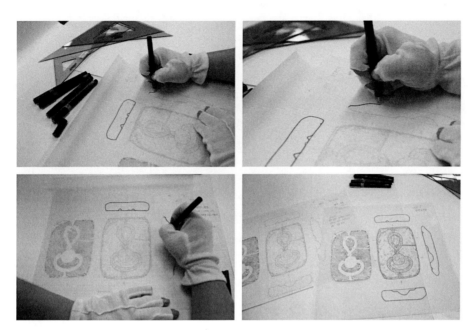

그림 60 유물 트레싱 과정

7) 디지털 실측

문화재의 정밀측정 및 수치정보의 생성은 신개념 제품설계 및 생산 방식 중의 하나인 역공학의 기반 기술을 바탕으로 이루어진다. 이러한 역공학 기술은 문화재, 예술, 그래픽 등 문화산업 각 분야에 급속하게 응용되기 시작했다. 현재 이러한 역공학 기술의 적용은 문화재의 실측, 복원, 전시, 홍보 등 다양한 분야에서 진행되고 있으며, 국내에서도 저변이 확산되고 있는 추세이다. 문화재의 3차원 영상 정보를 생성하는 방법은 모델링 소프트웨어를 이용한 컴퓨터 그래픽 처리기법, 카메라로 여러 각도에서 찍은 이미지를 합성하여 대상물을 3차원적으로 보여 주는 기법 등이 있으나, 정확하고 정밀한 3차원 좌푯값을 가지는 수치 데이터를 추출해 낼 수 있는 방법은 현재 3차원 스캐닝에 의한 방법이 유일하다.

이와 같이 역공학 기술에 의해 데이터를 생성해 낼 수 있는 대상물은 토기, 자기, 석기, 철기 등 크기가 작은 유물은 물론 발굴조사 현장의 유구, 유적에 이르기까지 모든 문화재로 범위가 확장될 수 있다. 완성된 데이터는 그 자체가 훼손에 대비한 보존 자료일 뿐만 아니라, 기존의 수작업 실측으로는 얻기가 곤란했던 정확하고 정밀한 3차원 수치정보를 지니고 있는 자료이다. 따라서 각 분야의 연구자를 위한 연구 분석 자료를 더욱 풍부하게 제공해 줄 수 있으며 문화재 연구와 관련된 여러 분야에서 활용될 수 있는 데이터베이스가 구축될 수 있을 것으로 생각된다. 또한 3차원 데이터는 복제품을 제작하거나 훼손 부위의 복원을 통한 실제 모습의 재현에도 사용될 수 있으며, 3차원 가상현실 데이터 제작용 기초 자료로 사용될 수 있다.

3D 디지털 도면 작성방법

① 3차원 스캐닝

유적, 유구, 유물 등 대상물의 크기와 형태 및 특징 등을 고려하여 가장 적합한 3차원 스캐너를 선정하고, 현장답사 및 정보 수집을 통한 스캐닝 계획에 따라 기초 데이터를 획득한다.

② 3차원 모델링 및 정치(正置)

3차원 스캐닝 과정에서 획득한 기초 데이터를 병합하고 최적화하여 실물과 같은 모양으로 모델링한 후 대상물의 특징을 가장 잘 표현할 수 있는 뷰(View)로 정치한 뒤 단면 위치를 결정한다.

③ 외곽선 및 단면선 추출

완성된 3D 데이터를 이용하여 외곽선과 단면선을 추출하여 도면 작성에서 기본단계인 외형뜨기 작업을 한다. 이 작업은 도면 제작자의 주관적인 의도가 들어가 있지 않고 소프트웨어 프로그램을 이용하여 3D 데이터에서 자동 추출해 낸 라인을 그대로 이용한 것이어서 보다 객관적인 자료를 제공한다.

④ 특징부의 세부 표현

외곽선이나 단면선 이외에 유구 및 유물의 특성을 나타내야 하는 부분을 표현한다. 3D 데이터와 사진 자료를 이용하면 거의 모든 표현이 가능하다. 유물의 경우 정면흔, 성형흔, 문양, 타격흔 등을 표현할 수 있다. 이 과정에서는 3D 데이터만으로 세부 표현이 충분히 되지 않는 경우가 있기 때문에 실견(實見)을 통해 세밀한 관찰을 하고 이에 따른 보완 작업을 반드시 해야 한다.

3

출토유물 촬영 방법

1) 촬영 장비

(1) 디지털카메라

19세기 카메라옵스큐라(cameraobscura, 라틴어로 '어두운 방'이라는 뜻)가 발명된 이래 다양한 사진기가 발명되고 발전되었다. 렌즈를 통해 영상을 받아들여 필름에 감광하는 기록방식이 발전하여 이제는 디지털 소자가 역할을 대신하는 시대가 되었다. 염화은(AgX)의 화학적 재료에서 CCD[2]나 CMOS[3]라는 이미지센서와 메모리카드 등의 디지털 방식으로 발전했다. 현상이나 인화 과정 없이 사진의 확인이나 활용이 가능하게 된 것이다.

현재 다양한 디지털카메라가 사용되고 있지만 보편화되고 활용이 용이한 디지털카메라를 기준으로 살펴보면 다음과 같다.

① DSLR(Digital Single Lens Reflex) 카메라
SLR(Single Lens Reflex) 카메라는 렌즈를 통해 들어온 빛이 반사

경(미러)에 의해 반사되어 펜타
프리즘(오각형의 프리즘)을 지
나 뷰파인더에 정확히 맺히게 하
여 촬영자가 피사체를 보고 촬영
할 수 있는 카메라이다. 촬영자
가 보는 것과 완전히 동일한 사
진을 얻을 수 있다는 것이 특징
이다. 또한 직접 여러 렌즈를 교
환할 수 있게 되어 있으며, 각 렌

그림 61 Nikon D3 DSLR 카메라

즈의 특성을 살려 다양한 효과의 사진을 얻을 수 있다. 이러한 SLR 카메
라에 필름 대신 이미지센서를 넣어 디지털로 전환한 것이 DSLR 카메라
이다.

② DSLT(Digital Single-Lens Translucent) 카메라

소니 카메라에서 처음 실현한 기술로 디지털 일안 투과식 카메라를
말한다. SLR이나 DSLR의 반사경과 달리 반투명 미러 시스템을 장착
하여 피사체의 초점을 잡는 센서(또는 뷰파인더)와 이미지센서(CCD/
CMOS) 양쪽에 끊임없이 빛을 공급할 수 있는 카메라이다. 사진을 촬영
하는 순간 반사경이 위로 올라가는 SLR/DSLR과는 달리 반투명 반사경
은 고정되어 있어 연사 속도를 높일 수 있고 미러 쇼크에 의한 흔들림을
최소화할 수 있다는 장점이 있다.

③ 유물 촬영에 유리한 DSLR/DSLT 카메라

유물 촬영에 다양한 디지털카메라가 사용되고 있지만 스튜디오에
서 필요로 하는 기능에 가장 부합하는 기종은 DSLR/DSLT 카메라이다.
다양한 렌즈의 활용을 통해 촬영자가 보는 것과 완전히 동일한 사진을
얻을 수 있으며, 배경이나 조명의 상호 연계성이 제일 뛰어나기 때문

이다. 일반적으로 DSLR/DSLT 카메라로 촬영된 사진은 고화질이기 때문에 인쇄를 비롯한 다양한 쓰임새에 활용할 수 있다.

(2) 유물 촬영에 유리한 렌즈

SLR이나 DSLR/DSLT 카메라의 최대 장점은 광각렌즈, 표준렌즈, 망원렌즈, 매크로렌즈, 어안렌즈 등 다양한 렌즈의 장착이 가능하다는 것이다. 렌즈는 여러 매의 광학유리들(오목렌즈들과 볼록렌즈들)로 구성되어, 하나의 합치점인 CCD/CMOS(필름)에 빛살들을 모아들이도록 고안된 것이다. 렌즈는 높은 해상력과 훌륭한 콘트라스트⁴를 가지고 있어야 한다. 또한 렌즈에는 빛의 양을 제어하는 조리개가 있다.

① 표준렌즈(Normal Lens)

35mm 카메라에서는 초점거리가 50mm에서 55mm 사이인 렌즈를 표준렌즈라 한다. 표준렌즈는 약 45도의 화각을 가지고 있는데, 이는 사람이 단번에 볼 수 있는 화각과 유사한 것이다. 렌즈가 가볍고 값이 싸며 빛이 부족한 상황에서도 유용하고 화질이 좋은 사진을 만들어 낸다.

② 유물 촬영에 적합한 접사렌즈(Macro Lens, 매크로렌즈)

클로즈업(접사) 사진을 찍기 위해 설계된 고해상력 렌즈로 매크로렌즈라고도 한다. 대부분의 매크로렌즈는 표준렌즈에서 준망원렌즈에 이르는 배율과 화각을 가지고 있어 원근의 왜곡이 적으며 밝은 개방조리개 값을 가지고 있다. 깊은 심도를 갖기 위해 조리개 값을 매우 작은 수치까지 가지고 있다.

이 렌즈는 심도가 깊은 유물 사진을 촬영하기에 매우 유리하다. 또한 매크로렌즈의 특성상 유물의 문양 같은 근접(접사) 부분촬영에 매우 적합하다(그림 62).

그림 62 매크로렌즈를 이용한 촬영(좌)과 접사촬영(우)

예를 들어 Nikon AF Micro Nikkor 60mm f/2.8D는 개방조리개 값이 F2.8의 밝기이고, 조리개 값은 F2.8~F32(7Stop)를 갖는데, 약 20cm 거리에 있는 동전의 접사 촬영도 가능하다.

③ 피사계 심도

사진 렌즈로 어떤 거리의 피사체에 초점을 맞추면 그 앞쪽과 뒤쪽의 일정한 거리 내의 초점이 맞는 범위를 말한다. 즉, 초점이 선명하게 맞는 영역을 말하는데, 촬영할 때 초점을 맞춘 피사체(그리고 그 피사체와 동일한 거리에 있는 다른 사물들)만이 사진에서 선명히 나오게 되는

표 2 심도의 구분(팬 포커싱과 아웃 포커싱)

구 분	팬 포커싱(Pan Focusing)	아웃 포커싱(Out Focusing)
조리개 수치(F값)	조리개의 F값이 높을수록 피사계 심도는 깊어진다. 조리개를 조이는 것이다(f8, f11, f16, f22, f32).	조리개의 F값이 낮을수록 피사계 심도는 얕아진다. 조리개를 개방하는 것이다(f8, f5.6, f4, f2.8, f1.4).
초점거리	초점거리가 짧을수록 심도는 깊게 표현된다(광각렌즈).	초점거리가 멀수록 심도는 얕게 표현된다(망원렌즈).
피사체와 배경의 거리	피사체와 배경이 가까울수록 심도는 깊게 표현된다.	피사체와 배경이 멀수록 심도는 얕게 표현된다.
촬영자와 피사체의 거리	피사체가 멀수록 심도는 깊게 표현된다.	피사체가 가까울수록 심도는 얕게 표현된다.

것이다.

유물 촬영은 기본적으로 팬 포커싱으로 촬영하는 것을 기본으로 하고 있으며 유물의 자세한 디테일을 표현하기 위해 심도가 깊은 촬영법을 이용한다. 그러나 광각렌즈의 경우 왜곡 현상이 심하기 때문에 표준렌즈 또는 준망원계열의 렌즈를 이용하여 왜곡을 최대한 줄여 촬영한다.

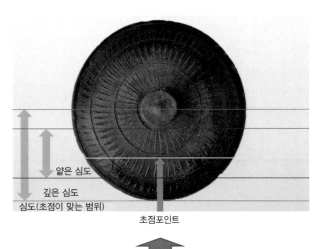

얕은 심도

깊은 심도

심도(초점이 맞는 범위)

초점포인트

그림 63 조리개에 따른 피사계 심도

(3) 조명

조명이란 피사체에 광선을 투여하는 것으로 피사체에서 반사된 빛을 기록하게 된다. 일반적으로 태양광, 형광등, 백열등, 텅스텐등, LED, 촛불, 스피드라이트 등 다양한 광원이 존재한다. 이 중에서 유물 촬영에 비교적 활용하기 좋은 광원은 스피드라이트와 태양광, 형광등, 텅스텐등, LED 등이다.

일반적으로 스튜디오에서는 순간광인 스피드라이트를 사용하는데 이는 태양광과 같은 효과를 낸다. 그러나 이 스피드라이트는 순간광이라 다루기가 매우 까다롭다. 그러나 현재는 디지털카메라의 발달로 촬영 후 즉시 확인이 가능해 실수를 줄일 수 있게 되었다. 근래에 들어서는 순간광을 이용한 스피드라이트와 더불어 지속광인 형광등라이트, LED 라이트를 이용하기도 한다. 지속광을 이용한 촬영은 현재 보이는 광선 상태를 그대로 확인하면서 촬영할 수 있다는 장점이 있다. 대부분의 지속광과 관련된 광선은 5,500~6,000°K에 맞추어져 있어 큰 무리 없이 촬영이 가능하다. 그러나 지속광의 광원이 적정 밝기를 내기 위해서는 많은 조명을 이용하거나 카메라의 감도를 높여야 한다는 단점이 있다.

조명에 대한 설명은 일반적으로 스튜디오에서 가장 많이 사용되고 있는 스피드라이트를 기준으로 한다.

① 스피드라이트의 활용

현재 일반적으로 활용되는 스피드라이트는 1/500초 사이에 50~1,000W에 이르는 출력을 낸다. 이때 나오는 빛은 태양과 같은 색온도를 가지는 5,500~6,000°K에 이른다. 이 순간광을 노출계로 측정, 그 측정치를 대입하여 촬영하게 된다. 대부분의 카메라는 스피드라이트와 동조 속도가 ~1/250초로 설정되어 있으며, 카메라와 조명의 동조는 무선(유선) 싱크를 이용한다.[5]

스튜디오에서는 촬영대(삼각대)를 이용해 촬영하게 되는데, 간혹 카메라를 들고 촬영할 때 셔터 스피드를 1/125~1/250으로 조정한다면 손 떨림에 의한 문제는 발생하지 않는다. 또한 스피드라이트를 이용해서 셔터 스피드 1/125초를 기준으로 조명의 이동과 출력 조절을 이용해 심도를 결정하고 촬영하면 된다. 출력이 높거나 같은 출력이라도 피사체에 더 접근하는 조명은 깊은 심도를 얻을 수 있으나 피사체의 한 부분이 과노출되는 문제가 발생할 우려가 있다. 이 경우 콘트라스트의 차이가 많이 나기 쉬운데, 조명과 유물 사이에 빛을 감쇠시키거나 확산시켜 콘트라스트를 낮춰 준다.

② 인공 조명의 필요 숫자

기본적으로 스튜디오 촬영에서 다양한 빛의 효과를 나타내기 위해서는 3개의 이상적인 조명이 필요하다(그림 64). 스카이라이트(Skylight)는 하늘에서 내려오는 빛의 효과를 나타내며 풍부한 광원을 확보할 수 있다. 다른 두 광원은 측면에서 비추는 주광원과 보조광원으로 피사체의 명암을 다양하게 표현하는 효과를 얻을 수 있다. 스튜디오에서 스카이라이트를 운영하기에는 어려운 점이 있어 일반적으로 주광과 보조

그림 64 기본적인 조명세트(1: Skylight, 주광, 보조광, 2: 조명, 3: 조명 반사판)

광으로 이루어지는 2개의 조명을 제일 많이 이용한다. 또한 강렬한 사진을 만들기 위해 주광과 반사판을 이용하는 조명을 이용하기도 한다. 수직 사진의 경우 주광원과 보조광원, 바닥에서 올라오는 광원 등 3개의 조명을 이용하기도 한다.

③ 노출계(Eposure meter)

사진 촬영 시 정확한 노출을 측정하기 위해 사용하는 기계이다. 일반적으로 반사식 노출계와 입사식 노출계로 나누어진다. 반사식 노출계는 카메라에 내장되어 있으며 피사체에서 반사돼 나오는 빛의 양을 측정하여 노출값을 얻는다. 반면 입사식 노출계는 피사체에 도달하는 빛의 양을 측정하여 노출값을 얻는데 스튜디오에서는 대부분 입사식 노출계를 활용하고 있다. 입사식 노출계는 일반적인 지속광원과 순간광원 모두를 측정할 수 있으며 피사체의 반사율에 크게 영향을 받지 않는다(그

그림 65 입사식 노출계(좌)와 활용(우)

림 65).[6]

노출계를 사용할 때는 유물에 최대한 접근하여 수광부(반구 모양)를 카메라의 렌즈 방향으로 하여 노출값을 측정한다. 측정모드는 일반적인 지속광에 대한 측정, 스피드라이트 코드에 연결하여 ◢버튼과 동시에 순간광을 측정하는 Code모드, ◢버튼을 눌러 놓으면 순간광이 발광했을 때의 노출값을 측정하는 Non-code모드의 세 가지가 있다.

④ 감도(Sensitivity, ISO)

필름이나 CCD/CMOS가 빛에 대해 반응하는 정도를 말한다. 빛에 민감하게 반응하면 고감도, 덜 민감하게 반응하면 저감도라고 한다(표 3). 일반적으로 감도의 규격은 필름에서 사용하는 기준을 그대로 가져와 사용하고 있다.[7]

표 3 ISO의 단위(1Stop)

50	100	200	400	800	1600	3200	6400
저감도 ←							→ 고감도

적정 노출의 사진을 얻기 위해서는 많은 광량이 필요하다. 그래서 렌즈의 조리개는 개방, 셔터 스피드는 저속으로 하여 촬영하게 된다. 그러나 저속 촬영에서는 카메라의 흔들림이 문제가 되므로 흔들리지 않는 정도의 셔터 스피드로 촬영하는 것이 좋다.

표 4 저감도와 고감도의 특징

구 분	저감도	고감도
빛의 반응	느리다(둔감)	빠르다(민감)
해상력	높다	낮다
입자	곱다	거칠다
콘트라스트	강하다	약하다

유물 촬영에는 매우 낮은 저감도뿐만 아니라 높은 고감도도 사용하지 않는다. 일정한 해상력과 입자, 콘트라스트의 확보가 필요하기 때문이다. 스튜디오 촬영에서 인공 조명의 광량으로 조절이 가능하기 때문이다.

예컨대 촬영 정보가 F16, S1/125, ISO400이라면 비교적 깊은 심도, 화상이 흐르지 않음, 높은 해상력, 중간 정도의 입자와 콘트라스트를 나타낸다.

⑤ 화이트밸런스(White Balance)

사람의 눈은 밝음과 어두움, 각각의 색에 적응하는 순응력이 있다. 색의 대비를 통해 순응하고 인식하여 흰색을 판독하게 된다. 눈은 절대값보다는 주관적인 밝기와 색의 기준을 가지게 된다. 이에 반해 카메라는 색과 밝기에 대한 절대값을 갖는다. 그래서 카메라는 이상적인 흰색을 표현하는 것에 문제가 있다. 이것은 각 조명에 따라 흰색의 성질이 바뀌기 때문인데, 이러한 이상적인 흰색의 사용을 위해 조절하는 것을 화

표 5 실질적인 색온도[8] 스케일

색	K	자연 광원	인공 광원
	10000	파란 하늘	
	7500	파란 하늘 아래 그늘	
	7000	구름이 조금 낀 하늘 아래 그늘	
	6500	일광, 짙은 그늘	전자 플래시
	6000	흐린 하늘	플래시 전구
	5500	보통 날 정오의 일광	
	4500	오후의 햇빛	형광등(일광)
	3500	이른 아침 / 이른 저녁의 햇빛	
	3000	석양	사진용 램프
	2500		실내 조명용 텅스텐 램프
	1930	촛불	

그림 66 화이트밸런스 설정 전(좌)과 후(우)

이트밸런스라 한다.

유물 촬영에 필요한 조명은 대부분 인공 광원이기에 화이트밸런스의 설정이 매우 중요하다. 각 광원에 따라 조금씩 색 밸런스가 다르기 때문이다. 또한 똑같은 조명이라도 사용 빈도와 시간에 따라 조금씩 색 밸런스가 맞지 않게 된다. 기존에는 렌즈나 조명에 필터를 장착하여 기본적인 색 밸런스를 맞추었지만 디지털카메라에서는 화이트밸런스 작업으로 이를 맞춘다.

⑥ 그레이카드와 화이트카드
㉠ 그레이카드(Gray Card)
그레이카드는 18%의 반사율을 갖는 중성회색의 카드이다. 일반적인 조명을 사용할 때 이 중성회색은 적정 노출을 만드는 기준으로 매우 유용하다. 그레이카드는 DSLR 카메라의 내장형 노출계로 활용할 때 유물에 닿는 빛의 양을 측정할 수 있다. 렌즈를 피사체 앞에 둔 그레이카드를 향하게 하여 노출값을 측정하고, 이 측정값으로 촬영하면 입사식 노출계와 비슷한 노출치를 얻을 수 있다. 즉 그레이카드의 밝기가 바로 사진의 적정 노출의 기준 농도가 된다.

주의할 점은 그레이카드에서 반사된 빛을 측정할 때 촬영자의 그림자나 주변부의 빛에 영향을 받지 않아야 한다는 것이다. 〈표 6〉의 V단계는 18%의 농도를 가지며 노출과 색 밸런스의 기준으로 활용할 수 있다.

표 6 그레이카드의 농도

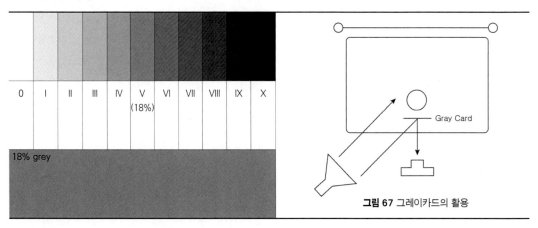

그림 67 그레이카드의 활용

ⓛ 화이트카드(White Card)

하얀색의 카드로 약 90~94%의 반사율(하얀색)을 갖고 있다. 노출
계가 반응하지 못할 정도의 저광량이나 그레이카드가 없을 때 주로 사
용하는데, 디지털카메라의 정확한 색 밸런스를 찾기 위해 사용하기도
한다. 화이트카드 노출을 측정한 후, 이 노출치보다 1스톱 반($1\frac{1}{2}$) 또
는 2스톱 정도 조리개를 작게 하여(줄여) 촬영하면 적정 노출값을 얻게
된다. 일반적으로 그레이카드 뒷면이 화이트카드이다.

⑦ 배경

유물을 촬영할 때는 보통 깨끗한 배경(벽면)을 이용하는데, 사진 촬
영 장비로는 오토폴 배경세트(Autopole Background Set)를 대부분 많이
사용한다.[9] 배경의 설치가 편하며 배경의 색 전환이 쉽고 높이 조절이 용
이하기 때문이다. 유물은 단색의 배경에서 주로 촬영하며 흰색, 회색, 검
은색을 사용한다. 배경의 경우 대부분 배경지를 사용하는데 이는 필요
한 만큼 내려서 활용하고 오염되면 절취하고 사용하면 되기 때문이다.

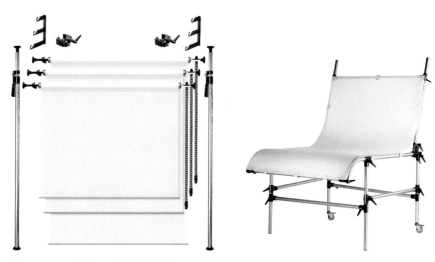

그림 68 오토폴 배경세트(좌)와 사진 촬영대(우)

다른 배경으로는 직물(부직포, 암막천 등), 트레팔지(트레싱지), 마분지 등 다양한 소재의 배경을 이용하기도 한다.

촬영대는 근래에 상품으로 출시되기도 하지만 일반적인 넓은 책상을 사용해도 무방하다. 다양한 효과를 연출하기 위해 특수 촬영대를 이용하기도 한다. 수직 촬영의 경우 바닥에 유리판을 깔기도 한다.

⑧ 촬영 보조용품

발굴조사를 통해 출토되는 유물은 완형이 출토되기도 하지만 대부분 편(조각)으로 출토된다. 유물 촬영이 쉽지 않은 이유이기도 하다. 단순히 나열해서 촬영한다면 큰 문제가 되지 않지만 기형을 표현하기 위해 촬영하는 경우 매우 어려운 문제에 봉착하기도 한다. 이러한 유물을 바로 세워 기형을 확인하고 촬영하기 위해서는 보조용품들이 필요하다. 마분지, 우드락, 목탄지우개, 투명아크릴받침 등 주변에서 이용할 수 있는 품목은 모두 보조용품으로 활용할 수 있다.

2) 촬영 방법

유물의 촬영에서 가장 중요한 것은 기형을 잘 표현하는 것이다. 일반적으로 실측도면과 비슷한 시점에서 촬영하게 되는데 세워서 찍어야 할 것과 눕혀서 찍어야 할 것을 구분해 촬영한다. 실측도면과는 다른 시점에서 보여 줘야 하는 유물은 기본 시점에서 벗어난 시점에서 촬영하기도 한다. 여기서는 〈그림 69, 70〉과 같이 유물을 세워서 촬영할 경우 수평 촬영, 눕혀서 촬영할 경우 수직 촬영이라 정의하고 설명하도록 한다. 유물의 실측도면과 사진의 각도는 같아야 한다.

그림 69 수평 유물 도면과 수평 촬영 유물

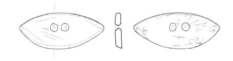

그림 70 수직 유물 도면과 수직 촬영 유물

(1) 수평 촬영

완형의 유물을 기준으로 기형을 촬영하는 방법으로 세워서 찍어야
할 토기나 자기 등의 유물이 여기에 해당한다. 3개의 조명(스카이라이
트, 주광원, 보조광원)이 기본이나 스카이라이트의 경우 생략하는 경우
가 대부분이다. 일선 스튜디오에서 스카이라이트까지 갖추기에는 어려
움이 있어 2개의 조명(주광원, 보조광원)으로 촬영하는 것을 기준으로
설명하고자 한다.

① 조명 1개에 의한 촬영

조명 1개를 이용한 촬영에서는 매우 까다로운 결과들이 나온다. 대부분 콘트라스트의 차이가 많이 나거나, 아니면 콘트라스트의 차이가 거의 없는 사진들이 나올 수 있다. 그러나 조명 하나를 적절히 사용한다면 강렬하면서도 질감이 풍부한 사진을 얻을 수 있다는 장점도 있다. 극단적인 질감의 표현을 위한 측광(90°)은 가급적 이용하지 않는다.

〈그림 71〉의 경우 카메라와 같은 방향(정면광, 순광)에서 빛이 나와

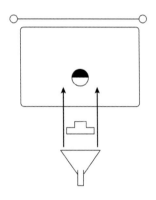 

그림 71 정면광(순광)을 이용한 촬영

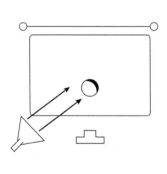 

그림 72 45° 측면(반순광)을 이용한 촬영(부산 연지동유적)

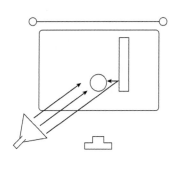

그림 73 45° 측면(반순광)과 반사판을 이용한 촬영

유물의 모든 부분에 고루 도달한다. 제일 무난한 결과를 얻을 수 있지만 질감이나 입체감은 잘 표현되지 않는다. 〈그림 72〉는 유물의 45°측면(반순광)에서 빛이 나오기 때문에 비교적 입체적으로 표현된다. 그러나 명부의 반대편인 암부의 경우 질감의 표현이 잘 되지 않는다. 〈그림 73〉은 45° 측면(반순광)과 반사판을 이용해 촬영하는 것으로 암부의 표현이 잘 안 되는 부분에 반사광을 조사하여 암부를 표현했다. 다른 조명보다는 강렬하며 암부의 질감까지 잘 표현하고 있다.

② 조명 2개에 의한 촬영

조명이 2개면 조명 1개보다는 다양한 결과물을 얻을 수 있다. 주광원과 보조광원의 조명비, 조명 각도에 따라 유물의 기형, 콘트라스트의 농도와 질감의 표현 등 다양한 촬영 효과를 확인할 수 있다.

〈그림 74〉에서 유물의 좌우 45° 측면에서 비추는 1:1의 동일한 빛은 정면광(순광)보다는 질감이나 입체감이 더 잘 표현된다. 그러나 3차원적인 디테일은 살리지 못한다. 〈그림 75〉는 주광원과 보조광원의 조명비가 2:1로 유물 전체에 골고루 조명이 비치고 있으며 콘트라스트의 차이로 인한 입체감이 잘 드러나고 있다. 보조광원을 이용하여 암부의 디테

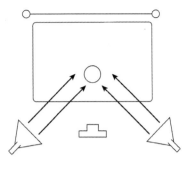

그림 74 45°측면(반순광)과 조명비 1:1의 촬영

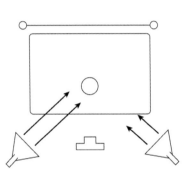

그림 75 45°측면(반순광)과 조명비 2:1의 촬영

일도 놓치지 않고 있다.

③ 문양의 표현

수평 촬영에서 문양이 도드라지게 보이도록 할 경우 1개의 조명을 주로 이용한다. 이때 조명의 위치를 바꾸거나 유물의 위치를 바꾸어 문양을 최대한 잘 표현하도록 한다. 이 경우 2개의 조명보다는 1개의 조명을 이용하면 더 좋은 결과를 얻을 수 있다.

④ 유물의 수평 맞추기

유물의 기형이 불완전하거나 바닥이 고르지 못할 경우 촬영은 매우 불안하게 이루어진다. 이러한 문제를 해결하기 위해선 유물을 수직으로 세워 촬영한다. 원래 유물의 기형이 기울어져 있다면 그대로 촬영하면 된다. 또한 바닥을 고르게 하기 위해 마분지, 우드락, 목탄지우개 등 다양한 재료를 이용해 편평하게 조성하고 촬영에 임한다.

그림 76 수평 조명(좌)과 유물의 위치 변경(중·우)

그림 77 수평 조명의 문양(좌)과 유물의 위치 변경에 따른 문양(우)

그림 78 수평을 맞춘 유물(좌)과 그 뒤편(우)

그림 79 유물의 수평 조정(좌: 수평 조정한 유물, 중: 유물 바닥에 지우개를 붙여 수평을 맞춘 예, 우: 수평 조정한 유물 바닥의 뒤편)

(2) 수직 촬영

수직 촬영은 세워서 찍지 못하는 유물편이나 평면적인 유물의 촬영에 이용된다. 수직 촬영은 카메라가 직상방 위에서 바닥을 보고 촬영하는 것으로 유물은 촬영대에 편평하게 놓여진다. 촬영대에 노출계를 놓고 하늘을 보고 노출을 확인한다.

유물의 특성상 촬영대의 직상방에 카메라가 위치하고 좌우의 조명이 30~45°를 유지하여 비추면 평면적인 유물에 입체감이 살아난다. 수직 촬영은 수평 촬영과 비슷한 조명을 90° 꺾어 활용한다. 수직 촬영 유물은 편(조각)이 대부분으로 컴퓨터 편집 과정을 거쳐 보고서에 실리게 된다. 편집의 용이함을 위해 수직 촬영에서는 그림자를 없애고 촬영하는 방법을 사용하기도 한다. 주광과 함께 바닥의 보조광원을 이용해 그림자를 줄이거나 없앤다. 유리판 위에 트레팔지나 트레싱지를 깔고 바닥으로 조사되는 빛을 이용한다. 바닥에서 조사되는 빛으로 그림자를 조절할 수 있는데, 이때 주광원과 바닥광원의 조명비가 1:1이면 그림자는 사라진다. 조명비가 2:1이면 약간 그림자가 생기고 그 이

그림 80 노출계(직상방 카메라를 향하게 하여 노출값을 측정함)

그림 81 바닥의 노출 확인(좌)과 피사체의 노출 확인(우)(주광원과 바닥광원의 조명비를 1:1로 설정해 촬영함)

상 벌어지면 그림자의 명암비는 증가한다. 반대로 주광원에 비해 바닥 광원의 조명이 강하면 빛이 유물에 관여하여 선예도가 떨어진다.

① 조명 1개에 의한 촬영

카메라와 같은 방향에서 비추는 빛(직상방)은 유물의 모든 부분에 고루 도달한다. 제일 무난한 결과를 얻을 수 있지만 질감이나 입체감이 잘 표현되지는 않는다.

〈그림 82〉는 조명 하나가 45°에 조사되는 경우이다. 유물의 입체적 인 표현과 문양이 명확하나 명부와 암부의 콘트라스트에서 차이가 많이

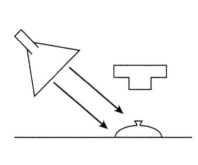

그림 82 45° 측면(반순광)을 이용한 촬영

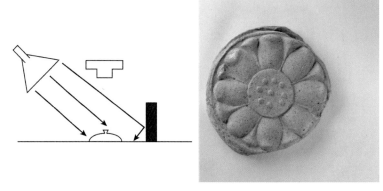

그림 83 45° 측면(반순광)과 반사판을 이용한 촬영

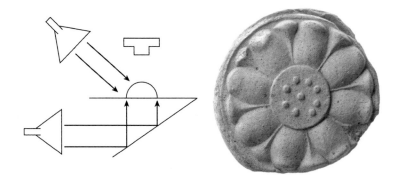

그림 84 45° 측면과 바닥광원을 이용한 촬영(조명비 1:1)

난다. 〈그림 83〉은 1조명 45° 조사와 반사판의 이용으로 유물의 입체감과 암부의 디테일도 잘 표현하고 있다.

〈그림 84〉는 1조명 45° 조사와 바닥광원을 이용한 촬영이다. 유물의 문양과 입체적 표현이 명확하나 암부의 디테일은 잘 표현되지 않으며, 바닥조명에 의해 그림자는 표현되지 않는다. 〈그림 85〉는 1조명 45° 조사와 바닥광원, 반사판을 이용한 것이다. 유물의 암부 디테일과 입체감이 비교적 잘 표현된다. 또한 바닥광원에 의해 그림자는 표현되지 않

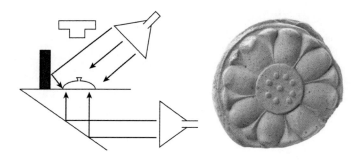

그림 85 45° 측면과 반사판, 바닥광원을 이용한 촬영(조명비 1:1)

는다.

② 조명 2개에 의한 촬영

〈그림 86〉은 45° 측면(반순광) 조명 2개, 조명비 1:1의 촬영으로 순광의 표현보다는 입체감이 확인되고 있으나 삼차원적인 디테일은 살리지 못하고 있다. 조명비 1:1의 전형적인 특징이다. 〈그림 87〉은 45° 측면(반순광) 조명 2개, 즉 주광원과 보조광원의 조명비가 2:1로 골고루 조

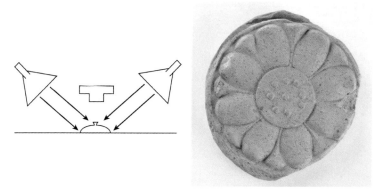

그림 86 45° 측면(반순광)과 조명비 1:1의 촬영

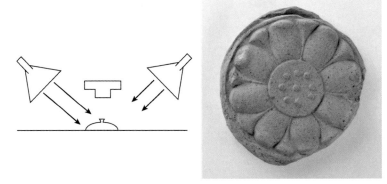

그림 87 45° 측면(반순광)과 조명비 2:1의 촬영

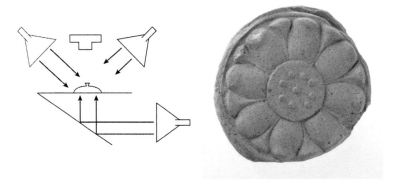

그림 88 45° 측면(반순광)과 조명비 2:1, 바닥광원의 촬영

명이 비쳐지고 있다. 유물의 입체감이 잘 드러나고 있고 보조광원으로
암부의 디테일까지 조사되고 있다. 바닥 배경에 주광에 의한 그림자가
생성되었다. 〈그림 88〉은 45° 측면(반순광), 즉 주광원:보조광원:바닥광
원의 조명비가 2:1:2로 골고루 조명이 비쳐지고 있으며 입체감이 드러
나고 있다. 바닥광원에 의한 그림자가 사라져 유물의 형태가 확실히 잘
드러나고 있다.

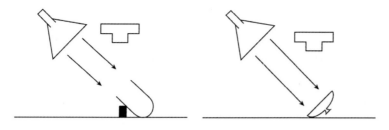

그림 89 유물에 따른 내면 문양 촬영

그림 90 유물의 내면 촬영(조명을 상하좌우로 움직이면서 최적의 문양을 촬영함)

③ 유물 내면의 문양 촬영(그림 89, 90)

조명을 움직이면서 문양을 찾는 것이 제일 이상적이기는 하나 조명을 움직이는 것보다 유물을 살짝 움직이면 최적의 문양을 찾기가 더 쉽다.

④ 텐팅라이트

자기류를 비롯한 반사율이 심한 유물은 촬영 시 항상 고민의 대상이 된다. 촬영자는 유물의 표면에 보이는 반사를 표현할 것인가, 또는 그 반사를 없애고 표현할 것인가 하는 문제에 직면하는 것이다. 각 촬영자나 보고서의 집필자는 집필 목적에 따라 반사광 표현의 유무를 결정해야 한다. 이러한 반사광을 이용하거나 줄이는 데 이용되는 방법이 텐팅

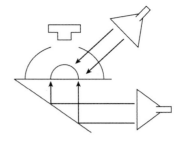

그림 91 텐팅라이트의 설치(좌)와 구조(우)

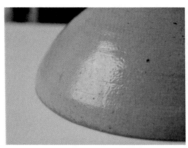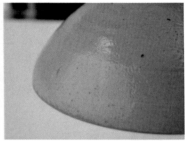

그림 92 텐팅라이트의 설치 전 촬영(좌)과 설치 후 촬영(우)

라이트이다. 텐팅라이트를 이용하면 유물의 반사율이 현저히 줄어든다. 유물을 감싸도록 텐트를 치거나 넓은 확산판(트레싱지, 트레팔지)을 두어 빛의 산란을 유도하고 촬영하는 방식이다. 또는 〈그림 91, 92〉와 같이 조명의 일부를 천정으로 확산(바운스)시키는 확산광을 이용하면 자기편의 반사를 상당히 줄일 수 있다. 렌즈 앞에 PL필터를 두어도 촬영자의 의도에 맞게 반사광을 이용할 수 있다.[10]

⑤ 파편 유물의 기형 촬영(그림 93)

수직 촬영의 대상은 평면적인 유물이나 파손된 유물편이 대부분이다. 그런데 유물편의 기형을 찍기란 쉽지 않다. 그러나 유물편을 효과적으로 세워서 촬영한다면 유물의 기형에 관한 사진 자료를 얻을 수

그림 93 파괴된 유물편의 촬영(좌)과 목탄지우개 및 마분지를 이용한 촬영(중·우)

그림 94 도면과 같이 기형을 촬영한다

있다. 유물을 세우는 보조용품을 이용해 유물을 세워 수직 촬영을 한다.

　⑥ 보고서 편집에 따른 유물 촬영

　발굴조사 보고서의 편집에 필요한 사진은 집필진의 의도에 따라 달라진다. 그러나 기본적으로 유물의 종류에 따라 보고서에 요구되는 사진은 다음과 같다.

　㉠ 토기

　일반적으로 보고서의 편집 방향에 따라 다르나 최근에는 도면과 같이 수록하여 유물을 쉽게 이해하도록 편집하고 있다(그림 94). 최대한 도면과 같은 기형, 문양을 기준으로 촬영할 수 있도록 한다. 완형의 토기는 15° 정도 위에서 내려다보며 촬영한다.

그림 95 자기는 기형(수평), 내면 및 바닥(수직)을 촬영한다

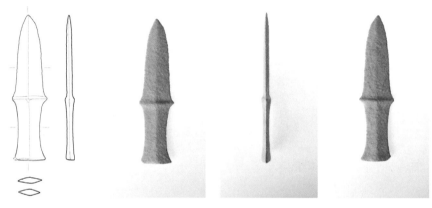

그림 96 도면 외에 추가 촬영이 필요한 경우

그림 97 보존처리된 철기는 과장된 색과 반사에 유의해야 한다

ⓛ 자기의 표현

자기는 〈그림 95〉와 같이 기형 촬영, 내면 촬영, 바닥(굽) 촬영 등 3

장이 기본이며 유물의 내용에 따라 접사 촬영을 하기도 한다. 자기의 경우 반사율을 고려하여 촬영을 실시한다.

ⓒ 석기

도면에서 석기는 기형만이 드러나지만 사진에서는 질감까지 표현할 수 있다. 〈그림 96〉과 같이 도면 외에도 필요에 따라 추가 촬영으로 자료를 보강하기도 한다.

ⓔ 철기

철기는 대부분 보존처리가 끝난 상태에서 촬영하게 된다. 보존처리된 철기는 부식이 일어나지 않게 약품처리가 돼 있어 부분반사가 일어나기 쉬우므로 이에 유의하며 촬영한다(그림 97). 철기유물의 특성상 다양한 각도의 촬영이 쉽지 않은 경우가 많으므로 도면과 유물의 특징을 잘 표현하기 위해 고심해야 한다.

보고서에 수록되는 유물의 사진은 대부분 일정한 틀에서 촬영된다. 보고서의 집필자가 원하는 유물의 사진 방향이 결정된다면 표현의 적절한 방향성을 찾는 것은 어렵지 않다. 유물의 기본적인 표현은 연구원들이 얼마든지 해낼 수 있다. 유물에 관한 한 사진 전문가보다 연구원이 더 확실히 알기 때문이다. 간혹 전문가의 사진이 필요할 때가 있다. 유물의 서술이 아닌 예술적 표현은 사진 전문가가 해야 할 일로 생각된다. 유물의 아름다움을 표현하는 일은 고도의 사진기법과 예술적 감각이 필요하다. 그것은 프로 사진가의 일이다.

시대의 발전에 따라 사진을 촬영하는 여건은 매우 좋아졌다. 실패에 대한 두려움으로 떨던 시절은 지나갔다. 디지털 기술의 발전으로 이제는 얼마든지 촬영하고, 확인이 가능하며, 문제가 있다면 보정해 나가면 되기 때문이다.

촬영 기자재의 운용법과 카메라의 기능을 어느 정도 습득한다면 기본적인 보고서의 유물 사진을 촬영하는 데에는 큰 무리가 없을 것이다. 유물에 대한 분석과 실측이 바탕이 된다면 빛을 이용하는 것은 어렵지 않다고 본다. 다양한 유물의 촬영과 노하우가 쌓인다면 좋은 유물 사진을 만들어 낼 수 있을 것이다.

4

보고서 작성

1) 고고학과 발굴조사 보고서

발굴조사 보고서는 고고학 연구의 가장 기본적이며 중요한 1급 자료이다. 그리고 유적 조사를 통해 얻어낸 객관적인 사실을 기술한 역사서임과 동시에 조사자의 주관이 반영된 결과물이기도 하다. 이런 이유로 사실 보고에 입각하여 작성한 발굴조사 보고서라도 엄정한 검증 절차를 거친 후 이용해야만 더욱 객관화된 사실에 접근할 수 있다. 따라서 발굴조사 보고서 작성자는 최대한 객관적인 조사내용을 담고자 노력해야하며 이를 위해서는 다양한 조사내용과 함께 충분한 도면과 사진의 게재를 통해 유적을 소개할 필요가 있다.

우리나라의 발굴조사 보고서는 일제강점기에 큰 틀이 잡힌 후 오늘날까지 이어져 오고 있다. 일제강점기에 이루어진 문화재 조사는 1900년대 초반 일본의 관변학자에 의해 시작되어 해방 직후까지 이어졌다. 1910년 이후에는 조선총독부가 중심이 되어 평양 주변의 낙랑무덤과 고구려고분, 신라고분의 발굴조사를 본격적으로 실시했다. 이때의 조사성과는 대부분 『조선고적도보(朝鮮古蹟圖譜)』, 『조선고적조사보고(朝鮮

古蹟調査報告)』등에 수록된다. 그리고 오늘날 일본과 한국에서 발간되는 발굴조사 보고서의 기본 체제는 1918년(대정 7년)판 『조선고적조사보고』에 이르러 소략하지만 모두 갖추어진다(그림 98).

광복 후 한국고고학의 시작을 알리며 처음 우리 학자들에 의해 발굴조사가 이루어진 후 발간된 최초의 발굴조사 보고서는 1948년 국립박물관의 『壺杅塚과 銀鈴塚』이다(그림 99). 한국전쟁을 전후로 한 1950년대에는 신라고분 몇 기가 발굴조사된 것이 전부이다. 그러나 1961년 문화재관리국이 설치되고, 1962년 문화재보호법이 제정되면서 문화재 발굴조사는 일대 전환을 맞게 된다. 특히 1969년 문화재관리국 산하에 문화재연구실이 만들어지고, 1973년에는 경주 미추왕릉 발굴조사단이 설치되어 경주 황남대총, 천마총, 안압지 등의 기념비적 유적들이 조사되며, 그에 따른 발굴조사 보고서가 본격적으로 발간되었다. 이후 1990년대까지는 주로 문화재연구소와 국립박물관 등 국립기관과 대학박물관을 중심으로 기획조사나 학술조사가 이루어졌다. 그리고 발굴조사 보고서도 학술적인 내용이나 체제 면에서 좀 더 발전된 형태로 제작된다.

한편 1990년대에 들어오면서 각종 대규모 건설이 많이 이루어지고 문화재 보호에 대한 관심이 높아지면서 구제발굴조사가 점차 활성화되었고, 1994년 영남매장문화재연구원이 발족된 후 많은 법인들이 생겨났다. 이와 동시에 2000년도 이후에는 서서히 문화재전문법인 중심의 문화재 조사로 전환되고 발굴조사의 수량도 기하급수적으로 늘어나게 된다. 이러한 과정에서 발굴조사 방법의 진전과 동시에 발굴조사 보고서의 체제나 수준도 한층 발전을 이루게 된다.

그러나 2000년대 이후 대규모 구제발굴이 본격화되고 한 해에도 수백 권의 발굴조사 보고서가 발간되는 과정에서 각 기관에 따라 전체적인 체제나 수준이 현격한 차이를 보이는 부작용도 발생하게 되었다.

따라서 이러한 한계를 극복하기 위해 2008년 한국문화재조사연구기관협회에서는 고고학계 및 문화재청과의 협의를 통해 보고서 작성에

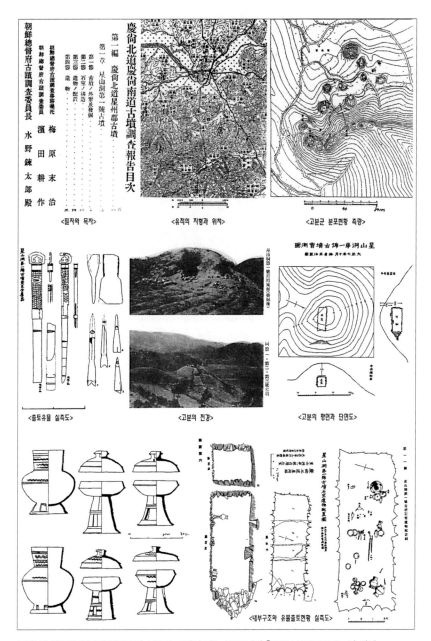

그림 98 한국과 일본의 발굴조사 보고서 모델이 되는 1918년판 『朝鮮古蹟調査報告』의 체제

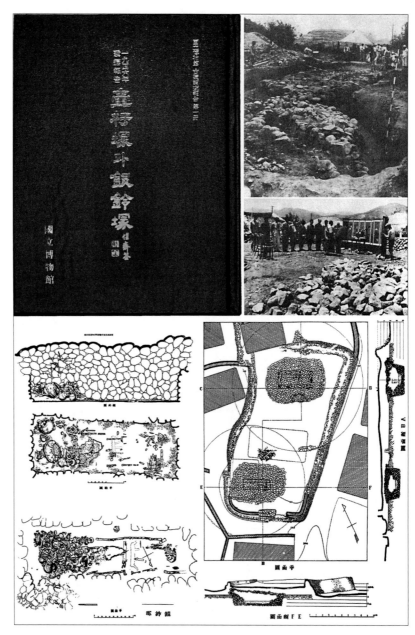

그림 99 한국인이 최초로 작성한 발굴조사 보고서인 1948년판 『壺杅塚과 銀鈴塚』

관한 세부적인 내용과 표준이 될 만한 자세한 예시를 제시한 『보고서 작성 및 평가 매뉴얼』을 발간하기에 이른다. 그리고 오늘날 대부분의 기관에서는 이 매뉴얼을 중심으로 하여 발굴조사 보고서를 제작하고 있다.

우리나라에서 제작되는 모든 발굴조사 보고서는 법률, 대통령령의 시행령, 문화체육관광부령의 시행규칙과 문화재청의 고시를 통한 규정에 의거해 〈표 7〉과 같이 일정한 법적 규제를 받고 있다.[11]

표 7 발굴조사 보고서와 관련된 법령 및 고시

법률 및 문화재청 고시	관련 조항	법령/고시	최근 개정
매장문화재 보호 및 조사에 관한 법률	제15조 (발굴조사 보고서)	법률 제10882호	2011.07.21
매장문화재 보호 및 조사에 관한 법률 시행령	제15조 (발굴조사 보고서 제출)	대통령령 제23994호	2012.07.26
매장문화재 보호 및 조사에 관한 법률 시행규칙	제9조 (발굴조사 보고서의 항목)	문화체육관광부령 제163호	2013.12.31
발굴조사의 방법 및 절차 등에 관한 규정(고시)	제6장(발굴조사 보고서) 제25~30조	문화재청 고시 제2012-27호	2012.03.02

이 법률과 규정에서는 보고서의 작성요령과 각종 도면 작성방법, 제출기한, 연장신청과 사유, 발간부수, 배포처, 저작물의 공개 등 구체적인 사항까지 명시하고 있다. 이 중 법적 규제와 관련된 것은 현장조사 완료 후 2년 내에 반드시 발간되어야 한다는 점이며, 정당한 사유가 있을 때에는 1회에 한해 2년 연장이 가능하도록 하고 있다.[12] 그리고 중요하다고 판단되는 사항은 [별표]로 구분하여 제시했는데, 보고서에 반드시 포함되어야 할 내용[13]과 발굴된 매장문화재 위치 도면 작성 시 유의사항[14] 등이다.

그러나 실제 법령과 시행령, 시행규칙, 문화재청의 규정을 통해 제시된 내용은 보고서 작성의 규제적인 측면과 필수적으로 지켜야 할 사항을 개략적으로 제시했을 뿐이다. 구체적인 내용은 전술한 『보고서 작성 및 평가 매뉴얼』에 자세히 소개되어 있으므로 참고하면 된다. 여기에는 보고서 구성의 항목별 평가점수까지 명기되어 있으며 매년 문화재청에서 실시하는 발굴조사 보고서 평가의 기초 자료로 활용되고 있다.

2) 작성 과정

발굴조사 보고서의 작성은 법적 규제의 테두리 안에서 해당 기관이 추구하는 방향에 따라 체계를 잡는 것이 가장 바람직하다. 별도로 보고서 작성의 단계별 순서가 정해진 것은 없지만 유적을 조사한 후 그 결과를 총체적으로 정리·검토하여 완성한다는 기본적인 맥락은 같으므로 어느 정도 체계화가 필요하다.

이를 위해 가장 선행해야 할 부분은 전체 체제를 잡는 일이다. 보고서 작성 과정은 목차 정리를 시작으로 내용 기술과 도면·사진 편집, 인쇄에 이르는 과정을 거치게 된다. 단순하게 보이지만, 여러 단계의 작업 공정을 필요로 하며 현장에서 이루어져야 할 부분과 실내에서 보완하거나 새로 작성할 부분으로 구분된다.

보고서 작성과 직접적으로 관련된 일로는 체제 구성, 유구·유물에 대한 원고 작성, 유구·유물의 분석·실측·사진 촬영, 도면·사진 편집, 시료 분석 등이 있고, 자료 인계, 교정 작업, 최종 완료 등 인쇄 단계의 작업도 있다.

작성 시점은 기관별로 차이는 있지만 주로 현장조사에서 취득한 기초 자료를 바탕으로 조사 완료 후에 실내 작업을 통해 완성하는 것이 일반적이다. 그러나 단계별 작성 시스템을 마련한다면 좀 더 경제적인 시간 활용이 가능할 것이다. 즉, 전체 체제는 지표조사 단계에서 설계하고, 시굴 과정에서 보완하며, 발굴조사 현장에서 세부적인 내용을 최대한 정리한 후 실내 보완 작업을 거쳐 마무리하는 것이 이상적일 것이다.

이런 목표를 달성하기 위해 보고서 작성자는 자기가 소속된 기관의 보고서 작성체계를 먼저 파악할 필요가 있다. 기본적인 목차 설정을 시작으로 유적명의 부여, 유구·유물의 축척, 평면·입면·단면의 배치와 간격, 유물의 번호 부여, 도면·사진의 배치 등의 내용적 측면과 판형, 여백 처리, 지질 선택 등 편집과 인쇄의 전 부문에 대해 철저히 숙지할 필요가 있다.

보고서 작성의 단계별 시스템을 구축하기 위해서는 〈표 8〉과 같이 조사 진행에 따라 작성해야 할 내용을 미리 숙지하는 것도 하나의 방안이다. 이 방안은 발굴조사 보고서의 진행 과정에서 단계별로 내용 기술이나 도면, 사진의 편집 시점을 미리 기획하고 현장조사에 맞추어 진행함으로써 실내에서 진행되는 보고서 작성 시간을 최대한 확보할 수 있다는 장점이 있다. 또한 현장조사 진행 과정에서 누락될 수 있는 도면이나 사진 등에 대해 즉각적인 보완이나 점검이 가능하다. 그리고 조사 완료 후에 유물 실측 작업, 내용 기술과 더불어 간단한 보충 자료만 부가한다면 바로 보고서를 완료할 수 있는 체제를 마련할 수 있다.

이러한 작성방안은 전혀 새로운 것이 아니라 대부분의 조사기관에서 상시적으로 수행하고 있는 일련의 작업들을 각 단계별로 체계화시켜 중복되는 작업을 최소화함으로써 효율성을 극대화하자는 데 목적이 있다. 그리고 핵심 내용은 현장조사 과정에서 최대한 보고서의 내용을 갖추고, 실내에서는 조사내용에 대한 보충과 교정, 고찰을 진행하자는 것이다. 그리고 이 모든 과정에는 반드시 해당 유적을 조사한 조사원이 직접 참여하고 주관하여 발굴조사 보고서를 완료할 수 있는 시스템 구성이 뒷받침되어야 가능할 것이다.

표 8 발굴조사 보고서의 단계별 작성방안

현장조사	→	발굴조사 보고서 작성	→	편집과 인쇄

현장조사

지표조사
· 입지, 자연환경, 고고환경 기술
· 고지도, 지형도 등 관련 도면 제작

시굴조사
· 유적의 지형 분석 및 토층도 작성
· 조사범위 확정

발굴조사
· 발굴조사 보고서 전체 체제 기획
· 전체 및 개별 유구 조사방법 기술
· 유구 조사 및 시대별 · 순서별 정리
· 개별 유구 조사 원고 작성
· 개별 유구 도면 정리 및 편집
· 개별 유구 사진 정리 및 편집
· 전체 유구 분포도 작성
· 보고서 게재 순서별 유물 정리

발굴조사 보고서 작성

체제 구성
· 보고서의 제목 및 체제 결정
· 목차, 일러두기 작성
· 표지, 초록, 판권 작성

본문 원고
· 머리글 기술
· 자연환경, 고고환경 보완
· 조사범위와 방법 기술
· 유적 층위도 작성 및 층위 기술
· 유구 · 유물의 세부 내용 기술
· 고찰 및 맺음말 기술
· 부록 편집 및 출토유물 목록 작성

유적 및 유구 분포도
· 유적 관련 고지도, 지형도 편집
· 지질도, 지적도, 수계도 등 편집
· 전체 유구 분포도 재검증
· 시대별 유구 분포도 제작

유구 도면 및 사진
· 개별 유구 도면 편집 및 재점검
· 도면 트레싱 또는 전자도면 작업
 (방위, 축척, 단면표시선, 해발 등)
· 개별 유구 사진 편집 및 재점검
· 사진 해상도 점검(300dpi 이상)
· 유구 도면 및 사진 캡션 작성

유물 도면 및 사진
· 유물 실측 및 도면 편집
· 유물 트레싱 또는 전자도면 작업
 (판형, 축소비율, 선 굵기 고려)
· 유물 사진 촬영 및 편집
· 사진 해상도 점검(300dpi 이상)
· 유물 도면 및 사진 캡션 작성

편집과 인쇄

자료 인계
· 트레싱 원본 또는 전자도면
· 사진 편집본과 사진 원본 파일
· 기타 목차 및 본문 원고

결정사항
· 판형, 제본방식, 용지, 수량 등
· 인쇄방식(원색 혹은 흑백)
· 전자 보고서 제작 여부

원고 교정
· 제목, 본문 오기, 문맥, 용어 통일
· 유구 · 유물 도면 교정(축척, 방위,
 유물 · 유구번호, 선 굵기, 캡션 등)
· 유구 · 유물의 사진 및 캡션 교정
· 사진 색조정 상태 점검
· PDF파일 인쇄 원본 최종 교정

인쇄 과정
· 인쇄 과정의 색조 상태 현장교정
· 발간 후 인쇄 · 제본 상태 점검

↓

발굴조사 보고서 완성

3) 작성 방법

　우리나라에서 발간되는 발굴조사 보고서는 대부분 큰 틀에서 이미 통일되어 있고 세부적인 체제는 각 기관이 추구하는 목적에 따라 고유의 방식으로 제작되고 있다. 따라서 이 절에서는 「매장문화재 보호 및 조사에 관한 법령 시행규칙」에서 제시한 보고서에 반드시 포함되어야 할 내용과 2008년 한문협에서 발간한 『보고서 작성 및 평가 매뉴얼』을 기본으로 하여 정리해 보도록 하겠다(표 9 참조).

표 9 발굴조사 보고서의 작성방법

구분		작성 목적 및 방법
	제목	– 보고서 제목은 발굴 유적에 대해 영구히 이름을 부여하는 작업이므로 가장 중요한 과정 – 현재 지역별·기관별로 다양한 형태의 유적 명칭이 부여되고 있어 통일성을 갖출 필요 있음 – 이를 위해서는 국가지정문화재의 명칭 부여 순서를 따르는 것이 가장 타당할 것임
	일러두기	– 보고서를 검토함에 있어 반드시 참고해야 할 중요한 부분을 미리 제시하는 수준으로 작성 – 기본적으로 용역명, 허가번호, 방위, 토층색조, 도면의 축소비율, 유구 형태 구분, 유물 명칭 및 번호 부여, 유물 기술 및 표현방법의 세부 등의 기준을 필요에 따라 선택적으로 명기 – 그 외 중요한 유구나 유물의 모식도를 통해 각종 시설의 부분명칭이나 유물의 기형 분류 및 세부적인 용어 설명을 하는 것도 좋음
	목차	– 목차는 전체 보고서의 체제와 내용을 유기적으로 연결시켜 주는 부분 – 전반부에는 전체 목차가 들어가며, 이어 도면(그림) 목차, 도판(사진) 목차 순으로 정리하고, 필요시 삽도 목차, 표 목차 등을 부가
본문	머리글	– 유적을 왜 발굴조사하고 보고서를 발간하게 되었는지를 소개하는 발굴 연혁에 해당하는 부분 – 유적의 지리적·행정적인 위치와 조사 경과, 사업의 목적, 조사단의 구성과 역할, 발굴허가 및 보존과 관련된 행정처리의 과정과 결과, 각종 자문회의의 개최와 결과, 분석 내용과 기관, 고고학적 성과 등 발굴조사 과정에 일어난 모든 내용을 체계적으로 기록함
	자연환경	– 자연환경의 분석 목적은 유적이 왜 이곳에 형성되었는지의 근거를 찾고자 함 – 유적이 위치한 시·군 단위로 분석 범위를 정하며, 조선시대 이전의 행정 범위도 함께 분석 – 선사유적의 경우, 유적 형성 당시의 고환경 분석이 중요. 구석기나 저습지 유적의 경우, 지형 발달과정과 퇴적 환경을 확인하기 위한 지질학적 분석이 중요 과제 – 역사유적은 도로나 수로를 통한 교통망이나 봉수로, 행정구역, 중심지로부터의 지정학적 위치 등 지리적인 상관관계의 분석이 필요 – 보조 자료로서 인공위성사진, 지형도, 지세도, 단층도, 토양도, 지질도, 수치표고도, 지질조사보고서, 토목공사자료, 하계망도, 기상구분도, 기온·강수량 변화표, 자연식생도, 경관분석도 등이 많이 사용되며, 최근에는 입체적인 분석이 가능한 3D 지형도도 활용됨

본문	고고환경	– 유적을 중심으로 하여 선사시대로부터 역사시대까지의 고고유적 분포와 시간적인 흐름을 검토하고, 문헌으로 파악할 수 있는 지역사의 변천 과정을 체계적으로 서술함 – 유적 및 주변 관련 유적의 위치와 범위를 지도에 표기하여 전체적인 분포 맥락을 한눈에 비교·분석해 볼 수 있도록 하며, 주변 유적의 정보를 정리하여 유적 현황 조사표의 형태로 제시하고, 이 지역의 행정구역 변천과 지명유래 등도 검토할 필요 있음 – 참고 자료는 고문헌, 각종 발굴조사 보고서와 지표조사 보고서, 시군지, 향토사 자료집 등 – 보고서에 게재할 보조 자료로는 인공위성사진, 〈대동여지도〉나 조선 후기의 지방지도, 일제강점기 유리원판사진, 일제강점기 이후 현재까지의 축척을 달리한 다양한 지형도 사용
	조사범위	– 지표조사, 표본·시굴조사, 정밀발굴조사로 이어지는 과정에서 확정한 조사범위의 근거와 타당성을 기술함과 동시에 정확한 조사범위를 도면을 통해 제시 – 게재방법은 문화재청 고시 발굴조사의 방법 및 절차 등에 관한 규정 [별표 3] 참조 – 조사범위는 주로 1:50,000, 1:25,000, 1:5,000의 지형도에 주변 유적을 함께 표기함 – 유구 분포도는 수치지형도를 기반으로 제작하되 수치지형도 번호, 축척, 방위, 분포구역 경계에 2개 이상의 GPS 절대좌표값을 반드시 표기해야 함
	조사방법	– 시굴조사 시 트렌치 설정으로부터 발굴조사가 완료된 시점까지 적용된 방법들을 모두 포함 – 유적의 규모와 성격에 따른 구획 설정, 제토 과정, 토층관계, 교란범위, 문화층의 파악, 유구 윤곽선 확인 과정, 성격별 유구에 적용된 여러 가지 조사방법에 관한 것을 모두 기술하고 장단점까지 세부적으로 논함. 조사방법에 대한 세부적인 사진이나 도면을 부가할 필요 있음
	유적의 층위	– 유적 조사에서 층위 파악이 특히 중요한 점은 각 문화층의 단계별 퇴적 과정이 상대편년의 절대기준으로 작용하여 전체 유적을 시기별로 구분하거나 동시기성을 찾을 수 있다는 데 있음 – 시굴조사에서는 각 문화층의 연결 관계에 대한 정보를 필수적으로 확보해야 하며, 발굴조사에서는 전체적인 문화층의 형성 과정을 완전히 해석한 후 층위별 조사를 진행할 필요 있음 – 보고서에서는 어떠한 기준으로 문화층을 구분하고 주변 토층과 연결하였는지에 대한 상세한 내용 기술과 더불어 이를 증명할 확실한 근거를 제시해야 함 – 따라서 유적이 형성되고 폐기된 상황에 대한 해석, 부분적인 교란 시점, 각 시대별 문화층과의 연결 관계, 개별 유구의 매몰 상황 등 전체 유적의 형성 시점으로부터 최근까지의 상황을 모두 파악하고 구체적으로 기술함과 동시에 내용을 증명해 주는 토층도와 토층 사진, 세부적인 현상 기록을 부가하여 객관적이며 설명적이게 내용을 전개함
	유구 유물의 기술	– 유구 기술은 조사 전 과정이나 현상에 대해 상세하게 기술할 필요. 내용은 위치, 주변 유구와의 배치관계, 노출 층위, 유존 상태, 적용된 조사방법, 형태, 장축 방향, 규모, 복원 형태, 구조별 세부 기술, 성격 고찰, 폐기 과정, 유물 출토 정황 등을 순서 있게 정리하여 작성할 필요 있음 – 유물 기술은 출토 맥락과 기종 및 세부 형태, 제원, 제작기법상 특징 등을 세밀히 관찰하여 서술함이 필요. 기술방법은 일반적으로 나열형이나 도표로 편집되는 경우가 많음
	도면 편집	– 도면 종류는 고지도, 각종 지형도, 유구 분포도, 유구 도면, 유물 도면 등 다양함 – 유구·유물의 실측도면은 보고서의 작성 시 해당 기관의 판형에 맞게 재편집 – 유구 도면은 주로 평면도와 입·단면도로 구성되는 것이 일반적이며, 단계별 축조 공정을 보여 주는 도면이나 3D 스캔을 이용한 도면, 지하레이더 탐사도면 등도 사용. 도면 편집 시에는 반드시 방위, 축척, 단면표시선, 해발고도 등이 포함되어야 하며, 다양한 성격의 유구에 대한 적절한 구조 표현기법을 찾아내고, 평면과 입·단면의 배치, 축척, 선분의 굵기 등도 통일시켜 일관성을 가질 필요가 있음 – 유물 도면은 주로 정면과 측면 혹은 입·단면이 혼합되어 완성되는 경우가 많지만 세부적으로 제작기법, 장식, 문양, 구조 등을 표현하거나 탁본, 사진 등을 병행하는 것도 좋음. 편집 시에는 가급적 동일한 축척으로 편집되는 것이 효과적이지만, 크고 작은 유물이나 중요한 유물의 경우 구조를 충분히 보여 줄 수 있는 방향으로 축척을 달리해도 무방함

본문	사진 편집	- 사진은 보고서의 기술 내용을 실증적으로 뒷받침하는 핵심 증거 자료이므로 체제의 흐름에 맞추어 적절한 사진을 선정하여 설명적이도록 배치하는 것이 효과적임 - 사진은 게재할 크기로 잘랐을 때 해상도가 300dpi 이상이 되어야 함 - 편집 순서는 원경이나 전경 → 유구의 단계별 조사 과정 → 유구의 세부 구조 → 유물 출토 상태 → 출토유물 순으로 게재하는 것이 일반적임 - 편집방법은 본문과 도면을 먼저 편집한 후 이어서 사진을 일괄 편집하거나 본문의 진행 순서에 내용과 도면, 사진을 동시에 연결시켜 편집하는 경우 등 다양함 - 사진 편집은 어느 경우든 내용 설명을 효과적으로 보여 주는 것이 가장 좋음
	고찰	- 주요 내용은 시대별·성격별 유구·유물에 대한 종합 분석과 시기 편년, 특징적인 유구·유물에 대한 분석, 기존 연구 성과와 비교를 통한 유적의 성격 파악 등임 - 전체 유구·유물 현황표, 고찰 내용을 증빙하는 삽도 등 보충 자료를 제시함이 좋음 - 고찰은 자세할수록 좋겠지만 조사자의 주관적 견해가 많이 반영되므로 해당 유적이 지닌 고고학적 가치를 밝히는 정도의 수준이면 가능
	맺음말	- 전체 조사성과를 요약하고 향후 과제 및 전망 제시
	초록	- 문화재청에서 통일된 양식을 제시한 바 있음 - 보고서명, 발간일, 발행기관, 편집·집필자, 조사연유, 조사기간, 발굴조사자, 유적소재지번, 조사면적, 조사성과(유적종류, 시대 및 연대, 유형 및 기수, 중요유물 등) 요약
	부록	- 발굴조사된 각종 자연과학적 분석이나 심층 논고를 주로 부록으로 게재 - 분석 대상은 유구에서 채취한 시료를 중심으로 절대연대 편년, 유적 조성 당시의 고환경 및 식생의 분포, 유물의 산지 추정, 유기물 분석 등이 있음
	출토유물 목록	- 발굴조사 보고서로 국가귀속 시 유물 목록으로 사용(2013년 2월부터 시행) - 유물의 제원은 생략하고 보고서 상의 도면번호와 사진번호만 기입
	편집과 인쇄	- 표지와 본문에 사용될 용지, 제본방식, 판형, 수량 결정 - 원색사진의 경우 반드시 색 조정된 상태를 점검함 - 인쇄가 진행되는 과정에 직접 참여하여 색조나 인쇄 상태를 점검할 필요 있음 - 인쇄원본에 해당하는 고해상도 PDF 파일을 이용하여 전자보고서도 함께 제작 - 최종 제본 및 인쇄 상태 점검

(1) 보고서의 제목: 유적 명칭 부여

보고서의 제목을 정하는 것은 발굴유적에 대해 영구히 이름을 부여하는 작업이므로 가장 중요한 과정이다. 그러나 매년 발간되는 수백 권의 보고서를 보면 지역별·기관별로 다양한 형태의 유적 명칭이 부여되고 있어 그 규칙을 찾기가 매우 모호하다.

그렇다면 유적의 명칭을 부여하는 기준은 없을까? 문화재청에서

권유하고 학계에서 일반적인 관행이 되어 온 기준은 기본적으로 지역명＋동·리명＋유적 혹은 성격별 유구명이라는 규칙이다. 이는 현재 국가지정문화재의 명칭 부여에도 그대로 적용되고 있다. 다만 유적 명칭 부여의 경우 절대기준이나 법적 규제와 같은 강제성이 있는 것은 아니다.

보고서 제목을 설정하기 위한 유적 명칭 부여의 기본적인 양상을 살펴보면, 크게 다섯 종류로 나누어 볼 수 있다.

첫째, 동일 성격의 유적일 경우: 지역명＋동·리명＋성격별 유구명의 규칙을 보이는 것이 많다(예: 고령 지산동 고분군, 연평 모이도 패총, 대구 이천동 지석묘 등).

둘째, 복합유적일 경우: 지역명＋동·리명＋(번지, 세부 고유지명)＋유적(성격별 유구명)의 순으로 명칭을 부여하는 것으로 가장 보편적인 예이다(예: 진양 대평리유적, 대구 월성동 585유적, 아산 장재리 안강골유적, 진안 진그늘 선사유적, 양양 지경리 주거지 등).

셋째, 유적이 조사된 지명을 대표적으로 내세워 제목을 부여하는 경우이며, 지명 뒤에 성격별 유구명만 부가하는 경우도 있다(예: 동삼동, 암사동, 상촌리 유적, 소연평도 패총 등).

넷째, 유적에서 가장 중요하다고 판단되는 유구와 그 시대를 전면에 내세워 명칭을 부여하는 경우도 있다(예: 화성 가재리 원삼국 토기요지(신석기~원삼국시대), 용인 성복동 통일신라 요지(통일신라/조선), 강릉 초당동 신석기유적 등).

다섯째, 해당 사업 명칭을 그대로 이용하여 명칭을 부여하는 경우나 대규모 유적에서 여러 기관이 발굴하거나 각 지구별로 나누어 보고서를 내는 경우이다(예: 대구 대천동 현대 홈타운 신축부지 내 발굴조사 보고서, 포항 원동 제3지구, 제주 삼화 나지구 유적 등).

이런 다양한 유적 명칭에 통일성을 갖추기 위해서는 국가지정문화재의 명칭 부여 순서를 따르는 것이 가장 타당할 것이다.

즉, 첫째와 둘째의 예시와 같이 동일 성격의 유적일 경우—고령 지산동 고분군, 고령 지산동 제30호분, 고령 지산동 제73~75호분의 형태로 응용하여 사용하고, 복합유적의 경우—대구 월성동 585유적, 대구 월성동 1261번지 유적, 아산 장재리 안강골 유적 등으로 부여함이 좋을 것으로 보인다.

그리고 다섯째와 같이 해당 사업 명칭을 명기해야 할 필요가 있을 경우에는 문화재청 허가 당시의 조사 명칭을 부제목으로 처리하는 것도 하나의 방법이다(예: 대구 상인동 98-1유적—대구 상인동 98-1번지 아파트 신축부지 내 유적 시·발굴조사 보고서—).

(2) 일러두기와 목차

일러두기와 목차는 보고서의 기본 체제를 알 수 있는 부분으로 본문 내용과 도면, 사진 등이 유기적으로 연결되었는지를 살펴볼 수 있는 구성에 해당한다. 우리나라에서 출간되는 대부분의 보고서는 대동소이한 편집체제를 유지하고 있다. 일러두기와 목차의 경우는 조판에 따라 앞뒤 순서가 바뀌는 경우가 있지만 어느 경우에도 문제는 없다.

일러두기에는 기본적으로 용역명, 허가번호, 방위, 토층 색조, 도면의 축소비율, 유구 형태 구분, 유물 명칭과 번호 부여, 유물 기술 및 표현 방법의 세부 등의 기준을 필요에 따라 선택적으로 명기한다. 그 외 중요한 유구나 유물의 모식도를 통해 각종 시설의 부분명칭이나 유물의 기형 분류 및 세부적인 용어 설명을 하는 경우 등 다양하다. 따라서 일러두기는 해당 보고서를 작성하거나 필자들이 보고서를 검토할 때 반드시 참고해야 할 중요한 부분을 미리 제시하는 수준으로 작성하는 것이 바람직하다(그림 100).

목차의 경우도 기관에 따라 편집 모양이 다른 경우는 있으나 기본적인 체제는 대체로 대동소이하다. 대체적으로 전반부에는 전체 목차가

일러두기

1. 發掘作業과 圖面作成의 모든 方向은 圖北을 基準하였다.
2. 圖面에 표시된 遺構 높이의 數値는 海拔高度를 基準하였다.
3. 圖面의 縮尺은 住居址 · 野外貯藏穴 1/40, 土器窯址 · 積石 1/30, 石器製作場 · 野外爐址 · 竪穴群 1/20, 全體遺物 1/3을 基本으로 하였다. 그러나 편집상 같은 기준으로 맞추기 곤란한 경우는 比率을 달리하였으며, 그 縮尺은 각기 圖面에 표기하였다.
4. 出土遺物은 一連番號를 부여하였으며, 本文, 圖面, 圖版의 遺物番號는 모두 같다.
5. 遺構內部의 遺物은 內部埋沒土에서 출토된 것만 取扱하였고, 그 上部에서 出土된 遺物은 GRID 遺物로 揭載하였다. 遺構 相互間의 接合되는 遺物들은 破片의 크기와 出土位置 등을 綜合的으로 檢討하여 원래 있었을 가능성이 높은 遺構에 編入하여 取扱하였다.

그림 100 일러두기의 예시

들어가며, 다음으로 도면(그림) 목차, 도판(사진) 목차 순으로 정리하고, 필요시 추가적으로 삽도 목차, 표 목차 등이 부가되는 경우도 있다. 이 목차는 전체 보고서의 체제와 내용을 유기적으로 연결시켜 주는 부분이다. 목차를 통해 보고서에 담긴 개략적인 내용을 파악할 수 있음과 동시에 페이지가 명기되어 있어 필요한 부분을 쉽게 찾아갈 수 있는 구조로 되어 있다.

(3) 본문 구성

① 머리글

머리글(序言)은 해당 유적을 왜 발굴조사하고 보고서를 발간하게 되었는지를 소개하는 발굴 연혁에 해당하는 부분이다. 따라서 유적의 지리적·행정적인 위치, 지표조사에서 발굴조사에 이르기까지의 조사 경과, 어떠한 사업에 의해, 어떠한 목적으로 진행되었는지에 대한 구체적인 내용, 발굴허가 및 보존과 관련된 행정처리의 과정과 결과, 각종 자문회의의 개최와 결과 등 발굴조사 과정에 일어난 모든 내용을 체계적으로 기록할 필요가 있다.

다음으로 발굴조사에 참여한 조사단 구성과 전문가 검토위원 및 학술자문위원의 구성, 발굴 진행에 직·간접적으로 도움을 준 참여자와 방문자 등 인력에 관한 사항도 밝힐 필요가 있다. 그 외에 보고서 작성에 참여한 인력의 구성과 역할, 자연과학적 분석을 담당한 기관 등에 대해서도 정리할 필요가 있으며, 발굴조사의 결과로 얻은 주요한 고고학적 성과나 유적보존과 관련된 향후 처리사항 등도 자세하게 기술하는 것이 바람직하다.

② 자연환경(그림 101)

자연환경의 분석이 필요한 것은 고고학 조사의 대상이 되는 과거 사람들의 생활범위는 자연환경이나 형성 입지와 밀접한 관련이 있기 때문이다. 그리고 자연환경을 분석하는 근본적인 목적은 유적이 왜 이곳에 형성되었는지를 해석할 수 있는 근거를 찾고자 하는 데 있다.

선사유적의 경우에는 유적이 형성될 당시의 고환경 분석이 중요하며, 구석기나 저습지유적의 경우 지형 발달 과정과 퇴적환경을 확인하기 위한 지질학적 분석이 중요한 과제이다. 역사유적은 도로나 수로를 통한 교통망이나 봉수로, 행정구역, 중심지로부터의 지정학적 위치 등 지리적인 상관관계의 분석이 필요하다.

따라서 지형조건, 지질, 수계, 기상, 식물상, 동물상, 경관, 교통망 등 유적의 형성 배경이 되는 광역의 경관적 측면으로부터 유적과 직접적으로 관련된 입지에 이르기까지를 모두 분석하여 기술함이 바람직하다. 분석 범위는 해당 유적이 속한 행정구역인 시·군 단위로 하는 것이 일반적이다. 이때에는 시대나 시기별 행정구역의 변화가 있을 수 있으므로 조선시대 이전의 행정 범위도 함께 분석할 필요가 있다.

한편으로 자연환경에 대한 분석은 매우 전문적인 내용에 해당하므로 전문가의 도움을 받는 것이 가장 좋다. 그러나 현실적으로는 해당 지역의 자연환경을 분석해 놓은 각종 시·군지나 관련 논문 등을 참고하여 보고서 작성자가 재구성하는 사례가 많다. 단, 이때에는 인용한 문헌에

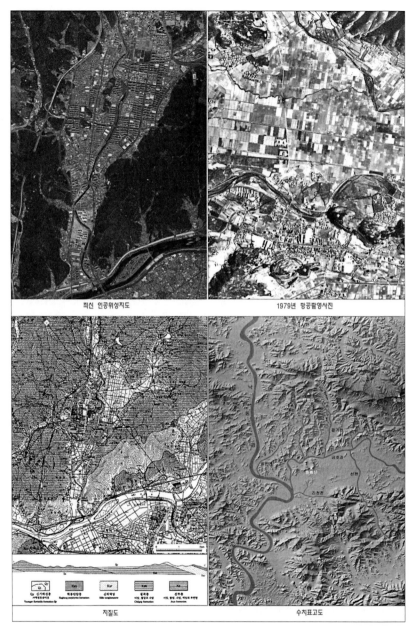

그림 101 자연환경 및 입지, 지질, 지형 변화 분석에 필요한 각종 지도

대한 주기를 반드시 표기하여 무단전재를 하지 말아야 하며, 내용 전개에서도 해당 유적을 중심으로 작성자가 재분석한 결과를 기술할 필요가 있다.

보고서에 제시할 보조 자료로는 해당 유적을 중심으로 성격 및 시대에 맞는 적정한 자료를 취사선택할 필요가 있다. 대표적인 자료로는 인공위성사진, 지형도, 지세도, 단층도, 토양도, 지질도, 수치표고도, 지질조사보고서, 토목공사자료, 하계망도, 기상구분도, 기온·강수량 변화표, 자연식생도, 경관분석도 등이 많이 사용된다. 최근에는 입체적인 분석이 가능한 3D 지형도도 활용되고 있다.

활용방법은 해당 자료에 조사 유적과 더불어 주변 유적의 분포 범위를 표기하여 함께 살펴볼 수 있도록 하는 것이 보편적이다.

③ 고고환경(그림 102~104)

고고환경은 해당 유적을 중심으로 하여 일정한 분석영역을 설정한 후 선사시대로부터 역사시대까지의 고고유적 분포와 시간적인 흐름을 검토하고, 문헌으로 파악할 수 있는 지역사의 변천 과정을 서술하는 것이 일반적이다.

이를 위해서는 유적이 위치한 지역을 중심으로 기존에 발간된 고고학 자료와 문헌자료들을 종합하여 구석기시대에서 조선시대에 이르는 고고학적 환경을 일목요연하게 정리·분석함으로써 지역사의 큰 흐름 속에 해당 유적의 위치를 재조명하는 것이 바람직하다. 특히, 해당 유적을 중심으로 주변 유적에 대한 상세한 검토를 진행하고 이를 도면에 표기하여 전체적인 관련 유적의 분포 맥락을 동시에 보여 주는 것이 필요하다.

그리고 주변 유적의 대체적인 조성 시기와 현황, 참고문헌 등을 정리하여 유적 현황 조사표의 형태로 제시해 주는 것도 한 방법이다. 더불어 유적이 위치한 지역의 행정구역 변천과 지명 유래 등도 검토해야 한다.

　고고환경의 검토를 위해 참고하는 기록물은 고문헌 자료와 이미 조사된 각종 발굴조사 보고서, 지표조사 보고서, 시군지, 향토사 자료집 등이 있다.

　고문헌 자료의 경우에는 역사유적일 경우에 더욱 자세한 검토가 필요하다. 대표적인 것으로 『삼국사기』, 『삼국유사』, 『조선왕조실록』, 『동국여지승람』, 『대동지지』, 『여지도서』, 각종 지방읍지 등이 있다. 고문헌에는 동시기 해당 지역에 존재했던 유적이 개략적으로 소개된 경우도 있으며, 유적과 직접적으로 연결시킬 수 있는 기록이나 고지도가 첨부된 것도 있다.

　실제 고고환경 분석에 가장 많이 활용되는 기록물은 일제강점기 이후 주변 유적을 소개한 각종 발굴조사 보고서, 지표조사 보고서 등이다. 여기에는 이미 해당 유적 주변의 고고환경에 대한 기술과 주변 유적을 표기한 도면들이 게재되어 있어 많은 참고가 된다. 다만, 이런 자료를 재인용할 때에는 반드시 원본자료의 검토를 통해 그 내용이 바르게 인용되었는지를 확인할 필요가 있다.

　고고환경의 분석 시 이용되는 보조 자료로는 인공위성사진, 일제강점기 유리원판사진을 비롯하여 〈대동여지도〉나 조선 후기의 지방지도, 일제강점기 이후 현재까지의 축척을 달리한 다양한 지형도가 있다. 일반적인 사용방법은 해당 유적을 중심으로 주변 유적들의 분포위치를 지도에 표기하여 동시기 유적들을 한눈에 비교·분석해 볼 수 있도록 하는 것이다.

　고지도는 주로 〈대동여지도〉와 조선시대 후기에 제작된 지방지도, 읍지에 수록된 지도 등이 많이 활용된다. 그러나 고지도는 오늘날 지형도와는 다르게 행정중심지를 중심으로 하여 당시의 산맥과 수계 및 주요 건물들을 직관적으로 표기한 지도이므로 자료 활용 시 현재의 지형으로 재해석할 필요가 있어 주의를 요한다.

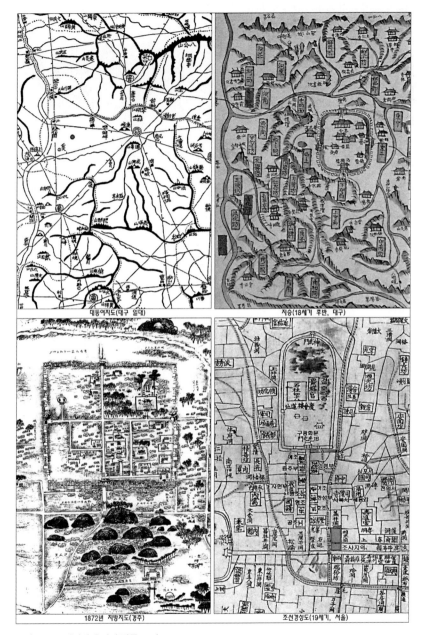

그림 102 조선시대 후기의 각종 고지도

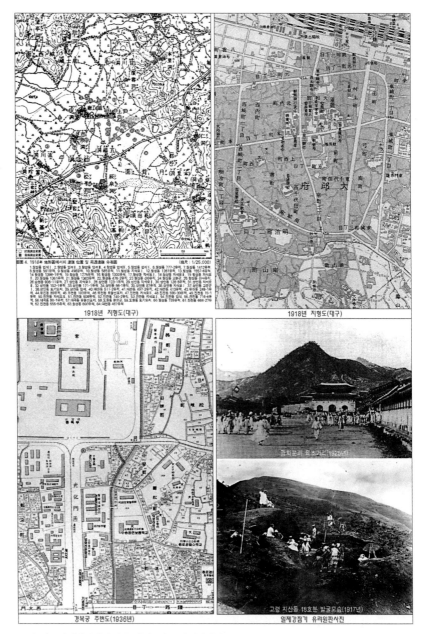

그림 103 일제강점기의 각종 지형도와 유리원판사진

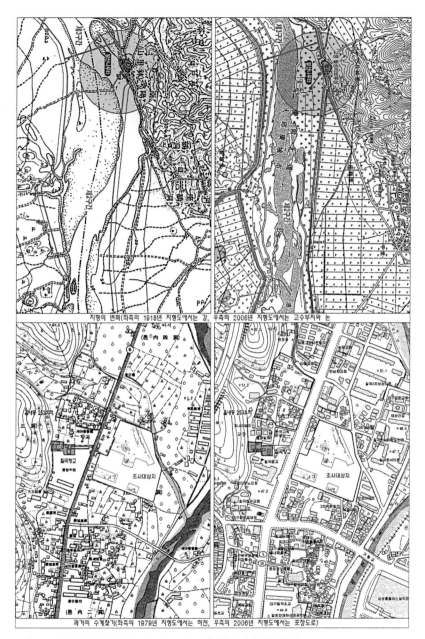

지형의 변화(좌측의 1918년 지형도에서는 강, 우측의 2006년 지형도에서는 고수부지와 논)

과거의 수계찾기(좌측의 1979년 지형도에서는 하천, 우측의 2006년 지형도에서는 포장도로)

그림 104 과거와 현재의 지형도 비교를 통해 본 지형과 수계의 변화 분석

〈대동여지도〉에는 조선시대의 읍치, 관아, 산성, 역참, 봉수, 창고, 도로 등과 이전 시기의 고현, 고산성 등이 망라되어 있는데, 특히 교통로 분석에 주요한 자료를 제공한다. 조선시대 후기 지방지도에는 해당 읍치 내에 위치한 관청건물들(관아, 객사, 향교, 향청, 감옥, 문, 읍성 등)의 위치와 사직단, 여제단, 성황당, 사창 등의 주요 건물들이 표기되어 있어 해당 유적의 성격 분석에 많은 도움을 준다.

다음으로 가장 유용하게 활용되는 지도는 일제강점기인 1918년 전후에 제작된 1:50,000 지형도인데, 필요에 따라서는 확대하여 사용할 수도 있다. 그리고 서울이나 부산, 대구와 같은 대도시를 중심으로는 더 상세한 일제강점기 지형도가 있으므로 적극 활용할 필요가 있다. 일제강점기 지형도에는 현재로서는 파악하기 어려운 조선시대 후기의 지형, 교통망, 도시의 규모, 관공서와 주요 건물 등이 잘 표기되어 있다. 특히, 현대 지형도와의 결합을 통해서 비교·검토한다면 조선시대 이후의 수계변화, 제방축조, 도시의 확장 등 형질변경 이전의 원지형을 잘 살펴볼 수 있다.

그 외에도 일제강점기의 유리원판사진과 우리나라에서 급격한 형질변경이 일어나기 전인 1980년대 이전에 제작된 지형도나 지적도, 항공사진들을 적극 활용할 필요가 있는데, 도시화된 지역에서 확인된 유적일 경우에는 비교·검토가 필수적이라 할 수 있다.

④ 조사범위(그림 105)
조사범위에 대한 것은 발굴조사 착수 이전에 보고서에 들어갈 내용들을 미리 기획하고, 현장조사에서는 도면과 조사범위가 일치하는지의 여부를 먼저 검토할 필요가 있다.

내용 전개에 필요한 지형도나 유구 분포도의 편집은 대부분 도북을 중심으로 북쪽을 위로 하여 편집하는 것이 일반적이다. 그리고 필요에 따라서는 동서 방향으로도 편집이 이루어진다. 이때에는 지형도 상에도

반드시 방위표와 축척을 게재함이 원칙이다.[15]

기술 내용은 먼저 지표조사를 통해 설정한 표본조사나 시굴조사의 범위와 근거를 제시한다. 그리고 후속된 표본·시굴조사에서의 트렌치 배치와 유구 확인 내용, 정밀발굴조사범위를 확정한 근거와 타당성을 기술함과 동시에 정확한 조사범위를 도면에 표기해야 한다.

조사범위의 게재 방법은 주로 1:50,000, 1:25,000, 1:5,000의 지형도에 주변 유적을 함께 표기함으로써 고고환경적 측면을 동시에 보여 주는 것이 일반적이다.

문화재청의 규정에서는 국가기본도(수치지형도, 수치해도, 수치연안정보도, 수치지적도)를 사용하여 정확한 조사범위를 다각형의 형태로 표시하고, 원, 점, 삼각형, 사각형 등 추상화된 상태로 표기하지 못하도록 명시하고 있다.

그리고 사업부지 내 발굴지역의 구역경계를 반드시 1:5,000 축척의 수치지형도에 표시하며, 1:5,000 축척 지도에 표시할 수 없는 소규모 발굴의 경우, 연속지적도 상에 정확한 발굴구역과 유구 분포를 알 수 있는 도면을 제작하도록 강제하고 있다.

유구 분포도는 유적에서 확인된 유구의 분포상을 보여 주어 취락 혹은 분묘 등의 공간 배치와 축조 순서를 보여 주는 중요한 도면이므로 정밀한 측량을 필요로 한다. 문화재청의 규정에 명시된 유구 분포도 작성방법은 기본적으로 수치지형도를 기반으로 적절한 축척으로 제작하되, 도엽명(수치지형도 번호)과 축척을 알 수 있는 축척과 방위(자북, 진북)를 반드시 표시하도록 하고 있다.

그리고 유구 분포구역의 정확한 위치정보 확보를 위해 고정밀 GPS를 이용하여 분포구역 경계를 기준으로 2개 이상의 GPS 절대좌푯값을 반드시 도면 상에 기재하도록 하고 있다. 더불어 유구 분포구역은 발굴조사 구역 범위와 반드시 일치하도록 하고, 유구 표시는 심볼화 표기를 금하며, 유구의 형태, 분포 양상 등을 파악할 수 있도록 제작하며, 유구

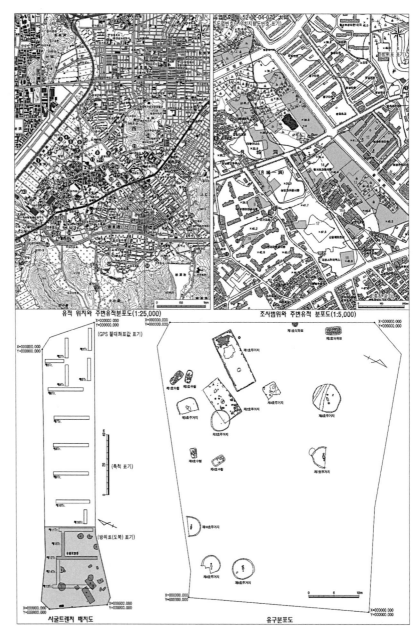

유적 위치와 주변유적분포도(1:25,000)

조사범위와 주변유적 분포도(1:5,000)

시굴트렌치 배치도

유구분포도

그림 105 조사범위와 관련된 각종 도면과 필수 표기 항목

의 종류, 시대를 알 수 있도록 범례를 표시하도록 하고 있다.

이와 같이 조사범위와 유구 분포도 제작 부분은 유독 문화재청의 규정으로 강제하는 부분이 많은데, 이는 현재 문화재청에서 운영하는 문화재GIS통합 인트라넷 시스템과 원활히 접목하기 위한 방안의 하나이다.

⑤ 조사방법(그림 106, 107)

발굴조사는 기본적으로 유적의 파괴를 통해 새로운 역사를 찾아내는 피치 못할 선택적 방법이다. 따라서 조사자는 유적이 훼손되는 과정을 정확하게 역순으로 접근하고 다시 원래의 형태로 복원할 수 있는 최상의 조사방법을 찾아내어 적용할 필요가 있다.

이는 조사자의 기본 의무로 유적의 성격에 따라 다양한 고고학적 조사방법을 동원하고 필요시 자연과학 등 주변 학문의 도움을 받아서라도 세세한 분석을 진행하여 유적에 내재된 역사적 사실과 정보를 최대한 확보해야 한다.

그러나 다양한 유적의 성격과 매몰 과정이 일률적이지 않은 현장조사에서도 일률적인 조사방법을 적용하는 데는 많은 문제가 있다. 특히 조사자의 고고학적 능력이나 인식의 정도에 따라서 질적인 차이가 날 수밖에 없다.

따라서 조사 과정에서 어떠한 방법이 동원되었고 그 결과가 어떻게 나왔는지에 대한 과정을 세세히 기록하고 관련 도면과 사진을 다양하게 게재할 필요가 있다. 그리고 반드시 최종 교정에는 각 기관 책임자의 감수를 거칠 필요가 있다.

조사방법의 경우 시굴조사 과정에서의 트렌치 설정으로부터 발굴조사가 완료된 시점까지 적용된 방법들을 모두 기술할 필요가 있다. 기본적으로 유적의 규모와 성격에 따른 구획 설정, 제토 과정, 토층 관계, 교란 범위, 문화층의 파악, 유구 윤곽선 확인 과정, 성격별 유구에 적용

그림 106 조사방법과 관련된 현장 발굴조사 운영시스템 게재 사례

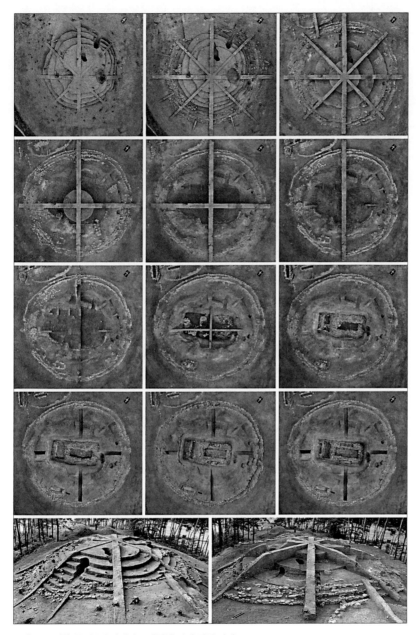

그림 107 대형 봉토분의 단계별 조사방법 사진 편집 사례

된 여러 가지 조사방법에 관한 것을 모두 기술하고 장단점까지 세부적으로 논할 필요가 있다. 더불어 보고서에는 조사방법에 대한 세부적인 사진이나 도면을 부가하여 차후 동일한 성격의 유구를 조사할 때 모든 이들이 참고할 수 있게 하는 것도 좋은 방법이다.

이런 조사방법에 대한 자세한 소개는 조사 유적의 결과에 대한 신뢰성과 객관성을 대변해 준다.

⑥ 유적의 층위[16](그림 108)

고고학에서 층위 파악은 두말할 것도 없이 전체 조사의 승패를 좌우할 수도 있는 가장 기본적인 작업이다. 더불어 고고학 연구에서 상대연대 파악의 기본을 층위학에 두고 있다는 점을 통해서도 그 중요성을 잘 알 수 있다.

기본적인 층위는 시굴조사 과정에서 파악되어야 하는데, 적어도 전체 조사 대상지 곳곳의 퇴적층위와 각 문화층의 연결 관계에 대한 정보를 우선적으로 확보해야 한다. 그리고 발굴조사에서는 이를 기본으로 하여 전체적인 문화층의 형성 과정을 완전히 해석해야 한다. 또한 필요에 따라서는 지형에 따라 필요한 부분을 선정하여 표준토층도를 작성하는 것이 바람직하다.

따라서 현장조사에서는 전체 유적의 토층 해석이 우선 중요하며 발굴 보고서에서는 이를 증명하기 위한 분명한 근거를 제시해야 한다.

이를 위해 어떤 기준으로 문화층을 구분하고 주변 토층과 연결했는지에 대한 근거, 유적이 형성되고 폐기된 상황에 대한 해석, 부분적인 교란 시점, 각 시대별 문화층과의 연결 관계, 개별 유구의 매몰 상황 등 전체 유적의 형성 시점으로부터 최근까지의 상황을 모두 파악하고 구체적으로 기술해야 한다. 더불어 기술 내용을 증명해 주는 토층도와 토층 사진, 세부적인 현상 기록을 부가하여 객관적이며 설명적이게 내용을 전개해야 한다.

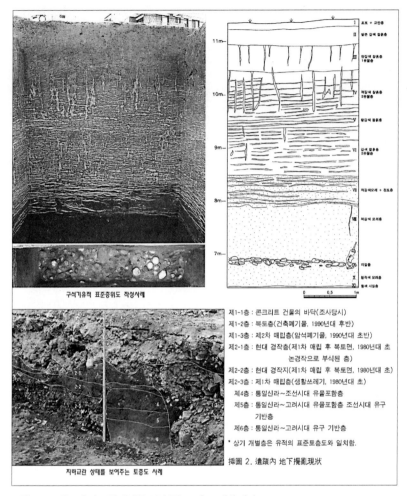

그림 108 표준 토층과 교란 상태를 보여 주는 토층도 게재 예시

　　그러나 발굴 보고서에서 이런 층위와 관련하여 단순히 토색과 토양의 성분 등에 대한 간단한 내용들만 기술하는 사례가 많아 주의를 요한다. 토층은 문화층의 해석을 통해 전체 유적을 시기별로 나누거나 동시기성을 찾을 수 있어 상대편년을 가능케 하는 절대기준이 되기 때문이다.

⑦ 유구·유물의 기술

유구에 대해 기술할 경우 조사 과정이나 현상에 대해 상세하게 밝힐 필요가 있다. 그리고 동일 성격의 유구일 경우 노출 정황부터 용도까지 작성 순서를 가급적 통일함이 바람직하다. 기술 내용은 유구의 성격에 따라 다를 수 있지만 일반적으로 위치, 주변 유구와의 배치관계, 노출 층위, 유존 상태 등을 우선 기술하고, 적용된 조사방법, 형태, 장축 방향, 규모, 복원 형태, 구조별 세부 기술, 성격 고찰, 폐기 과정, 유물 출토 정황 등을 순서 있게 정리하여 작성하는 것이 좋다.

유물에 대한 기술에서는 출토 맥락과 기종 및 세부 형태, 제원, 제작기법상 특징 등을 세밀히 관찰하여 서술함이 필요하다. 기술 내용은 일반적으로 나열형이나 도표로 편집하는 경우가 많은데 상호 장단점이 있어 상황에 따라 취사선택함이 좋다.

⑧ 도면 편집(그림 109~112)

보고서에 게재하는 도면은 고지도, 각종 지형도, 유구 분포도, 유구 도면, 유물 도면 등 다양한 종류가 있다. 각종 고지도와 지형도 및 유구 분포도의 작성에 관한 내용은 전술했으므로 개별 유구와 유물에 대한 도면 작성과 편집에 대해 살펴보도록 하겠다.[17]

유구 도면은 주로 평면도와 입·단면도로 구성되는 것이 일반적이며, 필요에 따라서는 단계별 축조 공정을 보여 주는 여러 단계의 도면이 추가되기도 한다. 주로 전체 구조를 보여 주는 2차원적 도면이 많이 작성되지만, 최근에는 3D 스캔을 이용한 도면이나 지하레이더 탐사도면도 사용된다. 유구 도면에는 반드시 방위, 축척, 단면표시선, 해발고도 등이 포함되어야 하며, 다양한 성격의 유구에 대한 적절한 구조 표현기법을 찾아내고, 평면과 입·단면의 배치 방향, 축척, 선분의 굵기, 간격 등도 통일시켜 일관성을 가질 필요가 있다.

유물 편집의 경우, 보고서 판형에 맞추어 적절히 편집하되 가능하

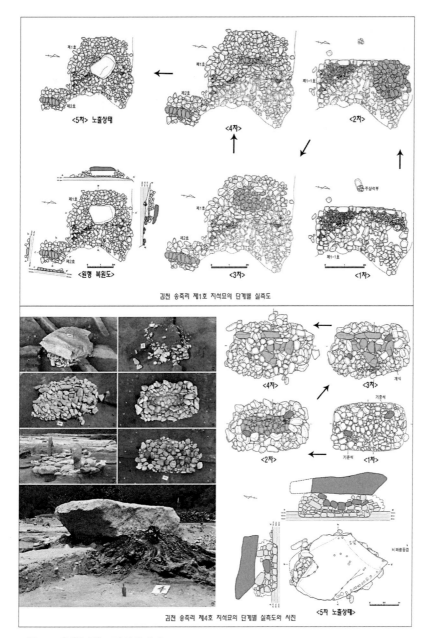

김천 송죽리 제1호 지석묘의 단계별 실측도

김천 송죽리 제4호 지석묘의 단계별 실측도와 사진

그림 109 단계별 실측도면 작성 예시

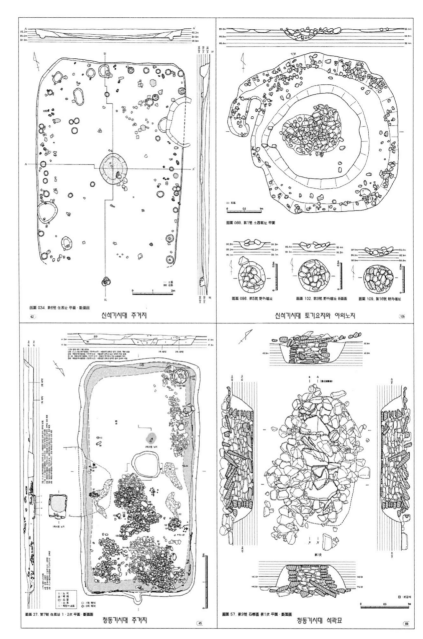

그림 110 다양한 성격의 유구 도면 1

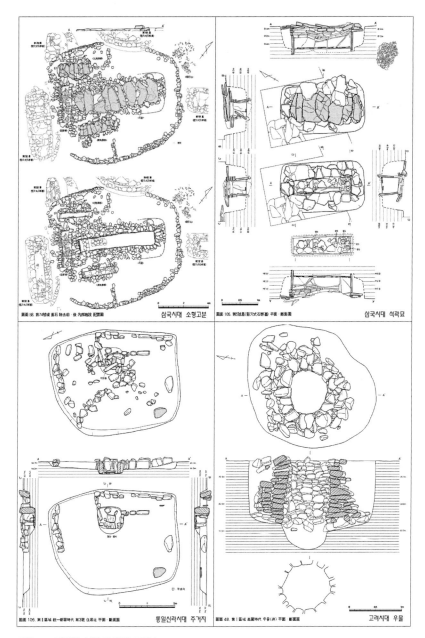

그림 111 다양한 성격의 유구 도면 2

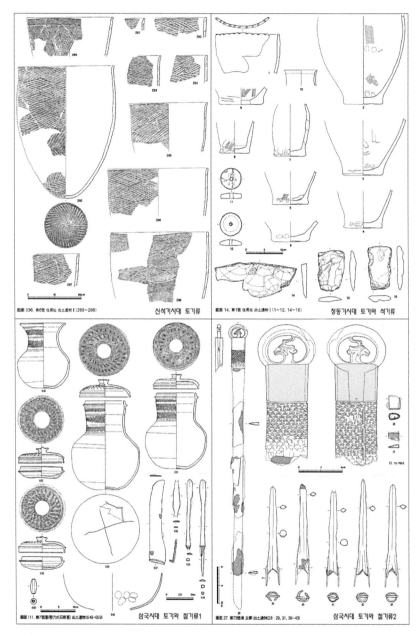

圖面 036. 第6號 住居址 出土遺物 II (289~298)　　　　신석기시대 토기류

圖面 14. 第1號 住居址 出土遺物 I (1~12, 14~16)　　　청동기시대 토기와 석기류

圖面 111. 第7號墓(型(穴式石槨墓)) 出土遺物(549~659)　　삼국시대 토기와 철기류1

圖面 27. 第79號墳 主槨 出土遺物(28·29, 31, 39~43)　　삼국시대 토기와 철기류2

그림 112 다양한 유물 도면

면 동일한 축척으로 편집하는 것이 좋다. 그러나 크고 작은 유물이나 중요한 유물의 경우 구조를 효과적으로 표현할 정도로 축척을 달리해도 별문제가 없다. 유물 도면에는 해당 유물의 속성을 충분하게 이해할 수 있도록 하는 표현들이 반드시 포함되어야 한다. 유물의 종류에 따라 다양한 형태로 표현할 수 있지만 주로 정면과 측면 혹은 입·단면이 혼합되어 완성되는 경우가 많다. 그리고 세부적으로 제작기법, 장식, 문양, 구조 등을 표현하거나 탁본, 사진 등을 병행하는 것도 좋은 방법이다.

⑨ 사진 편집(그림 113~115)

사진은 가급적 원색으로 게재하면 가장 좋다. 그러나 보고서 작성에 책정된 비용을 고려하여 중요한 유구나 유물에 대해서는 원색사진으로 게재하고 나머지는 흑백사진으로 대체하는 경우가 많다. 보고서에 이용되는 사진은 촬영 상태도 중요하지만, 이미지 보관, 정리, 대상 선정, 편집, 해상도, 색조정, 인쇄 등의 작업 시에도 신경을 써야 한다.

오늘날 발굴 현장에서 촬영에 이용하는 기자재는 대부분 디지털카메라로, 사용이 간편하고 컷 수에 대한 제한이 적은 것이 장점이다. 그리고 디지털카메라로 얻어내는 풍부한 색감들은 감도나 색조정이 용이하고 무한정 복사하여 백업이 가능하므로 원본 이미지 보관이나 인쇄 및 편집에도 매우 효과적이다.

보고서에 게재할 사진은 크기에 비례해 기본 해상도가 300dpi 이상이 되어야 하므로 현장에서는 최상의 크기와 해상도를 설정하여 촬영하는 것이 바람직하다.[18] 간혹 보고서에서 마치 흔들린 것처럼 흐리게 보이는 사진은 대부분 낮은 해상도와 관련되어 발생한 문제들이다.

이를 방지하기 위해서는 보고서 작성자가 사진을 임의로 축소하거나 재단하지 말고 원본 그대로를 인쇄소에 제공하면 된다. 그리고 이미지의 안전한 보관·관리를 위해서는 복수의 백업시스템을 갖추는 것이 좋다. 적어도 컴퓨터 본체, 외장형 하드, DVD 등과 백업시스템을 완비한 서버를 활용한다면 저장매체의 오류로 인해 발생할 수 있는 곤란을 미연에 방지할 수 있을 것이다.

보고서 게재 사진은 주로 유구를 대상으로 촬영한 현장사진과 유물을 대상으로 한 실내사진으로 크게 나누어진다. 현장사진은 유적의 원경이나 근경 등 형성 입지를 보여 주는 것부터 전체 유구의 분포, 개별 유구의 조사 과정, 유물 출토 상태 등 발굴조사의 시작에서 마무리까지의 전 과정을 사실 그대로 담아내야 한다. 실내사진은 주로 유물이 대상인데, 해당 유물의 전체적인 모습이나 제작기법, 특징적인 부분을 보여 주는 세부적인 촬영도 병행한다.

보고서에서 사진의 역할은 전개되는 내용을 실증적으로 뒷받침하는 증거 자료이므로 체제의 흐름에 맞추어 적절한 사진을 선정하여 배치하는 것이 효과적이다. 현장사진의 경우 조사 과정에서 보고서에 사용할 사진을 미리 기획하여 정리해 두면 사진 편집 시 시간 절약과 체계성을 갖출 수 있다.

편집 순서는 주로 유적을 보여 주는 원경이나 전경을 먼저 배치하고, 개별 유구의 단계별 조사 과정에 따라 진행하며, 유구의 세부 구조, 유물 출토 상태에 이어 출토유물의 사진 순으로 게재하는 것이 일반적이다. 그리고 유구의 축조 순서를 보여 주기 위해 조사 과정의 역순으로 편집하는 경우도 있다.

편집방법은 본문과 도면을 먼저 편집하고 후반부에 사진을 일괄 편집하거나 본문의 진행과 동시에 도면, 사진을 연결시켜 편집하는 경우도 있다. 그 외 전체 유구 사진을 일괄적으로 먼저 편집하고 유물은 별도로 분리하여 일괄 게재하는 사례도 있다. 어느 경우든 내용 설명을 효과적으로 보여 주는 편집이 가장 좋다.

세부적으로 보면 자연환경이나 고고환경, 유적과 주변 유적의 현황을 보여 주기 위한 용도의 사진으로는 인공위성사진을 배치한다. 다음으로 유적의 형성 입지를 보여 주는 원경과 근경, 유구 분포 전경 등은

그림 113 유적의 원·근경과 유구 배치 전경 편집 사례

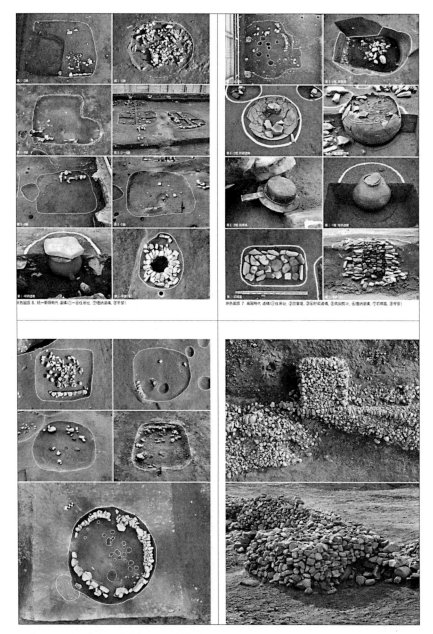

그림 114 다양한 시대의 성격별 유구 사진 편집 사례

그림 115 출토유물 사진 편집 사례

항공사진이나 주변의 높은 곳에서 찍은 사진을 이용하면 효과적이다. 개별 유구의 사진은 유구의 노출, 단계별 조사 진행, 세부 구조, 유물 출토 상태 등 성격별 유구가 가진 특징적인 모든 부분을 촬영한 후 해당 유구를 자세히 설명해 줄 수 있는 사진을 선정하여 편집하는 것이 좋다. 필요에 따라서는 주변 유구와의 배치 관계, 평면 배치를 알 수 있는 고공사진 등을 부가할 필요도 있다.

유물 사진은 유물의 크기와 중요도, 특징들을 잘 파악한 후 설명적일 수 있도록 편집하는 것이 중요하다. 작은 유물이라도 특징적인 속성을 보여 주거나 중요한 부분에 대해서는 확대해 자세히 보여 줄 필요가 있다. 그리고 실제 축척을 고려할 필요는 없지만 한 장에 편집될 유물의 상대적인 크기를 어느 정도 고려하여 편집하는 것이 좋다. 특히 유물의 경우에는 시대적 특징을 잘 반영하는 세부 속성이 많으므로 전공자가 직접 편집하거나 자문을 얻는 것도 좋은 방법이다.

(4) 고찰과 맺음말

고찰과 맺음말은 발굴조사 내용을 종합 분석하여 유적의 성격을 살펴보는 장에 해당한다. 고찰에 포함될 내용은 주로 시대별·성격별 유구·유물에 대한 종합 분석과 시기 편년, 특징적인 유구·유물에 대한 분석, 기존 연구 성과와 비교를 통한 유적의 성격 파악 등이 주류를 이룬다.

기술방법은 주로 형식학적인 견지에서 분석하는 방향성을 많이 취하고 있다. 그리고 조사된 유구나 출토된 유물의 전체 현황을 표로 정리하여 제시하거나 내용을 체계적으로 설명해 줄 수 있는 삽도나 사진 등을 보충 자료로 추가하는 것도 좋은 방법이다.

고찰의 작성 과정은 먼저 현장조사를 진행하는 과정에서 최대한 관련 자료를 모은 다음 기존의 연구와 비교·검토하며, 조사 완료 후에 이를 심층적으로 분석하여 완성하는 것이 좋다. 발굴조사 보고서는 유적에 관한 정보를 사실 보고하는 데 기본 목적이 있으므로 고찰은 자세할수록 좋겠지만 해당 유적이 지닌 고고학적 가치를 밝히는 정도의 수준이면 된다.

한편 고찰에는 조사내용을 객관적으로 기술하는 본문과는 달리 보고서 작성자의 주관적인 견해가 많이 포함된다. 이런 조사자의 주관적 견해는 해당 유적을 가장 잘 아는 사람으로서 보는 시각이므로 동일한 성격의 유적을 조사하게 될 경우 많은 참고가 되므로 세부적인 고찰을 게재하는 것은 바람직하다.

맺음말에는 전체 조사성과를 요약하고 향후 과제 및 전망을 담는 것이 일반적이다.

(5) 초록, 부록, 출토유물 목록

초록 부분은 문화재청에 의해 통일된 양식이 제시된 바 있는데, 여기에는 조사기간이 누락되어 있으므로 이를 보완한 〈표 10〉의 양식을 대부분의 기관에서 사용하고 있다. 초록은 용어 그대로 발굴조사된 유적의 보고서명, 발간일, 발행기관, 편집·집필자, 조사연유, 조사기간, 발굴조사자, 유적소재지번, 조사면적, 조사성과(유적종류, 시대 및 연대, 유형 및 기수, 중요유물 등)를 동시에 보여 주므로 최대한 상세하게 요약하여 적시하는 것이 좋다.

최근에는 유적의 조사성과와 의의를 간단하게 정리한 요약문을 영어, 일본어, 중국어 등으로 번역하여 게재하는 보고서도 있어 귀감이 되고 있다.

다음으로 부록에는 조사된 유적의 유구에서 채취한 시료를 중심으로 절대연대 편년, 유적 조성 당시의 고환경 및 식생의 분포, 유물의 산지 추정, 유기물 분석 등 다양한 자연과학, 지질 및 지형학, 의학 등의 정

표 10 발굴조사 보고서 초록 양식

發掘調査報告書 抄錄

報 告 書 名				發刊日	
發 刊 機 關	名 稱				
	住 所				
	電 話		電 送		
執筆·編輯者					
調 査 緣 由					
調 査 期 間					
發 掘 調 査 者					
遺蹟所在地番					
調 査 面 積					
遺 蹟 種 類	時代 및 年代	類型 및 基數	重要遺物		特記事項

보를 얻기 위한 분석을 실시하고 그 결과를 게재하는 사례가 많다.

먼저 절대연대 편년을 위해 고고학에서 가장 많이 사용하는 방법은 방사성탄소 연대측정, OSL 연대측정, 고고지자기 연대측정, 연륜 연대측정 등이다. 그리고 고환경과 관련해서는 퇴적환경, 기후, 나이테, 수종, 화분, 지방산, 녹말, 식물규산체의 분석이 많이 이루어진다. 그 외 지리·지질학자의 도움을 받아 고지형을 복원하거나 원산지 분석을 진행하고, 의학 분야의 도움을 얻어 유전자 분석, 기생충 검사를 진행하는 경우도 있다. 그리고 고고학적으로 중요한 유구나 유물에 대해 심층적인 연구가 필요할 때에는 관련 전공자에게 해당 부분의 논고를 의뢰하여 부록으로 게재하는 경우도 있다.

이런 유관 학문과의 유기적인 협조 관계는 고고학 발전에도 많은 도움을 주고는 있지만, 한편으로는 유적의 성격 파악에 전혀 도움을 주지 않는 분석이 실시되는 경우도 있어 주의가 요망된다. 따라서 분명한 목적을 가지고 계획을 세운 후 고고학적으로 의미 있는 결과를 도출할 수 있는 분석을 진행할 필요가 있다.

출토유물 목록은 발굴조사 보고서의 마지막 부분에 의무적으로 수록하도록 되었는데, 이는 2012년 문화재청의 국가귀속 문화재 등록·관리 시스템의 운영 개시와 더불어 시작되었다.[19] 적용 대상은 2011년 2월 5일 이후 완료 조치된 유적의 보고서부터이다. 따라서 발굴보고서의 법적 발간기간인 2년 후의 2013년 2월부터 모든 보고서에는 유물 목록이 부가되어야 한다.

유물 목록에 포함되는 유물은 발굴조사 보고서에 수록되어 국가에 귀속되는 유물 전체를 대상으로 하며, 제원은 생략하고, 도면번호와 사진(도판)번호만 기입하도록 하고 있다. 그리고 출토유물 목록표는 〈표 11〉과 같이 2~3열로 하되, 세부적인 사항은 기관별로 정하여 시행토록 하고 있다. 더불어 발굴조사 보고서의 출토유물 목록에 수록된 유물 수량을 국가귀속 유물과 일치시킴으로써 체계적인 유물 관리를 할 수 있게 되었다.

표 11 유물 목록 양식 예시

출토유물 목록

연번	유물명	도면	사진	연번	유물명	도면	사진
1	환두대도	1-1	1-1	3	백자접시	2-3	2-3
2	유개고배	2-2	2-2	4	청자접시	2-4	2-4

연번	유물명	도면	사진	연번	유물명	도면	사진	연번	유물명	도면	사진
1	환두대도			3	백자접시			5	마제석검		
2	유개고배			4	청자접시			6	마제석촉		

(6) 편집과 인쇄(그림 116)

편집 및 인쇄는 보고서의 완성 단계에 해당하며, 핵심적인 내용은 인쇄의 질과 판형, 제본방식의 결정이다. 여기에는 표지 디자인과 종이의 질과 같은 세부적인 내용들도 포함된다.

보고서의 인쇄 상태는 출판사 편집담당자의 수준과 관련된다. 특히 사진의 경우에는 색감 조정과 선명도 조절이 주요한 변수가 되며, 원색사진보다는 흑백사진의 경우에 더 민감하다. 원색사진의 경우 반드시 색조정 상태를 점검해야 한다. 그리고 흑백사진에서는 적절한 색조정과 선명도를 높여 주지 않으면 인쇄 시에 색이 뭉쳐 버려 탁하게 나오거나 사진의 감도가 떨어져 흐리게 나오는 경우가 많다.

또한 종이의 질도 문제가 된다. 일반적으로 많이 쓰이는 용지로는 모조지, 스노우지, 아트지 등과 고급 수입지인 오페라지, 메리트지 등 다양하다. 각각의 용지는 비용의 차이와 함께 고유의 흡수성과 인쇄결을 가지고 있어 인쇄 시 해당 기관의 실정에 맞추어 적절한 것을 선택할 필요가 있다. 그리고 양호한 인쇄 상태를 유지하고자 한다면 보고서 작성자가 직접 인쇄 작업에 참여하여 출력물의 인쇄 교정을 보는 것이 가장 좋다.

보고서의 판형은 대부분 국배판(A4, 210×297mm), 4·6배판(B5, 182×257mm)의 기본 사이즈를 중심으로 하여 약간의 차이를 보인다.[20] 일반적으로 사용되는 인쇄용지는 국전지(636×939mm), 4·6전지(788×1,091mm)이다. 판형을 적용했을 때 국배판은 기본이 A4 기준으로 8장, 4·6배판은 B5 기준으로 16장 정도를 한 그룹으로 하여 편집·인쇄할 수 있다.

제본은 사철제본과 풀제본이 있는데, 두텁거나 중요한 유적의 경우는 사철제본을 많이 사용하고, 대부분의 보고서는 풀제본을 택한다. 사철제본은 비용이 많이 들고 다소 편집에 신경이 쓰이는 부분이 있지만

그림 116 편집과 인쇄 과정에서 사용되는 기자재

하드커버를 입히면 매우 튼튼하고 오랫동안 완전한 상태를 유지할 수 있다. 그리고 사철제본 후에 일반 종이커버를 입히는 경우도 있다. 풀제본은 과거보다 제본기술이 많이 향상되어 보관성이 좋아졌으나 비용은 상대적으로 저렴하므로 현재 대부분의 기관에서 선택하고 있는 실정이다.

이러한 인쇄 작업 각 공정의 흐름에 대해서는 기본적으로 보고서 작성자가 직접 보고 이해할 필요가 있다. 현대의 인쇄 방식은 과거와는 달리 진일보되어 인쇄필름 방식이 점차 사라지고 편집된 컴퓨터에서 웹을 통해 인쇄원판인 CTP 출력으로 바로 이어진다. 이때 사용되는 파일도 PDF 형식으로 만들어져 최종 교정에서 이미 완전한 형태의 보고서를 만날 수 있다. 그리고 이 PDF 파일을 이용한 인쇄 방식은 필요에 따라 디지털 인쇄를 통해 낱권 인쇄가 가능하고 전자보고서로 제작할 수도 있어 보편화되어 가고 있다.

주

1) 이 명칭은 매장문화재 보호 및 조사에 관한 법률, 시행령, 시행규칙, 발굴조사의 방법 및 절차 등에 관한 규정에 사용된 것으로 앞서 서술한 유물과 같은 의미로 본다. 4)절과 5)절의 내용은 발굴조사의 방법 및 절차 등에 관한 규정(고시)에 준해 작성되었으므로 향후 규정 개정과 연동하여 수정, 보완해야 한다.

2) CCD(Charge Coupled Device): 화상(畵像)을 전기신호로 바꾸어 주는 장치. 처리속도는 매우 빠르나 전력의 소모가 많다.

3) CMOS(Complementary Metal – Oxide – Semiconductor): 화상(畵像)을 전기신호로 변환하는 장치로 처리속도는 늦으나 전력의 소모가 적다. 근래에는 CCD와 비슷한 처리속도가 가능해졌다.

4) 콘트라스트(contrast): 가장 밝은 부분과 가장 어두운 부분의 휘도 차, 즉 흑백(黑白)의 대비이다.

5) DSLR의 특성상 1/250초보다 짧은 시간으로 셔터 스피드를 설정한다면 화면의 일부만 나올 수 있다(1/500, 1/1,000의 경우 화면의 1/2 또는 1/3 정도만 촬영된다).

6) 입사식 노출계는 18% 그레이카드와 동일하게 세팅되어 있다.

7) ISO(International Organization Standardization): 국제표준, ASA(American Standards Association): 미국표준, DIN(Deutsche Industrie Normen): 유럽표준규격(독일표준규격).

8) 광원의 빛을 수치로 표시하는 방법.

9) Autopole Background Set는 천장과 바닥을 이어 주는 기둥을 세우고 횡으로 배경지를 걸 수 있도록 제작한 배경지 시스템이다.

10) PL filter(polarized light filter, 편광 필터): 특정 방향의 빛만 통과시키는 필터로 난반사와 같은 반사광을 일부 제어할 수 있다.

11) 법령과 관련된 내용은 본서의 IV. 제도와 행정절차에 수록했으니 참고하기 바란다.

12) 매장문화재 보호 및 조사에 관한 법률[법률 제10882호]
제15조(발굴조사 보고서) ① 제11조에 따라 발굴허가를 받은 자(허가를 받은 자와 발굴을 직접 행하는 매장문화재 조사기관이 다른 경우에는 발굴을 직접 행하는 기관을 말한다)는 발굴이 끝난 날부터 2년 이내에 그 발굴결과에 관한 보고서(이하 "발굴조사 보고서"라 한다)를 문화재청장에게 제출하여야 한다.
② 문화재청장은 발굴된 유적의 성격을 규명하는 데에 장기간 연구가 필요하거나 출토된 유물을 보존처리하는 등 정당한 사유가 있다고 인정되는 경우에는 2년의 범위에서 발굴조사 보고서의 제출기한을 연장할 수 있다.

13) 매장문화재 보호 및 조사에 관한 법률 시행규칙[문화체육관광부령 제163호]-제9조 [별표 2].
제9조(발굴조사 보고서의 항목) 영 제15조 제2항에 따라 발굴조사 보고서에 포함되어야

할 사항은 [별표 2]와 같다.

14) 발굴조사의 방법 및 절차 등에 관한 규정[문화재청 고시 제2012-27호]-제26조 [별표 3]. 제26조(위치 도면 작성방법) 조사기관이 발굴조사 보고서를 작성하는 경우 규칙 제9조에 따른 항목별로 작성하되, 발굴조사 보고서에 수록되는 발굴된 매장문화재의 위치 도면은 별표 제3호에 따른 유의사항을 준수하여 작성하여야 한다.

15) 문화재청 고시 발굴조사의 방법 및 절차 등에 관한 규정 [별표 3]에 자세히 언급됨.

16) 층위의 중요성과 해석에 대한 내용은 본서 II-3에 자세히 언급되어 있다.

17) 도면 작성에 대한 구체적인 내용은 본서 II-4와 III-2를 참고하기 바란다.

18) 보고서에는 아주 작은 카메라에서 촬영되는 사진들도 사용 가능하지만 사진을 단순히 보고서 게재용으로만 국한시켜서는 안 될 것이다. 유적을 소개하는 방법은 보고서뿐 아니라 각종 전시의 패널, 홍보물, 현수막, 전시도록 등 다양한 루트가 있으므로 정밀한 사진을 촬영할 필요가 있다.

19) 문화재청 발굴제도과-1166(2012.02.01)호: 국가귀속 문화재 등록·관리 시스템 운영 계획 통보.

20) 보고서 판형과 관련해 2008년 한문협에서 발간한 『보고서 작성 및 평가 매뉴얼』의 평가기준에는 판형의 선택에 있어 보고서 내용을 대비한 과도한 크기의 판형이 선택되지 않았는지 여부를 점검해야 한다고 되어 있다. 그러나 보고서 판형의 크기가 내용을 결정하는 것은 아니므로 각 기관별로 정한 판형을 기준으로 모든 보고서에 통일성을 주는 것이 더 바람직할 것으로 판단된다.

IV

매장문화재 법령의 변천 과정과 특징

한국의 문화재 보호 정책은 지정문화재 중심의 보호 및 보존 정책에서 출발했다. 1980년대까지도 이러한 인식은 크게 변화되지 않았다. 하지만 1990년대 전국적인 개발 붐이 일어나면서 매장문화재에 대한 보호와 보존 문제는 사회적인 이슈로 등장하게 되었다.

여기서는 해방 이후 한국의 매장문화재 보호 및 보존 제도의 변화 과정에 대해 전반적으로 살펴보고자 한다. 그중에서도 매장문화재에 대한 인식이 크게 바뀌기 시작했던 1990년대 이후 매장문화재 관련 제도의 변화 과정에 초점을 맞추어 살펴볼 것이다. 특히 1990년대 이후 현재까지 매장문화재 제도의 변화를 단계적으로 파악해 보려고 한다. 매장문화재 제도는 국토개발과 이에 따라 발생된 매장문화재 보존 문제가 서로 충돌하면서 사회적 갈등을 노출시켰는데, 이에 대한 고고학계 내부의 대응도 이루어져 왔다. 여기서는 그 변화의 추이와 배경을 중심으로 크게 네 시기로 나누고 각 시기별 변화의 배경과 의미를 살펴보겠다.

1) 1기: 1962년~1989년

매장문화재와 관련된 국가적 차원의 제도 정비는 1962년 「문화재보호법」이 제정되면서 본격적으로 시작되었다고 할 수 있다. 「문화재보호법」은 일제강점기에 만들어진 「조선보물·고적명승·천연기념물보존령」[1]을 대체하기 위해 제정되었다. 문화재를 유형문화재, 무형문화재, 기념물, 민속자료 등으로 구분하고 이 중 중요한 것은 지정문화재로 지정하여 관리하고자 한 것이었다.[2]

당시 제정된 「문화재보호법」에는 매장문화재를 '토지 또는 물건에 포장된 문화재'로 정의하고 있다. 당시에는 국토개발사업이 대규모로 진행되지 않았기 때문에 매장문화재는 토목공사나 기타 공사 과정에서 우연히 발견되는 것이었다. 당시 법에 의하면 이 경우 토지나 물건의 소유자나 관리자가 현장을 변경함이 없이 문교부장관에게 신고만 하면 되었다. 사실 신고를 하지 않는다고 해도 처벌할 규정이 명확하지 않았다.

반면에 매장문화재가 존재하는 것이 확실한 곳에서 연구를 목적으로 발굴조사를 실시하고자 할 경우에는 문교부장관의 허가와 지시를 따르도록 규정하고 있다. 또한 국가에 의한 발굴도 문교부장관이 필요하다고 인정하는 경우 발굴할 수 있게 함으로써 국가기관이 연구와 정비에 필요한 발굴을 실시할 수 있도록 했다.

　　이러한 조항은 연구를 목적으로 하는 학술발굴과 국가가 필요로 하는 정비를 목적으로 한 발굴조사만을 가능하게 하는 데 초점을 맞추어 법이 제정되었음을 보여 준다. 물론 토목공사나 기타 연구 이외의 목적으로도 매장문화재가 있는 지역을 발굴할 수 있도록 규정된 법조항도 있었다. 하지만 매장문화재는 그 특성상 일반인이 존재 여부를 확인하기는 어렵다. 공사 과정에서 매장문화재가 출토되었다 하더라도 일반인이 이를 매장문화재로 인식할 확률은 극히 희박하다. 설사 그렇다고 하더라도 신고하지 않으면 그만이었다. 매장문화재인지 모르고 공사를 시행했다고 하면 이를 처벌할 수 있는 명확한 조항이 없었기 때문이다. 결과적으로 토목공사나 연구 목적 이외의 발굴조사는 거의 불가능한 일이었다. 공사 과정에서 매장문화재 훼손이나 멸실을 둘러싼 문제가 표면화되기도 어려웠다. 개발사업이 그리 많지 않았기에 문제점이 드러나기도 어려웠다. 무엇보다 매장문화재를 보호해야 한다는 인식이 일반 국민의 의식 속에 희박한 상태였다.

　　하지만 매장문화재와 관련된 법과 제도의 정비는 조금씩 진척되었다. 매장문화재와 관련된 첫 번째 법률 개정이 이루어진 것은 1963년 2월 9일이었다.[3] 발굴한 문화재에 대해 국가가 발굴한 것과 민간이 발굴한 것의 처리방법에 구분을 둔 것이다. 이는 구제발굴에 대한 제도적 절차가 필요하다는 인식에서 생겨난 것이다. 이후에도 문화재보호법은 몇 차례 개정이 이루어졌다. 하지만 매장문화재와 관련된 조항은 거의 변동이 없었다. 다만 1963년 12월 16일[4] 헌법이 개정되고 권력구조가 재편되면서 문화재 관련 업무가 문교부에서 문화공보부로 이관되었던 것이 1970년대까지 가장 큰 변화였을 뿐이다.

　　1973년 2월 5일 문화재보호법의 일부 개정[5]이 있었다. 이때 토목공사 및 기타의 건설공사로 인한 발굴이나 훼손·멸실 등의 우려로 이전 및 보존할 경우 소요경비를 건설공사 시행자가 부담하도록 조항이 개정되었다. 이는 매장문화재 현상 변경이 이루어질 경우 개발에서 이익을 얻는 수익자가 그 비용을 부담하도록 하는 원칙이 수립되는 계기가 되었다. 현재까지도 이 원칙은 그대로 유지되고 있다. 이러한 조항이 들어가게 된 것은 국가나 지자체가 아닌 민간의 수요에 의해 발굴이 이루어질 경우 그 행위에 의해 이익을 얻는 사업자가 그 행위로 훼손되거나 망실되는 문화재의 처리 및 보존 비용을 부담하는 것이 타당하다는 인식 때문이었다. 민간 사업에서 구제발굴이 필요할 경우 그 비용을 국가나 지방자치단체가 아니라 개발에 의해 이익을 얻는 집단이나 사람이 부담하도록 하는 것은 한국뿐만 아니라 이미 다른 나라에서도 일반적인 원칙이었다. 하지만 이로 인해 오히려 사업자가 구제발굴조사를 기피하는 현상이 생겨나게 되기도 했다. 아직 구제발굴에 대한 인식과 매장문화재에 대한 보존 문제가 사회적 문제로 대두되지 않았기 때문에 이 문제는 잠재적인 불안 요소일 뿐 1980년대 말기까지도 크게 표면화되지 않았다.

이후 매장문화재와 관련된 문화재보호법의 조항 개정은 1996년까지는 없었다. 1972년부터 2차 국토개발계획이 시작되었고 도로, 항만, 댐, 공단 조성 등 대규모 사업이 이루어졌다. 그 과정에서 일부 개발사업지구에서는 매장문화재의 보호를 위한 발굴조사도 실시되었다. 대규모 국책사업에 앞서서 매장문화재를 조사해야 한다는 인식이 태동되고 실시되는 의미 있는 변화였지만 이것이 법과 제도로 정비되기는 어려웠다. 사회 통념상 매장문화재의 보호나 보존 조치보다 국토개발의 시급성과 효용성이 더 강조되었기 때문이다. 이러한 분위기에서 개발에 의해 사라져 가는 매장문화재를 보호하기 위한 대책이나 제도적 대안을 제시하고 이를 법제화하기는 어려웠다. 문화재 보호 정책의 중심은 여전히 지정문화재였다. 매장문화재가 보호와 보존의 대상으로 인식되고 그 비용에 대한 지출이 당연한 것으로 여겨지기까지는 아직도 상당한 시행착오와 시간을 기다려야 했다.

2) 2기: 1990년~1999년

1990년대는 신도시 개발사업, 도로 건설 등 각종 개발사업으로 매장문화재의 조사 수요가 급격히 증가하기 시작한 시기이다. 하지만 1990년대 중반까지도 한국사회에서 매장문화재에 대한 인식은 미약했다. 여전히 지정문화재 중심의 문화재 보존 관리에 문화재 정책의 초점이 맞추어져 있었다. 따라서 개발사업이 급격히 증가하기 시작했지만 개발사업 시행 전 매장문화재 보존 조치에 대한 인식은 크게 변하지 않았다. 그러나 1990년대 중반경부터 고고학계를 중심으로 개발사업 이전의 매장문화재에 대한 사전조사와 보호에 관한 요구가 터져 나오기 시작하였다. 그 배경에는 우선 경산 임당동 유적 조사와 대구 시지동 유적 조사 과정에서 발생한 유적의 훼손 상황이 있었다. 발굴이 이루어지지 않은 상태에서 무단 공사가 진행되면서 상당한 매장문화재가 파괴되는 비극이 일어난 것이다. 이에 영남고고학회를 중심으로 문화재관리국과 학계에 대해 매장문화재 보호를 위한 문화재보호법의 개정과 발굴제도 개선을 강력히 요구하는 움직임이 줄지어 일어나게 되었다. 또한 대형화하기 시작한 매장문화재 발굴조사를 위해서는 당시까지 대세를 이루었던 대학박물관 중심의 조사 관행을 과감히 탈피해서 발굴조사 전담조직을 만들 필요성도 대두되었다.

당시 영남고고학회의 제안 사항을 학보인 『영남고고학』을 중심으로 살펴보면 다음과 같이 요약된다.

○ 매장문화재 관리제도 개선방향(이선복 1993)
 - 매장문화재 정의의 현실화 및 발견 시 처리에 관한 것을 세밀

한 시행령과 시행규칙으로 만들어야 하며, 이는 매장문화재 보
호 원칙에서 진행되어야 한다.

- 개발사업지구 내 중요 유적이나, 중요 미조사지역 보호를 위한
  가칭 '매장문화재보존특별지구' 지정을 위한 법적 근거를 확립
  해야 한다.
- 모든 토지 형질변경 전 매장문화재 조사를 의무화해야 한다.
- 사유지에 대한 강제조사권과 일정 자격자에게 긴급조사권을
  인정할 필요가 있다.
- 일방적인 매장문화재 조사비용 부담보다는 개인과 국가의 역
  할규정이 필요하다(당시 법 44조, 74조).
- 발굴경비 부담자 혹은 토지 소유자에 대한 문화재 조사 성과
  보상원칙을 규정해야 한다.
- 유물이 아닌 유적 발견신고에 대해서도 보상규정(당시 법 43,
  47, 48, 49조)을 마련해야 한다.
- 위의 항을 실행하기 위해서 재원 마련에 대한 규정도 필요하다
  (매장문화재 보호기금 조성).
- 발굴조사 전담조직(기업, 재단, 공공기구)을 설치하는 법적 근
  거를 마련: 조사비용을 중앙에서 관리하며, 급증하는 조사에
  대한 전담조직을 설치한다.
- 문화재의 고의적 파괴, 도굴 등 처벌규정 강화(당시 법 80~94
  조).
- 지방문화재 행정에 대한 중앙정부의 지휘 감독권 강화(당시 법
  55~58조).
- 13개항에 걸친 문화재 행정제도 개선방안 제시(문화재관리국
  일부 관리직 및 시도문화재담당관 전문학예직화 등).

이상과 같은 제안 내용의 핵심은 문화재보호법에 애매하게 표현된

매장문화재 관련 조항을 보다 구체화시키고 시행령과 시행규칙을 보완하고자 하는 것이었다. 즉 당시까지 발굴조사는 원칙적으로 금지되었고 부득이한 경우에만 발굴을 허가하였다. 그런데 대규모 개발사업이 점차 증가하면서 이에 따른 매장문화재 조사의 필요성이 점차 커지게 되었다. 물론 그 이전에도 국책사업을 중심으로 대규모 개발행위가 있었지만 1990년대 이후 민간부문에서의 개발사업이 폭발적으로 증가하면서 그 범위가 특정 지역에서 전국적으로 확산되었다. 반면에 개발사업에서 훼손되는 매장문화재를 보호하기 위한 매장문화재 관리정책은 여전히 모호한 상태였다. 대규모 공사 과정에서 매장문화재의 파괴 역시 이전과 비교할 수 없이 대규모로 확산되는 현상이 나타났다. 이로 인해 문화재의 보존과 민간의 개발이익 추구 사이에 사회적인 갈등이 야기되기에 이르렀던 것이다. 고고학계에서는 이러한 문제점을 해결하기 위한 대책으로 다양한 방안을 제시했는데, 영남고고학회를 중심으로 그러한 견해들을 정리해 '정책적인 요구'로 제시하게 된 것이었다. 이러한 요구는 이후에도 반복적으로 제기되면서 매장문화재 관리제도 개선의 기초가 되었다.

그러나 위의 모든 요구를 당시의 여건에서 한 번에 담아내기는 어려웠다. 무엇보다 일반 국민들의 매장문화재에 대한 인식이 아직 미약했고 그에 따른 재원을 마련하기 위한 방안도 사회적 합의 속에서 도출되어야 했기 때문이다. 하지만 일단 가능한 부분부터라도 제도적인 보완이 이루어질 필요는 있었다. 우선은 그 근간이 되는 문화재보호법의 개정이었다. 따라서 문화재보호법 개정에 대한 학계의 개정 의견이 제시되었다(영남고고학회 1993). 특히 학계가 제시한 개정안에서 주목할 점은 문화재의 개념을 지정문화재에서 문화재 전반으로 확대해야 한다는 것이었다. 당시까지 지정문화재 중심의 문화재보호법은 매장문화재를 비롯하여 비지정문화재의 관리를 효율적으로 수행하기 어렵게 했다. 따라서 문화재보호법 및 동법의 시행령과 시행규칙에 매장문화재를 비롯한 비지정문화재에 대한 법적·제도적인 보호 장치를 만들 필요가 있었다. 이를 위해서는 우선 문화재의 범위를 문화재 전반으로 확대하는 작업이 반드시 필요했다. 그에 따른 세부적인 대안으로 사업시행 전 매장문화재의 사전조사 의무화, 문화재위원회의 매장문화재 분과위원회 신설, 매장문화재에 대한 긴급조사권(강제조사권) 신설 등의 개선책이 제시되었다.

한편 1990년대 후반기에는 매장문화재 조사 규모가 더욱 커지고 그 범위도 전국적으로 확대되었다. 이를 담당하기 위한 발굴조사 전담 조직(민간법인)도 출현하여 활동을 하기 시작했다. 이에 따라 개발사업자가 부담하게 되는 발굴조사 비용도 크게 증가하게 되었고 이를 산출하기 위한 합리적 근거도 필요하게 되었다. 학술발굴에서는 정해진 조사비용에 맞추어 발굴조사를 진행하고 모자라게 되면 다음에 다시 예산을 확보하여 조사하면 되었다. 하지만 구제발굴의 경우에는 개발사업과 관련하여 조사가 이루어지기에 일정한 기간 안에 모든 조사가 마무리되어야 한다. 따라서 사업시행자와 조사자 사이에 조사비용을 합리적으로 산정하기 위한 대가기준을 수립할 필요가 있었다. 이때까지 조사비용의 산정은 일단 학술용역 대가기준 혹은 엔지니어링 대가기준을 활용해 왔다. 하지만 구제발굴 비용의 산정 과정에서 불일치되는 항목이 많고 이에 대한 명확한 정의나 구별이 없어서 비용 산정을 두고 조사기관과 사업시행자 모두에게서 불만이 제기되었다.

이 문제와 관련하여 1995년, 1996년, 1997년, 2000년 등 모두 4차에 걸쳐 문화재관리국(한국산업개발연구원 실시)과 한국고고학회에 의해 대가기준 표준품셈 작성안에 대한 용역이 실시되었다.[6] 그 결과 기본방향과 직급별 인건비 단가 산정의 기준을 정했지만 조사 유적의 종류 및 난이도 등에 따른 직접경비를 산출하기 위한 표준품셈은 유예되었다. 여전히 사업시행자와 조사기관의 협의에 의해 대부분의 조사비용이 결정되는 모호한 비용 산출 방식이 지속되었다.

아울러 공공재인 문화재를 조사하는 민간 발굴전문기관이 속속 등장하게 되자 또 따른 문제가 나타나게 되었다. 학술적 목적의 발굴이 전문기관의 등장에 의해 민원 처리형 발굴조사로 변질되지 않을까 하는 학계의 염려도 대두되기 시작했다. 또한 민간 발굴전문기관의 성격을 어떻게 설정해야 하는가도 문제였다. 구제발굴이 민간의 영역을 중심으로 수행되어야 하는가? 아니면 공공의 영역 속에 강하게 묶여 있어야 하는가? 문화재 조사의 공공성과 학술성을 어떻게 지켜야 하는가? 이러한 문제들이 고고학계의 당면한 관심 대상이 되었다. 대학박물관 중심의 학술발굴에서 민간 발굴전문법인 중심의 구제발굴로 조사의 유형과 주체가 바뀌어 가면서 발생할 수 있는 다양한 문제점이 부각되기 시작한 것이다. 이에 대한 여러 대안은 한국고고학회를 중심으로 제시되기 시작했다.

먼저 한국고고학회에서는 조사기관의 현황을 정리하고 그 법적 근거를 검토하며 외국 사례와 비교를 통해 발굴전문기관의 향후 육성방안을 논의했다. 또한 그 결과를 『매장문화재발굴전문기관 육성방안 연구결과보고서』로 정리했다(한국고고학회 1997). 특히 이 연구용역 보고서에서는 발굴전문기관의 운영규정 및 설립 최소요건을 두어 조사기관의 전문화를 위한 제도적 장치를 마련해야 한다는 견해를 제시했다.

이와 함께 문화재보호법이 개정되어 1999년 7월 1일부터 3만㎡ 이상의 사업에 대해서는 문화재 지표조사가 의무화되었다. 이는 한국의 매장문화재 조사와 보존 제도에서 가장 획기적인 사건이었다. 이전까지 사실상 자율에 맡겨졌던 매장문화재 조사가 법에 의해 의무화됨으로써 매장문화재의 보호와 보존에 더할 수 없는 안전장치가 마련된 것이다. 하지만 그에 따른 사회적 비용이 급속히 늘어나는 계기도 되었다. 결국 매장문화재 조사와 보존에 대한 사회적 비용 문제를 어떻게 조절하는가 하는 것이 가장 첨예한 문제로 대두되기 시작했다. 더구나 이와 더불어 폭발적으로 증가하게 될 조사 수요를 처리할 수 있는 인적·제도적 장치는 아직 구체적으로 마련되지 못한 상황이었다. 따라서 조사비용, 조사 수요의 대처 능력, 조사절차와 제도의 정비 등이 이후의 제도 개선 과정에서 가장 핵심적인 사항이 되었던 것은 당연한 것이었다. 문제는 개발 수요가 급속히 증가하는 데 반해 이에 대한 대책을 마련하는 데 경험이 부족했기에 시간이 필요하다는 점이었다.

3) 3기: 2000년~2007년

이 시기는 2004년을 중심으로 다시 전기와 후기 등 두 시기로 나누어 볼 수 있다. 2004년이 기준이 되는 것은 2004년부터 매장문화재 제도 개선의 문제점이 확산되어 사회적 갈등이 크게 표면화되었기 때문이다. 즉 1999년 개정에서 사전조사가 명문화된 후 조사 수요에 비해 이를 수행하는 조사기관의 공급이 부족해지는 현상이 심화되었다. 조사에 대한 대기 수요가 누적되자 매장문화재 제도에 대한 사회적 갈등도 증폭되어 이를 개선하자는 목소리가 강하게 등장했다. 따라서 이에 대한 논의가 활발히 이루어지기 시작한 것이 2004년 이후이다. 그러나 그 결과가 정리되어 제도 개선에 반영되는 데에는 시간이 걸렸다. 2008년부터 비로소 문제점에 대한 제도적 개선이 활발히 이루어지기 시작했다.

(1) 전기(2000년~2003년)

먼저 이 시기의 전기에 해당되는 2000년에서 2003년 사이에 이루어진 법과 제도의 변화부터 살펴보자. 1999년 문화재 지표조사의 사전 실시 의무가 명문화되면서 이에 따른 후속조치가 필요해졌다. 일차적으로 문화재보호법의 매장문화재 관련 조항에 대한 후속조치로 지표조사와 발굴조사에 대한 업무지침이 2001년 문화재청에 의해 고시되었다. 이 지침서에서 그동안 관례적으로 행해졌던 조사절차를 정리하여 명확히 하고 새로 출현한 조사기관의 자격과 허가에 대한 사항도 규정했다. 이후 지표조사 및 발굴조사 업무지침은 현실적 문제를 고려하여 문제점이 발견될 때마다 계속 개정되었다. 개정의 큰 줄기는 매장문화재 조사의 효율성을 높이고 민원을 해소하는 방향으로 진행되었다. 다만 매장문화재 조사에서 발생하는 다양한 문제를 미리 예측하여 개선하는 것이 아니라 문제가 발생한 후에 이를 보완하는 방식으로 이루어지는 측면이 강했다. 학술발굴에서 구제발굴 중심으로 매장문화재 조사 형태가 급속히 변하는 사정 속에서는 어쩔 수 없는 선택이었다. 따라서 보다 종합적이고 장기적인 측면에서 전반적인 제도 개선이 필요하다는 요구가 지속적으로 제시될 수밖에 없었다. 이에 대한 논의는 2004년 이후에 진전되었다.

이상과 같이 3기 전기의 특징은 사전조사를 뒷받침하는 업무지침의 개정에 초점이 맞추어져 있었다는 것이다.[7] 아직 구제조사의 문제점이 크게 드러나지 않았기 때문에 일단 사전조사 조항의 시행에 필요한 구체적인 업무지침을 제정하고 홍보하는 데 매장문화재 제도와 정책의 중심이 두어졌다고 할 수 있다.

(2) 후기(2004년~2007년)

이 시기에는 구제발굴이 폭발적으로 증가하여 거의 정점에 이르게 되었다. 전국적으로 국토개발사업이 진행되면서 지표조사와 발굴조사의 대상 면적이 크게 증가했다. 대학박물관에 소속되었던 조사자들이 대거 전문법인으로 이동하게 되고 신생 조사기관의 수도 매년 크게 늘어났다. 외형적으로는 공급이 늘어난 것처럼 보이기도 했지만 사실상 기존 조사인력의 재배치에 불과했다. 새로운 인력이 증가하지 않은 상황에서 조사 수요는 매년 증가했던 것이다. 수요와 공급의 불일치로 민원이 대규모로 발생하고 이에 따르는 사회적 비용도 크게 증가했다. 더구나 사전조사가 법제화되면서 조사 없이는 개발사업도 진행될 수 없었기에 모든 개발사업이 부진한 원인은 결국 문화재 조사에 문제가 있다는 쪽으로 여론도 형성되었다. 이것이 사회 문제로 대두되면서 그 첨병에 해당되는 조사기관은 민원의 직격탄을 맞는 꼴이 되었다. 문화재청을 비롯한 지자체의 문화재 담당부서 역시 마찬가지였다.

특히 2007년부터 조사기관에 대한 감사원 감사 및 검찰 수사가 시작되면서 조사기관에 대한 부정적 여론이 확산되었다. 사실 조사기관이 조사 수요에 끌려서 조사기관으로서의 정체성과 체계를 구축하는 데 소홀했던 측면을 부인할 수는 없다. 대부분의 조사기관 종사자들은 대학박물관에서 학술발굴을 전담하던 사람들이었다. 이들이 전문법인으로 이동하여 구제발굴의 대부분을 담당하는 과정에서 사회적 욕구와 기준을 반영하여 조사기관의 운영과 체계를 구축할 시간조차 충분하지 않았다. 전문법인의 정체성도 모호하고 법과 제도적인 뒷받침도 없었다. 비영리기관이면서 실제 운영은 영리기관과 큰 차이가 없었다. 조사기관의 종사자들 역시 여기서 파생되는 여러 가지 문제에 민감하고 신속하게 대처하지 못했다.

그 결과 고고학계 외부는 물론이고 내부에서조차 조사제도의 개선을 요구하는 목소리가 점점 커졌다. 외부에서는 조사 과정의 신속한 처리 및 비용의 감소에 초점을 맞추어 제도 개선을 요구했다. 반면에 내부에서는 조사기관의 투명성과 구제발굴에서 학술적 목적이 약화되는 점을 우려하여 이를 보완하는 제도 개선을 요구했다. 이러한 문제가 포괄적으로 묶여서 등장한 것이 발굴공영제를 둘러싼 논란이었다. 그러나 발굴공영제의 정의나 개념은 통일되지 못하고 각각의 입장에 따라 다양한 형태의 대안이 제시되어 더욱 혼란스러운 상태로 빠져들었다.

물론 이러한 상황에서도 제도 개선을 위한 방안은 꾸준히 모색되고 이를 반영한 개선도 계속되었다. 이 시기 제도 개선의 핵심 의제는 '구제발굴의 국가서비스적 성격을 어떻게 제도적으로 담아내느냐' 하는 것이었다. 이를 위한 고고학계 내부의 논의는 발굴의 공공성 강화라는 측면에서 접근하는 것이었다. 구제발굴도 학술적 영역이며 매장문화재는 공공재이기 때문에 이에 마땅한 사회적 비용을 감수해야 한다는 것이다. 반면에 고고학계 외부에서는 규제 개혁과 사회적 비용을 감소시키는 것에 초점을 맞추어 제도 개선이 이루어져야 한다는 입장이 강하였다. 고고학계 구성원 대부분은 여전히 이전의 학술발굴 중심의 발굴체계에서와 마찬가지로 유적의 보호와 보존을 최우선 과제로 삼는 경향이 강했다. 반면에 외부에서는 구제발굴을 개발사업 과정의 일부로 인식하여 효율성과 신속성을 강조하면서 구제발굴의 학술적 영역에 대한 문제를 간과하고 있었다.

명확히 서로 다른 두 집단의 견해 차이 속에서 매장문화재의 제도 개선은 고고학계의 바람과는 달리 민원해소나 사업시행의 효율성을 강조하는 사업시행자들의 요구가 점차 많이 반영되는 방향으로 나아갔다. 즉, 유적 보호 및 보존 중심에서 개발 민원 해결을 중시하는 방향으로 변화되기 시작한 것이다. 이 시기 각 연도별 주요한 변화상을 정리하면 다음과 같다.

① 2004년

발굴제도의 문제점이 사회 일각에서 계속 제기되었다. 가장 큰 문제는 발굴 수요의 증가로 대기기간이 길어지고 이에 따른 비용이 상승하는 것이었다. 이의 제도적인 보완에 대한 논의는 계속 이루어지고 있었지만 제도화하는 데는 이해 관계자의 의견이 서로 충돌했다. 우선 행정 처리 절차의 간소화 및 민간 소액 조사의 비용과 시간을 절감하는 방향으로 제도적인 개선이 이루어졌다.[8]

② 2005년

매장문화재 조사제도의 간소화와 투명성에 대한 문제가 본격적으로 거론되면서 이에 대한 제도적 보완이 활발히 이루어지기 시작했다. 소규모 발굴조사의 대기기간이 길어져 민원이 발생하는 것을 보완하기 위한 제도적인 개선이 이루어졌다. 지표조사에서 발굴조사까지 장기간의 조사로 발생하던 민원을 개선하기 위한 노력도 이루어졌다. 특히 지표조사 방법과 절차 등을 구체적으로 세분하여 매뉴얼화하며 투명성과 행정처리 소요기간을 단축하는 데 역점이 두어졌다. 발굴조사 역시 조사 과정과 비용 문제의 투명성을 제고하는 방향으로 제도적 보완이 이루어졌다. 발굴조사에서 가장 많은 민원이 제기되는 부분은 시굴에서 발굴로 전환하면서 발굴면적을 산정하는 문제였다. 민원인의 입장에선 사업기간과 비용이 증가하는 문제여서 민감하게 반응할 수밖에 없었다. 이에 대한 투명성의 문제가 제기됨에 따라 합리적인 기준과 처리절차를 명문화하는 방향으로 제도 개선이 이루어지고 있었다.[9] 하지만 이러한 개선이 매장문화재 조사에 대한 민원을 근본적으로 해결하기는 어려웠다. 무엇보다 발굴 수요에 비해 이를 처리할 수 있는 기관이나 조사단이 절대적으로 부족한 형편이었기 때문이다. 아직까지 구제발굴의 상당 부분이 대학에 맡겨져 있었고 전문법인이 담당하는 것도 한계가 있었다. 이 해 하반기에 들어서면서 대학에 속한 발굴단을 전문법인으로 전환시키기 위한 조치도 이루어졌다. 즉 대학의 연간 발굴일수를 제한함으로써 자연스럽게 대학의 인력을 전문법인으로 전환시키려는 것이었다. 이러한 조치는 상당한 성과를 거두었는데, 2005년 말부터 대학에서 인력이 이동하면서 신생 발굴조사 법인의 숫자가 급속히 증가하기 시작했다.

③ 2006년

신생 조사기관의 등장으로 외형적으로는 공급이 증가했지만 이것이 현실에 영향을 주기까지는 상당한 시간이 소요되었다. 전문법인의 증가로 조사단의 질적 저하 문제, 과당경쟁으로 인한 부실조사 문제 등이 고고학계와 문화재위원회에서 제기되었다. 조사의 내실화를 이루기 위해 조사단 구성, 조사원, 조사절차, 보고서 간행, 행정처리절차 등에 대한 엄격한 기준을 마련하는 조치가 요구되기도 했다.[10] 2006년 이루어진 대부분의 제도 개선은 여기에 초점이 맞추어졌다. 또한 조사기관의 자율적인 통제와 조사 윤리를 확보하기 위한 조치로 사단법인 한국문화재조사연구기관협회의 창설과 운영도 본격적으로 이루어지게 되었다.

하지만 이러한 제도 개선에도 발굴조사를 둘러싼 민원은 계속 증가했다. 학계나 문화재청은 여전히 발굴조사에 대한 과정과 절차를 엄격히 하고 매장문화재의 보존과 보호에 정책의 중점을 두고 있었다. 반면 사회적 현실은 개발에 장애가 되는 민원을 해결하는 방향으로 매장문화재 조사제도가 개선되기를 바라고 있었다. 사업시행자의 눈에 매장문화재 조사제도는 여전히 개발을 방해하는 장애물이란 인식이 강했다. 매장문화재 제도 개선 상황은 여전히 미흡하다는 판단이었다. 사업시행자들은 매장문화재 제도 개선에서 학계의 의견만 강하게 반영된다고 판단했기에 불만은 여전할 수밖에 없었다. 이들은 다양한 경로로 관계기관에 매장문화재 제도의 불합리성을 호소했다. 그 결과 사업시행자들의 요구를 과감하게 수용한 제도적인 변화가 서서히 일어나게 되었다. 지표조사 대상을 축소하고 발굴허가 서류를 간소화했다.[11] 조사원의 자격기준을 엄격히 하고 신속한 조사를 위해 조사원들의 이동을 억제하고 조사비용의 정산도 사업시행자와 협의토록 하였다. 특히 많은 민원이 제기된 지도위원회의 구성과 투명성을 높이기 위해 학술적 목적의 자문회의와 현장 처리를 위한 지도위원회를 구분하는 지침도 마련했다. 실제로 구제조사 과정에서 조사면적의 확대, 조사기간과 비용의 증가 등은 지도위원회의 결과에 크게 좌우되는 경향이 있었다. 이에 대한 기준과 투명성을 확보하는 것이 사업시행자의 민원을 해소하는 방법으로 이해되었던 것이다. 지도위원회에 학계, 공무원, 사업시행자, 일반 시민 등이 참여하여 현안문제를 논의하게 하려는 방안도 제시되기에 이르렀다.[12]

하지만 이것은 실제 현장에서 적용되기는 어려웠다. 개발과 문화재 보존의 문제를 합리적으로 풀어 갈 수 있는 인식의 접점을 찾기가 어려웠기 때문이다. 오히려 사업시행자와 조사기관의 갈등을 부추길 수 있는 소지가 컸다. 하지만 발굴 수요는 지속적으로 증가하였고 사업시행자의 대기기간도 길어지면서 사업시행자가 조사담당자에게 표면적으로 불만을 제기하기는 어려웠다. 결국 이러한 갈등이 쌓이면서 엉뚱한 방향에서 문제가 불거지기 시작하였다. 감사원, 검찰, 국세청 등이 매장문화재 조사제도와 조사기관에 대한 감시와 견제를 하기 시작했던 것이다.

물론 이러한 변화를 수용한 매장문화재 제도의 전반적인 변화가 필요하다는 견해도 끊임없이 제기되었다. 문화재청에서는 매장문화재 조사보호에 관한 법률(안) 제정(문화재청 6.10), 문화재보호법 시행규칙 일부개정령(문화재청 12.29, 발굴기관이 갖추어야 할 요건 규정) 등을 준비했다. 학계에서도 매장문화재 관련 국가정책 수립에 대한 건의서(대학박물관협회 9.5),[13] 한국고고학 발전방향 모색을 위한 워크숍(한국고고학회 2.10) 등의 개선안을 제시하기도 했다.

하지만 이러한 노력이 법제화되기까지에는 시간이 걸릴 수밖에 없었다. 무엇보다 구제발굴에 대한 학계, 문화재청, 조사기관, 사업시행자, 일반 시민 등의 합의된 개념 정립과 기준이 마련되기 어려웠기 때문이다. 사회적 갈등 요소를 법과 제도로 승화시킬 수 있는 소통과 합의가 아직은 부족했다.

④ 2007년

2006년부터 불거지기 시작한 매장문화재 제도의 문제점이 가장 극명하게 대두됐던 시기이다. 구제발굴이 매장문화재 발굴의 대부분을 차지하게 된 것은 사전조사가 법제화되면서부터 예견된 일이었다. 하지만 기존의 인식과 법과 제도의 안정성이 고려된 매장문화재 제도가 자리를 잡기 위해서는 상당한 경험의 축적과 시간이 필요했다. 하지만 2000년 이후 발굴조사는 소량의 학술발굴 중심에서 대량의 구제발굴 중심으로 급속히 변했다. 현실의 변화를 법과 제도가 따라가기 어려웠다. 더구나 발굴조사를 담당하는 조사기관과 조사원들의 의식이 일순간에 변하기는 어렵다. 학계나 조사기관은 기본적으로 매장문화재의 발굴조사는 부득이한 경우에 실시하는 것이고 그 경우라도 최대한 보존하는 것이 원칙이라는 이해를 공유하고 있었다. 반면에 전국적으로 개발의 열풍이 몰아치면서 개발은 발전이고 토지의 활용은 국민의 기본권에 속한다는 생각이 어쩌면 사회 전반의 분위기였다고 해도 과언이 아니다. 심지어 문화재보호법과 매장문화재 제도는 국민의 기본권을 억제하고 국토의 효율적인 개발을 막는 악법이라는 인식도 있었다.

이러한 불균형을 조정하기 위해서는 고도의 정책적 판단과 결정이 이루어지고 이것이 법과 제도로 구현되어야 했다. 절차적 타당성보다 당장의 불편과 재산상의 손실을 감수하려는 개발사업자는 없었다. 결국 이 문제는 엉뚱한 방향에서 불거지게 되었다. 즉 매장문화재 제도의 합리적 개선을 위한 고민보다 당장 눈앞의 현실적인 문제를 해결하기 위한 대증적인 처방이 나타나게 된 것이다. 이렇게 되자 매장문화재 제도 개선이 사회적 갈등을 최소화하고 안정성을 가진 법과 제도의 정비라는 큰 틀 속에서 논의되지 못했다. 오히려 발굴조사 과정에서 나타나는 현실적인 불편에 집중하게 되었다. 즉 조사비용의 경감, 조사기간의 단축, 조사면적 산정의 투명성 등에 초점이 맞추어졌다.[14] 당연히 매장문화재의 보존 및 보호라는 법과 제도의 취지가 반영되기는 어려웠다. 일부 조사기관에 대한 사정기관의 조사와 감사원의 매장문화재 제도 실태 조사까지 이루어지면서 모든 문제의 근원이 조사기관에서 발생하는 것으로 호도되기도 했다. 이런 분위기에서 조사기관이나 문화재청이 매장문화재 제도의 취지와 목적을 강조하기는 어려웠다. 다만 이 같은 상황을 객관적으로 바라볼 수 있는 학계를 중심으로 반론이 제기되었다.[15]

4) 4기: 2008년~2011년

이 시기는 2003년부터 2007년까지 논의되어 온 매장문화재 보호 및 조사에 관한 다양한 논의가 법제화되는 단계이다. 하지만 이 과정에서 사업시행자, 문화재청, 학계, 조사기관 사이의 시각 차이가 크게 발생했다. 문화재청의 제도 개선과 법제화에 대한 각각의 이견이 노출되고 이를 둘러싼 갈등도 점차 심화되었다. 조사기관에 대한 부정적 인식이 광범위하게 자리 잡게 되면서 조사기관의 요구는 기득권을 옹호하기 위한 몸부림으로 오해받았다. 그런데 이러한 변화 과정에서 조사기관은 가장 핵심적인 위치에 있었고 제도 변화에 가장 민감하게 반응할 수밖에 없는 이해 당사자가 분명했다. 조사기관을 배제한 제도 개선의 논의가 올바른 방향으로 가기는 어렵다. 하지만 거센 고고학계 외부의 제도 개선 요구를 고고학계나 문화재청에서 감당하기에도 한계가 있었다. 결국 제도 개선의 방향은 사업시행자의 의견을 최대한 수용하는 방식으로 이루어지게 된다. 매장문화재의 보호보다는 구제발굴과 관련된 민원의 해소에 주안점이 두어지면서 제도 개선이 이루어지게 된 것이다.

이 시기 제도 개선은 다양한 방향에서 종합적으로 이루어졌다. 이는 앞서 말했듯이 2003년에서 2007년 사이에 고고학계 내부에서 지속적으로 논의되었던 다양한 개선안들이 있었기 때문이다. 특히 조사기관 및 발굴조사의 투명성을 제고하는 방안에 초점이 맞추어져 있었다. 그 결과 제도 개선의 주요 대상이 되었던 것은 대가기준, 발굴실시기준, 조사원의 자격기준, 조사기관의 등록기준 등이었다. 다만 이들에 대한 객관화 및 투명화를 제도적으로 어떻게 실현하는가 하는 것은 문제였다. 이에 따른 각 연도별 변화상을 정리하면 다음과 같다.

(1) 2008년

2008년은 감사원의 '매장문화재 조사 및 관리실태 감사 결과'를 제도화시키는 데 중점이 두어졌다. 감사원의 감사 결과 매장문화재 조사 제도의 문제점으로 지적된 주요 사항을 정리하면 다음과 같다.

- 문화유적 분포지도 제작 및 활용 미흡
- 지표 및 발굴조사 품셈(안) 부실 작성
- 지표조사 방법 개선(신뢰성과 객관성 확보가 필요)
- 조사용역비 과다산정 감독 철저
- 매장문화재분과 심의 내용이 관계 법령과 일치하지 않는 경우 이의제기 방안 마련
- 국가귀속유물 귀속조치 철저
- 국가귀속유물 평가 기준, 기구 구성 운영
- 보존 조치한 유적 사후관리 철저
- 시도 지정문화재 지정 관리

이를 정리하면 감사원이 지적한 문제의 핵심은 매장문화재 조사제도에 있어서 투명성을 강화해야 한다는 것이다. 매장문화재 조사에 전문적인 지식이 없는 일반인이나 사업시행자가 보다 이해하기 쉽고 접근하기 수월하도록 제도적으로 뒷받침해야 한다는 것이다. 매장문화재의 조사와 관리가 전문적인 지식을 필요로 하고 있지만 개발 과정에서 재산권을 침해하는 요소가 있는 만큼 보다 투명하고 공공성을 가지고 수행되어야 한다는 점을 강조한 것이다. 하지만 감사원의 인식은 구제발굴도 학술행위의 연장선에 있다는 사실을 간과했다는 비판도 있었다. 구제발굴 역시 학술적 성격을 무시하고는 이루어지기 어렵기 때문이다.

이 같은 문제점을 해결하고자 문화재청에서는 7월 19일 발굴조사

업무처리 지침을 개정했다. 발굴조사 결과 유적이나 유물이 확인되지 않은 것으로 판명되면, 발굴완료 절차를 이행하기 이전에 사업시행이 가능하도록 '선(先) 사업시행 확인처분, 후(後) 발굴조사 완료처분'의 절차를 도입한 것이다. 사업시행자가 행정처리에 소요하는 시간을 줄여 주고자 하는 것이었다. 이와 함께 현행 제도의 운영 과정에서 나타난 일부 미비점을 개선·보완하였다.[16] 문화재청의 업무지침 개정은 전반적으로 사업시행자의 요구를 수용한 결과였다. 사업시행자가 행정처리에서 느끼는 불만을 해소해 주고자 하는 것이 일차적인 목표였다.

한편 문화재청은 객관성을 확보하기 위해 제도 개선을 위한 용역도 발주했다.[17] 유적의 보존과 대가기준의 산정에 있어서 객관적인 근거를 마련하고자 하는 것이었다.

(2) 2009년~2010년

2008년 업무지침 개정 이후에도 매장문화재 조사제도에 대한 개선 요구는 지속되었다. 사업시행자뿐만 아니라 관계기관의 공무원 및 조사 담당자들 역시 보다 근본적인 개선방안이 필요하다는 견해에 동조하고 있었다. 이러한 문제가 끊임없이 제기되었던 것은 발굴 수요를 감당하기 어려웠기 때문이다.

일단 그동안의 제도 개선에도 불구하고 건설업계 등에서 문화재 조사제도의 불합리성을 지속적으로 제기했다. 여전히 수요가 많은 상태에서 조사기관은 부족했고 조사 대기기간과 조사기간 등이 장기화되어 사업시행자의 부담은 계속 증가했다. 여기에 조사절차의 불합리성, 조사비용 산정의 객관성이 아직 부족하다는 견해도 줄어들지 않았다. 당시 국가 산업의 경쟁력을 높이기 위해 설치되었던 국가경쟁력강화위원회(2009.3.13)도 문화재 조사제도의 개선이 필요하다는 의견을 제시했다.[18]

그러나 이러한 문제가 발생한 가장 큰 이유는 법과 제도의 미비보다는 개발 수요의 폭발적인 증가이다. 개발과 보존 문제를 고려한 제도의 정비와 개선은 사실 단기간에 해결하기 어려우며 향후 매장문화재조사의 수요를 고려하여 장기적인 관점에서 추진되어야 할 사항이었다. 이를 단칼에 해결할 수 있는 묘수가 있는 것은 아니었다. 2007년부터 2008년까지 대증적인 처방을 위주로 제도 개선을 실시한 결과 부작용도 발생했다. 현실 문제에 집중한 나머지 법 제정의 취지와 제도적 안정성이 크게 훼손되는 결과가 나타난 것이다. 무엇보다 매장문화재 조사가 목적이 아닌 개발의 수단으로 전락했다. 따라서 2009년 이후 문화재청의 제도 개선 방향은 점차 규정과 업무처리 지침의 개정을 통한 단기적인 개선과 매장문화재 분법을 통한 장기적인 개선 방향을 모색하는 것으로 서서히 전환되어 가고 있었다.[19]

규정과 업무처리 지침 개정과 관련해서는 발굴 수요에 비해 부족한 공급을 늘리기 위한 조치들이 취해졌다. 즉 조사인력을 늘리고 조사기관을 늘리는 데 초점이 맞추어졌다.[20] 이론상 타당해 보이지만 숙련된 신규 조사인력이 양성되지 못하는 상태에서 조사인력의 기준을 낮추고 조사기관의 설립요건을 완화하는 것은 결과적으로 조사의 품질을 저하시키고 현장조사에 투입될 숙련된 조사인력을 기관 운영으로 돌려서 오히려 현장 조사인력이 줄어드는 부작용도 나타나게 되었다. 발굴 수요를 줄이기 위한 방안으로 제시된 것 중 하나가 '매장문화재지리정보시스템'의 구축이었다. 지표조사 및 발굴조사의 수요를 줄이기 위해 개발사업 전 매장문화재의 분포 상태를 확인할 수 있도록 하자는 것이었다. 하지만 이 시스템을 구축하기 위해서는 오랫동안 축적된 자료가 필요했다. 장기적인 관점에서는 필요하지만 단기간에 성과를 낼 수는 없는 것이었다. 보다 직접적인 것은 발굴범위를 결정하기 위한 기준을 정하는 것이었다. 이를 위해 객관적 기준을 마련하기 위한 용역사업도 발주되었다. 조사 후 토지 활용에 문제점으로 지적되었던 보존 유적에 대한 기준을 마련하기 위한 보존 유적 판정기준 수립을 위한 용역도 발주되었다. 문화재청에서는 매장문화재와 관련된 민원을 접수하고 효율적인 해결방안을 모색한다는 의미에서 매장문화재 고객지원센터를 개관하기도 했다.

결국 이러한 제도 개선의 방향은 매장문화재로 인한 민원을 감소시키고자 하는 데 초점이 맞추어져 있었다. 다시 말하면 사업시행자의 불편을 해소하는 데 집중되어 있었기에 그 과정에서 매장문화재의 효율적인 보존과 관리방안이라는 문제는 후순위로 밀리는 경향도 있었다.

한편, 매장문화재 조사제도의 근본적 개선 대책으로 추진된 것이 매장문화재 보호 및 조사에 관한 법률 제정이었다. 2009년은 이 법의 제정과 관련하여 학계, 조사기관, 사업시행자 등으로부터 다양한 의견이 제시되었다. 서로 이해가 상충하는 부분이 많아서 이를 포괄하는 법의 제정에는 상당한 어려움이 있었다. 당시는 규제 개혁이 국가경쟁력 강화의 가장 큰 문제로 부각되던 상황이었다. 그 틀 속에서 근본적으로 규제의 성격이 강한 법을 새로 제정하려면 여론을 최대한 수용하는 방향으로 나갈 수밖에 없었다.

(3) 2011년

2011년은 매장문화재 제도의 발전에서 획기적인 선을 그은 시기이다. 바로 문화재보호법에서 「매장문화재 보호 및 조사에 관한 법(이하 매장법)」이 분법되어 공포된 것이다. 이와 더불어 시행령, 시행규칙, 규정 등이 새로 마련되기도 했다. 2010년 2월 4일 제정된 매장법은 시행예고기간을 거쳐서 2011년 2월 4일부터 시행되었다. 이 법이 처음 입법예고된 것은 2006년 10월이었다. 이후 4년 정도 시간이 흐르면서 2000년대에 누적된 매장문화재 보호와 조사의 문제점을 바탕으로 신법이 제정되었던 것이다.

매장법은 그 이름에 나타나듯이 크게 두 가지 목적을 가지고 있다. 하나는 매장문화재의 보호를 위한 것이고 다른 하나는 매장문화재 조사와 관련된 것이다. 문화재보호법에서 매장문화재는 원칙적으로 발굴이 금지되고 보존과 보호가 우선이었다. 그러나 개발이 급속히 진행되면서 이러한 법의 취지를 그대로 유지하기는 어려웠다. 2000년 이후 구제발굴이 급속히 증가하면서 조사와 관련된 문제가 부각되기 시작했다. 하지만 문화재보호법 및 하위 법령에서 이를 담아내기에는 한계가 있었다. 사실상 매장문화재 조사와 관련된 사항은 법령이 아니라 지침이라는 변칙적인 형태로 규정되어 운영되어 왔다. 매장문화재 조사는 법적 타당성을 상당 부분 갖추지 못한 채로 진행되어 온 것이나 마찬가지였다. 매장법도 발굴조사는 원칙적으로 금지라는 문화재보호법의 취지를 계승했지만 조사와 관련된 항목을 법령에 규정함으로써 매장문화재 조사에 대한 법적인 근거는 일단 확보되었다.

그런데 매장법이 제정되고 여론 수렴을 하는 과정에서 이 법이 조사에만 치중하고 법의 근본적인 취지인 매장문화재를 보호하는 데는 문제가 있다는 불만이 고고학계에서 제기되었다. 매장문화재 보호와 보존이 우선이고 조사는 불가피한 경우 취해지는 절차나 수단일 뿐이지 그것이 법의 목적이 되어서는 안 된다는 것이었다. 사실 매장법령에서 매장문화재의 보호와 관련된 구체적인 규정이나 절차는 조사와 관련된 부분에 비해 상대적으로 약한 것도 인정된다. 이러한 배경에는 2000년 이후 매장문화재 조사 과정에서 많은 민원이 발생했던 사정과 관련이 있다. 학계를 중심으로 한 조사자들의 입장에서는 매장문화재 조사에 보다 엄격한 기준을 적용하여 보호와 보존을 충실하게 하는 것이 중요했다. 반면에 사업시행자의 입장에서는 개발사업에 장애가 되는 비효율적인 조사절차의 개선과 비용 절감이 시급했다. 2010년까지도 매장문화재 조사는 향후에도 계속 늘어날 것으로 예측되었다. 결국 이러한 상황 속에서 매장법은 매장문화재의 보호보다는 조사에 치중하는 방향으로 제정되었던 것이다. 조사 수요를 줄이는 것이 민원 발생을 최대한 억제할 수 있다는 현실적인 요구가 크게 반영된 것이다.

그러나 이 법이 시행된 2011년을 기점으로 매장문화재 조사 수요는 급격히 감소하기 시작했다. 이것은 매장법령의 영향이기도 했지만 개발 물량이 줄어들기 시작한 것이 근본적인 원인이었다. 결국 매장법은 시행과 동시에 개정의 필요성이 대두되기 시작했고, 개정이 매장문화재를 보호하는 방향으로 이루어져야 한다는 견해도 점차 설득력을 얻기 시작했다.

5) 회고와 전망

한국의 매장문화재 보호와 보존을 위한 정책의 기조는 매장문화재의 발굴을 억제하는 것이었다. 그러나 1990년대 이후 국토개발이 전국적으로 이루어지면서 택지, 도로, 산업단지 등 사회간접자본이 비약적으로 확충되기 시작했다. 이러한 상황 속에서 문화재보호법에 하나의 장으로 유지되었던 매장문화재 관련 조항이나 하위 법령만으로는 이 문제를 해결하기가 어려웠다. 문화재보호법은 지정문화재 중심의 보호 관리에 중점이 두어져 있었고 매장문화재 관련 조항은 학술발굴에 초점이 맞추어져 있었다. 구제발굴을 수용할 수 있는 법령의 제정 및 매장문화재 관리제도가 절실해졌다. 일단 1999년 문화재보호법에 사전조사와 관련된 조항이 신설되면서 개발에 의한 매장문화재의 보호 및 조사가 강화되었다. 그 결과 구제발굴의 수요가 급속히 증가하게 되어 오히려 문화재 조사가 '개발의 장애물'이라는 사회적 인식도 생겨나게 되었다.

2000년대 매장문화재를 둘러싼 사회적 갈등은 크게 유적보존과 조사 수요를 감당할 수 있는 조사인력의 문제, 조사절차의 간소화 등으로 귀결되었다. 일반적으로 매장문화재의 보존은 현지보존, 이전보존, 기록보존 등으로 나누어진다. 이 중에서 기록보존은 조사 후 기록을 남기고 예정된 사업을 진행하는 것이어서 절차와 기간, 비용 문제가 주로 갈등의 요소가 되었다. 이전복원 역시 이전 후 공사가 가능하기 때문에 이전지역과 이전비용 문제가 기록보존에 추가되는 것이다. 따라서 이 두 가지의 경우 결국 비용과 기간이 민원의 가장 큰 핵심사항이었다. 현지보존은 조사 후 그대로 원위치에 보존하는 것으로 사업시행자의 입장에서는 재산권을 제약하는 것으로 받아들여질 수 있기 때문에 가장 큰 독소조항이라는 견해도 제기되었다. 현지보존은 매장문화재 보존의 가장 강력한 방법으로 확실하게 매장문화재를 보존할 수 있다. 가능하다면 이 방식이 매장문화재를 보존하는 데 가장 합리적인 방안이다.

하지만 조사와 관련된 모든 비용을 '수익자부담 원칙'에 의해 사업시행자의 몫으로 떠맡긴 상태에서 다시 조사 후 보존이라는 조치를 통해 이중으로 재산권 행사에 제약을 가하는 측면이 있다. 이 점에서 사업시행자의 불만이 크게 나타나게 되는 것이다. 따라서 2000년대의 매장문화재 보존 정책은 보존과 관련된 개념과 기준을 명확히 하는 데 초점이 맞추어졌다.

조사인력의 확충은 공급을 늘려서 조사를 위한 대기기간을 줄이고 조사기간 역시 단축하여 궁극적으로 조사비용을 줄일 수 있는 방향으로 제도 개선이 추진되었다. 먼저 대학 소속의 조사인력이 대거 전문법인으로 이동하게 되었고 동시에 신규 인력도 크게 증가했다. 그 결과 2000년대에 들어와서 많은 전문조사법인이 탄생하게 되고 대학 중심의 발굴이 전문법인 중심으로 이전되었다. 하지만 공급을 늘리기 위한 정책은 분명 한계가 있었다. 숙련된 조사인력을 양성하는 데는 상당한 기간이 소요되는데 그 속도가 발굴 수요의 증가를 따라갈 수 없었다. 이로 인해 조사인력의 질이 저하되고 그에 따라서 조사의 품질에도 문제가 생겨나게 되었다. 이에 대한 해결책으로 조사인력의 자격과 구분을 명확히 하고 각 조사인력의 구분에 따른 품셈을 도입하게 되었다. 조사의 품질을 높이기 위해서는 조사기관의 허가제를 등록제로 바꾸고 조사기관의 관리감독을 강화하여 조사의 품질을 높이는 방향으로 제도 개선이 추진되었다.

그러나 이러한 대안 역시 한계가 있었다. 조사인력과 조사의 품질을 높이기 위한 제도적 보완책은 근본적으로 공급을 늘리는 것을 방해하는 요소가 되기 때문이었다. 그렇다고 이 문제를 완화시키기도 어려웠다. 매장문화재 보존과 보호라는 근본적 취지를 지키기 어렵기 때문이다. 또한 향후 조사 수요가 줄어들 경우에도 상당한 문제점이 나타날 것으로 예견되었다. 결국 2008년 이후 정책의 방향은 조사인력보다는 조사 수요를 통제하는 방향으로 전환되었다. 하지만 이 역시 매장문화재 보호에 있어서 바람직한 제도 개선이라 보기 어려웠다. 수요를 줄이기 위한 제도 개선이 매장문화재의 선별적인 조사를 강화하는 방향으로 흘러갔기 때문이었다. 대표적인 예가 시굴에서 발굴로 전환하는 기준에서 선별적인 발굴 및 지표조사 후 발굴로 전환하는 과정에서 조사방식이 지나치게 세분되었다는 것이다. 반면에 조사의 품질을 높이기 위한 제도적 보완은 조사기관 등록제 및 조사원 인증제 같은 법적인 요건을 강화하는 방향으로 추진되고 있다.

매장문화재 조사절차의 간소화는 상대적으로 가장 성공한 제도 개선에 속한다. 제도 개선 방향은 행정처리 기간의 단축과 지표조사에서 발굴조사에까지 이르는 조사절차를 각 단계별로 명확히 하고 간소화하는 데 초점이 맞추어졌다. 그 결과 민원인이 조사절차를 이해하고 조사과정 및 결과를 예측하여 대비하는 것이 편리해졌다. 민원인과 문화재청의 간격도 좁혀지면서 행정서비스에 대한 불만이 상당히 완화된 것이 성과였다.

2000년대의 매장문화재 제도와 법령의 정비 및 개선은 이상의 문제점들을 중심으로 방향이 설정되어 진행되었다. 그 결과가 정리되어 나타난 것이 '매장문화재 보호와 조사에 관한 법령'이라고 할 수 있다. 하지만 아직도 해결되지 못한 다양한 문제가 산적해 있는 것도 사실이다.

매장문화재 보호와 조사에 관한 법령이 보호보다는 조사에 초점이 맞추어져 있다는 견해가 그 핵심에 있다.

　매장문화재 제도는 오랫동안 일반 국민의 생활영역과 거리를 두고 있었다. 그런데 1999년 사전조사와 관련된 조항이 신설되면서 갑자기 국민의 생활영역 속으로 깊게 들어오게 되었다. 이에 대한 사전준비가 부족했기 때문에 법령의 정비 및 제도 개선의 방향을 설정하는 과정에서 시행착오가 되풀이될 수밖에 없었다. 문제의 핵심에는 조사와 관련된 비용을 부담하는 자와 조사로 인한 수익을 얻는 자가 전혀 다른 존재라는 사실이 숨겨져 있다. 수익자부담 원칙에 의해 비용은 민간사업자가 부담하고 매장문화재는 공공재로 인식되어 그 수익의 상당 부분은 국가로 귀속되는 것이다. 사업시행자는 개발로 얻어지는 이익이 있기 때문에 그 이익의 일부를 비용으로 부담해야 한다는 것은 타당성이 충분하다. 하지만 이것이 현실에 적용되면서 예기치 못한 비용의 증가가 이루어진다는 데 문제가 있다. 민간사업은 물론이고 심지어 국가에서 시행하는 국책사업에서도 이와 관련된 비용이 제대로 산정되지 않는 경우가 있다. 매장문화재 조사비용은 사실 예측이 불가능한 측면이 있다. 국가나 민간 모두 비용을 최소화하는 것을 목표로 하기 때문에 충분한 조사비용을 처음부터 산정하기는 어렵다. 조사기관이나 조사자 역시 사전조사 과정에서 이를 파악하기가 어려운 실정이다. 문제는 예상에 빗나가는 조사가 이루어질 경우 발생한다.

　이 같은 문제를 해결할 수 있는 방안은 지난 10여 년간 다양한 형태로 제기되었지만 현실적으로 가능한 것은 그리 많지 않았다. 가장 현실적인 방안 중 하나가 사전조사의 강화와 비용을 객관화시킬 수 있는 근거와 지표를 마련하는 것이었다. 사전조사 과정에서 조사의 범위와 기간을 파악하기 위해서는 상당한 분량의 누적된 조사 자료가 필요하다. 하지만 아직 이에 대한 자료의 수집과 분석은 미약하다. 따라서 이 문제가 해결되기까지는 상당한 시간이 소요될 것이다. 단기간에 효과를 얻을 수 있는 방안은 거의 없다고 해도 과언이 아니다. 비용을 객관화시킬 수 있는 근거와 지표는 품셈과 경쟁계약이라는 방식으로 정리되었다.

그런데 조사비용 문제는 조사기관과 사업시행자 사이에 이루어지는 사적 계약이다. 이를 시장원리에 맡기게 된다면 시장의 수요와 공급의 상관관계에 따라서 변동이 있을 수밖에 없다. 문제는 그 과정에서 조사의 품질을 확보하기가 어려워진다는 것이다. 비용을 부담하는 사업시행자가 조사용역의 품질에 관심을 가질 필요가 없기 때문이다. 조사비용의 객관성 확보가 사업시행자의 민원을 줄일 수는 있어도 매장문화재 보호라는 법령의 근본적 취지를 살리는 것과는 무관하다.

따라서 향후의 매장문화재 제도 개선의 핵심은 바로 이러한 문제들을 해결하는 방향으로 이루어질 수밖에 없을 것이다. 특히 현재 비판을 받고 있는 매장문화재 조사와 보호에 관한 법령을 매장문화재 보호와 보존이라는 근본 취지에 더 가까워지도록 강화해야 할 것이다. 이를 위해서는 발굴조사보다 지표조사를 정교화할 수 있는 대안이 제시되어야 하며 이를 법령과 제도로 담아내는 과정이 필요하다. 여기에 더해 매장문화재 조사와 관련된 비용을 전적으로 사업시행자가 부담하는 방식도 개선이 필요하다. 예를 들어서 보존이 필요한 유적이 예기치 않게 출토될 경우 이에 대한 국가 차원의 보상방안도 필요하다. 품셈과 계약방식도 매장문화재 보호와 조사에 적합한 방식을 찾아내어 규정할 필요가 있다.

매장문화재와 관련된 법령과 제도는 아직 치밀하게 정비되었다고 보기 어렵다. 법령과 제도가 현실을 반영하여 융통성 있게 운영되는 것은 바람직하다. 하지만 그것은 수단일 뿐이다. 목적은 매장문화재의 보호와 보존에 있다. 아직도 국가나 지자체, 사업시행자, 조사기관 모두 바람직한 매장문화재 제도는 어떤 것일까 꾸준히 고민할 필요가 있다.

1) 조선총독부제령 제6호에 의해 1933년 8월 9일 제정되어 동년 12월 11일자로 시행되었다. 전체 24조로 구성되어 있으며, 이는 1916년 7월 4일 제정된 '고적 및 유물보존 규칙'을 구체화시킨 것이다. 조선인은 자국의 유산을 보존할 능력이 없으므로 문명화된 일본이 보호해야 한다는 식민 논리로 제정한 것이다.

2) 문화재의 정의에 대해 제2조에서 규정하고 있는데 그 내용은 다음과 같다.

"문화재란, 첫째, 건조물·전적(典籍)·서적·고문서·회화·조각·공예품 등 유형의 문화적 소산으로서 역사적·예술적·학술적 가치가 큰 것과 이에 준하는 고고자료 등의 유형문화재, 둘째, 연극·음악·무용·공예기술 등 무형의 문화적 소산으로 역사적·예술적·학술적 가치가 큰 무형문화재, 셋째, 패총·고분·성지(城址)·궁지·요지(窯址) 등과 유물포함층 등의 사적지로서 역사적·학술적 가치가 큰 것, 또는 경승지(景勝地)로서 예술적·경관적 가치가 큰 것, 동물(그 서식지·번식지·도래지를 포함)·식물(그 자생지를 포함)·광물·동굴·지질·생물학적 생성물 및 특별한 자연현상으로서 역사적·경관적·학술적 가치가 큰 기념물, 넷째, 의식주·생업·신앙·연중행사 등에 관한 풍습과 이에 사용되는 의복·기구·가옥 등으로서 국민생활의 추이를 이해함에 불가결한 민속자료 등을 말한다."

매장문화재에 대한 정의나 개념은 명확하지 않고 첫째와 셋째 항에서 포괄적으로 정의했다.

3) 법률 제1265호 1963.2.9 개정. 시행 1963.2.9.

4) 법률 제1583호 1963.12.16 일부개정. 시행 1963.12.17.

5) 법률 제2468호 1973.2.5 일부개정. 시행 1973.2.5.

6) 매장문화재 조사 대가기준 표준화를 위한 연구.
   - 한국산업개발연구원 1995년
   - 한국고고학회 1996년 / 1997년
   - 한국산업개발연구원 2000년
   - 기본방향과 직급별 인건비 단가 산정 / 표준품셈 유예

7) 이 시기 지표조사 및 발굴조사 업무지침의 제정과 개정 과정을 요약하면 다음과 같다.
   ○지표조사
   - 2001년 문화재 지표조사 업무지침 제정(2001.4.27)
   - 개정 2004.3.9
   - 지표조사 규정 제정: 문화재청 고시 2005-74호(2005.10.19)
   ○발굴조사
   - 2001년 문화재청 발굴조사 업무지침 제정(2001.4.17. 유형 86705-0725호)
   - 개정 2001.7.2 유형. 86705-1383호
   - 개정 2002.5.2 매장. 86705-0393호
   - 개정 2003.6.19 매장. 86705-1565호

- 개정 2005.10.13. 발굴조사과-1852호

8) 그 내용을 간단히 정리하면 다음과 같다.

   ○3.31. 매장문화재 조사 관련 업무처리 절차 개선
- 지표조사 사전협의 및 발굴허가 신청서 시도와 문화재청에 동시 제출

   ○7.22. 복권기금 지원대상 사업 추가
- 문화재청장이 발굴된 문화재의 보존 관리 등에 필요한 사항을 지시하여 사업시행을 할 수 없게 된 경우(국가, 지차체, 공공법인, 중소기업 이상 제외)

   ○8.24. 복권기금 실적 저조로 적극활용 홍보 요청
- 10억 중 3억 지출

   ○10.15. 발굴조사 제도 공청회 '긴급진단 발굴조사의 현실과 개선방향'

9) 그 내용을 정리하면 다음과 같다

   ○3.15. 소규모 발굴 지원단 구성
- 소규모(5,000평) 이하 발굴조사를 기관이 기피
- 개인사업자의 민원해소

   ○4.15. 시 · 발굴통합
- 행정처리 기간의 단축 및 대국민 서비스 제고(발굴허가 장기화로 민원 발생, 경비부담 증가, 행정처리 수요 증가)
- 시굴과 발굴허가로 나누어진 것을 발굴허가로 통합하여 운영

   ○10.19. 매장문화재 처리지침 개정

    □지표조사
- 지표조사 방법 및 절차 등의 구체적 명시 및 매뉴얼화(육상과 수상으로 구분해 조사 항목, 방법, 절차 규정 / 지표조사 실시기간 상한제: 30일)
- 지표조사 보고서 내용 및 작성 형식의 표준화
- 지표조사 협의 절차별 조치사항 구체화(보고서 제출, 보존대책 수립 및 통보)

    □발굴조사 처리지침
- 문화재위원회 심의 기준 마련(발굴허가 / 유적보존)
- 시굴, 발굴 통합 및 소규모 발굴지원단 운영 등
- 발굴조사 정보의 공개방법 및 범위 명시(약보고서, 지도위원회자료, 허가사항, 보고서 미발간 현황 등)
- 발굴조사 허가 관련 문화재보호법령 개정사항 반영(발굴허가 신청서 및 구비서류 처리기간 20일, 보고서 미지출에 대한 허가 제한 / 발굴기관이 갖추어야 할 요건 등)
- 발굴허가 시 검토기준 명시
- 지도위원회 구성, 운영 및 현장설명회 개최 관련 사항

- 발굴문화재 신고 및 국가귀속 업무 관련 세부절차 해설
▫ 11.19. 출토유물의 처리방법 수정
- 출토유물 현황 제출
- 해당 시도에서 출토유물 인터넷 공고
- 국가귀속 유물: 조사기관에서 유물대장(6개월 이내) 또는 보고서 제출(2년)
- 국가귀속 및 보관관리기관 지정
▫ 12. 29. 지도위원회 운영문제 개선
- 지도위원 의견서 개별 작성 제출 / 조사단 의견과 분리하여 작성 제출
- 책임조사원급을 조사위원으로 위촉하는 사례가 있으므로 금지
○ 한국고고학 발전 방향 모색을 위한 워크숍 2차·3차 개최(한국고고학회)
10) 그 내용을 정리하면 다음과 같다.
○ 6.2. 발굴조사단 구성의 내실화
- 조사단장, 책임조사원은 현장조사 및 차후 유물 정리, 보고서 간행에 주도적 역할을 수행할 수 있는 책임 있는 인사가 담당
- 책임조사원은 적정 규모의 현장만 담당(4~5건 내외)
- 조사원은 현장 상시 체류자 중심으로 편성 / 중복 배치 금지
- 조사 후 유물 관리, 보고서 간행 등을 현장 담당 조사원이 계속 담당
○ 9.18. 매장문화재 처리지침 준수 요구
- 조사기관: 발굴허가서 확인 후 발굴 / 발굴조사 완료신고서, 의견서 등 문화재청 접수 여부 확인 / 조사 보고서 발간기간 준수 / 현장 상주 체제 유지 및 조사원 중복 투입 금지
- 지자체: 조사 관련 공문의 신속 정확한 시행 및 지도와 감독 철저
- 사업시행자: 신청서류 등의 신속 정확한 처리 및 조사단과 협조체제 유지 / 발굴완료 조치 통보 후 조사단과 협의하여 현장 공사 / 조사 관련 의문 사항은 문화재청과 사전 협의 후 진행
11) ○ 6.30. 문화재보호법령 개정 시행 관련
- 입목, 죽의 식재 및 벌채 지표조사 대상에서 제외
- 발굴조사 허가서 구비서류 중 토지대장, 임야대장을 조서로 갈음
- 유물 출토 현황자료 제출 서식 수정
12) ○ 11.29. 발굴조사 유의사항 통보
▫ 조사단 구성
- 무자격 조사원 참여 방지
- 책임조사원 이상은 매장문화재 전공자로 발굴실무경력 및 조사 전반에 걸쳐 책임질

수 있는 유자격자(무자격자의 책임조사원 금지)
- 계획서 상의 조사원이 현장조사 참여 / 부득이한 경우 변경 사항을 통보
- 조사원 변경 등에 따른 소요예산, 조사기간 변동분은 사업시행자와 사후 정산

□ 발굴현장 관리 유지
- 현장은 유자격 조사원 투입 / 중복 투입 금지
- 안전시설 설치로 현장 보호
- 문화재청 완료 조치 후 공사 시행(지도위원회는 일차적 의견)
- 조사기관과 지자체는 시행자의 현장보존 조치 이행 여부 점검 / 미비 시 관계기관 협의
- 조사현장 보안관리 철저

□ 지도위원회 운영
- 객관적이고 공개적으로 운영
- 사업시행자, 지역주민, 이해당사자, 지자체 공무원 등이 공개적으로 참여 현안문제 논의
- 지도위원의 구성이 특정기관, 학맥, 동일 이해관계 집단 관계자 등으로 편중되지 않도록
- 대규모 현장, 중요 이슈화된 현장 학술자문회의와 현장 처리를 위한 자문을 별도 개최하는 방안 제시
- 적정 인원으로 구성
- 지도위원회의 자문 내용은 현장 조사·처리 시 반영 / 중요 사항은 문화재청의 조치를 완전히 받은 후 수행
- 3일 전 지도위원회 개최 통보
- 지도위원회 결과 반드시 제출

□ 발굴조사 후 처리 및 보고서 발간
- 출토유물은 대장, 카드 등을 작성 / 보존처리 필요시 즉각 조치
- 유구 훼손 및 안전사고 예방 대책 마련
- 현장 유구에 대한 보호책 안내게시판 비치
- 조사기간 연장 필요시 기존 조사기간 내에 신청
- 완료 보고서에 출토유물 상세 목록, 조사단 의견 수록
- 완료 보고서, 의견서 접수 여부 지속적 확인
- 조사 보고서 법정기일 내 발간 / 연장신청은 제출 만료 1개월 이전에 신청
- 유물 국가귀속 신속처리

□ 발굴 허가신청, 착수신고, 완료처리

- 처리지침(2005.10)에 규정된 첨부서류 반드시 구비하여 신청(사진, 도면, 토지조서)
- 발굴 관련 서류 지자체 문화재담당부서에서 처리
- 부분완료신고 / 공사시행협조 등 공사와 관련하여 구체적인 내용을 공문에 기재
- 타 법령과 중복되는 행정사항은 선조치 후 발굴신청
- 첨부서류 전자공문과 함께 신청
□ 추가 시굴조사
- 시굴조사 면적 증가 시 자문위원 2인의 의견과 사업시행자의 동의서 제출
□ 발굴조사 용어와 개념 정의
- 시굴조사: 시굴조사(10%), 표본시굴조사(2%)

13) 주요 내용은 다음과 같다.
- 대학 내 연구자 중심의 발굴 시스템 정착
- 발굴기관 등록요건 완화
- 학술 성격이 높은 기획 발굴 또는 소규모 민원성 발굴의 대학 담당
- 전문법인이 시행하는 구제조사 중 전문성이 필요한 유적 발굴에 대학의 인력 참여 등

14) 그 내용을 정리하면 다음과 같다.
○ 3.29. 매장문화재 조사용역 대가의 기준 일부 개정(안)
- 문화재 지표조사 인건비 산정기준 명확화
- 현장조사 인부임 및 보고서 작성 인부임을 인건비에 계상(종전 경비)
- 회의비 단가 신설, 여비 및 조사재료비 정산방식 도입
○ 6.29. 매장문화재 조사제도 개선방안 청와대 보고
- 문화재위원회 및 지도위원회 운영 개선: 현장조사 200일 이상만 심의 / 지도위원 인력 풀 / 지자체 및 사업시행자 실질적 참여
- 허가기간 단축
- 수의계약에 의한 조사 실시: 국가청렴위원회는 경쟁입찰로 조사기관의 경쟁 유도
- 지표조사 객관성 제고: 과다한 발굴범위 / 공적 기관에서 담당(문화재보호재단 실시, 국립문화재연구소와 중앙박물관이 검토) / 제한적 굴착 허용 / 부실조사 적발 시 업무 정지 및 과태료 부과
- 문화재 조사 점검 및 평가제도 도입: 독과점 관행의 견제책
- 객관적 조사비용 산출
- 객관적 유적보존체계 구축
- 매장문화재 지리정보시스템 조기 구축
- 문화재 조사 현황 공개: 조사기관이 현황 미공개로 사업시행자의 예측 가능성 차단
- 소규모 발굴조사 의무화: 조사기관 순번제 / 기피기관 제제조치

- 규제 개선을 통한 조사인력의 확충: 인력 불균형으로 조사 수요 충족 불가 / 비법인 발굴기관 인력 기준 완화 / 대학 조사일수 제한(150일) 폐지
- 지표조사 제도 개선을 통한 문화재 조사 수용 적정화: 3만에서 10만으로 / 지표조사 시기를 환경영향평가와 연계하여 명확화
- 발굴조사 및 지표조사 비용의 지원: 추후 논의
- 유적보존에 따른 손실보전 제도 마련: 보존 유적 용적률 완화(인센티브) / 매수청구권 도입 / 예산 수반이 되는 것은 추후 논의

15) 학계는 7월 12일 성명서를 발표했는데 그 주요 내용을 요약하면 다음과 같다.
- 매장문화재가 개발의 최대 장애물이라는 전제에서 출발
- 매장문화재의 기본 성격에 대한 몰이해
- 행정처리기간 단축이나 절차 개선을 앞세워 문화재청의 책임을 방기 및 전가
- 개발사업자의 입장에 경도됨
- 본질적인 문제는 수요와 공급의 불균형

16) 주요 내용을 살펴보면 다음과 같다.
- 발굴허가 및 변경허가의 검토기간 단축: 발굴허가 및 변경허가를 검토하는 데 소요되는 기간 각 15일로 단축 / 10일 이내에 발굴허가
- 시·도 출연 발굴기관의 자체 및 소속 발굴용역 제한 완화: 문화재 조사의 독립성이 훼손되지 않는 범위 내에서 허용 / 문화재위원회 심의에 부의하여 이의 허용 여부를 검토
- 발굴조사 변경허가 절차 개선
  ㉠ 동일 발굴허가 면적에서 유구 중첩, 유물의 다량 출토 등으로 '100일(실조사일수) 이내의 기간연장'이 필요한 경우, 사업시행자가 '지도위원회 의견서'를 포함한 별지 제6호의 2서식의 발굴조사기간 연장신고서 등을 3일 이전에 제출하면 당초 허가사항 중 '조사기간'은 연장된 것으로 봄
  ㉡ 이미 발굴허가를 받은 지역이 유구의 중첩, 출토유물의 과다 등 불가피한 사유로 기간연장이 필요한 경우, 별도의 변경절차를 거치지 않고 조사를 착수할 수 있도록 함으로써 인·허가절차 이행에 따른 사업지체 방지가 기대됨
- 사업시행 절차 개선: 지도위원회에서 유적이나 유물이 확인되지 않은 것으로 판명된 경우 '지도위원회 의견서'를 첨부한 별지 제7호의 2서식의 사업시행 신청서를 작성하여 문화재청장에게 신청하면(FAX 등 이용), 문화재청장은 지체 없이 별지 제7호의 3서식의 사업시행 확인서 발부

17) 2008.7. 유적보존 정책 개선방향.
2008.11. 매장문화재 조사용역 대가의 기준

18) 당시 문제가 되었던 것은 다음과 같다.

- 문화재 발굴 수요 증가
- 조사인력 증가는 답보 상태로 발굴조사 대기 수요 증가
- 발굴기관 활동 제한(타 시도 발굴 제한)
- 전문인력 충원 곤란(보조원 등급 완화)
- 행정처리기간 단축(지표조사 협의 기간, 매장문화재분과 개최)
- 법령, 규정의 불투명성으로 사업시행자 추가부담 발생(표존화된 조사비용 / 지정문화재 현상변경 허가기준, 발굴조사 판정기준)

19) 2009.6.5. 매장문화재 조사용역 대가의 기준 개정
- 2009.6.10. 문화재 지표조사 방법 및 절차에 관한 규정 개정
- 2009.7.1. 발굴조사 업무처리 지침 개정
- 2009.9.29. 문화재보호법 시행령, 시행규칙 개정
- 2009.9.29. 문화재위원회 규정 개정
- 2009.11.28. 매장문화재 보호 및 조사에 관한 법률 제정안 제출

20) 시도허가 법인 전국법인화(09년 8월부터 20개 중 10개 전환 / 무의미)
- 시도설립 법인 문화재위원회 검토 후 지자체 발주공사 참여
- 문화재보호재단 조사인력 확충
- 입회관 인력 풀 구성 및 자격 확대
- 조사인력 중복조사 허용(실제 활용 불가능으로 사문화)
- 조사기관 설립요건 완화(기관 증가로 현장조사 요원의 감소 / 발굴 품질 저하)
- 조사인력 자격·경력요건 완화(발굴조사 경력 산정 방식 변경으로 실제적으로는 강화)

참고문헌

I. 지표조사

I-1. 육상 지표조사
국립문화재연구소, 2001, 『한국고고학사전』 下.
문화재청, 1999, 『한국 지석묘(고인돌)유적 종합조사 연구』, 문화재청.
──, 2009, 『매장문화재 업무편람』.
──, 2011, 『지표조사규정』.
이선복, 1988, 『고고학개론』.
한국고고학회, 2006, 『문화재 지표조사 매뉴얼 연구』.

I-2. 수중 지표조사
경상남도, 2009, 『거북선을 찾아라 이충무공 해저 유물 탐사 보고서』.
국립해양문화재연구소, 2010, 『수중발굴업무매뉴얼』.
국립해양유물전시관, 2003, 『務安 道里浦 海底遺蹟』.
──, 2005, 『群山 十二東波島 海底遺蹟』.
──, 2006, 『신안선─본문편─』.
──, 2007, 『保寧 元山島 水中發掘調査 報告書』.
──, 2008a, 『群山 夜味島 水中發掘調査 報告書(II)』.
──, 2008b, 『安山 大阜島船 水中發掘調査 報告書』.
國立海洋遺物展示館·群山市, 2007, 『群山 夜味島 水中發掘調査 報告書』.
국립해양유물전시관·목포시, 1999, 『목포 달리도배 발굴조사』.
국립해양유물전시관·신안군, 2006, 『安佐船 發掘報告書』.
國立海洋遺物展示館·全羅北道, 2004, 『群山 飛雁島 海底遺蹟』.
국립해양문화재연구소, 2009a, 『高麗青磁寶物船─태안 대섬 수중발굴 보고서』.
──, 2009b, 『群山 夜味島III─水中發掘調査·海洋文化調査 報告書』.
──, 2010, 『태안마도1호선 수중발굴조사보고서』.
──, 2011a, 『태안마도2호선 수중발굴조사보고서』.
──, 2011b, 『태안마도해역 탐사보고서』.
──, 2012, 『태안마도3호선 수중발굴조사보고서』.
김준희, 2010, 『수중비디오 촬영』.
목포해양유물보존처리소, 1993, 『진도 벽파리 통나무배 발굴조사 보고서』.
文化公報部·文化財管理局, 1985, 『莞島海底遺物 發掘報告書』.
박요섭, 2004, 「다중빔음향소해탐사시스템 오차 분석 및 처리기술연구」, 인하대학교 박사학위논문.

이선복, 1999, 『고고학개론』, 이론과 실천.

차주홍, 1991, 『잠수기술개론』.

콜린 랜프류·폴 반(이희준 역), 2006, 『현대 고고학의 이해』, 서울: 사회평론.

한국학술정보, 2012, 『실무자를 위한 고해상 해상 지구물리탐사』.

Amanda Bowens, eds., 2009, *Underwater Archaeology*, Nautical Archaeology Society.

Godfrey, I., Carpenter, J., 2005, *Procedures for the Treatment of Marine Archaeological Materials*, Western
      Australian Museum, Materials Conservation Department.

Pearson, C., 1978, *Conservation of Marine Archaeological Objects*, Butterworth.

II. 발굴조사

II-1. 고고학과 발굴조사

國立文化財硏究所, 2001, 『韓國考古學事典』.

이진주·곽종철, 2012, 『고고학에서의 층』, 사회평론.

임효제·이종선, 1977, 『敎養으로서의 考古學』, 서울대학교 인문대학 고고학과.

콜린 렌프류·폴 반(이희준 역), 2006, 『현대 고고학의 이해』, 사회평론.

쿠마 다쯔다께 외(최대웅 외 역), 1882, 『토양학과 고고학』, 강원대학교 출판부.

II-2. 시굴조사

강봉원, 2008, 「한국 고고학연구에 있어서 표본조사 방법의 중요성」, 『嶺南考古學』 46호, 영남
      고고학회.

곽종철·이진주, 2012, 『고고학에서의 층』, 사회평론.

권동희, 2006, 『한국의 지형』, 한울 아카데미.

윤호필, 2005, 「충적지에 입지한 유적조사법 및 분석방법」, 『발굴사례·연구논문집』 제2집, 한
      국문화재조사연구전문기관협회.

──, 2010, 「충적지에 입지한 취락유적 발굴조사법」, 『한국 매장문화재 조사연구방법론』 6,
      pp. 205-258, 국립문화재연구소.

이진주, 2009, 「충적지유적 조사법」, 『2009년도 제7회 매장문화재 조사연구원 교육』, (사)한국
      문화재조사연구기관협회.

──, 2010, 「층의 구분과 해석 사례를 중심으로 한 충적지유적 발굴조사법」, 『한국 매장문화
      재 조사연구방법론』 6, 국립문화재연구소.

이홍종, 2009,「고지형분석과 활용」,『제6회 매장문화재 조사연구원 교육』, (사)한국문화재조
사연구기관협회.
──, 2010,「충적지의 지표조사법 및 고지형 분석」,『한국 매장문화재 조사연구방법론』6, 국
립문화재연구소.
李弘鐘·高橋學, 2008,『韓半島 中西部地域의 地形環境 分析』, 서경문화사.
張祐榮, 2010,「青銅器時代 沖積平野의 聚落遺蹟 分析」, 고려대학교대학원 문화재학협동과정
고고학전공 석사학위논문.
정연태·곽종철, 2010,「토양조사 자료의 고고학적 활용」,『한국 매장문화재 조사연구방법론』
6, pp. 367-582, 국립문화재연구소.

II-3. 정밀조사
國立文化財研究所, 2001,『韓國考古學事典』.
──, 2005,『한국 매장문화재 조사연구방법론』1, 금강인쇄사.
──, 2006,『한국 매장문화재 조사연구방법론』2, 금강인쇄사.
──, 2007,『한국 매장문화재 조사연구방법론』3, 금강인쇄사.
──, 2008,『한국 매장문화재 조사연구방법론』4, 금강인쇄사.
──, 2009,『한국 매장문화재 조사연구방법론』5, 금강인쇄사.
──, 2010,『한국 매장문화재 조사연구방법론』6, 금강인쇄사.
──, 2012,『한국 매장문화재 조사연구방법론』7, 금강인쇄사.
金賢植, 2006,「蔚山式 住居址 研究」, 부산대학교 대학원 석사학위논문.
이진주·곽종철, 2012,『고고학에서의 층』, 사회평론.
이희준, 1990,「해방전의 신라·가야고분 발굴방식에 대한 연구」,『한국고고학보』24, 한국고고
학회.
──, 1992,「사분법 발굴의 제토방식에 대하여」,『영남고고학보』10, 영남고고학회.
임효제·이종선, 1977,『教養으로서의 考古學』, 서울대학교 인문대학 고고학과.
조영현, 2005,「고분조사방법론」,『한국매장문화재 조사연구방법론』1, 국립문화재연구소.
최몽룡 외, 1998,『고고학연구방법론』, 서울대학교출판부.
취락연구회, 2004,『수혈건물지 조사방법론』, 춘추각.
콜린 렌프류·폴 반(이희준 역), 2006,『현대 고고학의 이해』, 사회평론.
쿠마 다쓰다께 외(최대웅 외 역), 1994,『토양학과 고고학』, 강원대학교 출판부.
한국문화재조사연구기관협회, 2004-2005,『발굴사례 연구논문집』1·2호.
──, 2006-2013, 매장문화재 조사연구원 교육자료집 다수.
──, 2006-2013,『야외고고학』, 1~16호.

―――, 2008,『문화재발굴조사 매뉴얼 및 표준품셈(안)연구』.

文化廳文化財保護部, 1981,『埋藏文化財發掘調査の手びき』.

文化廳文化財部記念物課, 2010,『發掘調査の手びき―整理·報告書編―』, 同成社.

―――, 2010,『發掘調査の手びき―集落遺跡發掘編―』, 同成社.

II-4. 유구 실측도면 작성방법

國立文化財研究所, 2001,『韓國考古學事典』.

金度憲, 2004,「선사·고대 논의 발굴조사 사례 검토」,『발굴사례 연구논문집』창간호, 한국문화재조사연구기관협회.

김보숙, 2009,「매장문화재 조사와 보고서 작성」,『2009년도 제6회 매장문화재 조사연구원 교육』, 한국문화재조사연구기관협회.

김영화, 2006,「도면작성법」,『2006년도 제1회 매장문화재 조사연구원 교육』, 한국문화재조사연구기관협회.

金昌億·金才喆, 2004,「三國時代 土器가마 調査方法論」,『발굴사례·연구논문집』창간호, 한국문화재조사연구기관협회.

柳基正·李東夙, 2005,「電子圖面 製作技法의 改善과 活用」,『발굴사례·연구논문집』제2집, 한국문화재조사연구기관협회.

안재호, 2007,「보고서 작성법」,『2007년도 제3회 매장문화재 조사연구원 교육』, 한국문화재조사연구기관협회.

윤호필·고민정, 2006,「밭유구 조사법 및 분석방법」,『야외고고학』창간호, 한국문화재조사연구기관협회.

이기길, 2008,「보고서 작성법」,『2008년도 제5회 매장문화재 조사연구원 교육』, 한국문화재조사연구기관협회.

이선복, 1988,『고고학개론』, 이론과 실천.

조태희, 2007,「전자도면 작성법」,『2007년도 제2회 매장문화재 조사연구원 교육』, 한국문화재조사연구기관협회.

曹華龍, 1987,『韓國의 沖積平野』, 教學研究社.

취락연구회, 2004,『堅穴住居址 調査方法論』, 춘추각.

콜린 렌프류·폴 반(이희준 역), 2006,『현대 고고학의 이해』, 사회평론.

한국문화재조사연구기관협회, 2008,『보고서 작성 및 평가 매뉴얼』.

허의행, 2009,「야외조사에 있어 사진실측의 적용과 활용방안」,『2009년도 제6회 매장문화재 조사연구원 교육』, 한국문화재조사연구기관협회.

久馬一剛·永塚鎭男, 1987,『土壤學と考古學』, 博友社.

芹澤長介·大塚初重·森 浩一, 1975, 『考古學ゼミナ-ル』, 山川出版社.

藤岡謙一郎, 1969, 『地形圖に歷史を讀む』第一集.

文化廳文化財保護部, 1981, 『埋藏文化財發掘調査の手びき』.

安蒜政雄, 1997, 『考古學キ-ワ-ド』, 有斐閣.

岩岐卓也·菊池徹夫·茂木雅博, 1984, 『考古學調査研究 ハンドブックス』 1, 野外編.

村井俊治·木全敬藏, 1991, 『圖說 ハイテク考古學』, 河出書房新社.

II-5. 야외 촬영 방법

김경덕, 2008a, 「10. 유물사진 및 유적사진 촬영법」, 『2008년도 제4회 매장문화재 조사연구원 교육』, 한국문화재조사연구기관협회.

———, 2008b, 「12. 유물사진 및 유적사진 촬영법」, 『2008년도 제5회 매장문화재 조사연구원 교육』, 한국문화재조사연구기관협회.

류기정, 2006, 「6. 사진 촬영법」, 『2006년도 제1회 매장문화재 조사연구원 교육』, 한국문화재조사연구기관협회.

柳基正·李東夙, 2005, 「電子圖面 製作方法의 改善과 活用」, 『발굴사례·연구논문집』 제2집, 한국문화재조사연구전문기관협회.

바라라 런던·존 업든(김승곤 역), 1988, 『사진학강의』, 타임스페이스.

박명도, 2007, 「5. 고고학과 사진기록—구석기 촬영의 실제」, 『2007년도 제2회 매장문화재 조사연구원 교육』, 한국문화재조사연구기관협회.

윤호필, 2010, 「유적 및 유구 촬영법」, 『2010년도 매장문화재 전문교육 조사기초과정』, 한국문화재조사연구기관협회.

윤호필·정익환, 2004, 「사진실측 및 조사장비의 신활용을 통한 고고학의 야외조사 방법」, 『居昌 正莊里 遺蹟 I—舊石器時代—』, 慶南發展研究院 歷史文化센터.

이승일, 2007, 「4. 유적사진 촬영법에 대한 이해」, 『2007년도 제2회 매장문화재 조사연구원 교육』, 한국문화재조사연구기관협회.

이홍종, 2007, 「9. 저습지에 대한 고고학적 조사방법」, 『2007년도 제2회 매장문화재 조사연구원 교육』, 한국문화재조사연구기관협회.

———, 2009, 「3. 고지형분석과 활용」, 『2007년도 제6회 매장문화재 조사연구원 교육』, 한국문화재조사연구기관협회.

———, 2010, 「충적지의 지표조사법 및 고지형 분석」, 『한국매장문화재 조사연구방법론 6』, 국립문화재연구소.

정우영, 2010, 「청동기시대 충적평야의 취락유적 분석」, 고려대학교대학원 석사학위논문.

曹永鉉, 1992, 「氣球를 이용한 遺蹟의 空中撮影方法」, 『嶺南考古學』第11號, 嶺南考古學會.

허의행, 2009, 「10. 야외조사에 있어 사진실측의 적용과 활용방안」, 『2009년도 제6회 매장문화
　　　재 조사연구원 교육』, 한국문화재조사연구기관협회.

허의행·안형기, 2008, 「야외조사에 있어서 사진실측의 적용과 활용방안」, 『야외고고학』 제4호,
　　　한국문화재조사연구기관협회.

II-6. 수중 발굴조사

경상남도, 2009, 『거북선을 찾아라 이충무공 해저 유물 탐사 보고서』.

국립해양유물전시관, 2003, 『務安 道里浦 海底遺蹟』.

———, 2005, 『群山 十二東波島 海底遺蹟』.

———, 2006, 『신안선―본문편―』.

———, 2007, 『保寧 元山島 水中發掘調査 報告書』.

———, 2008a, 『群山 夜味島 水中發掘調査 報告書(II)』.

———, 2008b, 『安山 大阜島船 水中發掘調査 報告書』.

國立海洋遺物展示館·群山市, 2007, 『群山 夜味島 水中發掘調査 報告書』.

국립해양유물전시관·목포시, 1999, 『목포 달리도배 발굴조사』.

국립해양유물전시관·신안군, 2006, 『安佐船 發掘報告書』.

國立海洋遺物展示館·全羅北道, 2004, 『群山 飛雁島 海底遺蹟』.

국립해양문화재연구소, 2009a, 『高麗靑磁寶物船―태안 대섬 수중발굴 보고서』.

———, 2009b, 『群山 夜味島III―水中發掘調査·海洋文化調査 報告書』.

———, 2010, 『태안마도1호선 수중발굴조사보고서』.

———, 2011a, 『태안마도2호선 수중발굴조사보고서』.

———, 2011b, 『태안마도해역 탐사보고서』.

———, 2012, 『태안마도3호선 수중발굴조사보고서』.

김준희, 2010, 『수중비디오 촬영』.

목포해양유물보존처리소, 1993, 『진도 벽파리 통나무배 발굴조사 보고서』.

文化公報部·文化財管理局, 1985, 『莞島海底遺物 發掘報告書』.

박요섭, 2004, 「다중빔음향소해탐사시스템 오차 분석 및 처리기술연구」, 인하대학교 박사학위
　　　논문.

이선복, 1999, 『고고학개론』, 이론과 실천.

차주홍, 1991, 『잠수기술개론』.

콜린 랜프류·폴 반(이희준 역), 2006, 『현대 고고학의 이해』, 서울: 사회평론.

Amanda Bowens, eds., 2009, *Underwater Archaeology*, Nautical Archaeology Society.

Godfrey, I., Carpenter, J., 2005, *Procedures for the Treatment of Marine Archaeological Materials*, Western

Australian Museum, Materials Conservation Department.

Pearson, C., 1978, *Conservation of Marine Archaeological Objects*, Butterworth.

III. 발굴조사 자료 정리 및 보고서 작성

III-1. 출토유물 정리

國立文化財研究所, 2001,『韓國考古學事典』.

이선복, 1990,『고고학개론』.

한국문화재조사연구기관협회, 2008,『보고서 평가 및 작성매뉴얼』.

―――, 2011,『매장문화재 전문교육 자료집』.

文化廳文化財保護部, 1982,『埋葬文化財發掘調査の手びき』.

III-2. 출토유물의 실측과 편집

강봉원, 2000,「토기 구연부편을 이용한 구경측정에 관한 연구」,『한국고대사와 고고학』.

구자봉·윤선희, 2004,『고고유물의 실측 방법』, 춘추각.

남진주, 2010,「유물의 실측 및 도면작성」,『2010년도 매장문화재 전문교육 조사기초과정』, 한국문화재조사연구기관협회.

조태희, 2008,「고고학에서의 3차원 스캐닝 활용」,『2008년도 매장문화재 전문교육 조사기초과정』, 한국문화재조사연구기관협회.

III-3. 출토유물 촬영 방법

김문정, 2011,『STILL-LIFE LIGHTING COOKBOOK: 빛으로 그리는 그림-photography』, 한승.

마이클 프리먼, 2007,『사진의 완성, 빛 그리고 조명』, 영진닷컴.

바바라 런던, 존 스톤 공저(조윤철 역), 2008,『사진학강의(원제:Photography)』, 제9판, 포토스페이스.

유만영, 1980,『사진기술개론』, 개정판, 학창사.

정인숙, 2006,『존 시스템』, 눈빛.

조태희, 2011,「유물촬영법」,『2011년도 매장문화재 전문교육 조사기초과정』.

―――, 2012,「유물촬영법」,『2012년도 매장문화재 전문교육 조사기초과정』.

최은아, 2010,「유물촬영법」,『2010년도 매장문화재 전문교육 조사기초과정』.

III-4. 보고서 작성

國立博物館, 1948, 『壺衧塚과 銀鈴塚』, 國立博物館 古蹟調査報告第一冊, 乙酉文化史.

배성혁, 2012, 「발굴조사보고서 작성의 기초」, 『2012년도 매장문화재 전문교육 조사기초과정』, 한국문화재조사연구기관협회.

———, 2013, 「발굴조사보고서의 작성절차와 주의할 점」, 『조사보고서 작성법—2013년도 매장문화재 전문교육 유적조사과정』, 한국문화재조사연구기관협회.

안재호, 2007, 「5. 보고서 작성법」, 『2007년도 제3회 매장문화재 조사연구원 교육』, 한국문화재조사연구기관협회.

한국문화재조사연구기관협회, 2008, 『보고서 작성 및 평가 매뉴얼』.

朝鮮總督府, 1918, 『朝鮮古蹟調査報告』.

IV. 매장문화재 법령의 변천 과정과 특징

영남고고학회, 1993, 「문화재보호법 개정안에 대한 의견」, 『영남고고학』 12호.

이선복, 1993, 「매장문화재 관리제도 개선을 위한 제안」, 『영남고고학』 12호.

한국고고학회, 1997, 『매장문화재발굴전문기관 육성방안 연구결과보고서』 12호.

그림출전

표지

고령 지산동 제73호분 조사 중 전경: 대동문화재연구원 제공.

I. 지표조사

그림 7: 울산문화재연구원, 2011,『울주 청량면 덕하리 산49번지 일원 화물자동차 공동차고부
　　　지 문화재 지표조사 결과보고서』.

그림 8: 울주군, 2003,『문화유적분포지도(울주군)』.

그림 9, 10: 울산문화재연구원, 2011,『울주 언양읍 반송리 425-1번지 외 3필지 공공청사 신축
　　　부지 문화재 지표조사 결과보고서』.

그림 11: 국립해양문화재연구소, 2010,『수중발굴업무메뉴얼』.

그림 12, 13: 국립해양문화재연구소 제공.

그림 14: 위성항법중앙사무소 홈페이지.

그림 17: 한국학술정보, 2012,『실무자를 위한 고해상 해양 지구물리탐사』.

그림 18, 19: 국립해양문화재연구소, 2011,『태안마도해역 탐사보고서』.

그림 26~29, 33~34: 국립해양문화재연구소 제공.

그림 42, 43: 국립해양문화재연구소, 2011,『태안마도해역 탐사보고서』.

그림 46~48: 국립해양문화재연구소 제공.

II. 발굴조사

그림 3: 콜린 렌프류·폴 반(이희준 역), 2008,『현대 고고학 강의』, 사회평론.

그림 7: 영남문화재연구원, 2001,『대구 칠곡3택지 유적 시굴조사보고서』.

그림 8: 한국고고환경연구소, 2010,「행정중심복합도시 3-1,2(대평리유적) 시굴조사 약보고서』.

그림 9: 경상문화재연구원, 2009,「진주 혁신도시 개발사업지구내 둥섬들 유물산포지 추가문화
　　　재 시굴조사 지도위원회의 자료집」; 우리문화재연구원, 2005,『창원 수성리 시굴조사』.

그림 10: 우리문화재연구원, 2009,『4대강 관련 양산 증산리 표본조사』; 우리문화재연구원,
　　　2010,『4대강 관련 창원 등림리 표본조사』.

그림 11: 한국문화재보호재단, 1999,『경주 경마장 예정부지 C-1지구 발굴조사 보고서』.

그림 12: 한국고고환경연구소, 2009,「행정중심복합도시 대학연구지원 생활권 4-1·2내 유적
　　　문화재시굴조사(3-2지점) 약보고서」.

그림 13: 우리문화재연구원, 2008,『창녕 계성리유적』.

그림 15: 우리문화재연구원, 2011,『산청 매촌리유적』.

그림 16: 우리문화재연구원, 2009,『김해 여래리유적』.

그림 17: 우리문화재연구원, 2008,「마산 진북 일반 지방산업단지 조성부지(Ⅲ-1구간)내 마산

망곡리유적 지도위원회 및 현장설명회 자료집」.

그림 19: 우리문화재연구원, 2005, 「거창 양덕리 시굴조사 약보고서」.

그림 20: 동서문물연구원, 2010, 「진주 초장1지구 도시개발사업구역내 유적 시굴조사 지도위원회 자료집」.

그림 22~27: 영남문화재연구원, 2013, 『대구서변동취락유적 Ⅱ』.

그림 28: 영남문화재연구원, 2013, 『포항 월포리유적』.

그림 31: 영남문화재연구원, 2001, 『경주 용강동원지유적』.

그림 32, 33(상): 이희준, 1992, 「사분법발굴의 제토방식에 대하여」, 『영남고고학보』 10.

그림 33(하): 콜린 렌프류·폴 반(이희준 역), 2006, 『현대 고고학의 이해』, 사회평론.

그림 34: 대동문화재연구원 제공.

그림 35, 36: 우리문화재연구원 제공.

그림 37: 서울대학교 출판부, 1977, 『교양으로서의 고고학』.

그림 38: 이희준, 1992, 「사분법발굴의 제토방식에 대하여」, 『영남고고학보』 10.

그림 39, 40: 김현식, 2006, 「울산식주거지연구」, 부산대학교석사학위논문.

그림 41: 대동문화재연구원, 2008, 『대구 월성동 1363유적』.

그림 42: 경기문화재연구원, 2007, 『화성 석우리 먹실유적』.

그림 43: 성림문화재연구원, 2010, 『경주 양월리 고려묘군』.

그림 44: 문화재청, 2010, 「지표·발굴 조사위치도면 표준제작 요령」.

그림 45: 경상북도문화재연구원, 2005.11, 「대구 옥포 본리 토지구획정리사업지구 내 유적발굴조사 지도위원회 및 현장설명회 자료」; 경상북도문화재연구원, 2007, 『달성 본리리고분군 발굴조사 보고서』.

그림 46: 경상북도문화재연구원, 2007, 『달성 본리리고분군 발굴조사 보고서』.

그림 47: 경상북도문화재연구원, 2004, 『대구 불로동고분군 발굴조사보고서』.

그림 50: 경상북도문화재연구원, 2006.5, 「대구 죽곡리 공동주택 건설예정부지 내 유적 발굴조사 지도위원회 및 현장설명회 자료」.

그림 57(중·하): 경남발전연구원 역사문화센터, 2011, 『진주 평거 3-1지구 유적』.

그림 64: Amanda Bowens, eds., 2009, *Underwater Archaeology*, Nautical Archaeology Society.

그림 65: 콜린 렌프류·폴 반(이희준 역), 2006, 『현대 고고학의 이해』, 사회평론.

그림 66, 68, 71~72: 국립해양문화재연구소, 2009, 『群山 夜味島Ⅲ—水中發掘調査·海洋文化調査 報告書』.

그림 74: 국립해양문화재연구소, 2011, 『태안마도2호선 수중발굴조사보고서』.

그림 76: 국립해양문화재연구소, 2010, 『태안마도1호선 수중발굴조사보고서』.

그림 78: 국립해양문화재연구소, 2012, 『태안마도3호선 수중발굴조사보고서』.

그림 79: 국립해양문화재연구소 제공.

그림 80: 국립문화재연구소, 2002, 『장도 청해진 유적발굴조사보고서』.

그림 81: 국립해양문화재연구소, 2006, 『安佐船 發掘報告書』.

그림 83, 89~93, 95~101: 국립해양문화재연구소, 2012, 『태안마도3호선 수중발굴조사보고서』.

그림 102: Amanda Bowens, eds., 2009, *Underwater Archaeology*, Nautical Archaeology Society.

그림 104~110, 112: 국립해양문화재연구소, 2012, 『태안마도3호선 수중발굴조사보고서』.

그림 113, 114, 116: 국립해양문화재연구소, 2011, 『태안마도2호선 수중발굴조사보고서』.

그림 122: 김준희, 2010, 『수중비디오촬영』.

그림 137~139, 148, 149: 국립해양문화재연구소 제공.

Ⅲ. 발굴조사 자료 정리 및 보고서 작성

그림 2: 경기문화재연구원, 2011, 『오산 내삼미동유적』.

그림 3: 경기문화재연구원, 2011, 『가평 대성리유적』.

그림 5: 경기문화재연구원, 2007, 『여주 고달사지』.

그림 6: 경기문화재연구원, 2012, 『오산 수청동 백제분묘군Ⅳ』.

그림 7: 경기문화재연구원, 2005, 『용인 보정리 소실유적』.

그림 8: 경기문화재연구원, 2006, 『안성 신소현동유적』; 경기문화재연구원, 2008, 『오산 가장동 유적』; 경기문화재연구원, 2011, 『용인 서천동유적』.

그림 9: 경기문화재연구원, 2007, 『화성 석우리먹실유적』.

그림 10: 경기문화재연구원, 2009, 『경기발굴 10년의 발자취』.

그림 11: 경기문화재연구원, 2006, 『용인 보정리 청자요지』.

그림 12: 경기문화재연구원, 2011, 『용인 서천동유적』.

그림 14: 경기문화재연구원, 2011, 『수원 호매실동 금곡동유적』.

그림 16: 경기문화재연구원, 2012, 『오산 수청동 백제분묘군Ⅰ』.

그림 17: 경기문화재연구원, 2003, 『용인 대덕골유적』; 경기문화재연구원, 2007, 『화성 동학산 유적』.

그림 18: 경기문화재연구원, 2007, 『오산 가수동유적』; 경기문화재연구원, 2010, 『용인 영덕동 유적』.

그림 19: 경기문화재연구원, 2010, 『용인 영덕동유적』.

그림 35: 경기문화재연구원, 2007, 『화성 석우리먹실유적』.

그림 36: 경기문화재연구원, 2010, 『남양주 호평동유적Ⅲ』.

그림 69~75, 77~80, 82~90, 92~97: 동양문물연구원 제공.

그림 99: 國立博物館, 1948, 『壺衧塚과 銀鈴塚』, 國立博物館 古蹟調査報告第一冊, 乙酉文化

　　　　史.

그림 100: 계명대학교행소박물관, 2006, 『김천 송죽리유적Ⅰ』.

그림 101: 대동문화재연구원, 2009, 『대구 읍내동 491유적Ⅰ』; 대동문화재연구원, 2009, 『대구 읍내동 491유적Ⅲ』; 세종문화재연구원, 2012, 『대구 사수동 563번지 유적』.

그림 103: 대동문화재연구원, 2011, 『대구 월성동 119-20유적』.

그림 104: 대동문화재연구원, 2009, 『4대강 살리기 낙동강 권역 문화재지표조사보고서』; 대동문화재연구원, 2009, 『대구 읍내동 491유적Ⅰ』.

그림 105: 대동문화재연구원, 2011, 『대구 월성동 119-20유적』.

그림 106: 대동문화재연구원, 2012, 『김천 지좌리유적Ⅰ』.

그림 107: 대동문화재연구원, 2012, 『고령 지산동 제73~75호분』.

그림 108: 강원문화재연구소, 2009, 『동해 망상동 구석기유적』; 대동문화재연구원, 2009, 『대구 읍내동 491유적Ⅰ』.

그림 109: 계명대학교행소박물관, 2007, 『김천 송죽리유적Ⅱ』.

그림 110: 계명대학교행소박물관, 2006, 『김천 송죽리유적Ⅰ』; 대동문화재연구원, 2008, 『대구 상인동 98-1유적』.

그림 111: 대동문화재연구원, 2009, 『대구 읍내동 491유적Ⅰ』; 대동문화재연구원, 2012, 『고령 지산동 제73~75호분』.

그림 112: 계명대학교행소박물관, 2006, 『김천 송죽리유적Ⅰ』; 대동문화재연구원, 2008, 『대구 상인동 98-1유적』; 대동문화재연구원, 2012, 『고령 지산동 제73~75호분』.

그림 113: 대동문화재연구원, 2012, 『고령 지산동 제73~75호분』.

그림 114: 대동문화재연구원, 2009, 『대구 읍내동 491유적Ⅰ』.

그림 115: 대동문화재연구원, 2012, 『고령 지산동 제73~75호분』.

찾아보기

ㄱ

가마 25, 34, 138, 145, 167~169, 249, 270, 271
감도 60, 64, 179, 330, 333, 334, 389, 398
감압 75~77, 224
건물지 25, 34, 124, 132, 138, 147, 163, 208, 225, 267, 273, 283
건식 잠수복 222, 223
건축 문화재 25, 26, 33
건축유적 138
격자법 200
경작유구 100, 102, 170, 269
경작유적 34
경화면 167
계단식 발굴법 130
고고지자기 연대측정 119, 139, 396
고배 308, 309, 314, 397
고분 22, 25, 33, 34, 36, 43, 129, 153, 155, 157, 159, 162, 267, 355, 356, 366, 367
고지도 28, 29, 149, 150, 153, 166, 362, 364, 372, 373, 384
고지형분석 119
곡물류 245, 246
공기통 222, 224
교란층 203
구덩파기법 200
구상유구 163, 166
구석기 한데유적 139
구석기유적 137
구제발굴 8~11, 85, 123, 214, 260, 356, 406, 407, 411, 412, 414~417, 419~422, 427
구획성토 162
구획토 170
국가귀속 260, 290~296, 298, 299, 301, 365, 397, 402, 422, 434, 435
국가기본도 43, 377
그레이카드 336, 337, 401
그리드법 125, 200, 201, 257
금속류 246, 278
금속유물 268, 273, 276, 281, 297
금속탐지기 63, 64
기상구분도 363, 371
기온·강수량 변화표 363
기준선 71, 73, 74, 124, 160, 161, 165, 171, 308~310, 315, 317
기준점 54, 71, 72, 93, 94, 124, 125, 160, 192, 195, 253, 308, 309

ㄴ

나이트록스 224
납 벨트 223
노지 137, 139, 140, 167
노출계 173, 176, 179, 331~333, 336, 344, 401
녹지자연도 40

ㄷ

다이브컴퓨터 224
다중빔음향측심기 53, 57, 58, 68
단면도 108, 110~112, 117, 127, 145, 156, 160~166, 168, 170, 171, 215, 228, 306, 308, 310~314, 317, 319, 364, 384
단면표시선 362, 364, 384
단초점(광각)렌즈 174, 196
단층도 363, 371
대가기준 411, 421, 423, 432
도랑파기법 200
DGPS 43, 48, 50, 51, 54~56, 67, 69, 70, 212

DSLR 176, 196, 254, 326~328, 336, 401
DSLT 327, 328
디바이더 305, 306, 311~315, 317
디지털 실측 323

ㄹ

lamina 100
레벨 160, 161, 163~165, 212, 230, 232, 253, 264

ㅁ

마이크로렌즈 186
마킹 264, 279, 281~283
매몰토 132~136, 186, 187, 189
매장문화재 보호 및 조사에 관한 법률 11, 45, 46, 359, 401, 425, 438
매크로렌즈 174, 196, 328, 329
메모리카드 173, 176, 196, 326
목간 240, 246, 248~250
목관묘 132, 137, 140, 171
목재류 246
목제유물 276, 277
무덤유적 181
무인잠수정 64, 65, 69
문헌조사 7, 23, 39, 40
문화재 선별회의 291
문화재보호법 23, 24, 26, 294, 356, 405~410, 412, 413, 419, 425~427, 438
문화재지리정보활용체계 152
문화층 84, 88, 93, 100, 111, 122, 131, 133, 158, 159, 185, 203, 364, 379, 382, 383
미고지(微高地) 107, 111, 114
미저지(微低地) 97, 114

민속 문화재 24~26
밀봉토 170

ㅂ

바닥 정지층 169
바디 175, 305, 306, 310~313, 316
바지선 214~218, 221
반순광 340~342, 345~348
반역광 187, 256
발굴공영제 415
발전기 214, 216
방격법 124~126, 132
방미제 250
방사성탄소 연대측정 119, 139, 396
방안지 160, 229, 305, 306, 308~310, 313, 315, 318
보수층 169
보조광원 331, 332, 339, 341, 344, 347, 348
보조자 탐색법 73, 74
복식유물 276, 278
봉토분 25, 126, 162, 163, 170, 253, 381
부력조절기 224, 236, 237
부선 216
분묘 92, 137, 147, 163, 170, 268, 275, 377
분묘유적 137, 147, 163

ㅅ

4분계단식 제토방식 128
사광 187, 272, 341, 349, 350, 401
사분법 126, 127, 132, 253
사전조사 7, 8, 27, 29, 32~35, 39, 47, 49, 78, 211, 408, 411, 413~415, 419, 427, 430
산림이용기본도 40

3D 촬영 264
상대연대결정법 82, 88, 253
생산유구 270
생산유적 34, 138, 181
생활유적 25, 34, 36, 137, 181
석곽 33, 137, 141, 142, 171
석렬 170
석제유물 275
성곽유적 138, 181
세슘 자력계 63
세척 8, 116, 119, 203, 205, 217, 264,
    278~281, 283
셔터 177~179, 194, 254, 255, 257, 331, 334,
    401
소성실 168, 169, 271
수면공기공급장치 218, 236
수조 217, 248, 250
수준점 164, 253
수중저면조사 48
수중저지탐사기 47
수중지형조사 48
수직면 발굴법 130, 131
수직수평면 발굴법 131
수치고도자료 40
수치연안정보도 377
수치지적도 377
수치지형도 28, 29, 40, 43, 78, 151~153, 364,
    377
수치표고도 363, 371
수치해도 67, 377
수평기 173, 176, 186, 212, 256
수평레벨기 165
수평면 발굴법 130, 131

수혈식 석곽묘 137, 141
수혈주거지 137, 140
순광 187, 188, 340, 341
스카이라이트 331, 339
스케일 166, 173, 176, 192, 230, 335
스크루 219, 220
스파커시스템 62
스피드라이트 330, 331, 333
습식 잠수복 222, 223
CCD 175, 254, 326~328, 333, 401
CMOS 175, 326~328, 333, 401
시굴갱 122, 123
시굴트렌치 92~95, 97~99, 102, 103,
    105~111, 122, 123
시추법 200
식물규산체 분석 119, 396
식생도 40, 363, 371
실내작업 8, 12, 82, 119
실측대 217, 218
실측도면 145~147, 159, 231, 279, 289, 312,
    321, 322, 338, 364, 385

ㅇ
아궁이 168, 169
아웃 포커싱 329
ISO 179, 333, 334, 401
ROV 50, 64, 69, 70
야장 97, 117, 173, 188, 196, 228, 229, 261,
    263
약보고서 115, 121, 433
양성자 자력계 63, 64
에어건시스템 62
에어리프트 203, 204, 214, 219, 221, 222

AUV 50, 69
LED라이트 330
역광 187, 256
연도부 168, 169, 267
연륜 연대측정 396
연소실 168, 169, 271
엽층 100
예인선 214, 216
O.L 164, 165
OSL 연대측정 396
오리발 224, 236
오버바우저 자력계 64
오토폴 배경세트 337
옥제유물 274
옹관묘 137, 141
워터젯 218, 219
원격조정무인탐사기 69
원형 탐색법 71, 72
원형보존 36, 37, 43, 122
위성사진 60, 184, 255, 363, 364, 371, 372,
  390
위성항법장치 54
USBL 69, 70
유구배치도 117, 153~156, 160, 163, 166, 196
유리제·옥제유물 274
유물산포지 25, 36, 40, 43, 153
유물포함층 137, 203, 204, 432
유적분포도 148, 153, 166
육분의(六分儀) 70
음영기복도 153, 154
음향측심기 53, 55, 57, 58
의례유적 139, 144, 181
이전복원 36, 43, 428

인공유물 83, 262
인공층위법 201, 225
인양대 218, 249, 251
인양롤러 214, 217
인양바구니 241
일조시간 182
입·출수용 사다리 221
입단면도 156, 160~166, 171
입면도 117, 145, 147, 156, 169, 171, 308,
  310~314
입회조사 36~38

ㅈ
자력기 53
자력탐사기 63
자연 문화재 25, 26, 28, 33, 40
자연식생도 363, 371
자연유물 83, 262
자연층위법 201
자율무인잠수정 69
작업공 167
잠수병 77
잠수복 222, 223
잠수조사 50, 58, 74, 76, 77
장초점(망원)렌즈 174, 196
저고도촬영기 176, 194, 195, 257
저습지 137, 276, 277, 363, 369
적석목곽묘 137, 142
전굴법 123, 126, 132
전기제어판 221
전문가 검토회의 120
절대연대결정법 82, 253
접사렌즈 328

정면광 187, 340, 341
정밀발굴조사 36, 37, 91, 93, 364, 377
정밀분사가공기 281
정밀위치측정시스템 54
정밀해상위치측정기 47
정사투영 190, 191
제습제 273
조간대(潮間帶) 208, 209
조류계 53
조리개 177~180, 194, 254, 255, 257, 328~
　　330, 334, 337
조사일지 97, 228, 229
조사통제실 216, 217
주거지 87, 90, 108, 118, 123, 124, 126, 132,
　　134, 135, 137, 140, 145, 163, 167, 208,
　　225, 262, 265~267, 273, 275, 366
주공 143, 167
주광원 331, 332, 339, 341, 344, 345, 347, 348
주구 137, 140~142, 163, 170, 171, 267, 268
주기판 173, 176, 253
주상도 110~112, 158
주혈 163, 169
죽제품 246, 247, 249
죽찰 236, 240, 241
줌렌즈 174, 196
중심투영 190
중층유적 98, 99, 102
GPS 28, 32, 43, 54, 67, 69, 71, 153, 154, 196,
　　364, 377
지구물리탐사 28, 53, 62
지그재그 탐색법 71~73
지석묘 25, 34, 43, 137, 140, 153, 366
지세도 363, 371

지자기조사 49
지자기탐사기 47
지적도 28, 40, 43, 255, 362, 376, 377
지질도 28, 29, 31, 150, 153, 166, 362, 363,
　　371
지층조사 49, 51
지층탐사기 49, 53, 60~62
지형도 31, 95, 109, 117, 149, 152, 166,
　　362~364, 371, 372, 374~376, 384
직각자 312
직물류 249
진공탱크 220, 221
진공흡입펌프 203, 204, 214, 219, 222, 257
집적대(集積帶) 101
집적층(集積層) 101

ㅊ
철기 25, 136, 150, 268, 297, 308, 315, 318,
　　324, 352, 353
철제유물 269
초니토(草泥土) 136
초본류 136, 240, 245, 246, 249
초음파세척기 281
촬영대 331, 337, 338, 344
축척 40, 43, 146, 153, 157, 158, 160, 163,
　　166, 170, 190, 191, 195, 304, 308, 319,
　　361, 362, 364, 372, 377, 384, 389, 394
출수대 219, 220
취락 34, 36, 86, 87, 117, 144, 377
측광 180, 187, 255, 340
측량 31, 47, 48, 70, 116, 146, 147, 154, 160,
　　163~165, 183, 196, 212, 230, 232, 253,
　　256, 377

측면광 187

측면주사음파탐지기 53, 58~60, 68

측면주사음향영상탐사기 47, 48

ㅋ

캘리퍼스 305, 306, 312, 313, 316

컨트롤박스 217

콘트라스트 176, 179, 180, 187~189, 256,
328, 331, 334, 340, 341, 345, 401

ㅌ

탁도계 53

탁본 8, 28, 260, 279, 304, 305, 319~321, 364,
389

탄소연대측정 250

탐문조사 27, 35, 40

태블릿PC 196, 197, 257

태양광 133, 176, 178, 180, 182, 186, 188, 189,
256, 330

텐팅라이트 349, 350

토기가마 138, 167

토도유물 272, 278

토양도 28, 40, 150, 151, 153, 363, 371

토우피시 59, 61~63

토층도 117, 127, 133, 134, 145, 156~158,
168, 169, 228, 362, 364, 382, 383

토층 조사 100~102, 118, 130, 132, 133,
185~187, 189, 256

퇴적물조사 50

퇴적토 116, 169, 186, 267

투과심도 62

투영도 318

투영화법 318

투창 313~315

트라이믹스 224

트랜싯 70, 160, 161

트레싱 156, 321~323, 338, 344, 350, 362

트레싱지 156, 338, 344, 350

트레팔지 229, 338, 344, 350

트렌치법 200, 201, 257

틸트 238, 257

ㅍ

8분법 127~129, 132

패총 34, 90, 124, 130, 137, 208, 366, 432

팬 포커싱 329, 330

팬(Pan) 238, 257

펌프 220~222

평면 조사 189

평면도 156, 161~163, 167, 168, 170, 171,
228, 231, 308

표본조사 36~38, 377

표준렌즈 174, 186, 196, 254, 256, 328, 330

표준토층도 382

표준품셈 411, 432

풀페이스마스크 216, 223

프리라인 탐색법 74

플래시 173, 176, 179, 335

피사계 심도 177~180, 254, 329, 330

피사체 177~179, 187, 191, 235, 237~239,
254, 327, 329~332, 336, 345

필 라이트 238, 239

필터 173, 176, 179, 189, 256, 336, 350, 401

ㅎ

학술발굴 9, 11, 85, 260, 406, 411, 412,

414~416, 420, 427
항공사진 170, 184, 394
항공촬영 28, 32, 173, 181~184, 192, 195, 255
해발고도 158, 160, 163, 196, 253, 364, 384
현상변경 40, 438
현지조사 7
형광등라이트 330
호석 131, 141~143, 163, 170, 267, 268
호스 203, 218~221, 236
호흡기 222~224
화각 174, 175, 191, 235, 254, 328

화이트밸런스 173, 176, 186, 187, 189, 256,
    334~336
화이트밸런스 측정기 173, 176, 186, 189, 256
화이트카드 336, 337
확산판 176, 179, 188, 189, 350
회구부 168, 169, 270
횡구식 석곽(석실)묘 137, 142
횡혈식 석실묘 143
후면광 187
흡입펌프 219, 220